다시 쓰는 한국 풍속

**Korean Customs
Written from a New Perspective**

김용갑·박혜경 지음

어문학사

서문

이 책은 그간의 풍속서들이 보여 주었던 한양과 양반 중심의 '문헌 풍속'과 달리, 2000년대 초 무렵까지 한국인들이 농어촌과 산촌 등에서 실제 행했거나 경험했던 전국 각 지역의 풍속을 다루고 있다. 현재는 대부분 사라졌지만 한국 사회가 산업화와 도시화를 겪기 이전, 많은 사람들이 명절로 여겼던 동지나 대보름, 유두, 백중 등의 풍속과 특이 상·장례를 비롯해 우리의 주식인 쌀밥과 김치 등에 대해 궁금한 점을 묻고 답하는 형식으로 소개했다. 예컨대, 다수의 한국인은 왜 동지에 팥죽을 먹고, 설날에 만두를 먹어야만 나이 한 살이 더 든 것으로 여겼는지, '꽃방맹이' 들고 화전가를 부르던 삼짇날의 유래는 어떻게 되는지 등을 다양한 자료를 통해 밝히고 있다. 또한 우리가 멥쌀밥을 먹게 된 이유가 무엇이며, 먹으면 죽을 수도 있는 독초로 인식됐던 고추가 어떤 문화적 배경 속에서 김치의 재료로 활용돼 오늘날과 같은 붉은 색으로 변화하게 됐는지에 대해 그 답을 제시했다. 아울러 지금은 그 흔적마저 찾기 어려운 10월 상달의 안택고사나 가을고사를 비롯해 이달에 빚어졌던 '무오떡' 등이 고조선의 단군이나 한민족(韓民族)의 개국과 관련될 수 있음도 살폈다.

따라서 이 책에는 이상의 궁금증에 대한 설명과 함께 다음과 같은 풍속들이 담겨 있다.

6월 15일의 유두는 밀개떡을 부쳐 참외밭에서 제사 지내고, 삿갓에 도롱이를 쓴 채 유두제를 지내는 사람들에 의해 여름밤의 들판이 등불로 수놓아지는 날이었다.

7월 7일의 칠석은 북두칠성에 자식의 수명장수를 기원하던 부모의 간절한 자식 사랑이 담긴 속절이었고, 아이들이 손꼽아 기다리던 쌀밥을 먹는 날이었다.

9월 9일의 중구는 햇곡식이 나지 않을 때 지내는 추석의 대체 명절이었고, 아들이 없으면 죽어서도 서러운 친정 어버이의 제삿날이었다.

보릿고개 시기에는 소나무 껍질로 만든 송기죽을 먹으면 뱃속에서 뽀글뽀글 소리가 났고, 배고픈 사람들이 먼 곳까지 가서 쑥을 뜯어 먹을 수 있게 '꽁차'가 운행되었으며, 천지신명도 배고픔을 아는지 들에 흉년이 들면 산에는 도토리가 풍년인 시절이었다.

이런 풍속을 접하는 다수의 한국인들은 아마도 사라진 것들에 대한 아쉬움과 함께 아날로그적 삶과 그 시절에 대한 향수와 동경을 가질 것이다. 그만큼 우리의 풍속 일부는 사라지기에는 너무 아쉬운 우리의 자화상이고 일부는 현재에도 여전히 유의미한 가치를 지니는 한민족의 소중한 문화유산이다. 이런 이유에서 전통 시기와 연결될 수 있는 민속 현장의 지역 풍속에 대한 정리와 소개는 필요하며, 이 책은 이에 부응하고자 쓰였다.

최근까지 행해진 지역의 풍속을 담아 새롭게 쓴 만큼, 기술상의 순서도 기존의 풍속서들과는 달리 취해, 설날부터의 시작이 아닌 동지의 풍속부터 소개했다. 설날이 역법(曆法)에 기반한 사회·문화적 규정의 산물이고 역법이란 가상의 시간을 인위적으로 나눈 정치·문화적 제도의 결과물인 반면, 동지는 자연력과 풍속에 기초하며, 이 풍속이란 공동체 구성원들의 삶과 생활 속에서 오랜 시간을 두고 자연스럽게 형성된 사회·문화적 관습의 결과물이기 때문이다. 따라서 한민족의 명절 중 자연력에 부합하고, 가장 오랜 역사를 지닌 새해 관련 동지를 시작점으로 잡았다.

동지와 관련, 한민족은 이날 팥죽을 쑤고 이를 조상에게 올리는 한편, 집 안팎에 뿌렸다. 그간 우리는 팥죽 뿌리기를 제액축귀(除厄逐鬼)의 주술적 행위라고 여겼다. 그런데 팥죽 뿌리기는 고수레처럼 신에게 음식을 대접하는 방식이자 동지를 쇠는 의례이기도 했다. 현대의 인식과 달리 고대 시기에 소금과 물은 생명 유지의 필수 물질이자 귀한 재화였기에, 이를 뿌린다는 것은 불운을 가져올 수 있는 잡신 등에게 미리 귀한 것을 대접해 재액(災厄)을 막고자 했던 행위로도 해석할 수 있는 것이다.

이 책은 이처럼 그간 우리가 알고 있던 것과는 다르거나, 크게 주목하지 않았던 한민족의 풍속과 문화에 대해 주로 다루고 있다. 예컨대, 세시 절식으로서 만두는 섣달그믐부터 2월 초하루까지 빚어지던 강원도와 경기도 중심의 연말연시 음식이었고, 단오의 수리취떡은 실제로는 쑥떡이며, 추석의 대표 음식으로서 송편은 1970년대 말에 일반화됐다는 내용 등이 바로 그것이다.

이 책은 명절이 민족의 정체성을 규정하고, 확인·유지시키는 전통문화의 핵심이란 점에서 코로나 19의 범세계적 유행 이후 급격히 쇠퇴하고 있는 한국의 명절 풍속을 지속하기 위해서는 의례를 과감히 버리고, 절식(음식)만으로 명절을 쇠어야 한다는 대안도 제시하고 있다. 송편이나 팥죽, 떡국만을 마련해 명절을 지내면 과도한 가사 노동으로부터 벗어날 수 있고, 제사에도 준용이 가능하기 때문이다. 특히 이 같은 절식 위주의 명절 쇠기는 동지팥죽과 대보름의 오곡밥(찰밥)에서 살필 수 있듯, 한민족의 유구한 명절 문화라는 점에서 전통을 되살려 새롭게 쓰는 '구법득신(舊法得新)'으로도 볼 수 있다.

이 책은 이 밖에 특이한 전통 풍속도 소개했다. 2000년대 이전, 서남해 섬 등에서 행해졌던 '잔치식 상·장례'가 바로 그것이다. 이 풍속은 우리가 아는 엄숙하고 슬픈 유교의 상·장례와는 사뭇 다르다. 이들 섬 지역에서는 초상이 나면 동네 사람들이 상갓집을 찾아 장례 일을 거들고, 한편으로는 망자와 상주를 위로하고자 북·장구에 춤추고 노래까지 부르며 '놀았다'. 그런데 '밤다리'로 불리는 이 풍속에 나타나는 음식 부조와 일손 돕기를 비롯한 상갓집 방문이나 행사 참여 등은 모두 품앗이에 포함됐고, 이 같은 노동-음식-의례 참여의 품앗이와 부조는 반드시 그 대갚음이 즉시 또는 시간을 두고 이행됐다. 이런 품앗이와 부조 풍속은 '세상에 공짜는 없다'와 '못 먹은 귀신은 못 먹은 값을 한다'라는 속담에도 응축되어 나타나듯, 한민족이 지닌 공동체에 대한 인식과 의식 저변에 깔린 지향 가치가 무엇인지를 보여 준다.

이들 속담의 '공짜'와 '값'에는 우리의 말과 행위는 물론, 나타내는 표정과 몸짓, 심지어 눈짓 하나까지도 포함되며, 이 모두에는 언젠가는 되돌려주거나 되돌려받아야 하는 '부채'의 의미가 담겨 있다. 따라서 남을 도와야 할 때 돕지 않는 것, 잘못된 것을 잘못이라 말하지 않는 것에도 그 값이 있기에, 훗날 반드시 갚아야 할 빚이 되었던 것이다. 그렇기에 전통시기의 한국인들은 예의와 체면, 명분 등을 중시했고 정이 많았으며, 쉽게 그른 마음을 품거나 남을 해코지하여 이웃을 아프게 할 수 없었다. 아마도 한국의 공동체가 유지될 수 있었던 것은 이 같은 품앗이의 작동 원리와 '먹은 값'을 대다수의 사회 구성원들이 중시하고 이행했기 때문일 수도 있다. 그렇다면 이는 역설적으로 현재의 한국 사회가 직면한 여러 부조리와 공동체 가치의 상실이 이 같은 전통 가치의 쇠퇴나 부재에서 비롯됐다는 의미이기도 할 것이다.

공동체의 공간과 재화는 물론, 우리 사회의 구성원들이 지니는 배려와 상호 존중, 교양 등은 결코 '화수분'일 수가 없다. 그렇기에 한정된 재화와 공간을 소수가 다점(多占)하고, 공동체를 사적 편의와 이익 창출의 대상(수단)으로만 여긴다면 분명 '그 값'을 야기할 수밖에 없고, 그 값에 대한 '부채'는 결국 우리 공동체의 지속 불가능이나 파멸로 이어질 것이다.

이 책은 우리 풍속의 질박함과 따뜻함을 느끼고, 공동체 중시의 가치를 되돌아봤으면 하는 바람을 담고 있다. 우리가 속한 사회와 세상이 나아지면 바로 나와 우리 모두가 더 행복해질 가능성이 높기에, 그간의 연구 내용을 수정·보완해 이 책을 엮었다.

끝으로 한국 전통문화에 관심을 갖고 이 책을 읽어주신 독자 여러분에게 감사드리며, 한결같은 응원과 함께 삶의 가치와 의미를 일깨워 주는 가족과 아들 김원우에게 무변(無邊)의 사랑을 전한다.

2025년, 꽃과 초록의 계절에…

저자 김용갑·박혜경

Korean Customs Written from a New Perspective

Preface

This book covers local customs that Koreans practiced in rural and mountain villages etc. until the early 2000s, as opposed to the 'book customs' centered on the capital (Han-yang) and the aristocratic class. It introduces (in a question-and-answer format), customs of *Dong-ji*, *Dae-bo-reum*, *Yu-du*, *Chil-seok*, and *Baek-jung*, which are mostly gone now. These customs were considered traditional holidays by many Koreans before Korean society underwent industrialization and urbanization. This book also discusses the staple food of Koreans, *ssal-bap* (rice)[1] and kimchi, and a unique funeral custom. It also contains the reasons why many Koreans believe that they will get a year older only when they eat *pat-juk* (red bean porridge) on *Dong-ji* (winter solstice) and *tteok-guk* (rice-cake soup)[2] on *Seol-nal* (lunar New Year's Day). It discusses the origin of *Sam-jit-nal* (March 3rd in the lunar calendar), when people would hold bats made of flowers and sing *hwa-jeon-ga* (songs). The book also provides answers to the questions of why Koreans began to eat *mep-ssal* (non-waxy rice), as well as what led to the use of *go-chu* (red peppers) for kimchi. *Go-chu*, a plant once considered poisonous, became an ingredient for kimchi, and as a result, the color of kimchi changed to the red we know today. This book also examines the customs of October (of which it is now difficult to find traces) called *Sang-dal*: 'mu-o-tteok', *an-taek*, and *ga-eul-go-sa* (autumn rites), (which may be related to *Dan-gun* of *Go-jo-seon*[3]) as well as the origin of the Korean people. Therefore, the book contains the following customs along with explanations for the above questions.

June 15th in the lunar calendar, *Yu-du*, was a day when Koreans would make *mil-gae-tteok* and hold a ritual in the Korean melon fields. The summer night was decorated with lanterns by people wearing *sat-gat*[4] and straw raincoats performing the *Yu-du* ritual in the rice fields.

Chil-seok on July 7th in the lunar calendar was a day, when parents prayed to the Big Dipper for the health and longevity of their children. It was also a day when kids could eat *ssal-bap*, which they had been eagerly waiting.

Jung-gu on September 9th in the lunar calendar was a substitute holiday for *Chu-seok*, observed when new rice was not harvested. There was a memorial service for parents of brotherless women, who were saddened even after death if they had no son.

During the spring-poverty season, people would peel pine bark and boil it to make pine porridge. After eating it, their stomachs would make a gurgling sound. Also, during this period, a '*ggong-cha* (vehicles that operate at no fare)' was operated so that hungry people could travel far to pick mugwort to eat. When there was a famine in the fields, there was an abundance of acorns in the mountains (for even the deities of heaven and earth knew about hunger!).

Many Koreans who read about these customs today, probably feel nostalgia and longing for those times. Some customs are precious cultural heritages of the Korean people that still have significant value now. For this reason, this book is written to reintroduce local folk customs that can be linked to the traditional period.

This book is written from a different perspective from others in that it starts with the customs of *Dong-ji*, not *Seol-nal*. This is because *Seol-nal* is a product of social and cultural regulations based on the calendar: a political and cultural outcome that artificially divides virtual time. *Dong-ji* is based on customs, and these customs are a social and cultural outcome that is naturally formed in the lives and lifestyles of community members. Therefore, among the Korean people's holiday customs, the customs of *Dong-ji* related to the New Year are taken as a starting point.

In relation to *Dong-ji*, Koreans made *pat-juk* on this day. They offered it to their ancestors and to the deities of the house as well as scattered it inside and outside the house. Until now, we have considered sprinkling *pat-juk* as a shamanistic act to ward off evil spirits: this act was also a way of serving food to gods, like a *go-su-re*[5], as well as a ritual to celebrate *Dong-ji*. Contrary to modern perception, in ancient times, salt and water were essential substances for sustaining life and were precious commodities. Sprinkling them can be interpreted as an act to placate these gods and thus prevent misfortune.

This book covers customs that are different from what we have known or have not paid much attention to. For example, *man-du* (dumplings), as a seasonal food, was made from New Year's Eve to the first day of February and was a year-end and New Year's food centered in Gangwon and Gyeonggi provinces. *Dan-o*'s *su-ri-chwi-tteok*[6] was actually *ssuk-tteok* (mugwort rice cake), and *song-pyeon* became popular in the late 1970s as a customary food of *Chu-seok*.

In that traditional holidays are the core of traditional culture that defines, confirms, and maintains ethnic identity, the book suggests an alternative to sustaining Korean holiday customs, which have been rapidly declining since the global pandemic of COVID-19. This alternative is to boldly abandon rituals and celebrate the holiday only by *jeolsik* (such as *song-pyeon*, *pat-juk*, and *tteok-guk*). This way of celebrating the holiday, centered on traditional foods, can make people escape from excessive housework, and also can be applied to memorial service rites. In particular, this way is a long-standing Korean holiday custom as can be seen in *dongji-patjuk* and *o-gok-bap* (five-grain rice), and it also becomes *gu-beop-deuk-sin* (舊法得新), which revives old traditions and reuses them anew.

This book also introduces unique traditional customs. One of these customs is the 'feast-style funeral' that was practiced on islands in the southwestern coast, etc. until the early 2000s, and it is different from the solemn and sad Confucian funerals we know. In these island regions, when a death occurred, the villagers would visit the funeral home to help with the funeral as well as dance to the drum and *jang-gu*[7] and sing songs to comfort the deceased and the bereaved family. However, in this custom called '*bam-da-ri*', the food assistance, as well as visiting the funeral home and participating in *bam-da-ri*, were all included in the '*pum-at-i*',[8] and assistance with labor, food, and participation in rituals were always repaid immediately or over time.

This custom of mutual aid and *pum-at-i* is reflected in proverbs such as "There is no such thing as a free lunch" and "An uneaten ghost pays for what he doesn't eat", shows the awareness of the community that the Korean people have. Also, shown are the values that lie beneath the consciousness of the

Korean people. The 'free and paid' in these proverbs include not only our words and actions, but also our facial expressions, gestures, and even our glances. All of these connote the meaning of 'debts' that must be repaid at some point. Accordingly, not helping others when they should be helped, and not saying is something wrong is wrong each have each a price. These debts must be repaid in the future. That is why Koreans valued manners, '*che-myeon*',[9] and justice; were very affectionate, and could not easily harbor wrong intentions, harm others or cause pain to their neighbors. Perhaps the reason why the old Korean community was able to maintain cohesion may have been because most members of society valued and implemented this principle of mutual aid (*pum-at-i*) and 'Price of Eating'. If so, then paradoxically, this could also mean that the various absurdities and loss of community values that Korean society currently faces, stem from the decline or the absence of such traditional values.

The space and resources of the community, as well as the consideration, mutual respect, and refinement of the members of our society, can never be '*hwa-su-bun*'.[10] Therefore, if a few people monopolize limited space and resources and consider the community only as means for personal convenience and profit creation, it is inevitable that the debt for this price will lead eventually to the unsustainability or destruction of our community.

The book contains the hope that people will feel the simplicity and warmth of Korean's traditional customs and look back on the importance of community focused values. If the society and world we belong to improve, there is a high possibility that all of us will be happier. Therefore, we compiled this book by revising and supplementing the research we have done so far.

Finally, we would like to thank all the domestic and international readers who have read this book with interest in Korean traditional culture, and express our boundless love to our family, especially to our son, Wonwoo Kim, who always supports and reminds us of the value and meaning of life.

In the season of flowers and green leaves in 2025···
Kim, Yong-kab · Park, Hye-gyeong

목차

서문 - 2
영문 서문 - 8

1장. 사라져 아쉬운… 정답고도 눈물겨운 한국의 풍속 - 25
고드름은 많아야 풍년… 배고파 먹은 송기죽

2장. 한민족의 명절과 속절 및 절식 - 51
추석·동지·대보름 쇠고… 송편·팥죽·찰밥 장만

3장. 한민족의 가장 오래된 새해 설날 동지 - 75
어른동지에 팥죽 쑤고… 애기동지에는 팥떡 빚어

4장. 신 대접 방식과 동지를 쇠는 의례로서 팥죽 뿌리기 - 109
고수레 같은 음식 올리기… 배려와 존중의 공동체 가치 담겨

5장. 만두를 먹어야 나이 한 살 더 든다 - 149
고대 한국에서 유래한 만두… 강원 중심·연말연시의 음식

6장. 설날… 떡국을 먹는 것은 태양을 먹는 것 - 191
무병장수와 풍년 농사 기원… 차례 전 세배 올리기도

7장. 대보름… 오곡밥 먹어야 풍년들고 복 받는다 - 213
개보름은 보름 전날… 니 더우, 내 더우, 맞더우!

8장. 꽃방맹이 손에 쥐고 화전가 부르던 삼짇날 - 249
강남 간 제비 오는 날… 나비 색으로 운세 보기

9장. 여름철 재액 제거와 건강을 기원했던 단오 - 271
푸른빛의 쑥떡을 빚는 날… 수리취떡은 와전의 산물

10장. 지금은 사라진 풍농 기원의 명절 유두 - 313
삿갓에 도롱이 쓰고 유둣제… 부침개, 밀개떡 해 먹는 날

11장. 자식 사랑하는 부모의 마음이 깃든 칠석 - 333
북두칠성에 수명장수 기원… 쌀밥 먹는 날

12장. 농군의 명절 백중… 호미 씻고 잔치 - 353
객사한 망자의 넋을 기리는 날… 경상도·제주에서 성행

13장. 마한의 시월제와 신라의 가배에서 유래한 추석 - 373
송편 빚어 풍년 기원… 한 해 농사의 수고에 감사

14장. 추석의 대체 명절 중구 - 411
햅쌀 안 나면 중구에 차례… 국화떡 빚고 구절초 뜯는 날

15장. 단군이 하늘에서 내려온 10월 상달 - 431
성주·안택고사로 수확 감사·가신 대접… 한민족 민간신앙의 보고

16장. 춤과 노래로 망자를 떠나보낸 섬사람들의 상·장례 풍속 - 461
서남해 지역의 '밤다리'… 한민족 품앗이 문화의 총체

17장. 신에게 올리는 귀한 쌀밥을 일상의 음식으로 - 511
끈기 없는 곡물(메성) 선호의 민족적 식감… 쌀밥 주식화의 배경

18장. '맹독성' 고추 식용이 가져온 붉은색의 매운 김치 - 549
고추 닮은 천초 식용의 전통… 김치의 고추 수용 배경

참고 문헌 - 590

감사 인사 및 후기 - 606

Table of Contents

Preface - 8

Chapter 1. Korean Traditional Customs ··· very Affectionate and Tearful but Disappearing Regrettably - 25

The longer icicle, the better harvest ···
Having *songgijuk* because of hunger

Chapter 2. The Korean People's Traditional Holidays, Ceremonial Holidays, and Representative Foods of the Holidays - 51

Celebrating *Chuseok*, *Dongji*, and *Daeboreum* ···
Preparing *songpyeon*, *patjuk*, and *chalbap*

Chapter 3. *Dongji*, the Oldest Lunar New Year of the Korean People - 75

Cooking *patjuk* on the *Dongji*···
Making *sirutteok* on the *Aedongji*

Chapter 4. Sprinkling *Patjuk*, a Way to Celebrate *Dongji* and Offer Food to Deities - 109

A way of treating deities like *gosure* ···
Having community values of consideration and respect

Chapter 5. Getting One Year Older Only when Eating *Mandu* - 149

Dumplings (*Mandu*) originated in ancient Korea ···
Food for the year-end and New Year's holidays and Gangwon-centered

Chapter 6. *Seolnal* ⋯
Eating *Tteokguk* is like Eating the Sun - 191

Praying for good health and harvest ⋯
Offering New Year's bow before the ancestral rite

Chapter 7. *Daeboreum* ⋯ Only by Eating *Ogokbap* can People
be Blessed and Have a Good Harvest - 213

Gaeboreum is the day before the full moon ⋯
Your, my, each other's summer heat!

Chapter 8. *Samjitnal*, the Traditional Holiday
when People Hold Flower Bats and Sing Songs of *Hwajeon* - 249

The day the swallow that went to Gangnam returns ⋯
Telling fortune by butterfly colors

Chapter 9. *Dano*, the Holiday to Remove bad Luck
and Pray for Health - 271

The day to make blue-colored *ssukteok* ⋯
Surichwitteok is a product of misinformation

Chapter 10. *Yudu*, the Traditional Holiday to Pray
for a Good Harvest that has now Disappeared - 313

Serving *Yudu* ritual wearing straw raincoat and *satgat* ⋯
The day to eat *buchimgae* and *milgaetteok*

Chapter 11. *Chilseok*, the Traditional Holiday Filled
with the Parents' Love for their Children - 333

Praying to the Big Dipper for longevity ⋯
The day for eating *ssalbap*

Chapter 12. *Baekjung*, the Farmers' Traditional Holiday ⋯ The day to Wash the Hoes and then Feast - 353

The day to honor the souls of the dead whose date of death is unknown ⋯
Widely celebrated in Gyeongsang and Jeju provinces

Chapter 13. *Chuseok*, the Holiday that Originated in Mahan's October Feast and Sinla's *Gabai* Custom - 373

Praying for a good harvest by making *songpyeon* ⋯
Thanks for finishing the hard farm work

Chapter 14. *Junggu*, the Substitute Traditional Holiday for *Chuseok* - 411

Holding rituals on *Junggu* if no new rice ⋯
The day to make *gukhwa-tteok* and pick chrysanthemums

Chapter 15. October, *Sangdal* (the best month) when *Dangun* Descended from Heaven - 431

Holding *seongju* or *antaek* ritual to thank for the harvest and treat deities of the house ⋯
A treasure trove of Korean folk beliefs

Chapter 16. Funerary Customs of the Islanders who Bid Farewell to the Dead with Dance and Song - 461

'*Bamdari*' customs of the southwestern coast ⋯
The totality of the Korean people's culture of *pumati*

Chapter 17. Making the Precious *Ssalbap* Offered to Deities as a Daily Food - 511

The food-texture of the ancient Korean people who preferred non-waxy grains (*meseong*) ⋯
Background of the development of rice as a staple food

Chapter 18. Red Spicy Kimchi Resulting from Eating the Highly 'Toxic Plant' *Gochu* - 549

The food tradition of eating *cheoncho* similar to *gochu* ⋯
Background on why kimchi comes with *gochu*

References - 590
Gratitude and Postscript - 606

1장

사라져 아쉬운…
정답고도 눈물겨운 한국의 풍속

고드름은 많아야 풍년… 배고파 먹은 송기죽

1장

사라져 아쉬운…
정답고도 눈물겨운 한국의 풍속

고드름은 많아야 풍년… 배고파 먹은 송기죽

풍속(風俗)은 예로부터 한 사회에 전해 오는 생활 전반에 걸친 습관 따위나 한 시대의 사회·문화적 양상을 말하며, 세시풍속(歲時風俗)은 이들 중 명절이나 절기 등을 비롯해 매년 계절과 달의 변화에 따라 주기적으로 나타나는 문화 현상 등을 일컫는다. 한복을 입고 초가삼간에 살며 쌀밥에 김치를 먹고, 호미로 밭을 매는 것 등이 한국의 (전통)풍속이며, 동지에 팥죽을 쑤고 떡국에 송편을 먹으며 성묘나 줄다리기를 했던 것이 세시풍속이다. 풍속은 이처럼 한 집단의 구성원 다수가 행했거나 행하고 있는 문화 현상이라고 할 수 있다.

한민족(韓民族)[1]의 풍속에는 우리 선조들의 발자취와 삶의 지향 가치는 물론, 그들이 힘겹게 헤치고 이어 온 삶의 지혜와 애환이 깊게 담겨 있다. 그렇기에 이들 풍속은 사라지기에는 너무 아쉬운 정답고도 눈물겨운 우리의 과거이며 전통의 문화이다. 하지만 한국의 전통 풍속 대다수는 우리 사회의 급격한 변화와 함께 사라졌고, 일부는 지금도 소멸해 가고 있는 중이다.

명절과 속절, 그리고 음식 위주의 한민족 풍속을 상세히 들여다보기에 앞서 1970년대 무렵을 전후해 우리 문화 속에 실재했거나 기억 전승 속에 남아 있던 풍속의 일부와 당시 한국인들이 지녔던 신앙 또는 가치의 세계를 1장에서 잠시 살펴보고자 한다.

다음은 국립문화재연구소의 『세시풍속』에 나타난 풍속들이다.

1. 풍년·풍어 풍속

고드름은 많아야 풍년… 눈은 밤사이 아무도 모르게 내려야 풍년

전남 함평군 학교면에서는 처마 밑에 고드름이 많이 달리면 이듬해에 풍년이 든다고 해 아이들이 고드름을 끊지 못하게 했다(p.821).˝ 전북 익산시 금마면에서는 첫눈이 음력 11월 밤에 사람들 모르게 많이 오면 그 이듬해에 풍년이 들고, 낮에 조금 오면 흉년이 든다고 여겼다(139).

샛바람이 불면 물고기가 잡히지 않고… 갈바람·마파람 불면 좋다

경남 남해군 설천면에서는 1월 중 샛바람(동풍)이 불면 물고기가 안 잡히고 벼농사에도 좋지 않지만, 갈바람(서풍)이나 마파람(남풍)이 불면 고기잡이에 좋은 날씨라고 여겼다. 태풍은 주로 마파람이고, 바람이

---

* 풍속이 출현하는 마을 단위의 지역을 대표해 관할 행정구역의 명칭만을 표기함. 따라서 소개된 풍속이 해당 행정구역 전체에서 나타난다는 의미는 아님. 몇몇 지역의 경우 행정구역(읍·면·동) 명칭의 변경이 있었지만 풍속 조사 당시의 명칭을 그대로 제시함.

** 풍속에 관한 원문 정보를 제공하기 위해 ( ) 안에 해당 풍속이 출현하는 책자의 페이지를 표시함. p.821은 『세시풍속』(전남), p.821을 의미함. 이후 책명과 지역 편명 및 p. 또는 pp.를 생략해 ( ) 안에 페이지 숫자만 기입함. 이와 함께 출현 책명이 『세시풍속』이 아닌 『한국의 가정신앙』일 경우, ( ) 안에 '가정'과 함께 숫자를 병기함.

크게 일면 바다가 한번 뒤집혀서 맑아졌다고 한다(526).

들이 흉년이면 산에 도토리가 풍년… 나무 내다 팔아 보리쌀 등 사와

경북 문경시 농암면에서는 4월과 마찬가지로 7월에도 먹을거리가 없어 큰 어려움을 겪었다. 7월에는 고구마나 감자로 끼니를 때워야 했는데, 농사지을 땅이 없는 사람들에게는 고구마나 감자를 재배할 땅도 넉넉하지 않았다. 그래서 소작하는 땅의 사이사이마다 콩 등의 작물을 심고, 가장자리에는 옥수수를 심어 이를 구황작물로 삼았다. 가을에는 산에서 도토리를 주워서 묵을 만들어 먹었는데, '들이 풍년이면 도토리가 많이 열리지 않고, 들이 흉년이면 도토리가 많이 열린다'라는 말이 있었다. 1년 동안 농사를 지어도 두 가마를 수확하기도 힘들었기 때문에 겨울에도 음식을 넉넉하게 먹지 못했다. 다음 수확 철이 되기 전에 곡식이 떨어지기 일쑤여서 인근 함창장에 나무를 내다 팔아 이 돈으로 쌀보다 더 많은 양을 살 수 있는 보리쌀, 서숙, 조 등을 사다 먹었다(182).

2. 보릿고개 풍속

보릿고개 시절… 송기죽 먹으면 뱃속에서 뽀글뽀글 소리가 났다

경북 상주시 만산2동에서는 보릿고개에 먹을 것이 없을 때는 산에 가서 큰 소나무의 속껍질(송기)을 벗겨와 칼로 이 껍질의 위, 아래에 선을 내서 잿물을 넣고 푹 삶은 다음, 방망이로 퍽퍽 두드려 퍼지게 했다. 그런 다음, 이 송구(송기)에 좁쌀이나 간 콩 또는 보리쌀을 함께 넣고 붉은 팥죽처럼 보이는 송기죽을 끓였다. 이 죽을 먹고 양지바른 곳에 앉아 있으면 뱃속에서 송진 끓는 소리가 뽀글뽀글 났다. 송기떡도 만들어 먹었는데 이 떡은 송기에 쌀을 조금 넣고 절구에 찧은 다음, 반죽을 단자 모양으로 빚어 삶아서 만들었다. 단자에 콩가루를 묻히면 송진 냄새가 약간 났지만 맛있고, 식감은 쫄깃쫄깃했다. 이 밖에 산나물을 먹거나 쑥과 함께 콩과 보리를 넣은 죽으로 끼니를 해결했으며, 술찌게미(술지게미)에 단 것을 타서 먹기도 했다(225).

멀리 가서 쑥 뜯어 먹으라… '꽁차' 운행된 보릿고개

경북 상주군 함창읍에서는 춘궁기에 쑥죽 등을 쑤어 먹었는데, 쑥죽은 쑥 한 아름에 아주 적은 양의 좁쌀을 넣어 만들었다. 또한 보리가 새파랗게 필 때 이삭을 베어다 방아에 찧은 다음, 쪄서 보리떡을 만들어 먹기도 했다. 봄에 기근이 들면 '꽁차(무료로 운행된 차량)'가 먼 곳까지 가서 쑥을 뜯을 수 있게 태워다 줬다(250). 안동시 풍산읍에서는 가뭄이 드는 때에 보리쌀을 빻아 죽을 쑤거나 송구떡(송기떡)을 빚어 콩가루에 묻혀 먹었는데, 허기가 심할 때는 덜 여문 '떡버리(떡보리)'를 먹기도 했다. 봄은 쑥을 비롯한 나물이 흔한 때이지만, 그해 보릿고개를 맞으면 나물 또한 쉽게 구할 수 없어 산나물을 뜯고, '까마귀물굿'이라는 나무 덩어리를 캐 와서 물에 삶아 먹었다(275).

3. 속절 및 명절 풍속

동지부터 청명까지 하루 식사는 2끼… 식량 절약 차원

충남 논산시 상월면에서는 동지부터 그다음 해 청명 때까지는 점심을 먹지 않았는데 식량 절약 차원이었다(78).

이불 없이 자는 밤… 대보름

전남 완도군 고금면에서는 보름날 이불을 덮고 자면 모내기 뒤에 논에 물이끼가 두텁게 끼어 농사에 좋지 않다며 이날 밤 이불을 덮지 않고 잤다(683).

유딧제… 여름밤 들판을 불빛으로 수놓아

경북 구미시 형곡 2동에서는 6월 보름에 보리 나락을 베어서 일꾼들을 먹이고, 보리개떡을 만들어 먹었다. 보리개떡을 하면 일꾼들이 해거름(해가 질 무렵)에 논으로 나가서 수저에 보리개떡을 꽂은 다음, 술을 한잔 따라 놓고 '유딧제(유두제)'를 지냈다. 유둣날 저녁 밖에 나가서 불빛이 반짝이는 곳에 가 보면 모두 유두제사를 지내고 있을 정도로 유딧제는 흔한 의례였다. 부잣집의 경우 유두 제사를 쌀떡으로 지내기도 했지만, 대부분 집에서는 밀떡으로 제사를 지냈으며, 이날 밀국수를 만들어 먹기도 했다(97).

아들 없으면 죽어서도 서러운 친정 어버이… 중구에 제사 받아

전북 장수군 장계면에서는 아들 없이 죽은 친정 부모의 제사를 맡은 딸이 중양절에 차례를 올렸는데, 딸의 경우 이미 출가외인이므로 시댁 조상처럼 시사를 올려 주지 못하기 때문이었다(554). 금산군 복수면에서도 아들을 두지 못하고 죽은 조상을 위해 이날 딸이 조상의 제사를 모셨는데, 기제사와 동일한 방식으로 제사를 모셨지만, 집이 아닌 묘소에서 직접 올렸다(309). 장수군 계북면에서는 중양절에 후손이 없는 조상을 위한 '귀일제(구일제)'를 지냈는데, 외손이 제사를 지내려면 방 안으로 모시지 못하고 대청에서 지냈다(574).

칠석… 아이들이 손꼽아 기다리던 쌀밥 먹는 날

충남 청양군 청양읍에서는 칠석날 아침에는 쌀밥을 마련하여 호박나물과 함께 먹었는데, 늘 꽁쌀미(꽁보리밥)만 먹다가 칠석날 쌀밥을 먹게 되므로 아이들은 이날을 손꼽아 기다렸다(634). 청양군 정산면에서는 칠월이 되면 곡식이 없어 어려움이 많으나 칠석밥을 해 먹을 쌀만큼은 건드리지 않고 칠석날 아침에는 쌀로 칠석밥을 지었다. 아이들은 쌀밥을 먹는 칠석을 손꼽아 기다리기도 했다(607). 홍성군 서면에서는 칠석은 '이름 있는 날(중요한 명절이란 뜻)'로, 쌀밥, 미역국, 호박나물 등을 마련하여 먹었는데, 쌀이 무척 귀해 괭이(고양이)가 훔쳐 먹고 토해 놓은 것이라도 깨끗하게 씻어서 밥을 해 먹었을 정도였다(678).

부지깽이 거꾸로 꽂아도 싹이 튼다… 예전의 식목일, 2월 1일 물방수날

경북 고령군 쌍림면에서는 2월 1일을 '물방수날'이라고 했는데, 이날은 나무를 심는 날로 요즘으로 치면 식목일과 같은 날이었다.[12] 이날은 부지깽이를 거꾸로 꽂아 놓아도 나무에서 잎이 난다는 날로, 이날부터 땅에서 물과 지기가 올라오기 때문에 만물이 소생한다고 여겼다(431).

5월 단옷날 남녀가 마주 보고 서서 그네도 탔다… 배그네

전북 장수군 장계면에서는 단오 즈음이 되면 모심기를 끝내고 한가해졌기에 단옷날 동아줄을 꼬아서 둥구나무에 매고 그네를 탔다. 그네는 남녀가 함께 마주 서서 타기도 했는데, 이렇게 두 명이 타는 그네를 '배그네'라 했다. 그네를 탈 때는 '5월이야 단옷날에 니가(네가) 밀면 내가 웃고…'라며 흥을 돋우는 노래를 불렀다. 한번 매 놓은 그네는 끊어질 때까지 수시로 타며 놀았는데, 그네는 장마에 자연스레 끊어졌다고 한다(550).[13]

대보름날… 외양간의 소에게도 상 차려 찰밥 대접

강원 정선군 남면에서는 (대)보름날 찰밥을 지으면 나물과 함께 상이나 쟁반에 담아 마구(외양간)에 가서 소를 사람처럼 대접했다. 소가 밥을 먼저 먹으면 풍년이 들고, 나물을 먼저 먹으면 흉년이 든다고 여겼다(395).

삼짇날… 옛 스승의 날, 스승 추모제 지내

충남 논산시 상월면에서는 서당이나 학당에서 제자들이 스승을 추모하는 행사를 하려고 할 때 이에 맞춤한 날이 없기에 삼짇날 스승에 대한 추모제를 지냈다(73).

한국 전쟁 후 사라진 섣달그믐 명절

경남 통영시 용남면에서는 한국 전쟁이 나기 전까지 섣달그믐 차례와 (정월) 초하루 차례를 아침에 모셨다. 그런데 한국 전쟁 이후 그믐 제사를 지내지 않는 집이 차츰 늘어났고 2000년대 초를 즈음해서는 그믐에 제사를 지내는 집이 없게 되었다. 본래 그믐에는 '막가는 날'이라고 하여 더욱 정성스럽게 제사를 모셨으며, 설날 아침에 지내는 차례상은 떡국만을 새로 끓여서 올릴 뿐 그믐 제사를 지내고 물린 상을 다시 차려서 올렸다(405-406).

마당에 불 피우고 3번 뛰어넘어야… 더위 먹지 않는다

전북 군산시 경암동에서는 정월 14일 밤 12시가 넘어 마당에 대나무[14], 목홧대, 아주까릿대로 댓불을 피워 놓고 아이들이 불 위를 3번 뛰어넘게 했다. 이렇게 하면 더위를 먹지 않는다고 여겼다(13).

영동할매는 혼인하지 않고 죽은 처자… 제사 지내면 농사 잘 돼

경북 청도군 매전면에서는 영동(영등)할머니 유래가 전해 내려오는데, 영동할머니는 본래 젊은 처자로 혼인을 하지 못하고 죽은 사람이었다. 그런데 이 처자는 자기의 죽을 시(時)와 장소를 알고 있었고, 마을 사람들에게 부담 주지 않고 죽기 위해 홀로 산만대기(꼭대기)에 올라가 죽음을 기다렸다. 그때 마침 한 선비가 과거를 보러 한양으로 올라가다 젊은 처자가 산에 홀로 앉아 있는 것이 의아해 그 영문을 물었다고 한다. 처자는 "일찍 부모를 다 여의고 친척붙이도 없어 시집도 못 갔는데, 이제 내가 죽을 시(時)가 다 되어 동네 사람에게 부담될까 봐 여기 와 있는 것"이라고 답했다. 그리고는 선비에게 이번에 과거에 붙으면 꼭 돌아와 자신의 시신에 흙만 덮어 달라고 부탁을 했다. 선비는 약속을 하고 서울로 떠났고, 과거에 급제해 암행어사와 여러 벼슬을 하고 이 고을로 왔다고 한다. 선비는 처자와의 약속대로 흙을 덮어 무덤을 만들어 주고 그 마을 사람들에게 이월 초하루에 이 처자의 제사를 지내 주면 농사가 잘되고 재수도 좋을 것이라 일러 주었다. 이렇게 해서 영동할매의 제사가 시작됐다고 한다(817).

2월1일은 일꾼의 날… 오늘날의 노동절, 일꾼들 하루 쉬게 해

강원 횡성군 우천면에서는 (음력) 2월1일을 일꾼의 날이라고 해 나이

떡(송편)을 빚어 먹었으며, 일꾼을 부리는 집에서는 이날 하루 일꾼들을 놀게 했다(570).

부처님 오신 날의 낙화놀이… 타닥타닥 소리 나는 불꽃으로 장관 이뤄

충남 논산시 상월면에서는 부처님 오신 날에 낙화놀이를 했는데, 참나무 숯 껍데기 속에 소금을 넣어서 중간중간을 끈으로 묶었다. 참나무 숯 껍데기는 튀는 성질이 있어, 그 안에 소금을 넣으면 더욱더 잘 튀었기 때문이다. 부처님 오신 날 밤 이를 축하하기 위해 소금 넣은 숯을 나무에 걸어 놓고 불을 붙여 불꽃놀이를 하면 숯과 소금이 타면서 내는 타닥타닥 소리와 함께 불꽃이 일어나 장관을 이루었는데 이 풍속은 사라진 지 오래됐다고 한다(74).

추석날은 며늘아기 친정 가는 날… 엎은 아이 쥐구녕에 검정 발라

충남 당진군 순성면에서는 추석 차례를 마친 후에 며느리가 아이를 업고 술 한 병을 사서 친정을 방문하고 이틀 내지 사흘을 쉬었다가 돌아왔다. 며느리가 친정에 갈 때 업은 어린아이에게 잡귀가 덤벼들지 말라고 아이 저고리의 뒷고대에 바늘로 고추를 저며 빠지지 않게 실로 엮고, 솥단지 밑의 검정을 아이의 쥐구녕(머리에 있는 숨통)에 발랐다. 외가에 가서 앓는 아이들이 많았으므로 외가에 가려면 으레 이렇게 했다(395).

4. 절식 풍속

서숙쌀과 감자로 빚어진 산골 마을의 추석 송편

강원 태백시 구문소동에서는 예전의[15] 경우, 추석을 맞아도 논이 없어서 쌀이 아닌 서숙쌀(좁쌀)을 찧어 팥을 넣고 송편을 빚었으며, 감자를 갈아서 부침개도 굽고 감자 송편도 만들었다(204).

송편은 여자 성기를 닮았다… 추석 차례상에는 안 올려

충남 서천군 기산면에서는 송편이 여자의 성기 모양과 같기 때문에 차례상에는 올리지 않고 시루떡을 대신 썼으며, 송편은 일상적으로 먹는 떡으로 생각했다(462).

설날 차례상에 김치와 젓갈… 죽어서도 산 사람처럼 모셔

전남 영광군 묘량면에서는 설 차례상에 김치, 장, 젓갈도 올렸는데, 이는 사람이 먹는 것과 똑같이 올리기 위해서였다(581). 해남군 송지면에서는 과일이 귀했기 때문에 설날 차례에 주로 배와 홍시를 올렸으며 떡은 팥을 넣어 만든 시루떡을 주로 만들었다. 또한 찹쌀이 귀했기에 인절미는 거의 하지 않았으며, 쑥떡은 잡떡이라고 해 상 위에 올리지는 않고 아무 때나 만들어 먹었다(858).

언감생심 꿈도 못 꾸던 가난한 사람들의 설날 떡국… 1970년대 이후 보편화

충북 청원군 미원면에서는 1970년대 이후부터 떡국이 보편화됐는데, 이전에는 돈이 없어 떡을 못 하는 경우가 허다했기 때문이었다(402). 충남 홍성군 은하면에서는 설날에 떡국을 하면 떡국점을 건져내서 나무 위에 얹어 두었는데, 이는 까그매(까마귀)와 까치 등의 날짐승에게 밥을 주기 위함이었다. 날짐승이 떡국점을 먹으면 액을 가져간 것으로 여겼으며, 대보름 전날에는 오곡밥을 떼어 두기도 했다(684, 688). 전북 익산시 웅포면에서는 설에 떡국은 별반 끓여 먹지 않았으며, 미역국을 끓여 차례를 지냈다(162). 장수군 천천면에서는 음력 정월 초사흗날에 마을의 무사태평을 기원하는 팥죽제를 지냈는데, 팥죽으로 제사를 지낸 것은 방앗간 등에 머물고 있는 귀신을 달래기 위해서였다(512).

쌀 식혜는 1980년 무렵부터… 이전에는 좁쌀로 식혜 담가

경북 의성군 단촌면에서는 설에 감주(식혜), 묵, 유과 등을 마련했는데, (쌀)식혜를 만들어 먹기 시작한 것은 1980년 무렵부터로, 예전에는 쌀이 없어 가난한 집에서는 좁쌀로 식혜를 담갔다. 당시 좁쌀이 유일한 양식이었고, 이런 좁쌀밥이나 보리밥도 귀해서 실컷 먹을 수가 없었으며, 여름에는 보리를 갈고 가을에는 서숙(좁쌀)을 갈아 양식으로 삼았다. 이 마을에서는 '참새가 먹을 게 하도 없어서 말라 죽었다'라는 이야기가 전한다(761).

추석 송편은 반달… 온달 형태로 빚기도

경북 청도군 매전면에서는 추석에 반달과 함께 온달 모양의 송편을 빚었다. 주로 반달 떡을 많이 만들었으며, 콩고물을 버무려서 떡에 묻혔다. 송편 외에도 엄비떡도 했는데, 이 떡은 찹쌀을 비롯해서 여러 잡곡을 다 넣고 찐 떡으로 추석뿐만 아니라 여러 고사 때도 올렸다. 만약 추석 전까지 햇곡이 나지 않으면 중굿날(음력 9월 9일)에 차례를 지내기도 했다(822). 경남 통영시 산양읍에서는 가을 추수가 끝나면 첫 곡식을 정성스럽게 마련해 '부리단지(성주 또는 시준단지)'에 갈아 넣었다. 이 단지는 각 집안마다 신체(神體, 신의 형상물)도 약간씩 달랐으며, 주머니를 천장에 달아맨 집도 있고 통이나 항아리 형태의 부리단지도 있었다. 햇곡을 갈아 넣은 뒤, 단지에 들어 있던 묵은쌀은 밥을 지어 먹었는데 이 밥은 절대 남에게 주지 않고 식구들끼리만 나눠 먹었다. 논이 없어 벼농사를 짓지 못하는 사람은 부리단지 안에 좁쌀이나 수수, 보리쌀을 대신 넣기도 했으며, 이는 자신이 주로 짓는 곡식을 넣기 때문이었다. 만약 식량이 떨어져서 굶는 날이 많아지면 부리단지의 곡식을 조금 덜어 내서 먹기도 했다(402).

5. 음식 풍속

개고기 먹은 사람은 호랑이가 노렸다

경북 군위군 군위읍에서는 절에 다니는 사람은 개고기를 먹지 않았는데, 그 이유는 사찰 대부분이 산에 있어 사람이 개고기를 먹고 절에 가면 산에 사는 호랑이가 그 고기 냄새를 맡고 사람을 해칠 수 있다고 믿었기 때문이었다(462). 경남 통영군 산양읍에서는 무더운 여름에 복달임이라 하여 개를 잡아먹는 내륙 지방과 달리 되도록이면 개를 잡아먹지 않았다. 특히 배를 부리는 사람들은 개를 잡아먹으면 재수가 없다고 여겨 기피했다(399). 충남 당진군 송악면에서는 호랑이의 범접을 막기 위해 동짓날 팥죽을 집 안팎에 뿌렸으며(372), 전남 보성군 노동면에서는 정월 14일 용왕제가 끝난 뒤, 호랑이가 내려오지 말라는 의미로 음식들을 하나씩 제단 근처에 던졌다(510).

무 썰어 새치나 대구 넣어 삭힌 짠지… 동치미는 여름철에 담가

경북 울진군 평해읍에서는 겨울에 김장을 할 때, 대부분 무를 네모 모양으로 썰어 새치(임연수어)나 대구 등의 생선과 함께 넣고 삭히는 '짠지'라고 부르는 통배추김치를 담갔다. 또한 동치미는 주로 여름철에 담갔으며, 봄철이나 초여름, 가을철에는 젓갈과 고춧가루를 함께 버무려 삭히는 파김치와 열무김치, 총각김치를 주로 만들었다. 이와 함께 깍두기는 겨울철 김장으로 많이 담갔고, '햇깍두기'는 햇무가 나올 때 젓갈보다 생굴을 많이 넣어 조금씩 담가 먹었다(724-725).

빙떡과 상왜떡은 제주의 떡

남제주군 표선면에서는 집안의 대소사에 빙떡을 만들었는데, 이 떡은 먼저 무를 채 썰어 끓는 물에 익히고 소쿠리에 담아 물을 뺀 후 무가 따뜻할 때 쪽파를 썰어 버무렸다. 다음으로 메밀 2되, 밀가루 1컵, 계란 3개, 참기름, 소금을 넣어 반죽하고 솥뚜껑 위에서 얇게 부쳐서, 이 부침개 속에 버무린 무채를 넣어 만들었다. 빙떡은 집안의 대소사에 올라가는 떡으로 그 맛이 고소하고 영양가가 높다고 여겨졌다(54-55). 제주시 이호동에서는 백중제의 제물로 상왜떡과 모멀돌레떡을 만들었다. 상왜떡의 경우 막걸리를 조금 탄 더운물로 밀가루 등을 되게 반죽해 만두 모양으로 만들고, 더운 방에 놓아 부풀어 오르게 한 다음 쪄서 만들었다. 모멀돌레떡은 메밀가루로 만든 떡으로 크기가 쟁반만 한 둥근 형태였다(38). 남제주군 표선면에서는 콩이 귀할 때 소들이 먹는 풀 중에서 결명자씨만 한 열매가 달리는 자굴을 삶아 메주처럼 만들어 발효시킨 다음 자굴장과 된장을 만들었다(51).

큰애기와도 바꾸지 않은 쑥떡… 쌀 귀해 떡 대신 넣은 떡국의 노치

전남 여수시 호명동에서는 '봄 절편인 쑥떡은 큰애기(처녀)와도 바꾸지 않는다'라는 말이 있을 정도로 쑥떡을 귀하게 여겼다(209). 강원 태백시 구문소동에서는 섣달그믐에 만두와 노치를 만들어 먹었는데, 노치는 수수 가루로 부침개를 부치듯이 만든 일종의 수수부침개였다. 예전에는 쌀이 귀해서 떡국을 끓일 만큼 많은 떡을 만들 수 없었으므로 만둣국에 떡 대신 노치를 넣었다(205). 경기도 여주군 대신면에서는 백설기의 흰색이 정성을 나타내기 때문에 10월 안택고사와 같은 치성에는 무조건 흰떡을 올렸다(836).

된장 빌리기도 어려우면 소금물이 반찬

경북 청송군 부남면에서는 동짓달에 메주를 쑤었는데 그 양은 가족 수에 따라 달랐으며, 대개 한 가정마다 한 가마니에서 대여섯 말가량의 콩이 쓰였다. 가족 수를 감안해 메주를 쑤어도 된장이 떨어지는 경우가 종종 있었고, 이럴 때는 남의 집 된장을 빌려 먹거나 이도 여의치 않으면 소금물을 반찬 삼아 밥을 먹었다(845).

6. 기타 풍속

저승 가는 길이 편하다… 봉숭아꽃 물들이기

전북 완주군 고산면에서는 5월에 봉숭아꽃을 찧어 손톱에 물을 들이면 노인들이 죽을 때 저승 가기가 한결 편안해진다고 여겼다. 그런데 최근에는 아파서 병원에 가면 봉숭아물 들인 것 때문에 약 효과가 없다고 해 2000년대 초부터는 물을 들이지 않았다(453). 울산 울주군 서생면에서는 5, 6월에 봉숭아꽃을 손톱에 물들여, 첫눈이 올 때까지 이 물이 남아 있으면 좋은 일이 생긴다고 여겼다(944). 경기 여주군 점동면에서는 봉선화 물을 발가락에 들이면 뱀이 물지 않는다고 보았다(850).

여우 오지 말라고 키에 콩과 팥을 담아 까불었다

경기 김포시 통진면에서는 여우가 마을로 들어오는 것을 막기 위해 콩과 팥을 키로 까불어서 소리를 냈다. 한 제보자에 따르면 자신이 시집왔던 날, 마을에서 여우 소리가 많이 났는데 이때, 시아버지가 키로 콩과 팥을 까불라고 시키기도 했으며, 아침에 밥 짓기 전에 닭을 물고 가는 여우를 쫓느라고 조반을 못한 경우도 있었다(192).

해바라기씨와 말린 지렁이… 전생 알아보는 점치기 도구

경기 여주군 대신면에서는 윤달에 사람의 전생 알아보는 점을 쳤는데, 사람이 모인 자리에서 해바라기씨 기름이 담긴 접시에 말린 지렁이를 올려 불을 붙이면 지렁이가 타면서 거기에 모인 사람 가운데 남에게 좋은 일을 했던 사람이 나타났다고 한다. 또한 이 불을 죽은 사람의 방에 놓으면 시신이 동물로 변하는 것이 보였다고 한다. 그래서 환생에 관심 있는 노인들이 주로 많이 했다. 제사 지낼 때도 점을 쳤는데, 젯밥용 쌀을 모판에 놓아 상 밑에 넣어 두면 뱀, 새, 나비, 잠자리 등의 동물 모양이 나타났다고 한다. 새는 점이 찍혀 있고, 뱀은 스르르 지나간 자국이 있었다는 것이다. 쌀 대신 밀가루를 사용하는 집도 있었으며, 상갓집에서는 키에 재를 담아서 시신이 있는 방에 놓아두면 시신이 동물로 환생한 모양이 찍혔으며, 새가 되는 것을 가장 길한 것으로 생각하고 뱀이 되는 것을 가장 좋지 않게 여겼다(837-838).

초복에 잡은 거미는 약… 감기에 효과

강원 고성군 현내면에서는 주로 초복에 거미를 잡아 말린 다음, 분말로 만들어 감기 등에 걸렸을 때 먹었다. 어른들은 복날이 다가오면 아이들에게 거미가 어디 있는지 잘 보아 두라고 말하기도 했다(240). 제주시 영평동에서는 성주(성주풀이)를 지내지 않으면 조상들이 오지 않는다고 여겨 성주를 지내고 나서야 제사나 명절을 지낼 수 있었으며, 집을 짓고 나서도 3년 이내에 성주풀이를 해야 한다고 믿었다(32).

바위나 샘을 수양어미로 삼기… 아들의 복과 무병장수 기원

경북 청도군 화양읍에서는 시엉어머니(수양어머니) 삼기라고 해서 자손이 귀한 집의 경우, 아들이 태어나면 명이 길어지기를 기원하는 의미에서 무당이나 복 많은 아주머니에게 그 아들을 팔아 그들을 수양어머니로 삼았다. 그런데 사람 사이는 나빠질 수 있어 돌이나 강에 아들을 팔기도 했으며, 이런 경우에는 친어머니의 마음이 가는 돌이나 샘, 강에 가서 간단한 제물을 차려 치성을 드리는 방식으로 수양어머니를 삼았다. 샘이나 강을 수양어머니로 삼아 치성을 드리는 일을 '용왕 먹인다'고도 했으며, 제를 올릴 장소는 되도록 물이 고여 있지 않고 졸졸 흐르는 곳이어야 했다. 이렇게 흐르는 물을 수양어머니로 삼고 나면, 자식이 복을 받고 장수하기를 빌기 위해 설이나 좋은 날을 택해서 1년에 한 번 정도는 아들을 판 그 장소를 찾아갔다(805).

지붕 이엉 갈고 오줌 누기… 화재를 예방했다

전남 화순군 화순읍에서는 지붕 이엉을 새로 인 날 남자들이 일을 마치고 지붕 위에서 오줌을 누고 내려왔는데, 이렇게 하면 화재가 예방된다고 여겼다(889). 함평군 학교면에서는 밤에 잘 때 이 가는 사람이 있으면 나뭇가지 사이에 돌을 끼워 이 가는 것을 방지할 수 있다고 믿었다(822). 전북 무주군 적상면에서는 정초 장 담글 때 부정을 막기 위해 메주를 넣은 다음, 고추, 숯, 참깨, 옻나무를 넣었다(326).

제관이 되면… 사람을 봐도 아는 체도, 부부 관계도 안 해

전남 광양시 광양읍에서는 마을 당산제의 제관으로 선출되면 섣달 그믐날에서 정월 초이틀까지 사흘 정도 바깥출입도 하지 않고 금기를 지키며 정성을 들였다. 매일 목욕재계를 하고 부부 관계도 하지 않았으며, 불가피하게 외출할 때에는 사람을 봐도 아는 척을 하지 않고 그냥 지나갔다. 제물 장만도 정성을 다해야 했으며 그렇지 않으면 반드시 부정을 탄다고 여겼고, 제물에 간을 할 때도 입이 비뚤어진다는 말이 있어 일체 맛도 보지 않았다(28-29).

'떡을 안쳐라' 하는 고함 들리면… 일제히 시루떡 쪄서 가을고사 지내

경기 오산시 부산동에서는 10월 초하룻날 새벽에 당제사(마을 공동제사)를 끝내고 곧바로 집안의 가을고사를 지냈는데, 이때는 집집마다 미리 쌀가루를 빻아서 준비하고 당제사가 끝나기만을 기다렸다. 당제사를 마친 후 산에서 '떡을 안쳐라' 하는 고함이 들리면 그때 각 집안에서 시루에 떡을 쪄서 고사를 지냈다. 이때 찌는 시루는 집안에 따라 대여섯 개로, 대청에 놓는 안시루라 불리는 큰 시루를 비롯해 산신시루·우물시루·업시루 등의 작은 시루였다(469).

미주

1 *Ssalbap* is the name of a food that Koreans eat as a staple food.

2 *Tteokguk* is one of the names of foods representing *Seolnal*.

3 *Gojoseon* is the name of an ancient Korean nation. / *Dangun* is the name of the progenitor of the Korean people and the founder of *Gojoseon*.

4 *Satgat* is the name of a cone-shaped hat made of bamboo.

5 *Gosure* is the name of a ritual in which some of the food is thrown or sprinkled before eating outdoors.

6 *Surichwitteok* is the name of the rice cake that represents *Dano*.

7 *Janggu* is the name of a traditional percussion instrument that represents Korea.

8 *Pumati* is the name of a traditional Korean custom of helping each other. This custom is practiced in such a way that I help (provide money, food, labor, etc. to) someone in need, and then later, when I need help, I receive help from the person I helped.

9 *Chemyeon* refers to actions or appearances that are upright and not shameful to others.

10 *Hwasubun* refers to a situation where wealth keeps accumulating and no matter how much you spend, it never runs out.

11 '한민족'은 '한국인'과 바꿔 쓸 수 있는 명칭으로 이 책에서는 풍속의 주체와 문화적 동질성을 강조하기 위해 이들 두 어휘('한민족'과 '한국인')를 혼용했다. 대다수의 풍속이 남북한은 물론 700만 명이 넘는 재외동포 다수에 의해서도 행해졌거나 행해지고 있기 때문이다.

12 경남 거창군 주상면에서는 2월 9일이 무방수날(물방수날)로 불린다(463). 이 명칭의 풍속은 경북과 경남을 중심으로 다수의 지역에서 출현하는데 이날은 식목과 함께 그 어떤 일을 해도 탈이 나지 않는다고 여겨 주로 집에 못을 박거나 묘지 이장 등과 같은 산일을 했다.

13 『형초세시기』는 그네가 북방 민족의 놀이로서 중국으로 전해졌고, 화려한 복장을 한 남녀가 그네 위에 앉거나 서고 다른 사람이 밀거나 당기며 탔다는 풍속을 담고 있다. 이를 통해 그네를 탈 때는 단장을 하고, 남녀가 함께 타는 풍속이 고대부터 있었음을 살필 수 있다.

14 대나무를 태우는 풍속은 섣달그믐과 대보름날(달집태우기)에도 출현한다. 『형초세시

기』는 한나라 시대의 『신이경』 등을 인용해, 산속에 사는 괴물(귀신) '산조'가 사람들을 아프게 했는데, 이 귀신이 대나무가 불에 타는 소리를 들으면 두려워하고 멀리 도망간다고 기록하고 있다. 이를 통해 대나무 태우는 풍속이 축귀와 함께 병 예방에서 유래했음을 살필 수 있다.

15 이 책의 지역별 풍속에는 '예전'이라는 어휘가 다수 출현하는데, 지역 풍속의 현장성과 사실성을 살린다는 취지에서 가급적 제보자의 표현과 어휘를 그대로 사용했다. '예전'이 언제인지 막연하고 추상적이지만 이들 풍속의 조사 시기가 2000년대 초임을 고려할 때, '예전'은 조사 당시의 풍속 이전의 시기인 대략 1970년대 이전을 의미하는 것으로 여겨진다.

2장

한민족의 명절과
속절 및 절식

추석·동지·대보름 쇠고… 송편·팥죽·찰밥 장만

2장

한민족의 명절과
속절 및 절식

추석·동지·대보름 쇠고… 송편·팥죽·찰밥 장만

1. 세시절기와 풍속

AI(인공지능) 문명 시대 '제3자적 사회생활' 부추겨… 명절 문화의 위기

　명절은 한 문화권에서 크게 기념하여 지내는 세시풍속상의 날로 다수의 한국인들은 이날 차례를 모시고 송편 등의 절식을 먹는 방식으로 명절을 쇤다. 그런데 이 같은 명절 문화는 최근 들어 크게 퇴색하고 있다. 특히 지난 3년간 지속된 코로나 감염병의 대유행과 이에 따른 비

대면의 사회 환경은 명절에 대한 패러다임을 바꾸는 기폭제로 작용해, 이제 명절을 쇠지 않는 인구가 더 많을 정도이고, 다수의 한국인에게 명절은 긴 연휴 이상의 의미를 찾기 어렵게 됐다.

이에 더해 인터넷과 AI(인공지능)로 대표되는 신기술 문명은 사회와 문화의 구조적 '아비투스'는 물론, 우리 사회의 구성원들이 지니는 준거(準據)와 지향 가치를 빠르게 변화시키며, 명절의 쇠퇴를 가속화시키는 촉매제가 되고 있다. 그간 인류의 문명이 이룬 인간 간의 직접적 상호 교섭(만남)과 소통 방식이 해체되고, 이를 대신해 매개체(인터넷+기계)를 통한 간접적 소통이나 인간이 배제된 매개체 간의 접촉이라는 '제3자적 만남(사회생활)' 방식이 확산되고 있기 때문이다. 이런 사회·문화적 구조(세상) 속에서는 당연히 명절 문화 또한 유지되기 어렵다. 한국 전통문화를 대표하는 명절이 다음 세대는 차치하고 10~20년 내의 현세대에서마저도 지속 여부가 불투명하게 된 것이다.

명절은 민족 정체성의 확인·유지 장치…
설과 추석을 쇠고 쌀밥·김치 먹기에 한국인

한민족의 명절 문화는 이처럼 대격변기를 맞고 있다. 풍속은 생성과 소멸을 반복하기에 시대의 정서나 가치에 부합하지 않는 유교의 차례가 소멸하는 것은 자연스러운 현상일 수 있다. 하지만 명절 자체는 결코 사라져서는 안 되는 '한민족' 문화의 정수(精髓)이다. 우리의 정체성이 명절에 담긴 것은 물론, 우리가 한민족 공동체의 일원임을 명절을 통해 가장 분명하게 드러내고, 서로가 이를 확인하기 때문이다. 우리가 쌀밥과 김치를 먹지 않고 명절을 지내지 않는다면 누가 우리를 '한국인(한민족)'으로 인식하겠는가? 세상의 그 누구든 국적상의 한국인은 될 수 있지만, 그가 한국의 전통 음식과 명절을 수용하지 않는다면 그는 '한민족' 문화 공동체, 즉, 한국인이라고 하기 어려울 것이다. 이처럼 명절은 우리를 '한국인'이게 하는 핵심 요소이다. 그렇기에 우리는 다문화와 AI 문명의 시대, 그리고 명절 문화의 급격한 퇴조를 목도하는 지금, 우리의 정체성을 확인하고 우리 문화를 지속시키는 한 방안으로서 전통문화(명절)에 대해 알 필요가 있는 것이다.

한국인 대다수가 기념하는 세시풍속의 날이 명절

명절(名節)은 세시절기의 풍속 중에서 한민족 대다수에 의해 두드러지게 기념되는 날이며, 절일(節日)이라고도 부른다.[1] 쉽게 말해 현대의 명절은 음력의 새해가 시작되는 날과 음력 8월의 보름날을 즈음해 고향의 부모님을 찾아뵙고, 여러 가지 음식을 장만해 조상님에게 차례를 지내며, 가족들의 건강과 행운을 기원하는 날이다.

그런데 예전의 명절은 이 같은 현대 명절의 의미에 더해 조상 숭배와 농사 관련 의례의 성격이 강했다. 명절에 앞서 집 안팎을 깨끗이 청소하고 새로운 옷도 장만해 명절을 맞았는데, 설날에는 한 해 농사의 풍년을 기원하고 웃어른에게 세배를 드렸으며, 추석에는 수확한 햇곡을 천신하고 많은 음식을 장만해 배불리 먹고 마셨다. 또한 명절을 전후해서는 성묘나 벌초를 하고 연날리기, 그네뛰기, 씨름 등과 같은 놀이를 했으며, 마을 단위의 제사나 농악 놀이를 행하기도 했다.

세시는 1년, 4계절의 시간… 절기는 12달 각각의 반달을 의미

명절의 근간을 이루는 세시절기는 '세시+절기'로 이루어진 합성어이다. '세시(歲時)'는 가공의 시간 개념으로, 1년을 의미하는 '세'와 4계절을 의미하는 '시'가 합해져 형성된 단어이다.[2] '세'는 본래 돌도끼를 형상화한 글자로 수확한 제물을 신에게 바친다는 제사의 의미를 담고 있었는데, 이후 특정한 시기에 수확을 기념해 제사를 지낸다는 시기의 의미로 변천했다고 한다.[3]

'절기(節氣)'는 4계절을 이루는 12달의 각 한 달을 월초와 월중으로 2등분한 시기 개념이다. 따라서 '세시절기'는 1년과 4계절을 의미하는 '세시'와 12달의 24절기를 뜻하는 '절기'가 결합해 이뤄진 합성 어휘이다. 이들 어휘에서 파생한 '세시풍속'은 세시절기의 풍속이란 뜻으로 1년 12달 동안 한 문화권의 구성원들이 예로부터 공통적으로 행해오고 있는 사회·문화적 행위와 현상이란 의미를 담고 있다. 그런데 한국의 24절기는 중국의 영향을 받았으며, 중국 절기의 경우 기원 전 시기인 주나라 때의 화북 지방 기후를 기준으로 형성됐다.[4] 이 때문에 한국의 24절기는 사실상 한국의 자연 시간과 대체로 맞지 않는다. 이 같은 자연 시간과 절기의 불일치는 한국의 명절과 속절이 동지와 한식을 제외하고는 음력 위주로 발달하는 주요 요인이 됐다.

명절… 전통적 문화 행위를 가장 집중적이고 폭넓게 행하는 날

지금까지 살펴본 세시와 절기 등의 개념 정의에 따라 명절에 대한 설명을 덧붙이자면, '명절은 한 문화권의 구성원들이 예로부터 행해 온 전통적인 문화 행위를 가장 집중적이고 폭넓게 행하는 세시 또는 24절기 등의 한 날이다'라고 말할 수 있을 것이다. 1년 12달, 세시에 의한 한국의 명절과 속절 등은 아래 [표]와 같다.

[표] 한국의 명절 또는 속절

월	음력	양력	명칭
11월	중하순	12월 22일 무렵	동지(아찬설)
12월	30일		섣달그믐
1월	1일		설날
	15일		대보름
2월	1일		영등날, 머슴날
3월	3일		삼짇날
4월		5일 무렵	한식
	8일		초파일
5월	5일		단오
6월	15일		유두
7월	7일		칠석
	15일		백중
8월	15일		추석
9월	9일		중구
10월	초순 무렵		상달

정월에 집중된 세시풍속… 농한기이자 식량의 여유에서 비롯돼

[표]에서 살필 수 있듯, 한국인은 현대에 들어 음력 1월 1일의 설날과 함께 음력 8월 15일의 추석만을 명절로 쇠고 있다. 하지만 1970년

대를 전후해 산업화와 도시화가 본격화되기 이전, 많은 한국인은 대보름을 비롯해 단오, 동지 등도 명절로서 기념했으며, 지역에 따라 음력 9월 9일 중구를 명절로 지내기도 했다. 또한 일부에서는 2월 1일의 영등날(머슴날), 삼짇날, 초파일, 유두, 칠석, 백중, 10월 상달 및 섣달그믐을 속절로서 기념하고, 이날 떡 등의 절식을 마련해 간소한 의례를 행하기도 했다. 그런데 한국의 명절을 비롯한 세시 행사의 특징 중 하나는 설날과 음력 1월 15일의 대보름날로 이어지는 음력 정월에 대부분의 풍속이 집중돼 있고 행해진다는 점이다. 이는 한민족 대다수가 정착 농경민으로서 이때가 겨울철의 농한기이자, 바로 앞서 가을철에 수확을 마친 데 따른 식량의 여유에서 비롯된 것으로 풀이된다.

명절과 속절은 같은 의미… 보다 크게 기념하는 날이 명절

그런데 명절과 관련해 가장 흔하게 쓰이는 명칭이 '속절'이다. 이 명칭은 그 의미가 '시속의 명절 혹은 절기'이거나 고대시대의 9대 속절에서 나타나듯 명절의 또 다른 이름으로, 두 단어가 지닌 의미의 차이는 크게 없다고 볼 수 있다. 그럼에도 굳이 그 차이점을 찾자면 기념하는 사람들의 규모와 풍속의 내용이라고 할 수 있다. 설날이나 추석처럼 거의 모든 한국인이 그날을 맞아 대표 절식인 떡국이나 송편을 장만해 의례(차례)를 행하며 크게 지낸다면 이날은 '명절'인 것이다. 그런데 삼짇날이나 백중처럼 그날을 맞아 일부의 지역이나 농군(농부) 등을 중심으로 시식이 마련되고 나름의 의례가 행해진다면 이날은 흔히

'속절'로 불린다. 명절과 속절은 이처럼 대개 의례의 시행과 함께 그 시절의 음식을 차린다는 공통점이 있다. 하지만 동지나 대보름에서 살필 수 있듯, 명시적인 의례가 생략되거나(생략된 것처럼 보이거나) 절식이 지역에 따라 달리 출현하기도 한다. 한편, 한국 속절의 두드러진 특징은 힘든 농사일에 대한 위로와 감사의 성격이 강하고, 조상에게 햇것(과일이나 곡신)을 천신(薦新)하는 것에 초점이 맞춰져 있다는 점이다.[5] 천신과 관련해, 조선 후기 유교 의례의 교본 역할을 한 『사례편람』은 우리나라 풍속에서 소중히 여기는 것은 음식인 만큼 속절에는 이를 조상에게 올린다고 기록하고 있다.

2. 달력과 음력

한국의 명절과 속절은 한식을 제외하고는 사실상 모두 음력(陰曆)으로 그 날짜가 정해지거나 기념된다는 특징을 지닌다. 동지의 경우도 비록 표면적으로는 양력으로 기념되지만 한국인의 관념 속에는 항상 음력이 자리해 애기동지에는 팥죽을 쑤지 않는 등의 방법으로 동지를 쇘다. 그렇다면 우리 민족의 세시 및 명절과 밀접한 연관을 맺고 있는 음력은 어떤 달력(역법)일까?

달의 공전을 기준으로 하는 음력… 양력보다 11일이 적어 윤달 필요

음력은 태양력과 달리 달의 공전을 기준으로 1년을 정한 달력이다. 달의 공전(29.5일)으로 만들어지는 음력의 1년(354.67일)은 실제 지구가 태양을 한 바퀴 돌아 만들어지는 양력의 1년(365.24일)과는 약 11일 정도의 차이가 발생한다. 즉 음력의 12개월은 실제 1년보다 약 11일이 적은 것이다. 때문에 태음력은 실제 지구의 공전 주기와 달의 공전에 따른 1년의 시기를 일치시키기 위해 2~3년에 한 번씩 한 달을 더해(윤달이라고 함) 부족했던 날수를 보충한다. 그리고 이 같은 윤달은 정확히 19년에 7번 더해지며, 이런 역법은 한국과 중국 등에서 사용된다.

음력과 60간지의 결합… 한국인의 나이 셈법·동물 명칭의 새해 이름 부여

음력과 관련해 하늘과 땅을 나타내는 간지(干支, 천간 지지)가 있는데, 이중 하늘을 나타내는 간[天干, 천간]은 갑, 을, 병, 정, 무, 기, 경, 신, 임, 계 등의 십간으로 이뤄졌고, 땅을 나타내는 지[地支, 지지]는 자, 축, 인, 묘, 진, 사, 오, 미, 신, 유, 술, 해 등의 십이지로 구성돼 있다. 이들 천간과 지지를 조합해 갑자년, 을사년 등과 같은 한 해의 이칭과 60간지가 만들어지며, 환갑은 바로 이들 간지의 전체가 1회 순환을 마친 것을 의미한다. 자월이니, 인월이니 하는 음력 월에 대한 다른 이름도 바로 이 간지의 '십이지'에서 비롯된 것이다. 다만 월의 순서가 현재와 다른 것은 고대의 어느 시기에는 음력 11월이 세수(첫 달)라고 여겨, 이달에 간지의 첫 글자인 '자' 자를 붙였기 때문이다. 예전에 많은 한국인들은 십이지에 상징화된 동물을 일상생활의 길흉화복과 연계시켰으며, 특히 자신이 태어난 해에 칭해진 십이지의 이름에 따라 자신을 용이나 호랑이 '띠' 등이라고 불렀다. 예컨대, 2025년은 뱀띠의 해로 '을사년'에 해당하며, 올해에 태어난 사람들은 자신을 뱀띠라고 소개하게 된다.

음력은 농업 등 실생활에 유용… 생일·제사 등에도 음력 활용

한국인들은 현재도 이 같은 음력(태음태양력)에 근거해 명절을 쇠고 있으며, 일부는 음력으로 생일과 제사 등을 기념한다. 이런 이유로 한국의 명절 날짜는 매년 바뀌고, 주로 나이 든 세대들의 생일을 비롯해 제사 일자도 매년 달라진다. 이처럼 태음태양력(음력)이 예전에 쓰인 것은 우리의 풍속과 문화에 달을 숭배하고 보름과 관련된 명절이나 속절이 많았으며, 이 역법이 농업과 어업 등의 생산과 실제 생활에도 유용했기 때문이었다.

    그렇다면 한국인들은 어떻게 매년 바뀌는 음력 날짜를 알았을까? 사실 역법에 관한 전문가가 아닌 이상 대부분은 양력일에 상응하는 음력일을 알지 못하며, 달력 등을 통해 음력 환산일을 찾아 생활에 활용한다. 이런 이유로 음력일이 보다 널리 쓰였던 예전 한국의 달력에는 양력일의 아래에 음력일이 작은 글씨로 빼곡하게 표시돼 있었다. 일부의 한국인들은 현재까지도 여전히 음력으로 생일을 기념한다. 그렇기에 음력 생일을 가진 한국인들의 실제 태어난 날은 그의 생일보다 대개 한 달 정도 뒤가 된다.

3. 한국의 명절과 그 유래

한국의 고대 명절은 기원 전·후 시기에 태동

중국에서 세시풍속이 형성된 시기는 한위(漢魏)시대(기원전 3세기~서기 3세기 무렵)라고 한다.[6] 중국의 고대 역사서인 『삼국지』(위지 동이전)나 『후한서』 등의 기록 등을 감안할 때, 한국의 명절도 이미 기원을 전후한 시기에 명절 또는 이와 유사한 풍속으로 자리 잡은 것으로 여겨진다. 물론 이들 역사서에 기록된 풍속을 한국의 고대 명절이라고 단정 지을 수는 없지만, 명절을 의미하는 '시월절제(十月節祭)'나 '오월제(正月祭)'라는 문구와 함께 '밤낮(연일)으로 마시고 노래하며 춤춘다'라는 풍속 내용이 명절을 의미하는 것으로 보이기 때문이다. '절제(節祭)'와 '제(祭)'가 어떤 의례인지는 불분명하지만, 『수서』 등의 기록에 '귀신을 공경하고 제사 지내지 말아야 할 대상에게 제사 지낸다'라고 기술되어 있음을 고려할 때[7] 이들 '제'는 한민족의 초기 의례로서 한국 고유의 토착 신앙 의례이거나 무속적 행위(의례)였을 것으로 추정된다. 이 같은 초기 의례 형태는 한민족의 가장 오래된 명절이자 절식 위주로 계승되고 있고, 성줏상 차리기 등의 가신 숭배 의례가 압도적으로 높게 나타나는 동지의 풍속에 비춰 볼 때, 제사의 대상에게 음식만을 올리거나,[8] 간단한 음식 차림과 함께 비손만을 하는 의례(의식)였을 가능성이 높아 보인다.⁹ 또한 이 의례에서는 상차림을 하지 않은 채 고수레처럼 음식을 던지거나, 신이 있다고 여겨지는 공간에 직접 음식을 가져다 놓는 '신 대접' 방식도 행해졌을 것으로 추정된다.¹⁰ 따라서 이 같은 의례를 한민족 초기의 제사 형태로 본다면, 한민족은 이들 역사서, 즉 『삼국지』와 『후한서』의 기록 시기(기원전에서 3세기 이전)에 '제(祭)'라는 의례를 행하며 명절을 지냈다고 볼 수 있을 것이다.

고구려의 10월 동맹… 마한의 오월제와 시월제

고대 시기의 명절과 관련, 서기 247년까지의 기록(일본의 '왜'에 관한 내용)이 출현하는 진수의 『삼국지』(위지 동이전)를 살펴보면, (동)예에서는 '항상 10월에 하늘에 제사를 지내며, 이때 밤낮으로 술을 마시고 노래하며 춤을 췄는데, 이를 일컬어 무천이라고 한다'라고¹¹ 적고 있다. 또한 한민족의 고대 강역 중 가장 북쪽이자 이른 시기의 국가인 부여에 대해 '중국 은나라 달력으로 정월에 하늘에 제사를 지내는데 이날은 나라의 큰 행사로 날마다 마시고 먹고 노래하며 춤을 춘다'라고 기록하고 있다.¹² 부여에서는 이때 나라에서 벌주고 가두는 일을 멈추고 죄수를 풀어 주는 풍속이 있었다. 부여의 이들 풍속을 '영고'라고 하는데, 서기 189년까지의 기록(마한 관련 내용)이 나오는 범엽의 『후한서』(동이열전)는 부여의 이 같은 제천 풍속의 시기를 『삼국지』와 달리 '납월'로 기록하고 있다.¹³ 하지만 은나라의 정월과 납월은 모두 음력 12월을 지칭해 실제로는 같은 시기이다. 이 밖에 부여의 한 계열인 고구려의 명절 풍속에 대해 이들 역사서는 '10월에 하늘에 제사를 지내는 큰 모임을 동맹이라 한다'라며 '고구려는 귀신, 토지신과 곡식신, 비와 별에 제사 지내기를 좋아하고, 그 나라의 동쪽에 큰 굴이 있는데 그것을 수신(襚神)이라 부르며, 또한 10월에 (그 신을) 맞이하여 제사 지낸다'[14]라고 적고 있다.

한민족의 명절… 북부 지방은 제천… 중·남부는 농경의례 중심

한반도 중부의 마한과 관련해 『후한서』는 '항상 5월에 밭일을 마치고 귀신에게 제사를 지내며, 밤낮으로 모여 술을 마시고 무리로 모여 노래하고 춤추는데 10월에 농사일이 끝나도 또한 이같이 한다'라고 기록하고 있다.[15] 이들 기록을 통해 우리는 2~3세기 무렵, 고대 한민족이 음력 12월을 비롯해 음력 10월과 음력 5월을 크게 기념해 하늘에 제사 지내고 음주가무를 행하는 초기 형태의 명절을 지냈으며, 명절의 성격이 북부의 경우 주로 제천 행사였고, 중·남부 지방은 농경의례와 관련됨을 살필 수 있다.

이후 삼국시대의 명절 관련 기록은 614년까지의 고구려 및 백제 관련 내용이 보이는 중국의 『수서』를 비롯해, 『북사』와 『구당서』, 그리고 한국의 『삼국사기』 및 『삼국유사』 등에 나타난다. 먼저 설날과 관련해 『수서』는 '(신라에서) 매년 1월 첫날 아침에 서로 축하하고, 왕이 잔치를 베풀며, 이날 태양과 달의 신에게 절을 한다'라고 기록하고 있으며,[16] 『구당서』는 '(백제의) 설날과 복날, 납일[17]이 중국과 같다'라고 적고 있다.[18] 『삼국사기』는 '(신라에서) 봄 1월 초하루에 왕이 조원전에 나아가 백관으로부터 새해 축하를 받았으니, 그 축하하는 예식이 이때부터 시작됐다'라며 설날 의례의 기원을 밝히고 있다.[19] 이들 기록은 음력 1월 1일 설날의 기념이 삼국 시대의 백제와 신라에 있었으며, 그 풍속은 신라의 경우 일월신 의례와 함께 축하임을 보여 준다.

신라의 음력 8월 길쌈 대회 후 잔치… 추석일의 유래

추석 날짜와 관련해 『삼국사기』는 '(신라에서) 음력 7월 16일에 길쌈 (베 짜기) 대회를 열고, 음력 8월 15일에 이르러 그 공의 많고 적음을 살펴, (경쟁에서) 패한 자들이 술과 음식을 마련해 승자에게 사례하고, 모두 노래와 함께 춤추며 여러 놀이를 했으니 이를 일컬어 '가배'라 한다'라며 (현대와는 사뭇 다른) 추석날의 유래로도 볼 수 있는 기록을 담고 있다.[20] 또한 『수서』와 『북사』도 '(신라에서) 음력 8월 15일에 (왕이) 풍류를 베풀고, 벼슬아치들에게 활을 쏘게 해 말과 베를 상으로 주었다'라고 적고 있으며,[21] 이와 비슷한 기록을 담은 『구당서』는 음력 8월 15일 행사가 음악은 물론 음식까지 포함하는 잔치로 확대됐음을 보여 준다.[22] 이 밖에 『삼국유사』는 '(가야에서) 음력 8월 5일과 15일, 풍성하고 깨끗한 제물로 (수로왕릉에) 제사를 지내, 끊이지 않고 이어 따랐다'라고 기록하고 있다.[23] 이들 기록을 통해, 시기상 추석과 관련될 수 있는 음력 8월 15일의 의례와 행사가 신라와 가야를 중심으로 행해졌음을 살필 수 있다.

한국의 고대 명절과 관련해 일부에서는 삼국시대에 이미 '정월대보름, 삼짇날, 유두, 9월 중구 등'과 같은 초기의 명절(속절)이 시작된 것으로 보기도 한다.[24]

고려시대 9대 속절… 동지·설·대보름·추석 등을 포함

고려시대의 명절은 『고려사』, 『동국이상국집』[25], 『목은고』, 『삼봉집』 등을 통해 그 명칭과 시기 및 풍속의 내용을 조금은 살필 수 있다. 『고려사』(권 84)는 형벌을 금하는 풍속을 담고 있는데, 이날들이 바로 당시 고려 사람들이 명절(속절)로 삼았던 날들로 속절은 원정과 상원을 비롯해, 한식, 상사, 단오, 중구, 동지, 팔관, 추석 등이었다. 우리는 이들 명절을 고려시대의 9대 속절이라고 하며,[26] 이들 속절의 시기는 양력 12월 22일 무렵(동지), 음력 1월 1일(원정[元正]: 설날), 음력 1월 15일(상원[上元]: 정월대보름), 양력 4월 5일 무렵(한식), 음력 3월 3일(상사[上巳]: 삼짇날), 음력 5월 5일(단오), 음력 8월 15일(추석), 음력 9월 9일(중구), 음력 10월 15일 및 음력 11월 15일(팔관회)이다. 팔관회가 2회에 걸쳐 있음을 고려할 때 고려시대의 실제 속절은 10개였으며, 음력에 의한 명절이 8회, 양력에 의한 명절이 2회임을 살필 수 있다.

조선시대 5대 절향… 동지·설·한식·단오·추석

조선시대 중기(17세기 초·중엽)에는 설과 동지 등의 2대 정절을 비롯해, 상원, 삼짇날, 등석(초파일), 유두, 칠석, 중구 등의 속절이 있었다.[27] 다만

이 속절이 기록된 『택당집』에는 단오와 추석이 나타나지 않는데, 이는 아마도 5월과 8월의 길일에 지냈던 사시제가 이들 두 속절에 행해졌기 때문인 것으로 여겨진다. 이어 19세기 중엽에 기록된 『동국세시기』는 당시 사람들이 '한식을 설, 단오, 추석과 함께 4대 절사(명절에 지내는 제사)일로 여기며 이는 곧 조선의 풍속으로, 조정에서는 여기에 동지를 더해 5대 절향(절기에 지내는 제사)으로 삼는다'라고 기록하고 있다.[28] 이상을 통해 한민족의 최대 명절인 추석과 설날은 그 명칭에 이칭이 있고, 풍속에서 다소의 차이가 있지만 최소한 고려시대부터 한민족 다수에 의해 기념되었으며, 이에 '속절(명절)'이란 이름이 붙여졌음을 살필 수 있다. 또한 시간이 지날수록 다수의 세시 속절과 명절이 축소돼 조선 후기에는 4대 또는 5대 명절만이 당시 대다수 한국인들에 의해 기념됐음을 파악할 수 있다.

현대의 명절은 추석과 설날… 대보름, 동지, 유두 등의 속절 지내기도

현대 한국의 명절은 1970년대 무렵 시작된 농촌인구의 대규모 도시 이주, 산업화 및 대중 매체의 확산, 정부의 공휴일 정책 등으로[29] 인해 설날과 추석 등의 2대 명절로 축소됐다고 할 수 있다.[30] 하지만 농산어촌과 노인 세대들을 중심으로 2000년 초 무렵까지 여전히 대보름, 유두, 백중, 동지 등의 속절이 지내지기도 했다.

4. 절식과 시식

절식은 명절의 대표 음식… 시식은 계절이나 속절의 음식

송편이나 떡국, 팥죽처럼 명절을 맞아 대다수 사람들이 만들어 먹는 음식을 '절식(節食)'이라고 하며, 한국의 대표적인 절식으로는 팥죽 외에 설날의 떡국, 추석의 송편, 그리고 대보름날의 오곡밥 등이 있다. 또한 단오나 유두처럼 대다수 사람들이 크게 지내는 명절은 아니지만 많은 사람들이 속절이나 계절 시기에 맞춰 만들어 먹는 음식을 '시식(時食)'이라고 하며, 이들 음식으로는 삼짇날의 화전, 단오의 쑥떡, 그리고 유두의 부침개나 국수 등이 있다. 좀 더 부연하자면, 명절을 맞아 그 명절의 의미에 맞게 차려 먹는 음식이 절식이고, 계절에 따라 산출되는 식품이나 그 시기에 맞춤한 음식을 활용해 특정 시기 등에 만들어 먹는 음식이 시식인 것이다.

그런데 명절은 또한 시기상의 어느 한 계절에 속하고, 송편 등의 절식도 그 계절에 산출된 벼로 만든다는 점에서 시식이라고 할 수 있다. 시식의 범주에 절식이 포함될 수도 있다는 의미다. 또한 지역과 집안에 따라 명절에 마련되는 음식은 차이가 있고, 모든 명절 음식을 절식이라 부를 수 없다는 점을 고려할 때, 절식은 대다수 사람들이 그 명절을 맞아 장만하는 대표적이고 보편성을 지닌 음식이라고 할 것이다. 하지만 명절에 대한 인식이나 '많은 사람들'이라는 기준이 지역적이고 상대적일 수 있다는 측면에서 시식과 절식의 구분은 큰 의미가 없을 수도 있다. 예컨대 경북 등에서 크게 지내는 중구를 타 지역에서는 기념하지 않는다고 하여 이날이 명절이 아니라고 말할 수 없으며, 강정을 빚지 않는 지역이 있다고 해서 강정이 설날의 절식이 아니라고 규정할 수 없다는 것이다. 이를 고려해 이 책에서는 분명한 절식이 아닌 경우 이들 두 명칭을 혼용했다.

절식과 시식… 햇것을 조상에게 바치는 천신 풍속에서 비롯돼

절식과 시식은 계절별로 햇것을 조상님 등에게 바치는 제사[천신] 풍속 등에서 비롯된 것으로 여겨지며, 중국의 경우 대체로 기원을 전후한 시기에 그 전통이 확립된 것으로 보고 있다.[31] 우리 한민족의 경우도 이미 기원을 전후한 시기에 고대국가들이 있었고, 이들 나라에 영고, 동맹, 오월제, 시월제 같은 명절 성격의 풍속이 있었다는 점을 고려할 때 한민족의 명절 절식 또한 이 무렵에 등장했거나 형성됐을 가능성이 높다고 할 수 있다.

한민족의 절식과 시식의 대표 음식은 떡

한민족은 명절을 맞아 설날의 경우, 가래떡, 시루떡, 떡국, 세주, 강정 등의 음식을 마련했으며,[32] 단오에는 쑥떡이나 수리취떡을, 추석에는 송편을, 그리고 동지에는 팥죽과 '동지떡' 등을 장만해 명절을 쇘다. 이들 음식 중 설날의 떡국, 추석의 송편, 그리고 동지팥죽은 한국 명절의 대표적인 절식이다. 떡국은 가래떡을 주재료로 해 만들고 팥죽 또한 다수의 지역에서 쌀가루 등으로 경단의 일종인 새알심 등을 만들어 끓인다는 점에서 한국 명절의 절식은 떡 음식이 대표한다고 할 수 있다.[33] 이처럼 떡은 한민족의 특색 있는 음식으로 명절 외에도 생일이나 혼인, 환갑과 같은 경사스러운 날은 물론, 민간신앙의 고사와 제례 및 상례 등에서도 폭넓게 쓰였다.[34] 이를 고려하면 떡은 한국 세시 절식은 물론, 거의 대부분의 한국 의례 음식을 대표한다고 할 수 있다. 떡은 한자 문화권의 문화적 공통 요소로 중국과 일본의 세시 음식에서도 중요한 위치를 차지한다.[35] 그런데 이들 떡을 중국의 경우 밀가루로, 일본은 찹쌀 위주로 만든다는 점에서 멥쌀을 주재료로 하는 한국과는 큰 차이를 보인다.[36]

미주

1 선희창 2010, p.136. ; '세시'는 새해라는 '설'과 '철에 따라 행하는 민속적인 의례'라는 2가지의 의미가 있다. 일반적으로 후자의 의미로 더욱 널리 쓰인다, 즉, 일 년 동안 철에 따라 행하는 민속적인 행사가 세시풍속이다. -최인학 2008, p.27.

2 샤오팡 2006, pp.16-18.

3 박준규. 1983. 「한국 세시가요의 연구」, 전북대 대학원 박사학위 논문, pp.9-11. -김태곤 외 1997, p.391을 통해 재인용함.

4 김기덕 외 2011, p.232.

5 최배영 2017, p.35.

6 샤오팡 2006, pp.30-96.

7 "敬鬼神 多淫祠(경귀신 다음사). / 귀신을 공경하고 제사 지내지 말아야 할 대상에게 제사를 많이 지낸다." -『수서』부여. ; 『구당서』, 『고려도경』에도 비슷한 기록이 나타난다.

8 경북 성주군 초전면에서는 (동지에) 팥죽을 쑤면 성주에게 팥죽을 올리는데, 특별히 절을 하지는 않지만 마음으로 정성을 들였다(549).

9 인천 강화군 강화읍에서는 팥죽을 쑤면 성주 등의 가신과 장독대에도 올려놓고 비손했다(930). ; 전남 화순군 춘양면에서는 팥죽을 쑤면 조왕에게 팥죽 한 그릇 퍼 놓고 비손했다(907). ; 경남 고성군 동해면에서는 팥죽을 쑤면 먼저 집안의 삼신, 성주 앞에 떠 놓고 비손했다(485).

10 충남 서산시 해미면에서는 설날 상(床)이 없이 자리를 깔고 그 위에 조상 수대로 한꺼번에 밥과 음식을 차려 놓고 차례를 지냈다(139). ; 전북 무주군 적상면에서는 설을 맞아 삼신에게 음식을 올릴 때 방바닥에 짚이나 쟁반을 깔고 올렸다(322). ; 충북 영동군 용산면에서는 동짓날 팥죽을 사방에 가져다 놓았다(265). ; 강원 인제군 귀둔면에서는 단오 하루 전날, 장독대 옆에 자리를 깔고 그 위에 취떡을 시루째 올려놓고 집안의 안녕과 오곡이 풍년 들기를 축원했다(351).

11 "常用十月節祭天 晝夜飮酒歌舞 名之爲舞天(상용십월절제천 주야음주가무 명지위무천). / 항상 10월에 하늘에 제사 지내고 밤낮으로 술 마시며 노래하고 춤을 추었는데 이름하여 무천이라 부른다." -『삼국지』(위서 권 30, 예).

12 "夫餘以殷正月祭天 國中大會 連日飮食歌舞. 名曰迎鼓(부여이은정월제천 국중대회 연일음식가무. 명왈영고). / 부여는 중국의 은나라 달력으로 정월(12월)에 하늘에 제사를 지내는데, 이날은 나라의 큰 행사로 날마다 마시고 먹고 노래하며 춤을 춘다. 이름하여 영고라고 부른다." -『삼국지』(위서 권 30, 부여).

13 "以臘月祭天 大會連日飮食歌舞 名曰迎鼓(이랍월제천 대회연일음식가 명왈영고). /

납월(12월)에 하늘에 제사 지내며 크게 모여 연일 먹고 마시며 춤추고 노래하는데 이름하여 영고라고 부른다." -『후한서』(동이열전, 부여).

14 "其俗淫. 好祠鬼神社稷零星 其國東有大穴 號襚神 亦以十月迎而祭之(기속음. 호사귀신사직령성 기국동유대혈 호수신 역이십월영이제지). / (고구려는) 그 풍속이 음란하다. 귀신, 토지신과 곡식신, 비와 별에 제사 지내기를 좋아하고, 그 나라의 동쪽에 큰 굴이 있는데 그것을 수신이라 부르며, 또한 10월에 (그 신을) 맞이하여 제사 지낸다." -『후한서』(동이열전, 고구려).

15 "常以五月田竟祭鬼神. 晝夜酒會[食] 群聚歌舞. … 十月農功畢 亦復如之(상이오월전경제귀신. 주야주회[식] 군취가무. … 십월농공필 역부여지). / 항상 5월에 밭일을 마치고 귀신에게 제사를 지낸다. 밤낮으로 모여 술을 마시고 [밤낮으로 먹고 마시며] 무리를 지어 노래하고 춤춘다. … 10월에 농사일이 끝나면 또한 이와 같이 되풀이한다." -『후한서』(동이열전, 마한).

16 "每正月旦 相賀 王設宴會 其日拜日月神(매정월단 상하 왕설연회 기일배일월신). / 매년 1월 첫날 아침 서로 축하하고 왕이 잔치를 베풀며, 이날 태양과 달의 신에게 절을 한다." -『수서』(동이열전). ;『구당서』에도 이와 비슷한 기록이 나타난다. "重元日 相慶賀燕饗 每以其日拜日月神(중원일 상경하연향 매이기일배일월신). / 1월 1일(원일)을 중히 여겨 서로 축하하고 잔치를 벌인다. 매년 그날에 일월신에게 절을 한다." -『구당서』신라.

17 납일: 동지 뒤의 세 번째 미일로 이날 농사일을 천지신명에게 알리는 제사를 지냈다.

18 "歲時伏臘 同於中國(세시복랍 동어중국). / 설날과 복날, 납일이 중국과 같다." -『구당서』백제.

19 "春正月朔 王御朝元殿 受百官正賀. 賀正之禮始於此(춘정월삭 왕어조원전 수백관정하. 하정지례시어차). / 봄 1월 1일에 왕이 조원전에 나아가 백관으로부터 새해 축하를 받았다. 축하하는 예식은 이때부터 시작됐다." -『삼국사기』(권 5), 진덕왕 5년(651년).

20 "至八月十五日考其功之多少 負者置酒食 以謝勝者. 於是歌舞百戲皆作 謂之嘉俳(지팔월십오일고기공지다소 부자치주식 이사승자. 어시가무백희개작 위지가배). / 8월 15일에 이르러 그 공의 많고 적음을 살펴, (경쟁에서) 패한 자들이 술과 음식을 마련해 승자에게 사례했다. 이때에 모두 함께 노래 부르고 춤추며 여러 놀이를 했는데, 이를 일컬어 가배라 한다." -『삼국사기』(권 1), 유리이사금 9년(32년).

21 "八月十五日設樂 令官人射 賞以馬布(팔월십오일설악 영관인사 상이마포). / 8월 15일에는 (왕이) 풍류를 베풀고, 벼슬아치들에게 활을 쏘게 해 말과 베를 상으로 주었다." -『북사』열전(신라),『수서』동이열전.

22 "重八月十五日 設樂飲宴賚臣 射其庭(중팔월십오 설악음연뇌신 사기정). / 팔월 보름을 중히 여겨 음악과 음식, 잔치를 베풀고 신하들에게 (물품을) 하사하며, 궁궐에서 활쏘기를 했다." -『구당서』신라.

23 "仲秋初五之日十五之日 豊潔之奠相継不絶(중추초오지일십오지일 풍결지전상계불절). / 8월 5일과 15일에 풍성하고 깨끗한 제물로 (수로왕릉에) 제사를 지내는 것을 끊이지 않고 이어 따랐다." -『삼국유사』 가락국기(189년).

24 선희창 2010, p.137.

25 저자 이규보가 고려시대 전라도에서 유배 생활을 한 것으로 미뤄 이들 명절 풍속 중 일부는 전라도와 관련될 가능성이 있다고 볼 수도 있다. -김대현·김미선 2018, p.68.

26 "俗節, 元正上元寒食上巳端午重九冬至八關秋夕(속절, 원정상원한식상사단오중구동지팔관추석). / 속절은 설날, 대보름, 한식, 삼짇날, 단오, 중구, 동지, 팔관, 추석." -『고려사』(권 84, 禁刑(금형-형벌을 금함)).

27 『택당집』(권 16) 잡저. -정절일의 제물과 속절일의 제물 참조.

28 "今之與正朝端午秋夕爲四節祀卽東俗也. 朝家則幷冬至爲五節享(금지여정조단오추석위사절사즉동속야. 조가칙병동지위오절향). / 오늘날은 설, 단오, 그리고 추석과 함께 (한식을) 4대 절사(절기나 명절의 제사)로 삼는데, 이는 곧 조선의 풍속이다. 조정에서는 동지를 더해 5대 절향(명절)으로 삼아 제사를 지낸다." -『동국세시기』 한식.

29 1960년대 군사 정부는 음력 1월이 아닌 양력 1월 1일에 설날을 쇠도록 강요했으며(신정 기념), 본래의 설은 '구정'이라는 명칭으로 변경해, 관공서와 학교를 통해 통제했다. 이중과세 근절이란 명분으로 군사 정부의 행정력이 다양하게 동원된 결과 1980년대에 들어서는 상당수 국민이 양력설인 신정을 기념하기도 했다. -한국민속학회 엮음 2008a, p.250.

30 김용갑 2018a, p.217.

31 샤오팡 2006, pp.140-141.

32 허성미·한재숙 1993, pp.84-89.

33 최운식 외 2002, p.55.

34 사단법인 평화문제연구소 2005, p.32.

35 한국의 대표 세시 음식은 떡과 밥이고, 중국은 떡, 만두 및 갱, 그리고 일본은 떡과 죽인 것에서 나타나듯, 세 나라 모두 떡 음식이 세시의 대표 음식으로 자리매김되고 있다. -신미경·정희정 2008, p.281.

36 김용갑 2017b, p.40.

/ 3장 /

한민족의 가장 오래된 새해 설날 동지

어른동지에 팥죽 쑤고… 애기동지에는 팥떡 빚어

3장

한민족의 가장 오래된
새해 설날 동지

어른동지에 팥죽 쑤고… 애기동지에는 팥떡 빚어

동지(冬至)는 양력 12월 22일경에 드는 24절기 중의 하나로, 한민족은 고대부터 이날을 명절로 삼았다. 이날은 1년 중 밤이 가장 길다는 날로 낮이 가장 긴 하지(夏至)와 대조되며, 한식(양력 4월 5일경)과 함께 양력으로 기념되는 명절이다. 한국 사회가 산업화와 도시화되기 이전인 1960~1970년대 무렵까지만 해도 많은 한국인들은 동지를 맞아 팥죽을 쒀서, 이를 조상과 성주신 등의 가신에게 올리고 집 안팎에 뿌리며 동지를 지냈다. 명절을 쇤다는 것이 그 명절의 대표 음식인 절식(節食)을 마련하고 의례를 행하는 것으로 대표된다는 점을 고려할 때, 동지는 한민족의 가장 오래된 명절이자 큰 명절이라고 할 수 있을 것이다.

고대 시기 새해 설날로 인식된 동지… 팥죽 먹어야 나이 한 살 더 든다

이를 뒷받침이라도 하듯, 동지의 대표 절식인 팥죽의 출현 지역은 설날의 떡국이나 추석의 송편보다 많다.

명절이기에 절식의 출현 빈도가 높은 것은 당연하지만 왜 한민족의 양대 명절보다 절식의 출현 빈도가 높을까? 무엇보다 동지는 정월 초하루가 지금의 설날로 자리 잡기 이전인 고대 시기에 중국은 물론 한국에서 새해 설날로 인식됐다. 또한 정월이 새해 첫 달이 된 이후에도 대다수 한민족은 동지를 작은설[1] 또는 설에 버금가는 날로 여겨 명절로 기념했으며, 이는 동지의 이칭인 '아찬설'이라는 어휘에서 확인된다. 이런 이유와 배경에서 동지의 팥죽은 다수의 지역에서 설날을 쇠는 의미의 음식으로서 마련됐으며, 많은 한국인들은 동지팥죽을 먹어야만 나이 한 살이 더 든다고 보았고, 한 해 중 가장 어둡고 밤이 긴 동짓날에 태양처럼 둥근 새알심을 넣은 붉은색의 팥죽을 먹어 액을 제거하고 건강을 기원했다.

명절로서의 동지와 이의 절식인 팥죽이 어떤 음식인지에 대해서는 고대 문헌과 19세기 전후의 『경도잡지』, 『동국세시기』 등을 통해 그 유래와 대략의 풍속을 살필 수 있다. 또한 현대와 관련된 '전통 시기'[2]의 동지 풍속은 국립문화재연구소의 『세시풍속』에 비교적 상세히 조사돼 있어 지역별 사례를 파악할 수 있다.

『세시풍속』이란?

국립문화재연구소가 2000~2003년까지 간행한 책 이름으로, 남한 지역에 대한 세시풍속 현지 조사 보고서 성격을 띤다. 지역 편 9권과 종합 편 1권 등 총 10권으로, 지역 편은 광역 행정구역인 강원, 경기, 경남, 경북, 전남, 전북, 제주, 충남, 충북 편으로 구성돼 있다. 풍속 조사는 9개 광역 지역의 162개 시·군에서 1~4곳의 조사 지역을 선정해 모두 471개 지역에서 행해졌다. 조사지 선정은 마을 공동체의 신앙 및 민속놀이 등이 전승되고 있는 마을 등을 대상으로 했으며, 전문 연구자들이 현지를 방문, 조사 지역에 거주하는 70~80대 노인들을 주 대상으로 해 해당 지역에 전승되거나, 거주민들의 기억 속에 남아 있는 예전의 세시풍속 등을 조사했다. 그 결과 이 책에 담긴 풍속의 시간대는 1930년대의 일제강점기에서부터 2000년대 초까지다. 이 책의 특징은 통일된 조사 항목을 가지고 지역별 조사가 진행돼 세시별, 지역별 풍속 비교가 가능하다는 점이다.

1. 동지의 유래와 현대 이전의 동지 풍속

한민족을 비롯한 중국인 등은 고대 시기부터 동지를 기념했는데, 이는 태양의 공전에 의해 동짓날이 일 년 중 해(낮)가 가장 짧고, 다음 날부터 낮이 길어졌기에 이날을 새해로 여기는 관념이 컸기 때문이었다. 이런 인식에서 한민족의 고대 역사와 문화에 지대한 영향을 미친 중국의 고대국가인 주(周)나라(기원전 3세기까지 존속)는 동지가 포함되는 음력 11월인 자월(子月)을 새해의 첫 달로 삼았다.[3] 문헌 기록을 통해 살필 수는 없지만 주나라의 제후인 기자에 의해 다스려진 고조선(기자조선)은 아마도 이 같은 새해 인식을 적용해 동짓달을 '세수(歲首)'로 하는 역법을 사용했을 가능성이 높다고 할 것이다. 동짓달을 새해의 첫 달로 하는 세수 기념은 이후 기원전 104년, 중국 한(漢)나라 무제 시기에 이르러, 음력 1월인 인월(寅月)을 새해 첫 달로 하는 '태초력'이 제정되면서[4] 변경되었고, 이후 세수에 관한 역법의 변경이 자주 있었지만 새해는 대부분 음력 1월로 고정되었다.[5]

고대 시기 새해의 첫달은 음력 11월(자월)

한민족의 가장 오래된 고대국가인 고조선의 새해 첫 달은 음력 11

월(자월)이나 1월(인월)이었던 것으로 추정되며, 부여는 음력 12월(축월, 丑月), 고구려, 백제, 신라는 중국과 같은 음력 11월이나 1월, 그리고 5세기 중엽의 백제는 음력 1월이었고, 8세기 말 무렵의 신라는 음력 11월과 1월이었다. 이후 고려와 조선시대의 세수, 즉 새해 첫 달은 '인월(음력 1월)'이라는 것이 역법 학자들의 의견이다. 그런데 고대 한민족의 자월 세수와 관련해, 일부에서는 한민족이 신라에 이어 고려시대에도 당(唐)나라의 선명력을 그대로 사용해 14세기 초, 원(元)나라의 수시력(授時曆)을 수용할 때(충선왕)까지는 동지를 설로 지냈다고 보기도 한다.[6] 이런 시각은 『고려도경』(권 17)에 '(고려는) 11월인 자월을 세수로 삼아 이날 제사를 지낸다'라는 기록에서도 뒷받침된다.[7] 하지만 자월 세수는 역법 학자들에게 동의를 받지 못하고 있다.

역법학자들 동지 설날 부정··· 정월이 고대 이래 한민족의 설날 주장

역법학자들에 따르면 선명력은 물론, 수시력의 실제 세수도 음력 1월인 인월(정월)이었다는 것이다. 태양이라는 자연력을 기준으로 하는 달력의 특성상 동지가 기준이 될 수밖에 없어 천정(天正: 하늘이 내려준 올바른 달)인 11월(자월)이 마치 세수인 것처럼 보이지만 실제 한민족의 설날이 포함된 달은 고대 이래 인월이었다는 설명이다.[8] 그럼에도 이 같은 역법 학자들의 의견은 한민족의 대다수가 행한 세시풍속 및 이 풍속에 담긴 한국인의 새해 인식과는 다소 차이가 있다. 무엇보다 다수의 한국인들이 동지를 새해 첫날(첫 달)로 여겨 설날의 떡국처럼 동지팥죽을 먹은 것은 물론, 동지를 '작은설'이나 설에 버금간다는 의미의 '아찬설'과 '아세(亞歲)'로 불렀다는 기록이 13세기 초의 문헌인 『동국이상국집』(권 32)을 비롯해[9] 이후 『동국세시기』, 그리고 현대의 『세시풍속』 등에 빈번하게 출현하기 때문이다. 현대의 한 사례로, 전남 영암군 군서면에서는 동지를 일러 '작은설'이라고 했다(640).

한국의 동지 명절… 기자조선시대까지 거슬러 올라가

작은설이나 아세 등이 직접적으로 설을 지칭하지는 않지만 '설'과 관계된 것만큼은 분명하며, 이 명칭은 동지가 고대 시기에는 설날이었고 이후 설날이 정월 설날로 대체되면서 기존의 동지 설날은 '작은설' 등으로 칭해졌을 가능성이 큼을 시사한다고 할 것이다. 따라서 이상을 고려할 때, 동지 명절의 유래는 자월(음력 11월) 세수에서 비롯됐다고 할 수 있으며, 기자조선의 역사를 고려할 때, 한민족의 동지는 오랜 역사성을 지닌다고 할 수 있을 것이다.

새알은 태양을 형상화… 팥죽은 태양(나이 한 살)을 먹는 것

동지의 절식인 팥죽과 관련, 많은 한국인들은 동지를 즈음해 쑤는 팥죽에는 둥글게 빚은 새알심을 넣고 이를 나이 수대로 먹었다. 둥근 새알심은 태양의 형상을 본뜬 것으로서, 이 새알심을 먹는 것은 태양(해)을 먹는 것이 되고, 태양은 우리말로 해이자 나이를 의미하기에 나이 한 살을 먹게 되는 것이라 여겨 팥죽을 먹었던 것이다. 이 같은 첨세 의례(添歲儀禮: 나이를 더하는 의례)는 설날 떡국의 둥글고 하얀 떡국점을 먹는 것과 비슷한 것으로 모두 태양을 먹는 모방 의례이며, 이는 태양 숭배 신앙을 바탕으로 하고 있다.[10] 이런 인식은 현대까지 이어져 전남 영암군 군서면, 경남 통영시 산양읍과 하동군 옥종면 등에서 나타난다. 예컨대, 경남 하동군 옥종면에서는 팥죽의 새알심을 자기 나이 수대로 먹어야 하며, 그래야만 설을 쇠지 않아도 동지가 지나면 나이 한 살이 더 들게 된다고 보았다(737).

동지… 단오에 선물한 부채의 답례품으로 달력을 받는 날

동지 명절에 관한 기록은 한민족의 9대 속절을 기록한 『고려사』를 비롯해 『조선왕조실록』 등에 나타난다. 『고려사』(1010년, 고려 현종 1년)의 기록에 따르면 고려는 거란에 동지절을 축하하는 사신을 보냈으며, 조선시대 초기인 1430년에 세종은 동지를 맞아 여러 신하를 거느리고 (명나라 황제가 있는 곳을 향해 절을 하며) 동지를 축하했다고 한다. 동지가 어떤 명절이었는지에 관한 기록은 18세기 말과 19세기 중엽 시기에 저술된 한양 중심의 세시기 등에 나타나는데, 이 중 『경도잡지』와 『열양세시기』, 『동국세시기』 등은 팥죽과 함께 달력 풍속을 담고 있다.

『경도잡지』는 동지에 새 달력인 황장력, 백장력을 배포했으며, (달력) 안에는 임금이 하사하는 책이나 달력 등에 찍는 황금 도장인 '동문지보(同文之寶)'가 찍혔다고 기록하고 있다. 또한 서울 지방의 옛 풍속에 단오를 맞아 벼슬아치인 관이 구실아치인 아전(衙前)이나 리(吏)에게 부채를 나눠 주고, 동지에 이르러서는 구실아치가 벼슬아치에게 달력을 바친다며 이를 여름 부채, 겨울 달력이라 한다고 소개했다. 이 세시기는 (이런 풍속이) '시골 구석의 친지와 묘를 관리하는 노비, 소작인에게까지 널리 퍼져 있다'라고 기록했다.

팥죽과 관련해『경도잡지』는 찹쌀가루로 새알 형상을 만들어 이를 붉은 콩[팥]죽 안에 넣어 만든다며, 팥죽을 꿀과 함께 먹고 이날 콩죽[팥죽]을 집안의 문짝 널에 뿌려서 사악한 것을 피한다고 적고 있다.『열양세시기』는 동짓날 천문지리와 달력 등을 관장하는 관상감(觀象監)에서 달력을 만들어 이를 임금에게 바치고 관청에 분배하며, 축귀에 팥죽을 쓰는데 이 풍속은 우리 것이 아닌 중국에서 왔다고 기록했다.『동국세시기』또한 이와 유사한 풍속 소개와 함께 동지를 '작은설'로 기록하고 있다.

2. 동지를 쇠는 방식

음력 11월 초순의 애동지… 11월 중순 이후의 어른동지

동지는 다른 명절이나 속절과 달리 양력상의 절기이지만 음력의 관념이 연계돼 기념되고, 지내는 방식이 다소 복잡하다는 특징을 나타낸다. 그해 동짓날에 해당되는 음력 일자가 11월 초순 등과 같이 너무 이른 시기일 경우 이를 '애동지'라 해 지역과 집안에 따라서는 팥죽을 쑤지 않거나, 팥죽을 대신해 떡을 빚어 동지를 지내기도 했다.

그런데 음력일을 기준으로 하는 이른 시기는 지역에 따라 달라서 음력 11월 10일 이전이나 보름 또는 5일 이전으로 다양하게 나타난다. 그럼에도 많은 지역에서 음력 11월 상순 또는 초승이란 단어를 언급하고 있어 애동지를 규정하는 일반적인 이른 시기는 음력 11월 상순 이전인 것으로 여겨진다. 이처럼 동지가 일찍 들 경우 지역에 따라 소동지(강원, 전남)나 오동지(제주), 아동지, 아그동지(전남) 등으로 불렸으며, 가장 일반적인 명칭은 애동지나 애기동지였다.

이와 함께 동지는 그 음력 일자가 11월 하순 등과 같이 너무 늦게 들 경우에도 지역에 따라서는 칭하는 명칭이 달랐으며, 일부 지역에서는 11월 한 달을 상, 중, 하순으로 나눠 달리 부르기도 했다. 가령 음력 11월 한 달을 10일 단위로 나눠 초순의 경우 '애동지', 중순은 '중동지', 그리고 하순에 들 경우 '노동지'라 칭했으며, 15일 단위로 나눠 '애동지, 어른동지' 혹은 '애동지, 일반 동지' 등으로 불렀다.

어른동지에 팥죽… 애동지에는 팥죽 쑤지 않거나 떡 빚기도

동지는 음력상의 시기에 따라 그 명칭이 달랐으며, 특히 동지가 일찍 드는 경우에는 대다수의 지역에서 팥죽을 끓이지 않았다. 하지만 노동지 등과 같이 동지가 늦게 드는 경우에는 보통 때의 동지와 마찬가지로 팥죽을 장만해 동지를 지냈다.

『세시풍속』에 의하면 남한 전체 조사 대상 471개 지역 중 애동지와 일반 동지를 구분해 명절을 지내는 지역은 최소 289곳 이상인 것으로 나타난다. 이들 지역에서는 애동지가 들면 떡을 하거나 밥을 차려 동지를 쇠었는데, 애동지에 팥죽을 쑤지 않는 이유는 크게 2가지로 하나는 아이들에게 해악을 미칠 수 있다는 우려였고, 다른 하나는 애동지의 시기가 실제 계절과 너무 차이 난다는 자연력 중시 때문이었다. 예컨대, 경기 광명시 학온동과 광주시 실촌면 등에서는 애동지 시기에 팥죽을 쑤면 아이들에게 좋지 않다고 여겨 팥죽을 쑤지 않거나 떡을 만들었으며(48, 102), 강원 강릉시 주문진읍에서는 애동지가 자신들이 기념하는 동지가 아닌 '남의 동지'이기에 팥죽을 쑤지 않았다(29).

애동지에 팥죽 쑤면 아이들에게 해롭다

아이와 관련한 애동지의 팥죽 금기는 대구시 달성군 옥포면을 비롯해, 전북 진안 부귀,[11] 경기 수원 팔달, 안산 대부, 충북 청주 상당, 충남 공주 우성 등의 지역에서 출현하는데 이들 지역에서는 애동지에 팥죽을 쑤면 아이들에게 해악이 미치며, 심지어 일부 지역에서는 아이가 죽는다고까지 여겼다. 이 같은 속신은 애동지 팥죽 금기 이유 중 가장 높은 비중을 차지한다. 이와 함께 경기 시흥 신현, 충남 서산 해미, 경기 안성 금광, 충북 충주 안림 등에서도 애동지에 팥죽을 쑤면 막연하게 아이들에게 좋지 않다고 보았다.

이들 이유 외에 강원 정선군 정선읍에서는 애동지에 팥죽을 쑤면 팥 흉작이 든다고 여겼고(378), 홍천군 화촌면에서는 애동지는 아이의 유아기와 같기에 이때는 아무것도 이룰 수 없어 팥죽을 쑤지 않았다(511).

이상을 통해 우리는 '애동지'의 팥죽 금기 풍속의 저변에 자식을 가장 중시 여기는 한국 어버이들의 지향 가치가 담겨 있고, 한편으로는 죽음과 언어적 주술성에 민감한 한민족의 민간신앙이나 무속적 신앙이 내재돼 있음을 살필 수 있다.

그렇다면 애동지와 팥죽은 어떤 이유로 죽음과 연관되게 되었을까?

팥죽은 상갓집 음식… 애동지 무(無)팥죽에 영향

한민족의 음식 풍속을 살펴보면, 팥죽이 쓰이는 시기 또는 그 쓰임새가 한정돼 있음을 알 수 있다. 팥죽은 동지의 절식 및 복날의 음식과 함께 초상집 음식으로 쓰였으며, 극히 일부의 지역에서는 이사나 지붕을 인 후에 의례 용도로 이용됐다. 동짓날의 경우 제액축귀(除厄逐鬼)의 의미로 팥죽이 뿌려지기도 했으며, 상갓집에서는 조문객 대접으로 팥죽이 차려졌다. 이들 쓰임새에서 살필 수 있듯, 팥죽은 주로 귀신이나 죽음과 관련된 의례 등에 쓰였다. 이런 이유로 팥죽에 대한 인상(인식)은 '죽음'으로 최대치의 '부정(不淨)'이었다. 반면 '애동지 날'은 어린 자식(아이)이라는 어휘가 들어간 날로 부모에게는 최대한 꺼리고 삼가고 싶은 '신일(愼日)'이었다. 따라서 이날 죽음을 연상시키는 팥죽을 끓일 경우 이 팥죽의 부정함이 자신의 아이들에게 옮겨 갈까 두려울 수밖에 없었고, 이런 이유로 팥죽을 쑤지 않았던 것으로 여겨진다. 이는 '말이 씨가 된다'라는 속담에서 나타나듯, 우리 선조들은 말이 갖는 주술성을 신봉했다는 점에서도 뒷받침된다고 할 것이다. 달리 말하면, 애동지에 팥죽을 쑤지 않는 풍속은 우리 한민족이 지닌 유난스러울 정도의 자식 사랑 결과물이었다. 『효경』에 등장하는 '입신양명 이현부모'를[12] 이룰 수 있는 유일한 존재가 자식이므로 그들의 목숨과 안위는 절대적 가치였고, 이 가치를 실현하기 위해서라면 명절 지내기와 절식 마련마저 무시할 수 있었기에 가능했던 풍속이었다.

3. 동지의 절식

동지의 대표 절식은 팥죽과 동지떡

앞서 살폈듯 동지가 애동지로도 기념되기에 동지 절식 또한 2가지라고 할 수 있는데, 그 하나는 동지팥죽이고 다른 하나는 팥죽 대신에 빚어지는 팥시루떡이나 팥떡 등의 '동지떡'이다. 『세시풍속』에 나타난 동지의 팥죽 출현 지역은 전체 471개 조사 지역 중 460여 곳 이상이다. 이 같은 절식 출현 빈도는 설날이나 추석보다 높은 98%로 사실상 거의 대부분의 한국인이 동지에 팥죽을 쑤고 있음을 보여 준다. 애동지에 떡을 하는 지역도 120여 곳으로, 전북의 경우 전체 조사 지역 41곳 중 무려 29개 지역에서 출현했으며, 그 출현 빈도는 전북, 충남, 충북, 전남 순으로 높았다. '동지떡' 출현 지역이 제주를 제외한 모든 광역 행정구역에서 최소 1곳 이상이라는 점을 감안하면, '동지떡'은 팥죽과 함께 동지의 대표 절식이라고 할 수 있을 것이다.

지역별 동지의 대표 절식은 강원도와 경기도의 경우 팥죽이며, 이들 지역은 애동지를 구분하지만 떡의 출현 비율이 낮다. 경남과 경북도 팥죽이며, 동지를 작은설로 여기는 경향이 강해 팥죽의 새알을 먹음으로써 나이 한 살 더 먹는다고 여기는 지역이 많다. 전남과 전북은 팥죽과 함께 (팥)시루떡으로 그만큼 애동지에 떡 하는 지역이 많아 동지떡 빚기가 관습화된 양상을 보여 준다. 충남과 충북의 대표 절식도 팥죽과 떡이라 할 수 있는데 충남의 경우 타 지역에 비해 애동지 시 팥죽 금기의 부정성이 덜하다는 특징을 나타낸다. ('[표] 애동지 시기의 무(無)팥죽 및 떡 종류별 출현 지역 수'는 미주 참고)[13]

동지팥죽은 한민족의 오래된 유습

『동국세시기』에 나타나듯, 동지팥죽은 '찹쌀가루로 새알의 형상을 만들어 (삶은 팥 국물) 안에 넣은' 음식으로,[14] 성현은 『용재총화』에서 이 팥죽이 한민족의 오래된 유습이라고 기록하고 있다. 반면, 『열양세시기』[15]와 『동국세시기』는 팥죽의 유래와 풍속이 중국과 관련된다고 적고 있다.

팥죽은 앞서 살폈듯, 동지나 상원(음력 1월 15일) 등의 명절을 비롯해 이사 등의 음식으로 쓰였으며, 그 용도는 표면적으로는 대부분 사악한 기운을 물리친다(피한다)는 벽사(辟邪)의 의미이다. 이런 유의 풍속은 중국의 『형초세시기』는 물론 19세기 무렵의 한국 3대 세시기의 기록에서도 살필 수 있는데, 이는 동지의 절식인 팥죽이 한민족의 민간신앙이나 무속 등과 관계됨을 보여 준다고 할 것이다.

팥죽을 대신해 만들어지는 팥시루떡… 대체 절식으로서 '동지떡'

팥죽과 함께 동지에 마련되는 절식인 '동지떡'은 『세시풍속』에 출현하는 개별적인 떡 이름이 아닌, 동지 명절에 팥죽을 대신해 빚어지거나 드물게 팥죽과 함께 만드는 떡 일반을 가리키는 명칭이다. 애동지에 마련되는 동지떡의 명칭과 종류는 지역에 따라 다양한데, 한 예로 전남 지역은 동지가 일찍 드는 시기에 만드는 떡을 '떡, 애(기)동지떡, 팥시루떡, 아동지떡, 팥떡'으로 불렀으며,[16] 이들 떡은 팥을 재료로 한 시루떡이 주류를 이룬다.

팥죽 안의 떡 명칭은 새알(심)… 강원·경기 등은 옹심이

동지팥죽의 국물 속에는 곡물의 낟알이나 떡 등의 건더기가 들어가는데, 건더기의 명칭과 형태는 지역에 따라 달랐다. 전남과 전북, 경남의 경우 이 떡을 새알이나 새알심이라 불렀으며, 중부 이북 지역인 강원, 경기를 비롯해 제주도에서는 대개 옹심이로 지칭했다. 이와 함께 경북과 전북, 그리고 충북의 일부 지역에서는 수제비란 이름도 쓰였다. 새알이나 옹심이 등을 만드는 재료는 대부분의 지역에서 찹쌀이나 찹쌀에 멥쌀을 섞은 것이었고, 강원과 경기, 경북, 충남의 일부 지역 등에서는 수수를 쓰기도 했으며, 강원도의 일부 지역과 울릉도에서는 감자가 사용되기도 했다.

팥죽 안의 새알은 떡의 일종인 경단… 동지 팥죽은 '죽+떡' 음식

팥죽 속에 들어간 떡의 형상은 대부분 둥근 형태였고, 이 떡은 빚는 떡 중의 하나인 경단이었다. 따라서 동지의 팥죽은 '죽과 떡'이 결합된 음식이라고 할 수 있으며, 앞서 살폈듯 이 떡, 즉, 새알(옹심이)은 떡국이나 세시 만두처럼 새해와 나이 한 살의 의미도 담고 있다. 이런 연유로 전북 무주군 적상면에서는 찹쌀 새알 수제비를 먹는 것은 나이 한 살을 더 먹는 것으로, 동지 쇠는 것을 설 쇠는 것처럼 여겼다(338). 이처럼 팥죽을 새해 설날에 먹는 떡국처럼 인식한 지역은 전북을 비롯해 강원, 경남, 경북, 전남, 전북, 제주, 충북 등으로 경기와 충남을 제외한 전국에서 광범위하게 출현했다. 이는 한국인이 동지에 팥죽을 먹는 한 이유가 무엇인지를 분명하게 보여 주는 풍속이라고 할 것이다. 한편, 일부 지역에서는 동짓날 쑤는 팥죽과 초상집에 가져가는 팥죽의 재료가 달랐는데, 충남 청양군 정산면에서는 찹쌀맹이(새알)의 경우 동지팥죽에만 넣고 초상집에 가져가는 팥죽이나 복날에 끓이는 팥죽에는 넣지 않았다(610). 이는 동짓날 쑤는 팥죽을 별도로 '동지팥죽'으로 칭한

□ 새알이 들어 있는 동지팥죽

다는 점에서 동지의 팥죽과 복날 등에 쑤는 여타의 팥죽은 대개 그 재료가 달랐음을 시사하는 것으로 여겨진다.

고대의 팥죽은 팥물 위주… 점차 곡물과 새알이 들어가는 팥죽으로 발달

동지팥죽은 대체로 새알(옹심이)을 넣고 쑤었지만 전북 부안군 진서면에서 나타나듯, 애기동지에는 새알심 없이 팥과 쌀을 넣고 팥죽을 쑤는 지역도 있었다(384). 이런 팥죽의 경우 한민족의 팥죽 형성과 발달 과정에 대한 한 단서를 제공한다고 할 수 있는데, 팥죽이 태고 이래로 현재와 같은 국물+내용물(떡) 형태는 아니었을 것이라는 점이다. 이 같은 추정은 문헌 기록에서 팥죽을 '연유 같다'거나 '마신다'라고 묘사하고 있는 것에서도 뒷받침된다. 팥죽의 대중화 시기와 관련해 일부에서는 고려 중기 이전으로 보기도 하나[17] 팥죽을 쑤는 데 떡을 하는 것만큼 쌀과 팥이 많이 들어가고[18] 일반적으로 팥죽 새알(심)의 주재료는 찹쌀이며, 고려의 경우 '찹쌀이 없다'라는 『고려도경』(권 23)의 기록[19] 등을 고려하면 고려 중기 이전 시기에는 최소한 새알이 들어간 팥죽의 대중화는 어려웠던 것으로 여겨진다. 팥죽은 그 원형은 물론, 고려와 조선시대의 일반적인 팥죽 형태가 어떤 것이었는지를 비롯해 이들 팥죽 간의 상호 유사성 여부에 대해서도 현재까지 명확히 밝혀져 있지 않다. 그럼에도 팥죽은 '팥물'→'팥물+곡물'→'팥물+새알심'의 형태로 발달 또는 변화한 것으로 추정된다.

팥죽의 주재료는 찹쌀이나 쌀… 수수나 감자로 쑤기도

팥죽에 들어가는 곡물의 재료는 대개 찹쌀이나 쌀이며 몇몇 지역에서는 특이하게 감자가 쓰이기도 했다. 이와 함께 일부 지역에서는 수수가 활용됐는데 이는 주재료인 찹쌀이나 쌀 등을 구하기 어렵다는 경작 환경의 요인과 함께 수수가 액을 풀어준다는 믿음에서 비롯됐다. 이런 이유에서 일부 지역의 경우 아이들의 무병장수를 기원하는 의미로 백일이나 돌을 맞아 수수경단을 만들기도 했다.

4. 동지의 의례

성줏상 차리기가 대부분… 유교의 차례 지내기도

한민족이 동지에 지낸 의례는 유교의 차례나 제사 형식보다는 성줏상 차리기 등의 민간신앙 의례가 많았다. 『세시풍속』에 의하면 동지에 유교식 차례나 제사 등을 지내는 지역은 모두 30여 곳 가량으로 지역별로는 강원이 가장 많았으며, 다음이 전남, 경남, 경북과 경기 순이었다. 이들 지역에서는 동지 의례의 명칭을 '동지 차례', '팥죽 제사', '제사' 등으로 불렀다. 강원 화천군 화천읍에서는 동지에 팥죽을 쑤어 조상들 수대로 떠서 상 위에 올리고 적, 삼색실과, 술 등도 마련해 차례를 지냈으며(561), 전남 함평군 나산면에서는 (음력 11월) 10일 이후에 동지가 들어야 팥과 찹쌀로 팥죽을 쑤고 '팥죽 제사'를 모셨다. 팥죽 제사를 지낼 때에는 다른 음식은 장만하지 않고, 찹쌀로 빚은 새알심을 넣고 끓인 팥죽만 큰 그릇에 퍼서 성주, 샘, 쌀독에 차려 놓았다(806). 그런데 위의 나산면에서 나타나듯, 그 명칭만 제사일 뿐 의례 형식과 대상은 유교의 의례가 아닌 지역도 있었다.

부엌, 장독대, 마구간 등에 팥죽 한 그릇… 가신 대접(위하기)

민간신앙 의례 형식으로 동지를 기념하는 지역은 전국에서 100여 곳 출현해 유교식 의례의 3배 이상이었는데, 이 의례의 출현 비율이 가장 높은 곳은 경남이며, 이어 경북, 전남, 강원 순으로 높은 출현 빈도를 보였다. 민간신앙 의례의 대상은 집안의 가신(家神: 집안 내에서 모시는 신)을 통괄하고 집안의 안태(安泰)를 지킨다는 성주신을 비롯해[20] 터주신과 조왕신, 삼신 등이며, 이 중 최고의 가신인 성주신의 출현 빈도가 가장 높고, 이어 부엌의 살림살이와 화재의 예방을 맡는 조왕신, 그리고 아이의 출산과 건강을 관장하는 삼신 순으로 높았다.

강원 춘천시 동산면에서는 동지에 팥죽을 쑤면 성주, 부엌, 장독대, 마구간 등에 한 그릇씩 놓았으며(161), 경남 통영시 욕지면에서는 조상과 삼신, 성주, 조왕 앞에 팥죽을 떠 놓고 집안의 평안을 빌었다(428). 성주를 위하는 것에 대해 전북 장수군 장계면에서는 성주가 조상보다 어른이며, 인간이 나기 이전에 집이 있었으므로 집의 주인인 성주를 무시할 수 없기 때문이라고 했다(536). 이 같은 성주 모시기 등은 설날과 추석 차례에서도 유교의 차례와 함께 빈번하게 출현하며, 의례의 목적은 가신 대접과 함께 집안 구성원들의 건강과 농사의 풍년을 기원하는 것에 있었다.

제액축귀, 건강 기원 위해 뿌려진 팥죽

동지에서는 차례(제사)나 가신 위하기 등의 의례와 함께 특이한 의례가 행해졌다. 바로 '팥죽 뿌리기'라는 의례인데, 이 의례는 전국 거의 대부분의 지역에서 공통적으로 출현하며, 팥죽을 뿌려 부정한 기운을 제거하고 귀신을 쫓는 데 그 표면적인 목적이 있었다. 또한 지역에 따라서는 병을 막고 건강을 기원하기 위해서도 행해졌다. 이 의례는 제액축귀의 수단을 통해 궁극적으로 집안과 가족의 행운 및 건강을 기원하는 행위였다. 예컨대, 경북 봉화군 물야면과 춘양면 등에서는 귀신을 쫓기 위해 마당이나 벽에 팥죽을 뿌렸으며(502, 511), 청도군 화양면에서는 액운을 없애기 위해, 영양군 영양읍에서는 호랑이가 오지 말라고 팥죽을 뿌렸다(606).

팥죽 뿌리면 안택고사보다 좋아… 지붕 인 후에 뿌리기도

전남의 경우 광양시 용강면에서는 축귀와 액막이를 위해(23), 영광군 법성포읍(법성면)에서는 이듬해 액을 막을 수 있기에 팥죽 의례를 행했으며, 충남 보령시 웅천읍에서는 동짓날 동지시에 팥죽을 뿌리면 안택고사보다 좋다는 말이 있었다(114). 특히 충북 보은군 내속리면에서는 지붕을 이고 난 다음 저녁에 팥죽을 쑤어 뿌렸고, 장례에서도 부의금 대신으로 팥죽을 가져갔다(202). 이상이 『세시풍속』에 나타난 팥죽 뿌리기 의례이다. 그런데 뿌리기는 제액축귀 외에 가신 대접 등의 목적에서도 비롯됐다고도 할 수 있으며, 상세한 내용은 이후 4장에서 살펴보기로 하겠다.

그렇다면 한민족은 어떤 이유 또는 배경에서 동지에 팥죽을 먹게 됐을까?

5. 동지팥죽의 발달 배경

5.1. 새해 인식과 팥의 자생지 한반도

 팥죽의 주재료는 팥이다. 음식의 태동과 발달 측면에서 볼 때, 권역 내에서 자생하는 식물을 활용한 음식의 출현이 빠르고 종류도 다양하기에, 고대의 (일부) 한국인들이 당시의 세수(歲首: 새해 첫 달)이거나 세수였던[21] 풍속에 따라 동짓날 자생하는 팥으로 시식(팥죽)을 마련해 먹었을 가능성은 크다고 할 것이다. 따라서 동지를 새해 첫날로 여겼던 한민족의 새해 인식과 팥의 자생지는 팥죽의 출현과 함께 한민족이 동짓날 팥죽을 먹고, 이를 발달시킨 핵심 배경이 됐다고 할 수 있다.

 동지는 지구의 공전에 따른 자연력(自然曆)의 측면에서 해가 길어지기 시작하는 바로 앞날에 위치해 새해 첫날과 연결된다. 이런 인식에 따라 우리 선조들은 동지를 작은설 등으로 불렀으며, 동지팥죽을 먹으면 나이 한 살이 더 든다고 보았다. 또한 이 같은 새해 관념에서 새알(심)이 들어간 동지팥죽을 설날의 떡국처럼 여겼다. 한국 역사에서 동짓달(음력 11월)이 새해 첫 달로 기록된 것은 서기 695년이지만, 앞서 살폈듯 한민족의 음력 11월 세수는 기원전으로까지 거슬러 올라간다.

기원전 2000년 무렵부터 팥 재배… 떡·밥·죽 등의 재료로 쓰여

콩과 식물인 팥(small red bean, azukibean, 小豆)은[22] 그 기원지가 중국 남부의 수림 지대로 알려져 있지만 한반도에서도 팥의 원종과 근연종이 자생한다는 점에서 한반도 또한 팥의 기원지와 가까운 것으로 보고 있다.[23] 『금양잡록』에서 나타나듯, 한민족은 이미 15세기 말에 7종의 다양한 팥을 재배했으며,[24] 그 재배 역사는 자포니카 계열의 벼가 한반도에 전래된 시기보다 1천여 년가량 앞서는 기원전 2000년 무렵인 것으로 추정되고 있다.[25] 자생지(기원지 인근)가 한반도라는 이점과 함께 오랜 팥 재배의 역사는 팥을 활용한 다양한 음식의 발달을 가져왔고, 팥죽은 이들 음식 중 하나라고 할 것이다.

□ 재배되고 있는 팥

팥 음식의 발달… 팥죽은 물론 떡과 밥 등에도 팥 쓰여

팥을 활용한 한민족의 다양한 음식 문화는 기록을 통해서도 확인된다. 예컨대 8세기 무렵의 일본 나라시대 기록이 담긴 <정창원문서>에는 소두병(팥떡)이 나타나는데 이 떡은 재료의 배합 비율이나 떡 한 켜의 두께(3cm 가량), 떡을 세는 단위(매수, 枚數) 등에서 우리의 팥시루떡과 유사하거나 같다고 한다.[26] 때문에 이 떡은 신라나 백제시대의 떡일 것으로 추정되고 있다.[27] 이처럼 팥은 고대 시대부터 떡과 밥, 죽과 같은 여러 음식의 재료로 활용됐다.

5.2. 제액축귀와 건강식으로서의 팥죽 전통

팥죽의 붉은색이 사악한 기운 쫓고 건강 지켜

팥죽이 사악한 기운을 쫓고 질병을 예방하며 건강을 지킨다는 속신 관념도 한민족이 동지에 팥죽을 먹게 된 핵심적 이유로 작용했다고 할 수 있다.

『세시풍속』 9개 지역 편 모두에서 광범위하게 나타나듯, 한국인들은 동지에 팥죽을 쑤어 이를 조상님을 비롯한 집안 가신들에게 올리고 집 안팎의 곳곳에 뿌렸는데, 이 풍속의 (표면적) 목적은 제액축귀를 통해 집안의 안녕과 가족 구성원들의 건강을 지키는 데 있었다. 따라서 이 목적을 이루기 위한 의례물로서 팥죽이 필요했고, 이는 동지팥죽 발달의 한 배경이 됐다고 할 수 있다.

힘들고 피곤할 때 먹는 팥죽… 배고픔과 추위도 달래

다수의 한국인들은 팥죽이 기운을 회복시키고[28] 건강을 지켜 준다고 여겨 음기가 극에 달한 동짓날 팥죽을 끓여 먹었다. 이 같은 건강식으로서의 팥죽의 기능과 쓰임새에 대한 인식은 고대 시기부터의 전통으로 이해된다.『후한서』(권 17)는 힘들고 피곤할 때 두죽(팥죽)을 먹고 기한(飢寒: 배고픔과 추위)을 해결했다고 기록하고 있으며,[29]『목은집』(권 24)은 팥죽을 쑤어 더운 계절에 심장과 위 등의 열기를 식히고 목과 코, 눈 등에 맑은 기운을 소통시킨다고 적고 있다.[30] 또한『동의보감』도 팥죽을 약용으로 소개하고 있으며,『동국세시기』와『열양세시기』에는 팥죽이 여름 복날의 음식이자 전염병 등을 막아 주는 음식으로 기록돼 있다.[31]

팥죽 먹으면… 부스럼·감기·어지럼증이 사라져

건강 기원과 질병 예방 음식으로서의 팥죽에 대한 인식은『세시풍속』에서도 분명하게 드러난다. 충남 연기군 서면에서는 팥죽을 먹어야 괴질을 예방할 수 있다고 보았으며, 예산군 대술면과 홍성군 서면에서는 각각 동지에 팥죽을 먹으면 부스럼이 나지 않고(555), 종기가 없어진다고 여겼다(681). 또한 경북 영천군 대창면에서는 팥죽을 먹으면 어지럼증이 없게 되고(354), 전남 함평군 학교면에서는 동지시에 팥죽을 먹으면 보약보다 낫다고 여겼다(821).

이 같은 동지 무렵의 음식을 통한 질병 예방 풍속은 일본에서도 나타나는데, 일본 민간에서는 동지에 팥죽이 아닌 경단이나 떡을 먹는 것으로써 재앙의 소멸과 무병을 기원했다고 한다.[32]

5.3. 습성 음식의 발달과 숟가락 사용

한국의 전통 음식과 섭취 방식의 특징은 습성(濕性: 수분이 많음) 음식의 발달과[33] 함께 온식(溫食: 따뜻한 음식)의 선호,[34] 대식(大食: 배부르게 먹기)의 중시,[35] 그리고 시저(匙箸: 숟가락과 젓가락)의 사용[36] 등이라고 할 수 있다. 따라서 팥죽이 이런 특성을 지닌 음식이라는 측면에서 이 같은 특징은 동지팥죽 발달의 한 요인으로 작용했다고 할 수 있다. 한 문화권 내에서 특정 형태의 음식이 발달했다는 것은 그 문화권 내 음식 향유층의 취향이 무엇인지를 보여 주는 것으로, 동지팥죽은 습성 음식 선호라는 고대 한민족의 민족적 음식 취향을 배경으로 발달했다고 볼 수 있기 때문이다.

동북아 3국 중 유일한 한국의 숟가락 문화

팥죽이 습성 음식이라는 점에서 숟가락의 사용도 팥죽 음식의 발달을 추동했다고 볼 수 있다. 숟가락은 고대 시기 한·중·일 3국의 공통된 식사 도구로 문헌 기록상 기원전 6세기 이전의 『시경』에 등장하며, 한반도에서는 기원전 7세기 무렵으로 여겨지는 함경북도 나진 초도

패총에서 뼈로 만든 숟가락이 출토됐다. 동북아의 숟가락 문화는 12세기 이후 변화를 맞게 되는데, 일본의 경우 12~14세기 사이에 식사 도구에서 숟가락이 탈락했으며,[37] 중국 또한 명나라 시대(14세기 이후)에 수저의 사용이 사라졌다고 한다. 한국만이 기원전부터 현재까지 젓가락과 함께 사실상 숟가락을 사용하고 있는 셈이며,[38] 식사에서 숟가락의 사용이 많은 수저식 문화를 형성하고 있다.[39]

이처럼 한국이 중국, 일본과 달리 오랜 시간에 걸쳐 숟가락을 사용하며 독특한 음식 문화를 유지·계승한 것은 습성 음식이 발달했기 때문이거나, 거꾸로 숟가락 사용 덕택에 팥죽 등과 같은 뜨겁고 물기가 많은 음식 문화가 발달했다고 볼 수 있을 것이다. 따라서 동지팥죽의 발달 배경에는 숟가락 사용과 함께 습성 음식의 선호라는 한국의 음식 문화가 자리한다고 할 수 있다.

5.4. 수도작 문화의 유입

수도작의 전래… 찹쌀 새알(심)의 출현으로 이어져

수도작(水稻作) 문화의 유입과 쌀의 자급화도 한민족이 동지팥죽을 먹게 된 배경으로 작용했다. 동지의 절식인 팥죽(새알심)의 주재료는 팥과 함께 대부분의 지역에서 찹쌀과 멥쌀이다. 따라서 팥죽이 명절 음식으로서 발달할 수 있었던 근본적 배경에는 수도작(논농사)의 한반도 전래가 기반이 된다. 수도작은 기원전 10세기 무렵 1차에 이어 기원전 3세기 무렵 재차 한반도에 전해졌다고 보고 있다.[40]

이를 고려하면 찹쌀을 재료로 하는 팥죽의 태동은 기원전 10세기 이후일 가능성이 높고, 한국의 고대 문화가 한민족의 강역에 설치됐던 한사군과도 밀접하게 연관된다는 점에서 팥죽의 새알과 같은 '건더기(새알의 이전 또는 원시 형태) 음식'은 기원전 중국 한나라 시기의 보편적 음식이었던 탕병[41]의 영향을 받아 발달하기 시작됐다고 볼 수도 있을 것이다. 이는 고대 한국과 중국의 역사와 문화가 상호 직·간접적인 영향을 주고받는 밀접한 관계였으며, 시루에 찌는 한국의 전통적인 떡 제조법(증병-찐떡) 또한 탕병과 같은 중국 한나라 시기의 보편적인 음식 제조 방법이었다는 점에서도 간접적으로 뒷받침된다.

미주

1 '작은'의 의미와 관련, 전북 무주군 설천면에서는 유두 전날인 6월 14일을 '작은 유둣날' 이라 불렀다(353). 이를 통해 '작은'은 명절이나 특정일의 '전날'을 뜻하기도 했음을 살 필 수 있다.

2 '전통 시기'는 한국의 전통 풍속 대다수가 남아 있었던 것으로 여겨지는 시기를 의미한 다. 즉, 외래문화의 급격한 유입에 의해 (한국) 고유의 풍속이 크게 퇴색했거나 변화되 기 이전의 시기로, 이 책에서는 대체로 1970년대를 전후한 산업화나 도시화 이전의 시 기를 뜻한다.

3 장주근 2013, p.47.

4 장주근 2013, p.42.

5 이이화 2000, p.109.

6 『한국세시풍속사전』(겨울 편) 2006, p.179.

7 "以建子月 率官屬具儀物祠天(이건자월 솔관속구의물사천). / 자월을 세수로 삼아 관 속을 거느리고 의례 물품을 갖춰 하늘에 제사를 지냈다."

8 김일권 2013, p.183.

9 "甫臨亞歲 益享遐齡(보림아세 익향하령). / 아세(동지)를 맞이하여 더욱 장수를 누릴 것이다."

10 김정민 2015, p.58.

11 전북 진안군 부귀면을 의미한다. 이처럼 출현 지역이 잇달아 이어지는 경우와 일부에 서 시·군 및 읍·면·동의 행정 명칭은 생략했으며, 동일 지역에서 마을[리]를 달리해 풍 속이 출현할 경우 ( )를 달아 출현 마을[리]의 이름을 기입했다. 또한 『세시풍속』의 지 역 편은 도 단위 지역을 기준으로 발간돼 있어, 달성군, 기장군, 울주군, 옹진군, 강화군 등과 같이 광역시에 소속된 지역은 그 풍속 내용이 인접한 『세시풍속』(경북-달성군), (경남-울주군, 기장군), (경기-옹진군, 강화군) 편 등에 수록돼 있다.

12 "立身揚名 以顯父母(입신양명 이현부모). / 출세하고 이름을 떨쳐 이로써 부모의 이 름을 드러낸다."

13 [표] 애동지 시기의 무(無)팥죽 및 떡 종류별 출현 지역 수

지역 (조사 지역 수)	팥죽 출현	無팥죽	애동지 떡 명칭(출현 횟수)				
			팥시루떡	시루떡	팥떡	떡	기타 떡
강원(54)	54	35				1	
경기(82)	78	57	2			1	

지역							
경남(66)	66	25			1	9	
경북(71)	71	38	1		2	9	2
전남(66)	66	35	4	1	2	19	
전북(42)	41	28	1	11	3	13	2
제주(12)	10	5					
충남(45)	45	37	3		1	17	2
충북(33)	33	29				13	
합계(471)	464	289	11	12	8	82	6

<출처: 국립문화재연구소, 『세시풍속』 9개 지역 편>

※ 애동지에 팥죽을 쑤지 않을 경우 '無팥죽'으로 표기함. / 한 조사 지역 내에서도 집안에 따라 팥죽을 쑤거나 쑤지 않는 사례도 있음. 이 경우 출현 지역에 포함함. / '떡' 명칭으로 나타난 지역의 떡은 팥시루떡일 가능성이 높음. / 경남 함양 서하와 함양 함양의 경우 각각 애동지에 떡과 팥죽을 함께 장만하거나 팥죽이나 떡 하나만을 마련함.

14 "煮赤豆粥用 糯米粉作鳥卵狀投其中(자적두죽용 나미분작조란상투기중). / 팥을 삶아 죽을 쑤는데 찹쌀가루로 새알 형상을 만들어서 죽 안에 넣는다."

15 "家傳赤豆粥辟鬼防於中華不專爲國俗. 故玆不詳列(가전적두죽벽귀방어중화불전위국속. 고자불상열). / 민가에서 전하는 붉은 팥죽으로 귀신을 물리치는 것은 중국에서 비롯된 것으로 우리 풍속으로 전하는 것이 아니다. 고로 상세히 열거하지 않는다." - 『열양세시기』 동지.

16 김용갑 2018b, p.274.

17 최덕경 2005, p.197.

18 『세시풍속』(충남), p.252.

19 "其米有秔而無稬(기미유갱이무나). / 그 쌀에 멥쌀은 있으나 찹쌀은 없다."

20 『세시풍속』(충북), p.29.

21 한국정신문화연구원 1994, p.32.

22 성락춘·이철 2007, p.89.

23 안완식 2009, p.117.

24 윤서석 2001, p.292.

25 안완식 2009, p.13.

26 김춘연 1991, p.76.

27 윤서석 2001, p.216.

28 최덕경 2005, p.192.

29 최덕경 2005, p.193.

30 "小豆烹爲粥 ··· 淨掃三焦熱 淸凝九竅通(소두팽위죽 ··· 정소삼초열 청응구규통). / 팥을 삶아 죽을 쑤니 ··· 삼초(내장)의 더운 기운을 깨끗하게 제거하고, 막힌 구규(이목구비 등)를 시원스럽게 통하게 한다."

31 "煮亦小豆粥以爲食 三伏皆如之(자역소두죽이위식 삼복개여지). / 팥을 삶아 죽을 쑤어서 먹는데, 삼복에는 모두 이처럼 죽을 쑨다." -『동국세시기』 삼복. ; "煮豆爲粥以禳癘(자두위죽이양려). / 콩(팥)을 삶아 죽을 쑤어서 전염병을 막는다." -『열양세시기』 6월 복날.

32 최덕경 2005, p.218.

33 김천중 1994, pp.206-207.

34 배영동 1991, p.155.

35 한민족의 대식 문화는『삼국유사』의 기록에서도 살필 수 있다. "王膳一日飯米三斗雄雉九首(왕선일일반미삼두웅치구수). / 왕(김춘추)이 하루 식사로 쌀 서 말의 밥과 꿩 아홉 마리를 먹었다." -『삼국유사』(권 1).

36 윤성재 2015, p.63.

37 배영동 1991, p.153.

38 정미선 2009, p.51.

39 "한국의 수저 형태는 시대에 따라 달랐다. 기원전에는 수저의 잎이 뭉툭하고 단순한 자루 형태에서 백제시대에는 타원형의 잎과 넓은 자루, 그리고 고려시대에는 가늘고 긴 잎과 길고 휘어진 자루로 바뀌었으며, 조선시대에는 길쭉한 타원형의 잎과 직선의 자루가 출현했다." -배영동 1991, pp.152-153.

40 위안리 2005, p.326.

41 왕런샹 2010, p.226.

4장

신 대접 방식과 동지를 쇠는 의례로서 팥죽 뿌리기

고수레 같은 음식 올리기… 배려·존중의 공동체 가치 담겨

4장

신 대접 방식과 동지를 쇠는 의례로서 팥죽 뿌리기

고수레 같은 음식 올리기… 배려·존중의 공동체 가치 담겨

한국 사회가 도시화되기 이전, 많은 한국인들은 동지를 지냈으며 이때 절식으로 팥죽을 끓여 집 안팎에 뿌렸다. '팥죽 뿌리기'로 불리는 이 풍속에 대한 일반적인 인식은 미신적인 신앙 관습, 즉 제액축귀(除厄逐鬼)이며 실제 이 풍속을 행했던 다수의 한국인들도 이런 인식 아래 팥죽을 뿌렸음이 민간신앙 조사 등에서 나타나고, 『동국세시기』 등과 같은 문헌 기록도 이를 뒷받침하는 듯 보인다. 그런데 동지의 풍속에 대한 현장 조사 자료가 축적되면서 이 같은 인식에는 한계가 있음이 드러나고 있다.[1]

---

* 4장은 논문 「신神을 대접하는 방식과 동지를 쇠는 의례로서 팥죽 뿌리기」(『인간·환경·미래』 31. 인제대 인간환경미래연구원. 2023)를 바탕으로 수정·보완됐음.

제액축귀 의례라면 왜 초상집에서는 팥죽이 뿌려지지 않는가?

팥죽 뿌리기가 주술적 행위로써 잡귀와 같은 부정(不淨)함을 물리치는 의례라면, 왜 이 부정함의 정점이라고 할 수 있는 초상집에서는 팥죽은 있되 이를 뿌리지 않는 것일까? 또한 축귀 의례의 전형인 푸레박질이나 객귀 물리기 등에서도 왜 팥죽 뿌리는 사례를 거의 찾기 어려운 것인가? 팥죽 뿌리기가 제액축귀 의례(行爲)라면 이런 장소나 의례에서는 반드시 뿌려지거나 그 사례가 확인돼야 할 것이다. 그런데 실제의 풍속은 그렇지가 않다. 오히려 팥죽 뿌리기의 본래 기능이 벽사 의례가 아님을 강력하게 시사한다.

가신(家神) 신앙이 바로 그것으로 한민족은 성주신과 터주·조왕신 등과 같은 여러 가신이 집 안팎에 정좌하며 집안과 가족들의 길흉화복을 관장한다고 믿었다. 즉 한민족에게 있어 집은 가신들이 머무는 공간이기에 잡귀를 몰아낸다는 이유로 이런 가신이 자리하는 공간에 팥죽을 뿌린다는 것은 분명하게 신앙 행위의 모순이 되는 것이다.

더 나아가 우리가 알고 있는 팥죽 뿌리기의 문헌적 근거 역할을 하는 중국의 『형초세시기』에 '팥죽 뿌리기=벽사'라는 기록이 없다. 다만 조선 후기의 『동국세시기』 등이 팥죽 풍속의 기원을 『형초세시기』의 기록에서 찾고 있을 뿐이다. 그런데 우리는 이 기록이 마치 전거(典據)라도 되는 양 지금까지 비판 없이 그대로 수용해 왔다.

그렇다면 현대까지 이어진 팥죽 뿌리기에 제액축귀의 주술적 의미가 담긴 것도 민속 현장의 분명한 실제이고 사실이지만, 팥죽 뿌리기의 본래 의미, 즉 고대 한민족이 행했을 당시의 팥죽 뿌리기에는 제액축귀라는 표면적 이유와는 다른 또 다른 기능과 의미가 그 이면에 담겨 있다고 보는 것이 타당하다고 할 것이다.

동지의 팥죽 뿌리기에는 어떤 의미가 담겨 있을까? 이 의미를 파악하기에 앞서 1970년대 무렵 한반도 서남부인 전남 나주 지역에서 행해졌던 동지팥죽 풍속을 살펴보도록 하겠다.

1. 1970년대 동지팥죽 풍속

동지 전날 온 가족 모여 팥죽 준비… 찹쌀 반죽으로 새알 빚어

　동지의 팥죽 쑤기는 동지 전날부터 시작된다. 이날 오후, 가족들이 큰 방에 모여 함지박과 같은 커다란 그릇에 찹쌀가루만을 익반죽해 큰 반죽 덩이를 만들고, 모두가 새알(그 모양과 크기를 팥죽의 '새알만 하게'보다 적절하게 묘사할 말이 없어 '팥죽의 새알처럼'이라 표현했다)을 빚었다. 먼저 큰 반죽 덩이에서 작은 주먹 크기 정도의 반죽을 떼어 낸 다음, 이를 가래떡처럼 길게 늘이고, 이 반죽을 조금 떼어 손바닥에 올린 뒤 양손으로 비비며 새알을 만들었다. 손놀림이 익숙한 어른들은 새알을 단단하고 굵기도 일정하게 금방 빚었지만, 아이들에게는 쉬운 일이 아니었다. 이렇게 빚은 새알은 대개 들러붙지 말라고 쌀가루를 뿌려 쟁반에 얹거나 접은 교자상 위에 올려놓았는데, 그 모습이 마치 넓은 운동장에 흰 모자를 쓰고 늘어선 학생들의 모습을 연상시켰다. 그렇게 준비된 새알은 먼지와 수분의 증발을 막기 위해 보자기 등으로 덮어 두기도 했다. 새알 준비가 끝나면 삶아둔 팥을 으깨어 껍질을 제거하고 팥물만으로 팥죽을 쑤었다.

동짓날 새벽 팥죽 쑤기… 새알이 익으면 흰 목화솜처럼 부풀어 올라

팥죽은 대개 동짓날 새벽이나 전날 밤에 정개(아마도 사찰에서 밥을 짓는 곳을 일컫는 '정재'에서 와전된 명칭일 것이다)라고 불린 부엌 아궁이의 가마솥에서 쑤었는데, 이때 중요한 것은 팥물이 솥 바닥에 눌어붙지 않도록 커다란 나무 주걱으로 계속해서 젓는 것이었다. 그렇게 계속 젓다가 팥물이 끓기 시작하면 새알을 가마솥에 넣고, 또다시 눌어붙지 않도록 저었다. 그러면서 아궁이의 불도 너무 센 불이 되지 않도록 부지깽이로 조절해가며 10여 분을 끓이면 가마솥 안은 수증기로 가득 차고, 이어 정개는 안개가 낀 것처럼 자욱해졌다. 그리고 얼마 뒤, 가마솥 안에서는 새알이 두둥실 떠오르는데, 검붉은 팥물 사이로 하얗게 부풀어 오르는 새알의 모습은 마치 흰 목화솜이 터지는 순간처럼 보였다. 새알이 이렇게 부풀어 오르면 팥죽이 다 된 것이었다.

성주신 등 가신에게 팥죽 대접… '싱건지'와 함께 팥죽 먹어

다 끓인 팥죽은 먼저 사발에 담아 대청 마룻바닥에 그릇째 올렸고, 장광과 살강(찬장) 등에도 놓았다. 그리고 할머니나 어머니가 팥물 위주의 팥죽을 쪽박에 떠서 마치 주문을 외듯, 무슨 말인가를 되뇌며 수저나 솔잎 등으로 집안 곳곳에 뿌렸다. 가족들이 팥죽을 맛보는 것은 이처럼 가신 대접과 기원을 마친 뒤였다. 이날 맛보는 팥죽은 성주신 등의 가신에게 올린 팥죽이었기에 윗부분이 약간 굳어 있기 일쑤였지만, 그래도 그 맛은 훌륭했다. 팥죽 한 그릇과 먹는 반찬은 대개 동짓날에 앞서 담근 김장 김치와 무를 항아리에 넣어 발효시킨 '싱건지(동치미)'였다. 특히 통무를 항아리에서 꺼내 두 쪽으로 가른 다음 이를 길게 반쪽으로 나누고 편육 썰듯 두툼하게 썰어서 흰 사기그릇에 담은 싱건지는 팥죽과 함께 먹기에 안성맞춤이었으며, 날이 가고 겨울이 지나갈수록 그 맛이 깊어졌다.

찹쌀 새알의 식감… 한민족 유전자에 각인된 민족의 맛

가족 대부분이 참여해 손으로 비벼 만든 예전의 동지팥죽은 그 양이 참으로 많았으며, 많은 한국 가정에서는 이 팥죽을 대개 장독대의 항아리에 담아 보관했고 동지 이후 며칠간의 가족 간식으로 활용했다. 부엉이가 우는 밤이나, 첫눈이 내리는 날에 항아리의 뚜껑을 열고 떠먹는 팥죽의 맛은 가히 일품이었다. 항아리 속의 팥죽은 겨울이었음에도 살얼음만 살짝 끼었을 뿐 꽁꽁 얼어 있지는 않았다. 아마도 그다지 춥지 않은 남부 지방이기 때문일 것이다. 이런 팥죽을 사발에 담아 수저로 떠먹으면 그 맛은 텁텁하면서도 담백하고 구수했으며, 새알의 식감(食感)은 적당히 딱딱하면서도 물컹하고 쫀득거렸다. 이 맛과 식감은 아마도 당시의 동지팥죽을 먹어본 사람만이 알고 기억하는 한민족만의 미감(味感)일 것이다. 그렇기에 동지팥죽의 맛은 조상 대대로 이어져 온 전통의 맛이요, 우리의 유전자에 각인된 민족의 맛이며, 이런 맛이 있기에 동지팥죽이 현대에까지 계승되고 어느 명절의 절식보다도 많이 마련되는 것이 아닐까 한다.

2. 한민족의 뿌리기 풍속

뿌리기 풍속은 팥죽이 대표해… 황토·소금·밥·물도 빈번하게 뿌려져

한민족의 문화 속에 담긴 뿌리기 풍속은 국립문화재연구소의 『세시풍속』을 비롯해 『한국의 가정신앙』 등에서 살필 수 있는데, 이들 18권의 지역 편에 출현한 뿌리기 풍속은 총 1천4백 회가 넘는 것으로 나타난다. 전체 960개 조사 지역 중 7백여 곳에서 뿌리기가 출현해 우리 문화에서 이 풍속이 상당히 보편적임을 살필 수 있다. 뿌리기에 쓰인 의례물은 322개 품명(이름 또는 종류)이었으며, 의례물의 이름별 출현 횟수는 팥죽(팥죽과 팥물 등)이 660여 회로 가장 많았고, 다음으로는 황토, 소금, 밥류, 그리고 물 등의 순이었다. 이는 팥죽 뿌리기가 한국의 뿌리기 풍속을 대표함을 보여 준다.

뿌리기 풍속의 4개 유형… 속절·가신 대접·신령 위하기·객귀 물리기

뿌리기 풍속은 그 목적이나 성격 등에 따라 네 가지 유형으로 대별될 수 있는데, 첫 번째는 '속절'로 동지, 대보름 등과 같은 날에 행해지는 뿌리기이고, 두 번째는 '가신 위하기(대접)'로 집 안의 가신을 위한 안택고사나 비손 등과 같은 유형이다. 이 유형에는 상달·가을·정월고사를 비롯해 성주·삼신·조왕 위하기, 터제, 대보름 쇠기 등이 포함된다. 세 번째는 '신령 위하기'로 집 밖의 신령 및 잡신을 위한 제사나 기원 의례인 용왕제, 길산제, 거리제, 동제, 산신제, 제사 뒤 잡신 대접, 못자리고사, 뱃고사, 유두제, 도깨비고사, 여타 신령 위하기 등이 이 부류에 해당된다. 마지막으로 네 번째는 '객귀 물리기'로 이 유형에는 치병 의례, 상문부정, 동토 잡기, 이사·출산 부정 막기, 화재막이, 횡수막이, 푸레박질, 해 물리기, 주당 풀기, 두드러기 잡기, 신부신행 부정 치기, 병굿, 우환 예방, 그리고 제웅 버리기 등이 있다. ('[표] 『세시풍속』에 나타난 팥죽 뿌리기 풍속 출현 지역 수'는 미주 참고)[2]

이들 뿌리기 유형의 출현 빈도는 속절 > 객귀 물리기 > 가신 위하기 > 신령 위하기 순으로 높았고, 이들 유형 중 속절의 동지 팥죽 뿌리기가 그 어떤 유형의 뿌리기 풍속보다 압도적으로 높은 출현 빈도를 보였다. 팥죽이 뿌려진 시기는 동지를 비롯해, 정초, 지붕을 이고 난 후, 이사를 한 뒤 등이었다. 하지만 흔히 알려진 것처럼 지붕 및 이사와 관련한 팥죽 뿌리기의 출현 빈도는 극히 미미할 정도로 낮았다.

이들 풍속과 관련, 강원도 속초시 신림면에서는 귀신이 붉은색을 싫어하므로 이사 갈 때도 팥죽을 쑤어, 이사 들어가는 집의 마당이나 구석에 뿌리기도 했다(134). 충북 영동군 매곡면에서는 타작하고 남은 짚으로 영개(이엉)를 만들어 지붕을 새로 단장했는데, 수십여 개의 영개(이엉)를 엮어 올리고 맨 위를 용마름으로 단장한 다음, 새알시미(새알수제비)를 세 무더기 뿌려 동티를 예방했다(241).

팥죽 뿌리기는 이 밖에 아주 드물게 입춘 액막이에도 쓰였다. 경북 칠곡군 동명면(남원2리 남창마을)에서는 입춘에 '입춘대길'이라는 글자를 써서 대문에 붙인 집도 있었으며, 액을 막기 위해 팥죽을 쑤어서 집안 사방에 뿌렸다(871). 이 마을에는 입춘 액막이의 유래와 관련해 다음과 같은 설화가 전해 내려오고 있다.

옛날에 아무것도 가진 것이 없는 가난한 사람이 산에 다녀왔는데 허재비(도깨비)가 그를 따라왔다. 허재비가 가난한 사람에게 '무엇을 줄꼬?' 하고 물으니, 그가 보배를 달라고 하자 허재비는 그에게 돈, 쌀 등을 가져다주었고 가난한 사람은 곧 큰 부자가 되었다. 그런데 허재비는 더 이상 가지고 올 것이 없자 나중에는 영장(시체)을 가지고 왔다. 이에 부자는 허재비를 피하고 싶었고 어떤 대사(승려)에게 그 방법을 물었다. 대사가 알려준 방법대로 말을 죽여서 그 피를 집안 사방과 도랑에 뿌리자 마침내 허재비가 도망갔다고 한다. 그래서 입춘 날 팥죽을 뿌리는 풍습이 생겼다고 한다(871).

<『세시풍속』(경북)>

1970년대 무렵의 성줏상 차리기… 유교의 차례 이전 한민족의 고유 의례

뿌리기 풍속의 이 같은 출현 빈도(수치)는 이 조사가 '뿌리기'라는 특정 주제하에 행해지지 않았다는 한계에도 불구하고, 한국의 전통문화 속에 '뿌리기'라는 의례(풍속)가 비중 있게 존재했고, 이 의례의 가장 흔한 형태가 팥죽 뿌리기였음을 살피게 한다.

앞서 언급했듯, 동지는 비록 명절로서 인식된 시기를 특정하기는 어렵지만 한민족의 가장 오래된 새해 관련 기념일이었고, 절식의 출현 빈도는 설날이나 추석보다 높으나, 뚜렷한 의례를 찾기 어려운 명절이었다. 한국의 전통문화에서 명절을 쇤다는 것은 의례의 시행과 절식의 마련으로 대표되기에 이 같은 동지의 기념 양상은 매우 특이하고 예외적인 현상으로 받아들여진다. 그런데 사실 우리가 유교의 차례 의례에 너무 익숙하고 경도되어서 그렇지 명절의 의례가 태고 이래로 차례인 것만도, 불변의 정형화된 양식이 존재하는 것도 아니다. 1970년대는 물론 2000년 전후까지도 많은 한국인들은 유교의 차례나 제사 의례와 함께 별도로 성줏상 등을 차려 명절을 지냈으며, 동지나 대보름 등에는 유교적 의례 없이 가신만을 대접하거나 지역과 집안에 따라서는 상차림마저 생략한 채 팥죽 한 그릇만을 떠서 가신의 공간에 놓거나 오곡밥을 뿌리는 방식으로 명절을 쇠었기 때문이다. 그렇다면 명절 기념 여부의 한 척도라 할 수 있는 의례의 출현이 절식에 비해 현저하게 적은 동지의 경우 그 풍속 중 일부는 우리가 미처 인지하지 못한 동지의 숨은 의례일 가능성도 있다고 할 것이다.

소금·물 등은 생명 유지의 필수 물질이자 귀한 식품… 신 대접일 가능성 커

다시 말해, 팥죽 뿌리기는 제액축귀라는 인식 아래 행해진 것도 분명한 사실이지만, 한편으로는 이 같은 표면적 목적 이외에 그 이면에는 명절 의례로서의 기능과 함께 신에게 음식을 올린다는 목적이 담긴 신 대접 방식이었을 수도 있다는 것이다. 이런 가능성은 고수레에서 나타나듯, 우리 풍속에는 음식물 등을 던지거나 뿌려 신을 대접하는 의례가 있으며, 또한 '재수 없으니 소금 뿌리라'라는 농담 반의 관용구가 자주 쓰인다는 점에서 뒷받침된다. 우리가 행하고 흔히 말하는 관용구 속의 소금과 물은 생명 유지의 필수 물질이다. 소금의 경우 그 옛날 국가에서 전매했던 것은 물론, 소금 장수가 지게에 지고 마을을 돌며 팔았던 값비싼 식료품이었다. 또한 물은 사막과 같은 지방에서는 더욱 귀한 것이었다. 그런데 이 귀한 것들을 재수 없다고, 잡귀를 쫓는다고 뿌리는 것이 쉽게 행할 수 있는 일이었을까? 그 대상이 신(잡귀)이건 인간이건, 한민족이 어떤 상대로부터 무엇인가를 얻고 원하는 바를 이루는 가장 보편적이고 고전적인 방식은 그 상대를 대접하거나 으르고 협박하는 것이었다. 신에게 고사를 지낼 때, 무당이 귀신을 불러들일 때 음식을 차리는 것이 바로 대접의 방식이며, 무당이 삼지창과 칼을 휘두르는 것이 으르는 것이다. 따라서 귀한 식용물이자 생명 유지의 필수 물질인 물과 소금을 뿌리는 것은 현대의 시각에서 그 행태가 달리 보일 뿐, 고대에는 신을 대접하는 한 방식이었다고 할 수 있다. 그렇다면 물과 소금보다 더 귀한 팥죽 뿌리기 또한 신 대접이라는 결론에 이르는 것이 가능하다고 할 것이다.

'복숭아씨 법칙'… 모든 존재는 나름의 쓰임새와 가치 지녀

뿌리기 풍속에는 이런 의미와 함께 아무리 하찮은 잡귀(상대)일지라도 대접하는 한민족의 가치와 정서가 담겨 있다. 충남 부여군 부여읍과 전남 광양시 진월면, 그리고 전북 무주군 적상면과 진안군 부귀면 등에서 동짓날 팥죽을 뿌려 객귀나 잡귀, 허깨비 등을 먹인 것이 단적인 예로, 이 같은 한민족의 지향 가치는 동지 외의 명절(속절) 등에서도 나타난다. 전북 부안군 부안읍에서는 잡귀들과 조상을 따라온 귀신들을 위해 대보름날 아침, 대문 앞과 마루에 별도의 상을 차렸으며(363), 고창군 성내면에서는 유두에 간단한 음식을 장만해 안방에는 성줏상을 차리고 마루에는 귀신들을 위한 '귀신밥'을 차려 놓았다(272). 이처럼 흔히 하찮게 여기는 잡귀까지 대접하고 배려했던 것은 어떤 상대가 지닌 현재의 위상과 가치가 아닌 본연의 존재 의미와 가치, 다시 말해 가변적이고 덧없는 순간성보다는 만물에 내재하는 불변의 영속성을 중시했고, 모든 것에는 그 쓰임이 반드시 있음을 알고 있었기 때문일 것이다.

예컨대, 복숭아의 경우 그 씨앗이 어디에 떨어져 싹을 틔우고 누가 재배하느냐에 따라 굵고 맛있는 복숭아가 되거나 그 반대의 개복숭아가 되기도 한다. 그런데 두 복숭아는 모두 '열매'이자, 음기를 퇴치하는 주술물로 똑같이 쓰이고,[3] 약용으로는 오히려 개복숭아가 더 유용할 수도 있다. 그렇듯 어떤 '복숭아'를 더 가치 있게 여기느냐는 다만 상대적인 선택과 판단일 뿐, '복숭아' 자체의 존재 의미와 가치는 불변하고 두 복숭아 모두는 나름의 쓰임새가 있다는 것이다. 마치 현재의 지위와 재물, 권세는 입고 있는 옷과 같은 것으로 벗으면 사라지듯, 시간과 공간을 달리하면 다른 가치와 존재물이 된다고 본 것이다. 그렇기에 대다수의 우리 선조들은 찰나라고 할 수 있는 현재의 모습으로 상대방을 절대적으로 평가하거나 대우하지 않았고, 아무리 하찮은 대상일지라도 배려하며 대접했던 것이다. 이런 인식과 가치의 저변에는 자신들을 하찮은 대상으로 여기고 차별하는 지배층에 대한 저항 심리와 함께 온당한 대우를 바라는 무의식이 깔려 있다고 할 것이다.

3. 신(神) 대접과 동지의 의례로서 팥죽 뿌리기

3.1. 신 대접이 분명하게 드러나는 팥죽 뿌리기 풍속들

귀신들이 좋아하기에 많이 먹고 가라 뿌려진 팥죽

동지의 팥죽 뿌리기가 신 대접의 한 방식이었음은, 이 풍속을 행한 주체들이 '팥죽을 뿌리는 이유가 신에게 음식을 대접하기 위해서'라고 분명하게 밝히고 있는 것에서 드러난다.

앞서 언급했듯, 유교의 차례를 비롯해 무속과 민간신앙에서 행해지는 대부분의 의례는 그 목적이 감사와 함께 사실상 신[조상, 신령, 잡귀]을 대접하거나 (무속의 경우) 으르는 방법으로 인간이 원하는 바를 이루는 데 있다. 동지의 팥죽 뿌리기도 이런 목적으로 행해졌음이 다수의 지역에서 나타나는데, 특히 일부 지역에서는 뿌리기를 행하는 주체들이 분명하게 그 목적을 '신 대접'이라고 밝히고 있거나, 그런 인식이 직·간접적으로 드러나 있다. 물론, 그렇다고 이들 지역 모두에서 제액축귀의 인식이 없는 것은 아니며, 일부에서는 신 대접과 제액축귀의 관념이 동시에 나타나기도 한다.[4]

동지의 팥죽 뿌리기가 신 대접임을 보여 주는 지역은 『세시풍속』과

『한국의 가정신앙』에서 모두 30여 곳으로, 강원도에서 제주도까지 9개 광역 지역에서 두루 출현한다. 먼저, 풍속의 주체들에 의해 팥죽 뿌리기의 목적이 '신 대접'에 있음이 분명하게 드러난 지역 중 하나인 전남 광양시 진월면에서는 귀신들이 팥죽을 좋아하기에 많이 먹고 가라고 동짓날 집 주변에 뿌렸으며(가정, 160), 충남 부여군 부여읍에서는 객사한 할아버지가 먹을 수 있도록 집안 곳곳에 팥죽을 뿌렸다(가정, 351). 또한 전북 남원시 왕정동에서는 객귀들을 먹이기 위해 동지죽(팥죽)을 뿌렸는데, 이렇게 뿌려 놓으면 객귀들을 몰아낼 수 있다고 여겼으며(가정, 129), 군산시 중동에서도 토지 신을 달래고 잡귀를 몰아내기 위해 동짓날 팥죽을 바가지에 담아 '동지맥이 하자'라고 말하며 집안 곳곳에 뿌렸다(가정, 55). 이런 신 대접이 나타난 지역은 이 밖에 익산시 함라면, 안동시 풍산읍, 강진군 강진읍, 영광군 묘량면 등 모두 14곳이었다.

다음은 '신 대접'이 분명하게 드러나지 않지만 풍속의 주체들이 팥죽을 뿌리며 (신, 잡귀 등에게) 원하는 바를 기원하고 있는 지역으로, 뿌리기를 공여로 인식하고 반대급부를 기대한다는 점에서 '신 대접의 인식'이 드러난 지역이라고 할 수 있다. 부산 기장군 철마면에서는 동짓날 기둥이나 벽에 팥죽을 뿌려 벽사하고 새해의 행운을 기원했으며(885), 경기 광주시 광주읍에서는 팥죽을 먹기 전에 노인네들이 죽지 말라고 집안 곳곳에 팥죽을 뿌리기도 했다(90). 또한 전북 정읍시 영원면에서는 가족들이 건강하라고 동짓날 변소에 팥죽을 뿌렸고(가정, 409), 전남 무안군 무안읍에서는 1년 내내 잡귀를 막고 집안이 좋으라고 동짓날 팥죽을 쑤어 집 안팎의 사방에 뿌렸다(가정, 318). 이와 함께 제주시 이호동에서는 액막이를 위해 팥죽을 집 어귀나 골목에 뿌렸는데, 이렇게 하면 다음 해 운수가 좋다고 여겼다(39). 이런 신 대접 인식이 드러난 지역은 이 밖에 밀양시 초동면, 제주시 노형동, 연기군 금남면, 구례군 광의면을 비롯해 태백시 구문소동, 거제시 일운면, 군산시 경암동, 북제주군 구좌읍, 달성군 가창면, 광양시 옥곡면, 청원군 남이면 등 모두 18곳이었다.

이상에서 살필 수 있듯, 뿌리기 풍속은 신(잡귀) 대접이라는 분명한 목적이나 그런 인식 아래 행해졌고, 그 출현 지역도 상당수에 달한다. 그런데 '다수의 가정에서 상차림보다는 뿌리기만을 했다'라는 전남 보성군 득량면의 풍속을 고려할 때, 실제 신 대접의 의미를 담아 팥죽을 뿌린 지역은 이보다는 많았을 것으로 보인다. 조상 숭배가 강한 한국의 전통문화 속에서 명절에 시식을 마련하고 이를 조상(신)을 비롯해 여타의 가신들에게 대접하지 않는다는 것은 사실상 있을 수 없기 때문이다.[5] 따라서 팥죽 뿌리기는 신을 대접하는 방식이자, 동지를 쇠는 의례이기도 했다고 볼 수 있을 것이다.

> 보성군 득량면에서는 동짓날 새알을 만들고 팥죽을 쑤어 성주에게 올렸다. 성주에게 올리지 않더라도 집 주변에 팥죽을 뿌리는 행위는 더 일반적이었다. 즉 팥죽을 뿌리기만 하고 상을 차려 놓지 않는 가정도 많았다(360).

<『한국의 가정신앙』(전남)>

한민족이 두려워하는 귀신… 음사로 나타나

동지의 팥죽 뿌리기는 서양이나 이웃한 중국과 달리 우리 한민족이 유별스러울 정도로 다양한 신을 믿었고 귀신을 두려워한 것에서 비롯된 풍속으로도 볼 수 있다. 이와 관련해, 중국의 고대 역사서인『수서』「동이열전」과『구당서』는 한민족이 귀신을 공경하고 '음사'가 많다고 기록하고 있다.[6] 음사(淫祠)란 제사 지내지 않아야 할 대상에게 제사를 지낸다는 의미로 이는 다분히 중국인의 가치와 시각에 입각한 표현이기도 하지만, 그만큼 한민족은 귀신을 두려워했던 것으로 보이며, 더 나아가 귀신으로부터의 해악을 막고 두려움을 극복하기 위해 제사와 같은 공경의 방식을 많이 행한 것으로 여겨진다. 현대에 들어 이런 풍속은 사실상 모두 사라졌지만, 여전히 많은 한국인이 귀신을 두려워하는 것만은 분명하다. 이는 교회당 주변이나 마을 입구의 양지바른 곳에 묘지를 두는 서구의 기독교 문화와 달리 한국에서는 묘지를 집 주변에 두는 것을 금기시하는 것에서도 드러난다.

한민족의 문화와 풍속의 이면에 자리한 귀신, 어쩌면 귀신과 관련될 수 있는 이야기 2편을 소개한다.

귀신이야기… 소복 입은 여인이 길 앞을 지나 나무 위에 걸터앉아

전남 신안군 섬 지역에서 행해졌던 상·장례 풍속을 조사하다 어느 섬에서 들은 이야기다. 70을 바라보는 한 주민은 자신이 20살 무렵에 체험한 이야기를 들려주었다. 이 주민이 사는 마을과 이웃 마을은 500미터가량 떨어져 있었고, 낮은 야산을 넘어가는 길로 연결돼 있었다고 한다. 어느 날 밤, 이 주민은 홀로 이 산길을 지나게 됐는데, 산중턱에 이르렀을 때 하얀 소복을 입은 사람이 아주 잽싸게 앞을 가로질러 좁은 산길을 건너가더니, 10여 미터 정도 떨어진 나무 위에 걸터앉아 자신을 계속 노려보고 있더라는 것이다. 이 주민은 그 모습을 보고 바로 얼음처럼 굳어 버렸지만 얼마 뒤 정신을 차리고 '자신이 여기서 도망을 가면 앞으로는 절대 밤 시간에는 이 산길을 못 지나갈 것'이라는 생각이 들어 용기 반, 객기 반으로 소복을 입은 사람에게 왜 자기를 노려보는지 물어보고자 했다고 한다. 그렇게 덜덜 떨며 나무 가까이 갔을 때, 그가 본 것은 귀신도, 사람도 아닌 커다란 비닐 조각이었다. 폐비닐이 바람에 날려 우연히 자신이 지나던 길 앞을 가로질러 날아가 나무에 걸려 있었을 뿐이었다는 것이다.

안동호에 홀로 친 텐트… 흰옷 입은 커다란 무엇이 두 팔로 덮치려 해

다음은 젊은 시절 경험한 이야기다. 경북 안동에서 헛제삿밥을 파는데 한 번쯤 먹을 만하다는 이야기를 들었다. 그래서 어느 여름날 무거운 배낭을 메고 기차와 버스를 갈아탄 뒤, 홀로 안동을 찾았다. 누군가가 안동호의 넓은 호수를 활주로 삼아 무장 공비들이 비행기로 침투할 수도 있다고 했던 말이 생각나(지금 생각하면 너무도 터무니없고 허황된 이야기이지만 당시의 시대 상황은 이 말을 충분히 믿게 했다) 안동호에 여장을 풀기로 했다. 그런데 안동호는 시내에서 꽤 떨어져 있고 인적이 드물었다. 호수의 제방에 곧바로 텐트를 칠 수가 없어 물가를 따라 호수 안쪽으로 깊숙이 들어가게 됐고, 온통 물에 둘러싸여 산만 바라보이는 경사지의 숲속에 텐트를 쳤다. 라면을 끓여 먹고 나자 주변은 이미 칠흑 같은 어둠에 덮여 있었다. 정말 깜깜하고 하늘마저 잘 보이지 않는 밤이었다. 텐트 안에서 잠시 휴식을 취한 뒤 화장실(?)을 가기 위해 텐트를 열어젖히고 막 밖으로 나가려는데⋯ 아주 오랜 세월이 지났음에도 그때 보았던, 눈앞에 나타난 그 모습을 지금도 잊을 수가 없다. 상체를 들어 텐트를 막 나서려 할 때 눈앞에서 아주 커다란, 하얀 옷을 입은 사람이, 어쩌면 긴 머리의 여자일 수도 있는 그 누군가가 나를 덮치려는 듯 양팔을 크게 벌리고 있었기 때문이다. 그 모습에 마치 시간이 멈춘 것처럼 30초가량을 굳어 있었다. 소리를 치지도 못하겠고, 눈을 감지도 못하면서 그렇게 '긴 시간'을 흰옷 입은 자와 마주 보며 멈춰 서 있었다. 그런데 참으로 기이한 게, 30초 정도 지났을까, 나를 덮치려던 흰옷 입은 사람이 점차 커다란 나무의 몸통으로 바뀌었던 것이다. 이 이야기를 들은 대부분의 사람들은 내가 헛것을 보았다고 여기고, 나 또한 그런 것으로 무시하지만, 사실 나는 그게 정말 처음부터 나무였는데 내가 착각한 것인지, 아니면 내가 본 것이 나무로 바뀐 것인지 잘 모른다. 우리의 눈이 항상 사실만을 보여 주지는 않고, 우리가 모르는 것, 이해하지 못하는 것들이 세상에는 많을 수 있기 때문이다. 아무튼 그 형체를 본 뒤로 그날 밤을 거의 뜬눈으로 지새웠다. 분명히 얼마 뒤에는 나무로 보였지만 무서운 생각은 멈추지 않았다. 호수의 수증기가 주변의 나뭇잎에 맺히고 물 위로 떨어지는 소리가 그렇게 크다는 것을 처음 느꼈고, 숲속에서는 끊이지 않고 무엇인가가 밤새 움직이며 바스락 소리를 낸다는 것도 처음 알았다. 이들 소리가 들릴 때마다 나는 숨을 죽이며 박명의 시간이 다가오길 기다리고 또 기다렸었다.

귀신에 대한 두려움… 주술적 풍속 생성과 민간신앙 전승의 원동력

이들 일화는 우리가 경험하는 많은 귀신 이야기들이 어쩌면 헛것을 본 것에서 기인했을 가능성을 시사한다. 하지만 우리는 이런 실체적 사실 여부에 관계없이 귀신을 두려워하며, 그렇기에 우리의 문화에 귀신을 쫓으려는 무수히 많은 주술적 풍속이 생겼을 것이고, 결국 이것이 민간신앙의 명맥을 오늘날까지 이어 준 원동력인지도 모른다.

3.2. 축귀 전거의 불분명과 팥죽 형태의 차이

팥죽의 문헌적 근거인 『형초세시기』… 뿌리기 풍속 출현 없어

동지의 팥죽 뿌리기에 대한 일반적 인식은 『동국세시기』 등에 근거한 제액축귀이며, 이런 인식의 바탕에는 <공공씨(共工氏)> 설화가 자리하고 있다, 이 설화를 담고 있는 중국의 『형초세시기』가 '동지에 적두죽을 쒀서 역귀[공공씨]를 막는다'라고 기록했고, 조선 후기의 『경도잡지』와 『동국세시기』 등은 이 기록을 인용해 당시의 동지팥죽 풍속을 소개했다. 그런데 기록에 나타난 중국과 한국의 동지 풍속은 '팥죽'이라는 명칭만 유사할 뿐, 그 풍속과 팥죽 형태 등에서는 차이가 있다.

먼저 풍속 측면에서, 한국의 기록에는 중국의 『형초세시기』에 없는 문에 팥죽을 뿌리는(바르는) 풍속이 포함돼 있다.[8] 이 풍속은 '죽을 쒀서 상서롭지 못한 것을 막는다'라는 『형초세시기』의 기록과는 분명한 차이를 보인다. 중국의 경우 '팥죽' 자체가 축귀[양역, 禳疫]의 수단이지만, 동지의 팥죽 뿌리기에서는 팥죽이 아닌, '뿌리기라는 행위'가 사악함을 제거하는 방법이 되고 있다. 이처럼 '팥죽' 자체가 역귀를 물리치는 수단임은 16세기 말과 18세기 초의 『한강집』(권 7)과 『한수재집』(권 16)의 기록에서도 살필 수 있다.[9] 따라서 <공공씨> 설화는 동지팥죽 뿌리기의 전거(典據)가 될 수 없으며, 『동국세시기』 등의 여러 문헌이 시사하는 '축귀(미신)=팥죽 뿌리기'라는 인식 또한 성립되기 어렵다고 할 것이다.[10]

팥죽의 명칭과 형태… 시대와 국가·지역에 따라 차이 있어

팥죽의 형태와 관련, 중국과 조선 후기, 그리고 현대의 한국 팥죽은 서로 같지 않거나 차이가 있었던 것으로 보인다. 무엇보다 팥죽을 지칭하는 명칭이 서로 다르게 기록돼 있다. 7세기 초에 증보, 가주(加注: 주석이 더해진)된 『형초세시기』에는 '적두죽(赤豆粥)'으로 기록된 반면, 고려

후기의 『익재집』(익재난고, 권2)에는 '두죽(豆粥)',[11] 고려시대 말과 조선시대 초기의 『도은집』(권 2)과 『춘정집』(권 1), 『점필재집』(권 23)에는 '두미(豆縻)', 그리고 16세기 초의 『용재총화』(권 2)에는 '두죽'으로 나타난다. 이어 16세기 중·후반의 『의림촬요』(권 2)에는 '적소두죽(赤小豆粥)', 그리고 17세기 초의 『지봉유설』(권 1)을 비롯해, 이후의 『경도잡지』와 『동국세시기』[12]에는 적두죽으로 등장한다.[13] 따라서 중국과 조선, 그리고 시대에 따른 팥죽은 그 명칭만큼 다소의 차이가 있었던 것으로 추측되며, 특히 죽(粥)과 미(縻)가 묽은 죽과 미음 정도의 차이라는 점으로 미루어 보아[14] 한국의 팥죽은 최소한 시대에 따라 그 농도에 차이가 있었던 것으로 보인다.

이와 함께 『동국세시기』 등에 기록된 동지팥죽에는 『형초세시기』와 달리 새알(심)[경단][15]이 들어 있다. 이 같은 팥죽 형태는 '팥 잡곡'과 '팥 잡곡+벼'라는[16] 기반 음식 문화의 다름으로 해석될 소지와 함께 팥죽의 성격 및 용도에서도 차이가 있을 수 있음을 시사한다고 할 수 있다. 무엇보다 팥죽의 건더기인 새알은 떡의 일종으로 새해와 나이를 상징하며,[17] 떡은 고래로부터 대표적인 잔치 음식이자,[18] 조상과 신을 대접할 때 쓰이는 필수 의례물(제물)이었다.[19] 특히 경단은 삶아 건진 떡으로 고대부터 빚어졌고, 잔치 등에서 웃기로도 쓰였다.[20] 따라서 최소한 새알(심)이 들어간 한국의 동지팥죽은 『형초세시기』와 달리 그 성격과 쓰임새가 '축귀'보다는 신 대접과 동지의 절식(시식)에 걸맞은 것으로 여겨진다.[21]

또한 새알(심)은 동지팥죽의 형성 시기와 팥죽의 기원에 대한 단서가 되기도 한다. 먼저 새알심의 주재료는 대부분 찹쌀이고 이 찹쌀은 쌀보다 귀하며, 팥죽은 설날보다 큰 명절로 여기지 않는 동지의 절식이다. 송편이 추석의 대표 음식으로 대중화된 것이 쌀의 자급이 이루어진 1970년대 후반이라는 점을 고려한다면,[22] 쌀보다 귀한 찹쌀을 재료로 하는 새알(심)의 팥죽 또한 그 일반적인 식음 시기가 빠를 것이라고 보기는 어렵다. 팥죽의 새알[곡물 덩이] 기록이 18세기 말과 19세기 초의 풍속을 담은 『경도잡지』(조란, 鳥卵)와 『추재집』(권 8, 조란심)에 출현한다는 점에서, 이들 문헌 이전의 기록에 나타난 팥죽은 새알과 같은 떡이 들어 있지 않은 팥물 또는 팥물에 곡식의 낱알이 들어 있는 형태였거나, 또는 새알이 기록에 담기지 않았다고 볼 수 있을 것이다. 특히 이들 문헌 이전의 기록들은 팥죽의 형태에 대해 '붉은 팥을 삶은 것'[23]이라든지, '연유와 같다',[24] '마신다',[25] '흐른다'[26] 등과 같이 묘사하고 있다. 따라서 이들 기록으로 유추해볼 때, 이 시기의 팥죽은 팥을 삶은 팥물 위주였거나 팥물에 쌀알 등이 들어간 음식이었을 가능성이 높다.

팥을 삶아 만드는 팥시루떡… 팥죽과 같은 공정 거쳐

팥물 위주의 팥죽(국물)은 팥시루떡을 비롯해 팥을 삶아 만드는 여러 떡 음식의 준비물(재료)과 정확히 일치한다. 이들 떡 음식을 만들기 위해서는 먼저 팥을 삶아야 하고, 그 삶은 물이 팥물이기 때문이다. 또한 떡과 팥죽은 만드는 초기 공정도 같아, 팥죽이 삶은 팥을 으깨듯 시루떡이나 송편 등도 대개 삶은 팥을 으깨서 고물이나 소로 사용한다. 따라서 최소한 내용물이 들어가지 않는 '팥죽'은 고대 한국에서 기원한 것으로 여겨진다. 이 같은 추정은 『용재총화』(권 2)[27]와 『성호전집』(권 3)[28] 등이 동지팥죽을 한국의 옛 풍속으로 기록하고 있고, 팥의 자생지(기원지 인근)에 고대 한민족의 강역이었던 만주와 한반도의 북부가 포함돼[29] 팥 관련 음식[팥죽]의 출현도 빨랐을 것이란 점에서 뒷받침된다. 음식의 태동과 발달 측면을 살펴보면, 기원지(자생지)의 식물(곡물) 권역에서 이를 활용한 음식의 출현이 빠르고, 그 종류도 다양하게 나타나기 때문이다.[30] 따라서 팥죽은 이 같은 식문화의 배경 속에서 태동했고, 새알심이 들어간 팥죽은 벼[쌀]의 전래 및 생산량의 증가와 함께 점차 발달한 것으로 추정된다.

그렇다면 동지의 팥죽 뿌리기도 한국의 옛 풍속일 가능성이 높고, 신을 대접해 동지를 지내는 의례의 한 양식이었다고 보는 것은 합리적이라고 할 것이다. 중국 주(周)나라 및 한(漢)나라와의 역사적 연관성이 깊은 고대의 (일부) 한국인들이 당시의 세수(歲首)이거나, 세수였던[31] 풍속에 따라 동짓날 자생의 팥 곡물로 시식(팥죽)을 마련하고, '고수레'와 같은 뿌리기를 통해 조상[신]을 대접[제물 올리기]하는 것은 충분히 가능한 일이기 때문이다.[32] 따라서 전거의 불분명과 함께 팥죽의 형태 및 그 발생지, 그리고 팥의 자생지(기원지 인근) 등을 고려할 때, 팥죽 뿌리기는 (민간에서) 신을 대접하고 동지를 쇠는 의례였을 가능성이 크다고 할 것이다.

3.3. 가신의 공간에 축귀 의미의 팥죽을 뿌리는 신앙 행위의 모순

집 안팎… 성주·조왕신 등 가신들이 머무는 공간

산업화와 도시화 이전, 다수의 한국인들은 가신이 집안의 곳곳에 머물며 길흉화복을 담당하고 있다고 믿었다.[33] 이들 가신의 명칭과 머무는 공간은 지역에 따라 달랐으며, 대체로 성주신은 대청이나 마루의 들보 또는 기둥에, 조상신과 삼신은 안방, 조왕신은 부엌, 칠성신은 장독대, 그리고 터주신(철륭)은 집안 뒤꼍에 머문다고 여겼다.[34] 전통 시기의 한국인들은 이들 공간 외에도 마당과 대문을 비롯해 변소와 굴뚝 등에도 신이 머문다고 보았기에, 이들 공간에 물이나 간단한 제물을 차려 가족의 무탈과 건강 등을 기원하고, 동지에는 팥죽을 뿌렸다.[35]

예컨대, 경남 진해시 자은동에서는 동지에 잡귀를 물리기 위해 집안 구석구석과 마당 및 대문 밖까지 팥물을 뿌렸으며(가정, 432), 경북 영주시 순흥면에서는 팥죽을 집안의 동서남북에 뿌린 다음 안방, 마당, 외양간, 뒷간 등을 비롯해 대문과 골목에도 뿌렸고(가정, 510), 청송군 파천면 등 일부 지역에서는 신체(神體)에까지 직접 팥죽을 뿌리기도 했다.[36]

팥죽(붉은색)이 잡귀만을 선별해 몰아낼 수 없어… 신앙 행위의 모순

팥죽 뿌리기는 위와 같이 지역 등에 따라 다소 차이가 있지만, 팥죽이 뿌려지는 장소로는 집 안의 거의 모든 공간과 대문 등의 시설물이 포함됐으며 일부 지역에서는 울타리와 대문 밖까지도 그 대상으로 삼았다. 그런데 다수의 한국인들은 붉은색의 고추나 양기가 강한 복숭아는 물론, (일부에서는) 팥죽이 신령을 쫓는다고 여겨[37] 제사 등에서 이들 음식을 금기시했다. 따라서 가신의 공간에 축귀의 인식이 담긴 팥죽을 뿌린다는 것은 일견 이해하기 어려운 부분으로, 이는 잡귀를 물리기 위해 섬기는 가신까지 쫓는 신앙 행위의 모순이 된다. 물론 팥죽을 뿌리는 대부분의 지역에서는 그 축출 대상을 잡귀나 액운, 나쁜 병마 등으로 지칭해 성주나 조상신을 쫓는다고는 보지 않는다. 그럼에도 잡귀를 어떤 신까지로 한정할 것인지 그 개념이 모호하고, 팥죽(붉은색)이 신을 구별해 잡귀만을 선별적으로 몰아낸다는 것도 성립되기 어렵기에 모순으로 비춰진다. 따라서 집안 곳곳에서 행해지는 동지의 팥죽 뿌리기는 잡귀를 쫓는 의식이라기보다는 오히려 동지의 시식을 가신은 물론, 잡귀에게까지 대접하는 한 방식이었던 것으로 보인다. 이 풍속에 대한 축귀적 인식은 이후 (팥의) 붉은색이 귀신을 쫓는다는 민간신앙과[38] 동지의 팥죽 진설을 미신으로 여기는 유교 의례의 확산,[39] 그리고 뿌리기 풍속을 미신으로 기록한 세시기 등의 영향에 의해 형성 또는 확산됐을 가능성이 큰 것으로 추정된다.[40]

3.4. 동지에 집중되는 팥죽 뿌리기

동지의 팥죽 뿌리기… 숟가락·솔잎 등으로 대문간·담장 주변까지 뿌려

『세시풍속』과 『가정신앙』에 나타난 팥죽 관련 풍속 중 동지의 팥죽 뿌리기 출현 지역 수는 630여 곳이고, 이사나 지붕을 인 후 등의 풍속은 30여 곳으로 나타난다. 사실상 한국의 뿌리기 풍속은 팥죽과 동지로 대표되는 셈이다. ('[표] 『세시풍속』과 『가정신앙』에 나타난 지역별 동지팥죽 뿌리기 풍속 출현 지역 수(횟수)'는 미주 참고)[41]

동지의 풍속과 관련, 강원 원주시 호저면에서는 먹기 전에 대문간에 팥죽을 발라서 잡귀가 들어오지 못하게 했으며(146), 속초시 도문동에서는 팥죽을 쑨 가마(솥) 씻은 물을 굴뚝과 집안 여기저기에 뿌렸다(103). 또한 경남 김해시 주촌면에서는 주부가 숟가락으로 팥죽 국물만을 큰방, 마루, 헛간, 마구간 등에 정성껏 뿌렸고(67), 전남 나주시 공산면에서는 액을 쫓기 위해 솔잎으로 팥물을 집안 곳곳에 뿌렸으며(가정, 214), 충남 공주시 탄천면에서는 담장 주변을 돌며 집안 곳곳에 숟가락으로 팥죽을 끼얹었다(가정, 49). 이처럼 동지의 팥죽 뿌리기 풍속은 9개 도에서 광범위하게 출현하지만 앞서 살폈듯, 이사와 지붕을 이고 난 후의 풍속 등은 지역별 사례를 찾기가 쉽지 않을 정도로 드물다.

부정 의례의 정점 초상집·축귀 의례… 팥죽 뿌리지 않아

팥죽 뿌리기는 이처럼 대부분 동지에 행해지고, 부정함의 정점이라고 할 수 있는 초상집이나 축귀 의례의 전형인 객귀 물리기 등에서는 출현하지 않거나 그 사례가 거의 나타나지 않는다. 이 같은 특징은 이 풍속의 유래와 목적이 어디에 있었는지를 시사한다고 할 수 있다. 무엇보다 동지는 고대 시기 한민족의 새해 명절이었고, 팥죽은 현재까지도 동지를 대표하는 절식이기 때문이다. 따라서 동지의 팥죽 뿌리기는 축귀적 의례라기보다는 절식을 신에게 올려 새해를 맞이하는 명절과의 연관성이 높다고 할 수 있다. 이런 이유와 배경에서 팥죽은 초상집에서 문상객 등을 위한 음식으로 쓰였지만 의례의 용도로는 뿌려지지 않았고,[42] 악월(惡月)로까지 불리는 5월 단오에도 팥죽이 아닌 쑥이 쓰였으며,[43] 또한 상문부정과 푸레박질, 객귀 달래기 등에서는 대부분 소금이나 물[물밥], 황토 등이 쓰였던 것으로 보인다. 따라서 팥죽 뿌리기의 동지 집중 현상은 이 풍속이 명절을 쇠는 의례였을 가능성을 높게 한다고 할 것이다.

3.5. 상차림 없는 간략 의례 풍속과 한국의 전통적 주거 환경

상차림이 어려운 초가삼간… 비손이나 고수레가 적합

한국의 전통적인 민가는 흔히 초가삼간으로 불리며, 이 같은 가옥의 형태와 규모는 아주 오랜 시기에 걸쳐 이어져 온 것으로 여겨진다. 이 같은 추정은 10세기 중반의 『구당서』(동이열전) 기록과[44] 12세기 초 『고려도경』(권 3)의 기록으로 뒷받침되는데,[45] 『고려도경』에 나타난 민가 형태는 땅을 반지하로 파고 기둥을 세운 신석기 시대의 황하 유역 가옥과 닮아 있다.[46] 따라서 초가삼간의 3칸 가옥이 3세기 무렵 중국 한나라에 의해 제시된 민가의 한 양식이라는 점이나[47] 한민족과 황화 유역권의 역사·문화적 연관성을 고려할 때, 한국의 민간 가옥 다수는 산업화 이전 시기까지 이와 유사한 초가삼간이라는 기본적인 형태를 지속했고, 그 규모가 크지 않았던 것으로 보인다.

한민족에게 있어 집 안팎은 민간신앙과 의례를 행하는 중심 공간이란 측면에서, 이 같은 주거 환경은 명절 등의 의례를 지내는 방식에 영향을 미칠 수밖에 없다. 고려시대의 벌집이나 개미굴 같은 가옥은 사실상 그 어떤 상차림도 어렵게 했을 것이며, 이후의 초가삼간도 교자상을 펴고 음식을 진설하는 유교의 차례를 행하기에는 쉽지 않은 크기였을 것이다.[48] 따라서 비좁은 주거 환경에서 신을 대접하는 가장 적절한 방식은 '비손'이나 음식을 그릇째 올리기, 음식의 일부를 떼어 뿌리는(던지는) '고수레' 등이었을 가능성이 크다고 할 것이다. 이는 한국의 생활 의례를 대표하는 차례가 18세기 들어 민간으로 확산됐으며,[49] 일부의 한국인들은 현대에 들어서까지 팥죽 한 그릇만을 올리거나, 상차림 없이 짚을 깔고 음식을 차린 다음 절을 하지 않았고,[50] 일부에서는 가신의 신체에 팥죽을 직접 뿌리는 방식 등으로 신을 대접하며 동지를 쇘다는 점에서 뒷받침된다.

이들 풍속 중 팥죽 한 그릇 의례와 관련해, 전남 나주시 봉황면에서는 동지에 팥죽을 쑤면 한 그릇을 떠서 제사 지내는 윗목에 가져다 놓는 것으로 성주를 대접했으며(가정, 222), 전북 완주군 소양면에서는 잡귀를 쫓기 위해 팥죽을 뿌린 다음, 성주 앞에 한 그릇을 올렸다(가정,

274). 또한 충북 청원군 남이면에서는 팥죽을 쑤면 먼저 한 그릇을 떠다가 조왕을 위했고(가정, 329), 태백시 구문소동에서도 먹기 전에 팥죽 한 그릇을 쌀독에 갖다 두었다(205). 이 같은 간단한 의례 풍속은 경북 안동시 안동읍, 전남 함평군 나산면, 충남 금산군 금북면(이상 『세시풍속』 출현) 등을 비롯해 전남 함평군 학교면, 충남 공주시 유구읍, 태안군 고남면, 충북 영동군 용산면, 청원군 낭성면(이상 『가정신앙』 출현) 등에서 출현했다.

짚 깔고 음식 놓거나 신에게 직접 음식 뿌려 대접

상차림을 하지 않거나 신체에 직접 뿌리는 의례와 관련해, 전남 곡성군 입면에서는 동지에 집안 잘되라고 팥죽을 동쪽에서 서쪽으로 뿌린 다음, 서쪽에 짚을 깔고 팥죽을 부어 놓았으며(가정, 120), 전남 담양군 대전면과 전북 남원시 주천면에서는 부엌에서 동지죽을 끓였기에 조왕신에게는 따로 팥죽을 차리지 않았다(가정, 256/ 가정, 149). 이와 함께 경북 청송군 파천면에서는 팥죽을 쑤다 한 숟가락을 떠서 성주에게 뿌렸으며(860), 대구 달성군 가창면에서는 팥죽을 양푼에 퍼서 가져다 놓은 다음, 성주에게 뿌리는 척을 했다(가정, 233).

이상과 같은 동지의 풍속은 한국 문화 속에 간략하게 의례를 행하는 전통이 있었음을 시사하며,[5] 간략 의례의 경우 동지의 팥죽 뿌리기와 '뿌린다'라는 형식의 유사성이 있음을 보여 준다. 따라서 동지의 팥죽 뿌리기 또한 이들 간략 의례처럼 신을 대접하는 의례(방식)의 하나였을 가능성이 높음을 살필 수 있다.

한편, 간략한 의례 전통과 함께 비좁은 주거 환경은 팥죽 뿌리기 풍속을 형성 또는 지속시키는 배경이 됐거나, 이와는 반대로 뿌리기 풍속의 영향을 받아 이 같은 간단한 의례 문화가 탄생했을 수 있음을 추정하게 한다.

팥죽 뿌리기는 제액축귀 의례… 고수레 같은 신 대접이자 동지의 의례이기도

지금까지 동지의 팥죽과 팥죽 뿌리기에 대해 살펴보았다. 요약하자면 팥을 재료로 하는 모든 전통 음식의 공정상 부산물이 팥물로 동일하고, 기록상 중세 이전의 팥죽은 이 팥물과 유사했을 것으로 추정된다는 점에서 팥죽은 물론 팥죽 뿌리기도 고대 한국에서 기원했을 가능성이 큼을 살필 수 있다. 또한 동지의 팥죽 뿌리기는 고수레처럼 신[조상]에게 제물을 드리는 방식이자, 동지를 쇠는 의례의 한 양식이었던 것으로 보이며, 축귀적 인식은 이후 (팥의) 붉은색이 귀신을 쫓는다는 민간신앙과 동지팥죽 진설을 미신으로 여기는 유교 의례의 확산, 그리고 이 풍속을 미신으로 기록한 세시기 등의 영향을 받아 형성되었을 개연성이 큰 것으로 여겨진다. 그럼에도 이 풍속이 민속 현장에서 제액축귀라는 분명한 인식 아래 행해진 것도 사실이고, 현재까지도 농어촌과 산촌을 중심으로 극히 일부의 노인 세대들에 의해 여전히 풍속으로 실재하는 것도 분명하다는 점에서, 동지의 팥죽 뿌리기는 민간의 제액축귀 의례이자 신을 대접하는 수단이며, 동지를 쇠는 의례의 한

양식이라는 결론이 가능하다고 할 것이다.

배려·존중, 공동체 우선의 가치 담겨… 절식만으로 명절 쇠기 대안 제시

뿌리기 풍속은 아무리 하찮은 대상[잡귀]일지라도 배려하고 존중하는 공존의 가치가 담겨 있다는 점에서, 전통문화로서의 가치와 함께 공동체보다는 소속 집단과 개인의 이익을 우선시하고, 경쟁과 승자 독식 등을 당연시하는 세태에 시사하는 바가 크다고 할 것이다. 또한 팥죽 한 그릇 담아 두기 등과 같은 간략한 의례는 코로나 감염병의 유행 이후 우리 사회에 현저하게 나타나고 있는 명절 기피와 명절 문화의 쇠퇴 현상을 극복할 수 있는 한 대안이 될 수도 있을 것이다. 절식(송편이나 떡국)을 마련해 이를 먹거나 조상[신]에게 올리는 것만으로써 의례를 대신한다면 과도한 가사 노동과 번거로움 등에 따르는 명절 쇠기의 부담을 해소할 수 있고, 절식만으로 명절을 쇠는(계승하는) 것이 가능하기 때문이다. 이 같은 명절 쇠기는 사실상 의례가 생략된 동지에서 나타나듯, 옛 전통을 되살려 새롭게 쓰는 '구법득신(舊法得新)'이기도 할 것이다.

미주

1 "灑豆汁於門板 以除不祥(쇄두즙어문판 이제불상). / 팥죽을 문의 널빤지에 뿌려, 이로써 상서롭지 못한 것을 제거한다."

2 [표] 『세시풍속』에 나타난 팥죽 뿌리기 풍속 출현 지역 수

지역	뿌리기 풍속 출현 횟수	유형					
		동지	정초	지붕	이사	기타	누계
강원(54)	75	31			1	1	33
경기(82)	71	33				1	34
경남(66)	110	63	1			1	65
경북(71)	135	62				1	63
전남(66)	126	63					63
전북(42)	92	38	2				40
제주(12)	13	6					6
충남(45)	88	34					34
충북(33)	61	28		2			30
합계(471)	771	358	3	2	1	4	368

[표] 『한국의 가정신앙』에 나타난 팥죽 뿌리기 풍속 출현 지역 수

지역	뿌리기 풍속 출현 횟수	유형					
		동지	이사	지붕	동티	기타	누계
강원(60)	44	16	1		3		20
경기(75)	56	19	3				22
경남(68)	117	38					38
경북(73)	98	50					50
전남(69)	105	56	2		1	4	63
전북(43)	62	41				1	43
제주(18)	23	1					1
충남(45)	125	37	1				38
충북(48)	44	15	1				16
합계(499)	674	273	9		4	5	291

<출처: 국립문화재연구소, 『세시풍속』과 『한국의 가정신앙』 지역 편 전체>

※ 팥죽은 팥 삶은 물 등을 포함.

3 『형초세시기』는 복숭아가 오행의 정기를 머금고 있어서 사악한 기운을 굴복시키고, 온갖 귀신들을 제압하며, 귀신이 싫어하는 과일이라는 기록을 담고 있다.

4 한편, 팥죽 뿌리기와는 별개로 동지에 팥죽을 쒀서 성주 등의 가신을 대접하는 풍속은 그 대접 방식에서 차이가 있을 뿐 광범위한 지역에서 출현한다.

5 신에게 음식을 올리는(대접하는) 수단으로써 뿌리기는 팥죽을 쑤지 않는 애동지 시기에도 출현하는데, 한 예로 전북 김제시 금산면에서는 (팥)시루떡을 해 이 떡을 조금씩 떼어 집 안 곳곳에 뿌렸다(47). 이 밖에 뿌리기는 동지 외의 시기나 의례에서도 나타나며, 이때 오곡밥, 막걸리, 떡과 같은 음식이 뿌려졌다. 전남 곡성군 오곡면에서는 대보름 전날 밤, 터주신을 위하고 잡귀를 먹이기 위해 잡곡밥을 집터 사방에 뿌렸으며(가정, 102), 충남 부여군 부여읍에서는 1월 14일 거리제를 지낸 후 조금씩 뗀 제물을 된장 물에 담아 '못 다 먹었다는 말 말고 거룩하게 다 먹어라'라고 외치며 세 갈래 길의 사방에 뿌렸다(404). 이와 함께 경남 양산시 물금면에서는 유둣날의 용신제에서 풍년 농사를 기원하며 떡이나 밀전병을 사방에 뿌렸고(272), 충북 충주시 살미면에서도 유둣날 참외 농사의 풍년을 기원하기 위해 밭고랑에 수제비를 뿌렸다(117). 이 밖에 경기 파주시 광탄면에서는 가을고사에서 귀신들 먹으라고 떡과 술을 뿌렸다(가정, 489).

6 "其俗多淫祀. 事 … 箕子神(기속다음사. 사 … 기자신). / (고구려의) 풍속에 음사(제사 지내지 말아야 할 대상에게 제사 지내는 것)가 많다. … 기자신을 섬긴다." -『구당서』고(구)려.

7 "作赤豆粥 以禳疫(작적두죽 이양역). / 붉은 팥죽을 쒀서 이로써 전염병이나 역귀를 막는다."

8 "潑豆粥於門板 以辟惡(발두죽어문판 이벽악). / 팥죽을 문의 널판에 발라, 이로써 불길한 것을 피한다." -『경도잡지』.; "灑豆汁於門板 以除不祥(쇄두즙어문판 이제불상). / 팥죽을 문의 널판에 뿌려, 이로써 상서롭지 못한 것을 제거한다." -『동국세시기』.

9 "冬至豆粥 以辟瘟之具而不薦(동지두죽 이벽온지구이불천). / 동지의 팥죽은 염병을 피하는 도구이므로 (사당에) 올리지 않는다." -『한강집』(권 7). 이 기록은 사대부가 아닌 민간에서는 동지의 조상 대접 수단으로 팥죽이 이전부터 쓰였으며, 성리학의 유입 및 유교 의례의 도입으로 동지팥죽에 대한 미신 인식이 고착 또는 확산됐을 수 있음을 시사한다고 할 수 있다.

10 동지에 팥죽을 뿌리는 기록은 1770년(영조 46년) 『영조실록』에 다음과 같이 출현한다. "灑門豆粥(쇄문두죽). / 문에 팥죽을 뿌린다."

11 "齊奴豆粥咄嗟烹(제노두죽돌차팽). / 여자 종들을 시켜서 팥죽을 끓인다."

12 『동국세시기』는 보름날에 적소두죽(赤小豆粥)을 먹는다고 기록해 동지의 팥죽(적두죽)과 그 명칭에서 차이를 보이고 있다. -"上元前夜 … 煮赤小豆粥食之(상원전야 … 자적소두죽식지). / 대보름 전날 밤에는 팥을 삶아 죽을 쑤어서 먹는다."

13 팥죽의 명칭과 관련해 전남 신안군 도초도 등에서는 팥죽을 '쌀떡국'이라 불렀다. -김용갑 2022, p.98.

14 최덕경 2005, p.194.

15 팥죽에 든 둥근 형상의 떡[경단]은 지역에 따라 새알, 새알심, 옹심이, 수제비, 새알 수제비 등으로 불렸으며, 그 재료는 대부분 찹쌀이나 찹쌀에 멥쌀을 섞은 것이고, 일부

지역에서는 수수나 감자 등이 재료로 쓰였다.

16 팥죽 떡(새알)의 재료가 되는 쌀[벼농사]은 기원전 10세기를 전후해 한반도에 전래된 것으로 보고 있으며(위안리 2005, p.21), 전래 당시의 벼는 찹쌀이었다(윤서석 외 8인 2000, p.111). 이 찹쌀은 새알심의 주재료이고, 이런 이유로 경남 통영시 욕지면 등에서는 새알(심)을 찹쌀떡이라고 부르기도 한다(428). 한편, 잡곡(조·수수) 농경의 한반도 북부 유입은 기원전 3300년경으로 보고 있다. -천선행 2015, p.22.

17 경남 진주시 지수면에서는 동지에 자기 나이 수대로 새알심을 먹으면 나이 한 살 더 먹은 것으로 인정해 주었고(289), 전북 무주군 적상면에서는 동지팥죽을 먹고 나면 나이 한 살이 더 든다고 하여 동지를 설 쇠는 것과 마찬가지로 생각했다(338). 이 같은 첨세병(添歲餠) 풍속은 다수의 지역에서 출현한다.

18 윤서석 2001, p.491, p.501. ; 최인학 외 2004, p.473.

19 김용갑 2019, p.45.

20 윤서석 2001, p.495.

21 팥죽은 상원(1월 15일)과 음력 6월 복날의 세시 음식으로도 쓰였는데(김용갑 2018b, p.273), 『열양세시기』, 『동국세시기』 등에는 이들 팥죽에 새알이나 곡물이 들어 있는지에 대한 기록은 없다. 팥죽에 들어간 내용물(음식)과 관련해 윤서석은 조선시대 조반이나 보양 음식으로 쓰인 팥죽을 팥물과 함께 불린 쌀을 넣고 쑨 것으로 보았으며(윤서석 2001, p.361), 충남 청양군 정산면에서는 팥죽의 찹쌀맹이를 동지팥죽에만 넣고 초상집에 가져가는 팥죽이나 복날 끓이는 팥죽에는 쓰지 않는 것으로 나타났다(610). 이로 보아 동지의 팥죽과 복날 등을 비롯해 다른 시기에 쑤는 팥죽은 대개 그 재료가 달랐던 것으로 보인다.

22 김용갑 2018a, pp.195-196.

23 "赤豆所煑也(적두소자야). / 붉은 팥을 삶은 것이다." -『성호전집』(권 48).

24 "豆粥如酥翠鉢深(두죽여소취발심). / 연유 같은 팥죽이 비취색의 사발에 담겼다." -『목은집』(목은시고, 권 10).

25 "豆糜香可飮(두미향가음). / 팥죽의 향기로움은 마시기에 좋다." -『사가집』(권 12).

26 "流喉吻(류후문). / (팥죽이) 목구멍으로 흘러내린다." -『목은집』(권 20).

27 "冬至豆粥 庚申不眠 亦皆古之遺意也(동지두죽 경신불면 역개고지유의야). / 동지의 팥죽, 경신일의 잠자지 않기 등은 모두 옛날의 유습이다."

28 "古俗千邨行粥遍(고속천촌행죽편). / 옛 풍속으로 마을마다 팥죽을 쑤었다."

29 팥의 기원지와 관련해 『한국 토종작물자원 도감』(안완식 2009, p.117)은 '(한반도는) 팥의 원종인 새팥 등이 자생해 기원지에 가까운 것으로 보인다'라고 해 '한반도'를 언급한 반면, 『인간과 식량』(성락춘·이철 2007, p.89)은 한반도를 언급하지 않았다. 한

편, 「통일신라시대의 식생활문화」(김상보 2007, p.198)는 팥이 중국 삼한 시대 이전, 중국의 강남(조엽수림지대)으로부터 전래된 것으로 보았다.

30 대두[콩]가 중국 춘추시대 초기에 (한반도로부터) 중국으로 전해졌고(이성우 1988b, p.336), 두장(豆醬) 문화가 중국은 물론 일본에까지 영향을 미쳤듯, 팥죽도 그 시작은 한반도일 가능성이 높다고 할 수 있다.

31 한국정신문화연구원 1994, p.32.

32 "(대보름에) 나물 등을 뿌리는 것은 잡귀를 먹이고 나가게 하려는 것이다. 이러한 행위가 천신하는 '고시레(고수레)'의 행위가 아닌가 추측된다." -『세시풍속』(충남), p.201. ; 경기 안양시 관양동 수촌마을에서는 논에서 음식을 먹을 때는 반드시, 농사가 잘되라고 음식을 약간 뿌리면서 고수레를 했다(437). ; 강원 삼척시 근덕면에서는 6월 말복 제사에서 토지신에게 풍년을 기원하며 논밭에 음식을 뿌렸다(73).

33 최인학 2009, p.155.

34 장주근 1984, p.90.

35 팥죽과 달리 이 죽의 재료인 팥은 이사와 지신밟기를 비롯해 푸레박질(연기군 금남면)과 홍수맥이(예산군 광시면) 등에서 뿌려졌다. 경북 성주군 벽진면에서는 이삿짐을 들일 때 탈을 막기 위해 거실에 팥을 뿌렸으며(가정, 356), 충북 옥천군 이원면에서는 팥죽을 쑤기 전, 잡귀를 몰아내기 위해 팥과 솔잎을 외양간이나 화장실 등 집 안 구석구석에 뿌렸다(274). 또한 경남 통영시 산양읍에서는 정초 지신밟기에서 집안 곳곳에 콩, 팥, 소금을 뿌렸다(392). 이 같은 팥 뿌리기의 풍속은 그 출현 횟수가 『세시풍속』과 『한국의 가정신앙』 지역 편 전체에서 총 30여 회에 불과할 정도로 미미하다. 이는 팥죽 뿌리기가 축귀의 목적에서 비롯되지 않았음을 시사하는 방증이라고 할 것이다.

36 이 밖에 전남 구례군 광의면에서는 동지에 팥죽의 국물만을 떠서 숟가락으로 성주를 비롯해 집 안 곳곳과 온 동네에 뿌렸다(가정, 176).

37 경북 포항시 흥해읍에서는 동제를 지내는 동짓달 초순에 동지가 들면 절대 팥죽을 쑤지 않았는데, 이는 팥죽을 쑤면 신령이 오지 못할 수도 있다고 여겼기 때문이다(406).

38 경남 함양군 마천면에서는 원래 중국에서는 동지에 소의 피를 뿌렸는데, 우리나라는 가난했기 때문에 팥죽을 쑤어 피를 대신해 뿌린다고 여겼으며(817), 경기 가평군 설악면에서는 귀신이 백마 피를 싫어해 동짓날 팥죽으로 백마 피를 대신한다고 보았다(735). 또한 충남 논산시 상월면에서는 도깨비가 붉은색의 말 피를 싫어하듯 팥죽의 붉은색이 귀신을 쫓는 기능을 한다고 믿었다(78).

39 『한강집』(권 7) ; "冬至豆粥 本禳鬼之物 薦廟似甚(동지두죽 본양귀지물 천묘사심). / 동지의 팥죽은 본래 귀신을 물리치는 음식이니 사당에 올리는 것은 정도에서 벗어난다." -『한수재집』(권 16).

40 한편, 김상보는 일본인 학자 옹곡(熊谷)의 주장을 인용해 한반도 중·남부에서의 붉은 팥(죽) 의례가 중국 강남으로부터 팥 재배법과 함께 전래됐으며, 그 시기를 삼한시대

이전으로 보기도 한다. -김상보 2007, p.198.

41 [표] 『세시풍속』과 『가정신앙』에 나타난 지역별 동지팥죽 뿌리기 풍속 출현 지역 수 (횟수)

문헌	강원	경기	경남	경북	전남	전북	제주	충남	충북	합계
『세시풍속』	31	33	63	62	63	38	6	34	28	358
『가정신앙』	16	19	38	50	56	41	1	37	15	273

<출처: 국립문화재연구소, 『세시풍속』 및 『한국의 가정신앙』 지역 편 각각 9권 전체>

42 (전남 신안군 암태도 등에서) 초상집의 팥죽은 상가 방문객 대접을 위한 음식으로 주로 이웃에서 품앗이로 마련해 갔다. -김용갑·박혜경 2022, p.100.

43 "五月俗稱惡月 多禁(오월속칭악월 다금). / 세속에서 5월을 악하고 불길한 달이라 말하며, 많은 것을 하지 않거나 꺼린다."(『형초세시기』 5월) -국립민속박물관 2007, p.62. ; "五月五日端午 懸艾虎於門(오월오일왈단오 현애호어문). / 5월 5일은 단오라고 한다. (이날) 쑥으로 호랑이 형상을 만들어 출입문에 걸어 둔다." -『용재총화』(권 2).

44 "皆以茅草葺舍 冬月皆作長坑 下燃熅火以取暖(개이모초즙사 동월개작장갱 하연온화이취난). / 띠풀로 가옥을 덮으며, 겨울에는 모두 구들[장갱]을 만들어 아래에서 타는 불기운으로 따뜻함을 취한다."

45 "如蜂房蟻穴 誅茅爲蓋 其大不過兩椽(여봉방의혈 주모위개 기대불과양연). / 민간의 가옥은 띠를 베어 덮어씌운 벌집이나 개미구멍 같고, 크기는 서까래 두 개를 넘지 않는다."

46 신석기 시대 황하 유역의 가옥은 대체로 황토층을 반지하 형태로 파고 기둥을 세운 뒤에 진흙을 바른 지붕이었다. -허탁운 2013, p.62.

47 한나라 시절 백성들을 변경 지역으로 이주시킬 때 주거지를 조성해야 했기에 조조가 황제에게 방 두 칸에 거실 하나를 표준형 주거로 건의했다. -허탁운 2013, p.263.

48 (조선시대 전기 무렵에 온돌의 일반화와 함께) 식사 양식이 좌식으로 일원화되고 식탁도 좌식상이 되었다. -윤서석 2001, pp.348-352.

49 이욱 외 2012, p.106.

50 『세시풍속』(충남), 금산군 군북면, p.289.

51 간단한 상차림(의례)은 동지 외의 명절 등에서도 출현한다. 강원 고성군 동해면에서는 설 차례를 지내기 전에 메와 탕, 과일 한 개, 포 하나만으로 간단히 성줏상을 차렸고(472), 충남 당진군 송악면에서도 설날 차례를 올리기 전에 떡국 한 그릇과 술 한 잔으로 상을 차려 성주에게 바쳤는데, 이때 수저도 차리지 않고 절도 하지 않았다(347). 또한 전북 무주군 무주읍에서는 대보름 차례 전에 '조상밥'을 큰 양푼에 담아 숟가락을 식구 수대로 꽂아 두었으며(309), 익산시 함라면에서는 대보름에 메를 시루째 올리거나 큰 양푼에 모둠으로 올려 차례를 지냈다(148). 이 밖에 간단한 의례와 신체 뿌리기 출현한 지역은 경기 시흥시 군자동(농사고사), 경남 통영시 산양읍(대보름), 전남 장흥

군 부산면(도깨비고사), 충남 연기군 소정면(요왕제), 청양군 정산면(용왕제) 등을 비롯해(이상 간단한 의례), 경기 포천시 영중면(성주 위하기), 경북 영주시 풍기읍(가을 성주고사), 청도군 풍각면(정월 안택), 충남 논산시 상월면(성주 받기)(이상 신체 뿌림) 등이다.

5장

만두를 먹어야
나이 한 살 더 든다

고대 한국에서 유래한 만두… 강원 중심·연말연시의 음식

5장

만두를 먹어야
나이 한 살 더 든다

고대 한국에서 유래한 만두… 강원 중심·연말연시의 음식

설날 등에 일부 지역에서 빚어지는 만두(饅頭)는 메밀가루나 밀가루 따위의 반죽을 얇게 펴서 피를 만들고, 김치, 돼지고기, 두부 등을 잘게 다져 속(소)을 만든 다음, 이 속을 피 안에 넣어 삶거나 찌는 등의 방법으로 만드는 한국의 전통 음식이자 명절의 절식이다.

1. 회회아비의 쌍화점 만두와 홍콩의 딤섬

회회아비가 내 손목을 잡았습니다… 쌍화점의 만두

고려시대의 가요에 <쌍화점>이 있다. 이 노래의 가사는 '쌍화점에 쌍화를 사러 갔더니, 회회아비가 내 손목을 잡았습니다. 이 소문이 점포 밖으로 나오고 들어가고…'(『악장가사』에 수록된 <쌍화점> 제1장 앞부분)로 되어 있다. 이 가사를 두고 남녀상열지사의 표본이라는 등의 여러 이야기가 있지만, 이 가사는 만두의 유래 등을 말할 때도 흔히 인용된다. 쌍화점이 만두를 파는 가게이고 쌍화 또한 만두이기에 한국의 만두는 고려시대에 이미 대중화됐다는 의견이다. 그런데 이 주장에 모든 학자가 동의하는 것은 아니다.

고려시대 쌍화점의 만두… 찐빵류일 가능성 커

쌍화는 만두가 아닌 꽃이며 회회아비가 색목인이 아니라는 학계의 논의에 더해, 쌍화가 만약 만두라면 이 만두는 우리가 흔히 말하는 고기만두가 아닌 팥 앙금 등을 소로 사용한 찐빵류일 것이라고 보기도 한다. 쌍화점의 만두가 찐빵류일 것이라는 근거는 <쌍화점>이 한국역사에서 불교가 가장 흥성했던 고려시대에 기록된 가사라는 것으로,

당시의 종교 문화적 분위기를 고려할 때 외래 유입품인 고기만두가 시중의 상점에서 팔리기는 쉽지 않았을 것으로 보이기 때문이다.

만두에 얽힌 일화… 홍콩의 딤섬, 가슴 아픈 이별의 음식으로 남아

만두의 유래를 담고 있는 <굴원고사>에서 살필 수 있듯, 만두는 중국 남방과 연관이 깊은 음식이다. 홍콩 등의 중국 동남방에서는 만두류의 음식을 '딤섬'으로 부르는데, 유래 소개에 앞서 이 딤섬과 관련된 일화 하나를 소개하고자 한다.

필자에게는 외국에서 근무하는 아들이 한 명 있는데, 얼굴 보기가 어렵다. 그래서 지난해 홍콩에서 만나 가족 여행을 함께 했고, 이때 딤섬을 자주 먹었다. 광동성의 요리로 불리는 이 음식은 새우, 돼지고기, 야채 등을 속 재료로 해 쌀가루나 밀가루 등의 반대기에 싸서 찌거나 튀겨내는 방법으로 요리를 하는데, 그 재료만큼이나 종류도 많다고 한다. 이들 딤섬 중 한국인 방문객에게 인기 있는 것은 쌀가루에 녹말가루를 섞어 피가 투명한 새우 딤섬인 하가오(Ha-Gao), 두툼한 밀가루 반대기에 양념한 돼지고기를 넣은 찐빵 만두(steamed BBQ pork buns), 그리고 춘권 등이다. 필자의 가족도 이들 딤섬과 함께 살짝 데친 야채(poached vegetable)와 육즙이 담긴 시우마이(Siu Mai) 딤섬 등을 주로 먹었다. 그런데 우리 가족에게 홍콩의 딤섬은 가슴 아픈 이별의 음식으로 기억되고 있다. 홍콩 인근의 마카오에서의 여정을 마치고 다시 홍콩으로 돌아가 귀국하고자 버스 터미널에 갔을 때, 그곳에서 가족 모두가 함께 홍콩에 가는 것은 불가능하다는 것을 알았다. 공항버스를 타면 출국하는 것으로 간주돼 홍콩공항 밖으로 나갈 수 없어, 귀국 항공편 출발 시간이 다른 우리 부부와 아들은 바로 그 터미널에서 헤어져야 했던 것이다. 예정에 없던 이른 이별은 아쉬움을 넘어 충격이었고, 이를 달래기 위해 터미널에서라도 함께 식사를 하고자 했지만 터미널에는 그 어떤 식당도 없었다. 결국 우리 가족은 거기서 헤어졌고, 각자 세계 최장이라는 강주아오 대교를 건넜다. 그리고 필자의 부부만이 홍콩 공항에서 늦은 밤 여정의 마지막 식사로 딤섬을 먹었다. 아들이 바로 지척의 공항 밖에 머물고 있음에도 불구하고, 우리 부부는 아들과의 짧은 만남 동안 가장 많이 먹었던 음식을, 마지막 순간에는 함께 먹을 수 없었던 것이다.

2. 만두의 유래 및 역사

<쌍화점>과 함께 만두의 유래와 관련해 가장 많이 언급되는 이야기가 제갈공명의 <굴원고사>이다. 이 일화와 관련해『동국세시기』(10월 행사)는 북송시대의 고승이 지은『사물기원』의 내용을 인용해 만두의 유래를 설명하고 있다.

> 만두는 제갈공명으로부터 시작됐는데 제갈공명이 맹획을 정벌할 때, 어떤 사람이 말하기를 '오랑캐의 풍속은 반드시 사람을 죽여 그 머리로써 제사를 지내면 신이 이를 흠향하고 음병(陰兵)을 보내 준다'라고 했다. 하지만 제갈공명은 그의 말을 따르지 않고 양고기와 돼지고기를 밀가루에 싸서 사람의 머리 모양으로 만들어 신에게 제사를 지냈다. 그랬더니 신이 역시 흠향하고 군사를 내보내 주었다. 뒤에 사람들이 이로 말미암아 만두라고 한다.

만두는 중국에서 3세기에 출현… 한국은 17세기에 확산돼

만두는 기록상 3세기 후반, 중국 진(晉)나라의 속석이 쓴『병부』에 '만두(饅頭)'란 이름으로 처음 등장하고, 송나라 때의『사물기원』에 '만두(饅頭)'로 출현한다. 이런 기록으로 볼 때 이 음식은 중국에서 적어도 3세기부터 있었던 음식으로 여겨지며, 이 무렵 고기소를 넣은 것을 '만토우'라 했다.[1] 그런데 이후 만두 명칭에 변화가 일어나, 오늘날 중국에서는 대개 소를 넣지 않은 것을 '만티(테)우(饅頭)'라 하고, 소를 넣은 것은 '보(바)오즈(包子·飽子)'라고 말한다.[2] 한국의 경우 소를 넣은 것을 '만두'라 부른다는 점에서 중국과는 그 명칭에서 차이가 있으며,『규곤시의방』의 만두 조리법 등에 비춰 볼 때 한국에서는 17세기 후반 무렵 이미 오늘날과 같은 소를 넣은 만두가 확산된 것으로 여겨진다.

만두가 언제부터 한국에 출현했거나 유입됐는지 분명하지 않지만, 기록상 10세기 전후[3] 또는 14세기에 오늘날의 찐빵과 같은 둥근 모양의 '쌍화(雙花)'류 형태로 확산된[4] 것으로 보인다.

13세기 말 만두 관련 명칭은 '솽화'… 쌍화·변시·필라·편수 등으로 불려

만두의 명칭은 쌍화, 상화, 만두, 변시, 석류탕, 조악, 필라, 편수 등으로 다양하게 불렸는데, 이들 명칭 중 '쌍화'와 '만두'는 각각『고려사』에 '솽화(雙花)'(1279년) 및 '만두(饅頭)'(1343년)로 기록돼 있다. 17세기의 조리서인『규곤시의방』(1670년)에 의하면, '상화(쌍화)'는 밀가루를 부풀려 오이나 박채, 무, 석이, 표고 등을 속으로 사용해 넣고 찐 음식이며,[5] '만두'는 메밀가루를 재료로 무를 으깨고 꿩을 다져 소로 사용해 삶은 음식이었다. 따라서 명칭이 같거나 유사한 13세기와 17세기의 이들 음식이 동일한지의 여부를 떠나 상화는 오늘날의 찐빵에 가깝고, 만두는 고기만두와 닮아 있으며, 조리 방법은 상화의 경우 찌고, 만두는 삶는 다는 차이를 보인다고 할 수 있다.

만두란 명칭은 19세기 초에 이르러 이 이름이 '상화'를 대체하면서[6] 통일되고 고정된 것으로 보기도 한다. 한편, 고려의 '쌍화'와 조선시대의 '상화'가 같다고 단정할 수는 없지만, 그 명칭이 '쌍화→상화'로 불렸으며, 고려와 조선시대의 문집에서 공통적으로 이 음식을 하얗다고 기술했다는 점에서[7] 같은 것으로 여겨진다.

3. 한국의 세시 만두와 문화권

만두는 강원·경기도 중심의 음식이자 겨울철의 별식

　세시의 절식은 한국 명절에서 거의 지역 차이 없이 전국적으로 출현한다는 특징을 보인다. 예컨대 설날에는 떡국을 끓이고, 추석에는 송편을 빚으며, 동지에는 팥죽을 쑨다. 이 때문에 절식은 한국 음식 문화의 상징이 되기도 한다. 그런데 만두의 경우 절식임에도 불구하고 그 출현 지역이 보편성을 띠지 않는다. 경기도와 강원도 등은 설날 음식 등으로 만두를 빚지만 전남과 경남 등의 남부 지역에서는 세시는 물론 일상에서도 만두를 빚는 경우가 드물기 때문이다. 이런 이유에서 인지 만두는 한반도 중부의 음식으로 인식되고 있고, 이는 통설처럼 굳어져 있다. 그런데 만약 만두가 중부 지방의 음식이라면 중부에 포함되는 충청도와 경상북도 등에서도 만두의 출현 빈도가 높아야 하고, 이를 뒷받침하는 연구 결과가 있어야 한다. 하지만 이들 지역에서 만두 또는 만둣국이 폭넓게 마련된다는 연구는 현재까지 쉽게 찾아지지 않는다. 그럼에도 이런 통설에 더해 한국 만두의 기원은 중국이라는 주장이 폭넓게 확산돼 있다. 한국의 전통 무형 문화에 대한 다수의 연구가 그러하듯, 만두 문화를 문헌을 통해 살펴본 것이 아마도 가장 큰 이유일 것이다.

세시 만두 문화는 풍속… 풍속은 일반 백성과 지역에 기반

음식은 그 특성상 유물을 남기기 어렵기에 사실 문헌 기록을 제외하면 과거의 음식(문화)에 대해 알기 어렵다. 그런데 우리의 만두, 즉 명절 등의 세시 음식으로서 만두는 풍속이고, 이 풍속은 본질적으로 기층[서민]과 지역에 기반하며, 비(非)기록적이라는 성격(특성)이 강하다. 그럼에도 그간의 연구는 이런 본질과 달리 한양과 상층[양반] 중심의 기록을 토대로 했기에 실제 민속과는 거리가 있을 수밖에 없었던 것으로 보인다.

그렇다면 어떻게 해야 전통 음식 연구가 지닐 수밖에 없는 문헌 위주의 한계를 조금이나마 극복할 수 있을까? 가장 이상적인 방법은 지역과 민속 현장을 찾아 세시 만두와 관련한 풍속 등을 현지 조사하는 것이다. 그런데 이 같은 방법은 현실적으로 불가능에 가깝다. 1970년대를 전후해 한국 사회의 산업화와 도시화가 진행됐고, 이에 따라 한국 전통문화의 지역적 기반과 인적 토대가 바뀌기 시작해 50여 년이 흐른 현재, 농어촌과 산촌은 물론 한국 사회 전반에서 전통의 음식 문화(풍속)를 찾기가 어려워졌기 때문이다. 또한 20~30여 년 전까지만 해도 전통의 세시풍속을 경험했거나 기억하는 '전승 세대'가 실존해 현지 조사는 어느 정도 가능했지만, 현재는 이들 '기억 전승' 세대마저 사실상 소멸해[8] 섬이나 산간 오지 등과 같은 몇몇 지역을 제외하고는 현지 조사가 큰 의미가 없거나 불가능하게 되어 버렸다. 따라서 지금으로서는 1970년대 무렵의 풍속을 담은 현지 조사 자료나 연구서들을 활용할 수밖에 없다. 1960년대에 시작된 『한국민속종합조사 보고서』를 비롯해 『한국의 세시풍속』, 『세시풍속』과 『한국의 가정신앙』, 『한국인의 일생의례』, 『종가의 제례와 음식』 등이 바로 이 같은 조사서 등으로, 이들 '자료'에는 비록 충분하다고는 할 수는 없지만 지금은 사라진 적지 않은 풍속이 담겨 있다.

다음은 이들 자료(책자)에 나타난 세시 음식 또는 절식으로서 만두의 출현 지역과 특징 등이다.

'세시 만두'… 강원과 경기도에서 주로 빚어져

이 책에서는 이들 자료에 나타난 섣달그믐에서 2월 1일 사이를 비롯해 겨울철 별식으로 빚어지는 만두를 '세시 만두'로 지칭했다. 세시 만두는 주로 섣달그믐, 설날, 대보름 무렵, 그리고 2월 1일 머슴날(영등날)에 세시 절식의 성격으로 출현하고, 섣달그믐과 설날에 집중되는 양상을 나타낸다. ('[표] 세시 만두(만둣국)의 명절별 출현 지역'은 미주 참고)[9]

세시 만두가 출현한 지역은 강원, 경기, 경북, 충남, 충북 등 5개도이며, 출현 빈도는 강원도 > 경기도 순으로 높고, 이들 지방 외의 나머지 도 지역은 각각 3~7곳에 불과했다. 이들 출현 지역 중 강원도의 경

---

* 5장은 논문, 「세시 절식으로서 한국 만두의 특징과 기원」(『동아시아문화연구』 97집. 한양대 동아시아문화연구소, 2024)을 바탕으로 수정·보완됐음.

우 18개 시·군 모두에서 1곳 이상 출현해 한국 세시 만두의 중심 지역임을 보여 준다. 세시 만두는 대부분의 지역에서 만둣국이나 떡국에 넣는 물만두의 형태로 출현했다.

이상과 같은 세시 절식 성격 외의 만두가 출현한 지역은 전남 광양시(삼복), 충남 금산군 복수면(섣달 별식), 인천 옹진군 연평도(12월 선원들의 지신밟기), 서귀포시 성산읍(7월 14일 백중제)을 비롯해 충북 청원군 환희리(가을철 별식), 강원도(겨울철 별식) 등이었으며, 북한의 경우 황해도, 강원 평강, 평안도 지역의 설날을 비롯해 평안도의 겨울철 별식, 황해도의 추석 음식으로 만두(만둣국)가 나타났다.

접대 등에 쓰이는 '세찬 만두'… 차례 등에 오르는 '제물 만두'

세시 만두는 크게 2종류로 나눌 수 있는데, 만두가 세배객을 위한 대접이나 가족을 위한 음식, 또는 소[牛]나 머슴 대접 등에 쓰인 경우를 이 책에서는 '세찬 만두'라 칭했으며, 이런 쓰임새(세찬 만두)가 출현한 지역은 강원, 경기, 경북, 충남, 충청 등 5개 지역이었고, 지역별 출현 빈도는 강원 > 경기 순으로 높게 나타난다. 아래는 이들 풍속의 한 사례다.

> 강원 원주시 신림면에서는 설날에 만두를 빚는데 이 만두는 가족들이 먹기 위한 것이었고, 차례에는 밥을 올렸다(123). 양양군 서면에서는 설날 만둣국을 끓일 때 만두를 주먹만 하게 만들어 소에게 주었다(288).

영월군 영월읍에서는 설날 차례에 만둣국을 올리지는 않지만 떡국과 만둣국을 먹어야 나이 한 살 더 든다고 여겼다(308-309).

다음으로, 만두가 설날과 섣달그믐의 제사나 차례의 의례물로 쓰인 경우를 이 책에서는 '제물 만두'라고 칭했다. 이런 만두의 쓰임새는 충남을 제외한 강원, 경기 등 4개 지역에서 출현했고, 그 사례는 다음과 같다.

강원 영월군 영월읍에서는 섣달그믐 저녁에 만둣국을 올려 망년제를 지냈다(317). 양구군 남면에서는 설날과 함께 그믐날에도 차례를 지내며 한 해가 간다고 마지막으로 조상에게 고했다(262). 경기 철원군 서면에서는 만두와 떡국을 넣어 끓인 만둣국을 섣달그믐의 작은 명일 차례와 설날 차례상에 올렸다(427, 437).

메밀로 빚어지는 세시 만두의 피

만두피의 재료는 강원도의 경우 주로 메밀이었으며, 밀가루를 사용한 사례는 1회 나타났다.[10] 메밀 재료가 출현한 지역은 인제 인제, 인제 기린, 평창 봉평, 평창 평창, 횡성 우천 등이었다. 메밀만두 풍속은 경기도 양주 회천, 포천 일동(유동리, 기산리)을 비롯해 경북 의성 점곡에서도 출현했다. 이를 통해 우리는 태백시 삼수동에서 나타나듯, 한국 사회의 산업화와 도시화 이전 세시 만두가 주로 메밀을 재료로 해 빚어졌음을 살필 수 있다.

강원 태백시 삼수동에서는 예전에 정월 14일 저녁, 메밀가루로 만두를 빚었지만, 지금(2000년대 초 무렵)은 밀가루로 빚는다(211, 218). 경기 광주시 실촌면에서는 메밀 농사를 예전에는 많이 지었기에 메밀만두를 떡국에 넣어 설날 차례상에 올렸다(92).

만두의 속은 김치와 두부, 돼지고기가 대부분

세시 만두의 속 재료는 김치와 두부, 돼지고기가 주를 이뤘다.『세시풍속』(강원)에는 총 30여 개의 만두 속 사례가 출현했는데, 그 재료는 김치(갓김치, 배추김치 각 1회 포함, 총 20회), 두부(14회), 돼지고기(11회), 고기(8회), 소고기(6회), 꿩고기(4회), 닭고기(2회), 토끼고기, 당면(잡채 5회 포함, 총 7회), 무(3회), 숙주나물, 시래기, 채소, 콩나물이었다. 재료를 기준으로 만두의 종류를 나누면 5개만이 채소만두였다. 경기도의 경우『세시풍속』(경기)에 총 8건의 속 재료가 나타났는데, 그 재료는 두부(8회), 김치(짠지 1회 포함, 총 7회), 돼지고기(6회), 당면(잡채 3회 포함, 총 4회), 숙주나물(3회), 고기, 무나물, 쑥갓이었다. 이 중 채소만두는 1건이었다.

강원 태백시 구문소동에서는 섣달그믐에 국제사를 지냈는데, 이때 시래기, 콩나물, 무 등으로 만두의 속을 채웠으며, 두부를 채 썰어 넣고 '노치'를 뜯어 넣어 만둣국을 끓였다(205). 삼척시 근덕면에서는 섣달그음에 소고기, 돼지고기, 김치, 잡채(당면) 등의 속을 넣고 만두를 빚었다 (74). 경기 수원시 이의동에서는 14일 아침에 김치, 두부, 쑥갓, 돼지고기 등의 속을 넣고 '볏섬' 모양처럼 만두를 만들었다(311).

이상을 통해 한국의 세시 만두가 김치, 두부, 돼지고기를 주된 속 재료로 해 메밀피로 만든 만두임을 살필 수 있다.

대보름의 만두는 손바닥 크기의 '섬만두'… 새끼 만두 여러 개 넣기도

세시 만두의 모양 및 크기와 관련해 대보름 무렵의 경우 다수의 지역에서 크게 빚어졌으며, 만두 하나에 작은 만두 여러 개를 넣는 형태도 몇몇 지역에서 출현했다. 이들 만두는 그해 풍년을 기원한다는 의미에서 보통의 만두보다 2배 크거나 손바닥 또는 주먹만 하게 빚어지는 경우가 많았고, 4각형의 가마니 모양으로 만들어지기도 했다. 이 같은 '(벼)섬만두'는 강원도와 경기도에서 나타났다.

강원 춘천시 동산면에서는 1월 14일 아침, 만둣국에 쌀가마니처럼 만든 섬만두를 넣었는데 곡식이 가득하라는 의미였다(152). 경기 동두천시 탑동동에서는 15일에 작은 만두 여러 개로 '섬만두'를 만들어 먹었는데 이 만두는 워낙 커서 한 개면 그릇에 가득했다(228).

만두(섬만두)를 크게 빚는 지역은 강원 태백 구문소, 태백 삼수, 홍천

서석, 평창 진부, 경기 의왕 왕곡, 여주 대신, 양평 용문 등이었으며, 작은 만두 여러 개로 하나의 큰 만두를 빚는 지역은 강원 영월 영월(흥월리), 평창 평창, 횡성 우천, 횡성 강림 등이었다. 하지만 설날 만두의 경우 크기나 모양에 대한 별다른 언급이 없어, 강원 양양군 강현면의 풍속처럼 적당한 크기로 빚어진 것으로 여겨진다.[11]

만둣국이나 떡만둣국 형태로 식음

세시 만두는 대부분의 지역에서 만둣국의 형태로 식음됐으며, 떡국과 함께 섞어서 먹는 경우가 많았다. 따라서 세시 만두의 주된 조리법은 물에 삶은 형식이라 할 수 있다. 일부 지역에서는 만두를 오래 보관하기 위해 물에 삶아 기름을 바르는 방법을 이용하거나 밖에 내놓아 자연 상태에서 얼리기도 했는데, 추운 기후의 활용은 북한 평안도를 비롯해 중국 길림성과 몽골, 시베리아 등에서도 나타난다.[12]

강원 횡성군 강림면에서는 1월 14일에 섬만두를 (물에) 삶아서 만들었으며(582), 평창군 평창읍에서는 14일에 빚는 섬만두를 오래도록 두고서 먹기 위해 뜨거운 물에 삶은 다음, 건져서 기름을 발랐다. 이렇게 하면 오랜 기간 동안 먹을 수 있고, 맛도 좋았다(475). 충남 금산군 복수면에서는 섣달에 만두를 빚고 꽁꽁 얼려 두었다가 심심할 때 쪄 먹거나, 국을 끓여 먹었다(311).

세시 만두의 북방 한계선은 강원도 고성… 남단은 충북 영동

세시 만두가 출현한 북단 지역은 강원도 고성군 현내면 산학리이며, 남단 지역은 충북 영동군 용산면 부상리이다. 이들 지역은 위도상 각각 북위 38도 47분과 36도 25분으로 한국 세시 만두 출현의 북·남방 한계선이 된다.[13] 이들 지역에서는 섣달그믐에 만두 제사를 지내거나 설날에 만두가 들어간 떡국으로 차례를 지냈다.

> 강원 고성군 현내면에서는 (섣달)그믐날 저녁, 채소와 고기를 넣은 만두로 만두 제사를 지내고, 설날 차례에는 밥을 올렸다(236, 233). 충북 영동군 용산면에서는 설 차례상의 떡국 맛을 돋우기 위해 만두와 닭고기를 잘라 넣었다(256).

그런데 이 같은 남·북방 한계선 내의 세시 만두 출현 지역은 지방에 따라 문화권역과 분포 지역이라는 차이가 있다. 분포권이 만두의 출현 지역이라면 문화권은 만두를 빚는 시기가 많고, 그 쓰임새도 다양하게 나타나는 등 만두를 문화의 일부로까지 수용해 적극적으로 향유하는 지역이기 때문이다. 따라서 만두가 '제물'이 아닌 '세찬'으로만 쓰이고 1970년대를 전후해 만두가 유입된 것으로 보이는 경기도의 다수 지역은 문화권이라 보기 어렵다.

> 경기 평택시 팽성읍에서는 형편이 나아진 20~30년 전부터(1970~1980

년대) 설음식으로 만두를 빚었지만, (그 이전) 제보자가 시집왔을 때에는 빚지 않았다(643). 오산시 갈곶동에서는 외지 사람들이 들어오면서 설에 만두를 빚고 있다(472). 충북 청주시 수의2동에서는 근래에(1990년대 무렵) 설 차례의 떡국 맛을 내려고 만두를 넣기도 했다(44).

□ 명절 등의 세시 음식으로서 만두 출현 지역과 문화권 지도

<출처: 국립문화재연구소, 『세시풍속』 강원, 경기, 경북, 충남, 충북 지역 편>

강원 중심의 '역디귿(ㄱ) 자'형 지역… 한국의 세시 만두 문화권

한국의 세시 만두 문화권은 강원도와 경기도 내에서도 섣달그믐과 설날에 제물 만두가 출현하는 경기, 강원 북부와 동해안, 그리고 이들

두 지역과 행정구역이 접하는 충청도 및 경북의 접경지대 주변이라고 할 수 있다. 이 문화권은 '역디귿(ㄷ) 자' 형태를 띠며, 태백-소백산맥의 산간 지방과 동해안 일대라는 지리적 특징을 지닌다.

이 같은 문화권은 기존의 통설과는 차이를 보인다. '만두는 중부 지방의 음식'이라는 일반적 인식이 민속 현지의 실제와는 다른 것으로, 한국 세시 만두는 강원도와 경기도 중심의 음식이었으며, 남부 지방은 물론 충청도와 경북 대부분의 지역에서도 출현하지 않았음을 살필 수 있다.

4. 한국 세시 만두의 특징

섣달그믐과 설날 중심의 음식

먼저, 세시 만두는 섣달그믐과 설날 중심의 음식이라는 점이다. 앞서 살폈듯 세시 만두는 연말에서 2월 1일 무렵까지 출현하고 그 쓰임새는 명절의 별식, 동물(소) 대접을 비롯해 제물까지 다양하지만, 그 출현 시기는 설날과 함께 섣달그믐에 집중돼 있다. 미주의 [표] '세시 만두(만둣국)의 섣달그믐의 출현 지역' 등에서 살필 수 있듯, 섣달그믐과 설날의 세시 만두는 대보름이나 2월 1일에 비해 그 출현 지역이 광범위하고 지역별 출현 빈도도 높다. 이 시기의 만두 쓰임새는 설날을 비롯해 섣달그믐이 명절과 접한 것에서도 살필 수 있듯, 명절 의례용인 제물 만두가 대부분을 차지한다.

제물 만두는 충북 단양을 제외하고는 강원도에서만 출현하는데(단양군 영춘면도 강원도 영월 바로 인근이라는 점에서 사실상 제물 만두의 출현 지역은 강원 지역에 국한된다고 볼 수 있음) 그 출현 지역은 강릉, 동해, 삼척, 태백, 영월, 평창, 철원, 횡성 등 14개 시·군으로, 앞서 언급한 '역디귿(ㄷ) 자'의 모습을 띠며, (경기도를 제외한) 세시 만두 문화권과 일치한다. 따라서 세시 만두의 출현이 시기적으로는 섣달그믐과 함께 설날이며, 지역적으로는 강원도와 경기도의 '역디귿(ㄱ) 자' 권역이고, 그 쓰임새는 주로 제물로서의 만두라는 점에서 한국 세시 만두 문화의 기저에는 설날과 함께 섣달그믐의 풍속이 자리한 것으로도 이해된다. 또한 세시 명절(절기)이 전통과 연결된다는 점에서 한국 만두 문화의 전통은 강원도를 중심으로 최근까지 계승된 것으로 여겨진다.

강원 정선군 정선읍에서는 섣달그믐날 조상에게 '만둣국 제사'를 지냈는데 명절 차례나 기제사처럼 제물을 갖추어 지내는 것이 아니라 만둣국과 수저, 술 정도로 간단히 지냈으며, 토박이들은 (2000년대 초 무렵에도) 여전히 이 제사를 지내고 있다(378). 태백시 구문소동에서는 섣달그믐에 만두와 떡을 섞어서 '국 제사'를 지냈는데 이 제사에서는 만둣국과 함께 감주, 동치미 등만을 차려 놓았다(205). 철원군 서면에서는 섣달그믐에 만둣국을 끓여 작은 명일 차례(만둣국차례)를 지냈지만, 한국전쟁 이후 지내지 않는다(437-438).

섣달그믐에 차례(제사)를 올리거나 만두를 마련했던 이유는 한 해의 마지막 날을 맞아 조상들이 후손의 집을 방문하기에 대접하려는 목적과 함께 떡은 귀한 음식이기 때문에 많은 양을 장만할 수 없어 만두를 떡국에 추가함으로써 그 양을 늘리려는 의도도 있었다.

강원 평창군 평창읍의 산골 지역에서는 떡이 귀해 만둣국을 올렸으며(482), 태백시 삼수동에서는 섣달그믐이 한 해의 마지막 가는 날이고, 조상들이 오시는 날이라 만두를 빚고 떡을 해서 차례(저세)를 지냈다(218).

섣달그믐 만두 출현… 한국 세시 문화에서 특이한 사례

세시 만두의 섣달그믐 출현과 그 쓰임새는 한국 세시 문화에서 섣달그믐과 관련한 의례와 음식이 많지 않다는 점에서 매우 특징적인 현상이라 할 수 있다. 섣달그믐의 의례는 기록상 고려시대까지 올라갈 수 있으며,[14] 제주도를 제외한 남한 8개 도에서 현대에까지 출현했다. 이 의례는 강원도를 비롯해 경남과 전남의 해안 지역에 집중적으로 분포됐으며, 내륙지역에서는 해안과 연결되는 섬진강 등의 연안 유역권에서 주로 나타났다.[15] 이는 해안과 하천 인근 지역의 문화적 친연성이 상대적으로 높음을 보여 주는 사례라고 할 것이다.[16] 『세시풍속』에 나타난 섣달그믐 의례 출현 지역은 강원 > 전남 > 경남 순을 보였다. 그런데 강원도의 대다수 지역과 경기도의 일부 지역에서는 '메(밥)'를 올리는 타 지역과 달리 섣달그믐 의례에서 주로 만두(만둣국)를 제물로 쓴다. 이는 '만두는 설날 음식'이라는 기존 통설과 차이가 있는 것이다. 즉, 세시 만두는 '설날의 음식'을 넘어 섣달그믐의 제물이었고, 대보름과 2월 1일에도 빚어지는 연말연시의 음식이었다.

세시 만두는 풍작 기원의 상징물이자 매개체

세시 만두는 풍작 기원의 상징물이자 매개체로도 활용됐다. 섬만두를 빚고 소에게 만두를 먹이며 풍흉을 점치고, 과일나무에 만두를 꽂는 것 등이 바로 이런 풍속들이다.

먼저, 섬만두와 '대만두' 형태의 만두 빚기는 풍년의 모습을 크고 많은 것으로 상징화하고 모방해 풍년을 기원하는 주술적 행위이며, 특히 작은 만두 여러 개를 하나의 만두 형태로 빚는 풍속은 문헌 기록에도 등장한다.[17] 이와 유사한 풍속은 추석의 송편과 동지팥죽에서도 살필 수 있다.

> 충북 제천시 송학면에서는 1월 14일에 '선만두'나 '선맨두'라는 만두를 빚는데, 만두 큰 것 한 개와 작은 것 한 개를 먹으면 한 해 농사를 잘 짓는다고 보았다(13). 강원 영월군 남면에서는 정월 14일 저녁에 큰 만두피 하나에 작은 만두를 여러 개 넣고 크게 빚어 먹으면서 곡식알도 섬만두와 같이 굵게, 많이 열리기를 기원했다(321). 경북 영천시 야사동에서는 2월 초하룻날 풍년을 기원하기 위해 새알 7개를 넣어 '섬떡(쑥 송편)'을 만들고 성주신 등에게 올렸다(334). 강릉시 왕산면에서는 동지팥죽에 크게 빚은 '복(福) 옹심이'를 넣어 이를 먹으면 복이 온다고 믿었다(21).

다음으로, 과일나무에 만두를 꽂는 것은 중·남부 지역에서 출현하는 돌멩이 꽂는 풍속과 닮아 있다고 할 수 있다.

> 강원 양구군 양구읍에서는 보름날 과일나무 가지에 만두를 하나씩

꽂아 놓고 짐승(가축)들에게도 하나씩 주면 풍년이 든다고 믿었다(258). 전남 해남군 송지면에서는 정월 보름날 대추나무 등 과일나무의 가지 사이에 돌멩이나 밥 한 주먹을 끼워 놓았으며(863), 충남 연기군 금남면에서는 보름날 아침 과일나무를 시집보내기 위해 대추나무나 감나무 등의 가지에 조그만 돌멩이를 하나씩 끼웠다. 이렇게 해야만 열매가 굵고 많이 열린다고 믿었다(492).

소에게 만두 주기는 농사 및 풍작과 관련된 동물을 잘 대접해 풍년을 기원하는 풍속으로, 만두 대신 송편이 쓰이기도 했다.

강원 태백시 삼수동(안창죽)에서는 섣달그믐에 만두를 빚으면 소에게도 주었는데, 소는 사람과 같기에 대우하는 것이었다(213). 동해시 삼화동에서는 대보름날 아침 키에 나물, 밥, 만두 등을 담아서 소에게 가져다주고 소가 먼저 먹는 것으로 그해 농사의 풍흉을 점쳤는데 나물을 먼저 먹으면 채소가 잘되고, 밥이면 곡식이 잘된다고 여겼다(55). 화천군 간동면에서는 2월 초하룻날 닭 등의 가축이 잘되라고 송편을 빚어 먹었다(544).

만두를 먹어야 새해 나이 한 살 더 들어

세시 만두의 또 다른 특징은 만두를 먹으면 나이가 한 살 더 든 것으로 여기는 첨세병의 성격도 지녔다는 점이다. 많은 지역에서 만두나

이를 넣은 떡국을 먹어야 설을 쇘다거나 나이를 한 살 더 먹는다고 보았다. 이런 의미에서 소 또한 나이가 들기에 설날이나 정초에 만두를 먹였으며, 심지어는 조상 역시 새해에 나이 한 살이 더 든다고 보아 차례상에 만둣국을 올렸다고 한다.

강원 인제군 인제읍(귀둔1리)에서는 설날 만두 넣은 떡국을 먹어야 설을 쇠는 것이고 나이 한 살 더 들기에 만두를 매우 상징적인 음식으로 여겼다(343-344). 춘천시 동산면에서는 설날에는 소가 나이 한 살 더 먹었다고 만두를 주었다(150). 횡성군 갑천면에서는 새해에는 조상 역시 나이를 먹기에 차례상에 만두와 떡국을 올렸다(594).

이 같은 첨세 성격의 만두 풍속은 강원 인제 인제, 화천 화천과 화천 상서 등에서 출현하며, 세시 절식을 나이와 연계시키는 풍속은 동지(팥죽의 새알심)와 설날(떡국), 그리고 2월 1일의 머슴날(나이떡)에도 나타난다.[18]

전북 무주군 적상면에서는 동지팥죽을 먹으면 나이 한 살 더 먹었기에 동지를 설 쇠는 것과 마찬가지로 생각했다(338). 충남 당진군 송악면에서는 설날 떡국을 먹어야 나이를 한 살씩 더 먹는다고 여겼다(348). 경남 하동군 화개면에서는 동지팥죽 새알을 자기 나이 수대로 먹지 않으면 해가 지나도 나이가 들지 않은 것으로 여겼다(752). 충북 충주시 산척면에서는 2월 초하루에 손바닥만 한 송편을 만들어서 일꾼들에게 각자 나이만큼씩 먹게 했는데, 이를 나이떡이라고 했다(89).

메밀만두 전통의 계승

『세시풍속』 등에는 한국의 전통 만두로 이해될 수 있는 세시 만두 관련 풍속이 190여 개 지역에서 출현하지만 대부분은 그 재료가 드러나지 않는다. 그런데 강원도의 경우 만두의 재료가 메밀(가루)임이 상당수 지역에서 나타난다. 이는 강원도만의 특징으로 볼 수도 있지만, 이 지역이 한국 세시 만두 문화의 핵심 권역이란 점에서 만두(피)의 재료로서 메밀을 사용하는 것은 전통으로 이해된다.

강원 태백시 삼수동에서는 (예전) 그믐 차례(저세)에 메밀가루로 만두피를 만들었는데, 요즘(2000년대 초 무렵)은 밀가루로 만든다(218). 평창군 봉평면에서는 1월 14일에 메밀을 맷돌에 갈고 방아를 찧어서 메밀만두를 빚었는데, 이 만두는 찰기가 없기 때문에 잘 깨졌다(445).

메밀 사용은 문헌 기록에서도 쉽게 살필 수 있다. 만두 만드는 방법이 처음 등장하는 『규곤시의방』(1670)에는 만두의 재료가 '모밀거루(메밀가루)'임이 언급되어 있으며, 『옹희잡지』(19세기 초)에는 변씨만두를 메밀가루로 만든다고 기록되어 있다.[19] 또한 19세기 무렵의 시로 여겨지는 『완당전집』(권 10)은 '메밀꽃은 별과 같고 은색의 조는 하야니 온 산에 뒤덮인 게 다 만두의 재료'라고 읊고 있다.[20] 조선시대의 만두는 이처럼 메밀가루를 주재료로 해 빚어졌는데, 한 연구자에 의하면 그 시기는 1500년대부터이며,[21] 이런 전통이 1900년대까지 이어졌고, 현대 이전의 서울을 비롯한 각 지방에서는 보통 만두를 메밀로만 빚었다고 한다.[22] 메밀을 재료로 한 만두의 종류는 『산가요록』, 『요록』(이상 물만두), 『음식디미방』, 『시의전서』(이상 만두), 『주찬』, 『임원경제지』(이상 꿩만두), 『임원경제지』(배추만두, 변씨만두) 등에 나타난다.[23]

만두의 메밀 피 사용 역사는 기록상 최소 350여 년

풍속과 문헌 기록은 이처럼 메밀이 한국 만두의 재료이며, 『규곤시의방』을 근거로 했을 때, 문헌상 그 역사가 최소 350여 년에 달함을 살피게 한다.[24] 따라서 만두피의 메밀 재료 사용은 한국 만두의 전통이며, 이런 배경에서 섣달그믐과 설날 차례의 제물로서 메밀만두가 쓰였고, 강원도와 경기도의 '역디귿(ㄷ) 자' 권역을 중심으로 현대까지 계승됐다고 할 것이다.

5. 한국 만두의 기원

만두는 중국에서 기원했다는 것이 통설… 일부에서 한국 기원론 주장

한국 만두의 기원 문제는 대체로 '중국 기원설'이 통설로 자리 잡고 있다.[25] 물론, 상화(霜花)와 만두는 다른 음식임을 밝히는 연구가 있었고, 기원 문제나 출현 시기와 관련해 기존 연구와는 다소 결이 다른 연구들이 나타나고 있기도 하다.[26] 기원 문제와 관련해 린다 시비텔로와 이희수는 중국 기원설에 부정적이다. 시비텔로는 만두인 '만티'가 중앙아시아에서 유래해 터키로 전해지고 이후 다른 지역으로 확산됐다고 보았으며,[27] 이희수는 만두가 중앙아시아에서 실크로드를 타고 중국으로 유입됐다고 주장했다.[28] 이런 논지에서 한발 더 나아가 정혜경은 만두는 고려시대 기록 훨씬 이전부터 상화와는 다른 형태로 만들어져 중국으로부터 들어왔을 가능성이 크거나, 한국 자체에서 메밀가루나 곡식 가루를 빻아 만들어졌을 수도 있다는 만두의 한국 자생설을 제기하기도 했다.[29]

한국의 전통(세시) 만두는 한국에서 자생… '만두' 명칭만 외래에서 유입

한국의 세시 만두, 즉 한국의 전통 만두는 어디에서 기원했을까? 결론부터 말하자면 우리의 만두는 우리로부터 시작되었다는 것이다. 왜 그러한가? 지금부터 고려시대에 원나라에서 '고려 만두'가 유행했다는 역사적 사실을 유념하면서[30] 강원도를 중심으로 한 한국 전통의 세시 만두가 한국 식문화 속에서 자생적으로 발생했으며, 이런 기반 위에서 '만두'라는 명칭 등을 외래로부터 차용해 점차 조선시대와 현대의 만두 모습으로 발달했을 가능성이 큼을 살필 것이다. 이 같은 자생설의 근거는 다음과 같다.

메밀재료와 김치 활용은 한국의 전통… 중국과 달라

(세시) 만두의 재료로 메밀을 사용하는 것은 한국의 전통이라고[31] 할 수 있기에 만두는 '밀가루로 빚는다'라는 통설과는 부합하지 않으며, 특히 한국 만두의 기원이라 불리는 중국의 만두와는 그 재료(밀가루)에서 차이를 보인다. 따라서 만약 한국의 만두가 중국에서 기원했다면 어떤 연유로 재료가 달라지게 됐는지를 짚지 않을 수 없는데, 이는 『고려도경』에 나타나는, 고려는 밀이 적고 면식은 귀한 음식이었다거나,[32] 한국의 경작 환경이 밀에 맞지 않았다는 설명만으로는 이해하기 어려운 측면이 있다. 음식 문화의 강한 보수성을 고려할 때, 외래에서 유입된 생경한 음식(만두)을 주재료까지 바꿔가며 수용하는 것은 그 식문화 내에 만두와 유사한 음식이 존재하지 않고서는 불가능하기 때문이다. 따라서 17세기를 전후해 한국에 전래된 고추가 색상과 맛에 있어 고추를 닮은 천초 쓰임이라는 식문화를 배경으로 김치에 수용됐

듯,[33] 만두 또한 한국 토착의 만두류 음식을 바탕으로 수용돼 현재와 같은 세시 만두로 발달했다고 보는 것이 합리적일 것이다. 이 토착의 만두는 메밀 등을 재료로 했을 것으로 추정되며, 이는 메밀의 기원지와 식물적 특성에서 뒷받침된다.

메밀[교맥(蕎麥), Buckwheat]은 마디풀과 식물로 그 발상지(기원지)가 중국 동북부(만주)를 비롯한 아무르강의 동북부, 히말라야산맥 북부, 그리고 중국의 운남성 부근 등으로[34] 고대 한민족의 강역이었던 한반도 이북의 북방 지역도 메밀의 기원지에 포함돼 있다. 따라서 이 지역을 활동 무대로 했던 고대 한민족이 메밀을 재료로 한 음식, 즉 만두류를 빚어 먹었을 가능성이 높다고 할 수 있다. 음식의 발달 측면에서 자생 식물의 권역에서 이를 활용한 음식의 출현이 빠르고, 이를 재료로 한 다양한 음식이 나타나는 것을 고려하면,[35] 한민족의 메밀만두류의 음식은 이른 시기부터 발생했을 가능성이 높기 때문이다. 이는 한국의 메밀 품종이 가장 먼저 재배됐을 것으로 추정되는 보통 메밀이란 점에서도 간접적으로 뒷받침된다.[36]

[표] 지역별 메밀 생산량

(단위: 석)

연도	강원	경기	경남	경북	전남	전북	제주	충남	충북
1913	43,108	14,454	9,472	10,090	33,201	4,577	-	5,889	7,887
1960	10,472	6,102	4,068	6,648	3,813	7,272	4,074	6,328	3,894

<출처: 국가통계포털(KOSIS) 잡곡 생산량>

메밀은 한반도 전역에서 재배됐으며 [표]에서 나타나듯, 세시 만두 비출현 지역인 경남, 전북 등 남부 지방에서도 산출량이 상당했음을 살필 수 있다. 따라서 이 같은 산출 지역은 강원도 등에서 메밀이 주로 생산되었기에 메밀만두가 빚어졌다는 통설이 적절하지 않음을 방증하며, 전국적인 메밀 산출에도 불구하고 왜 강원도를 중심으로 한 '역 디귿(ㄷ) 자' 형태에서 메밀 재료의 '세시 만두 권역'이 형성됐는지는 별도의 연구가 필요해 보인다.

한국의 전통 만두로 이해되는 세시 만두의 주재료가 메밀이라는 점은 만두가 고대 한국에서 자생했을 가능성을 뒷받침한다고 할 것이다.

육식 금기의 고려시대 불교 사회… 중국의 고기만두 전래 어려워

재료적 측면에서 한국의 세시 만두는 메밀 사용과 함께 김치를 위주로 한 채소가 쓰였고, 고기를 재료로 할 경우에도 반드시 김치 등의 채소류가 부가되는 특징을 나타낸다. 이 같은 특징과 (중국과의) 차이는 한국 만두의 자생설 또는, 최소한 고려시대에 만두가 전래되지 않았음을 뒷받침하는 하나의 근거가 된다. 이는 한국 역사에서 불교가 가장 성한 시기가 고려시대였음을 고려할 때, 만약 통설처럼 만두가 중국(원나라)으로부터 전래돼 '쌍화점'에서 팔렸다면, 이들 만두는 육식을 금기시하는 문화(종교)적 분위기 속에서 고기를 재료로 한 경우가 아니어야 가능하기 때문이다. 그런데 중국의 만두는 고기가 주재료이다. 따라서 종교가 그 어떤 문화보다 영향력 있고 상위에 위치하며, 강력한 지배적 문화 요소란 점에서, 육식류의 생경한 외래 음식(만두)이 상당한 수준에 이른 고려의 불교 사회에 수용돼 일반 백성들에게 대중적으로(가게에서) 팔리기는 어렵다고 할 것이다. 이를 고려하면 고기만두 위주의 중국 만두가 고려시대에 유입돼 확산됐다는 통설은 다소 설득력이 떨어진다고 볼 수 있으며, 쌍화점의 만두는 찐빵류였던 것으로 추정된다.

싸서 빚는 떡과 쌈 음식이 발달한 한국… 만두도 싸서 빚는 음식

한국 음식 문화에는 채소나 나물 등의 잎을 넓게 펴서 밥과 고기, 채소 등을 함께 싸서 먹는 독특한 음식 섭취 방법(문화)이 발달돼 있다. 이를 '쌈'이라고 하며, 상추쌈이 대표적이다. 쌈 문화는 고려시대 원의 침략 시기에 중국으로 전해져 고려양(高麗樣)이 되기도 했고,[37] 원나라의 시에도 등장한다.[38] 한국의 쌈 문화 중 상추쌈은 기록상 7세기 전후 상추가 전래된 이후, 된장을 주된 양념으로 해 즐겼던 것으로 보이며,[39] 이처럼 음식을 싸는 요리법은 떡에서도 나타난다. 떡 문화가 발달한 한국에서 유전병(油煎餠)은 농경 초기에 시작됐을 정도로 그 역사가 오래됐는데, 이 떡은 수수나 메밀가루 등을 반죽해 지져서 만든다.[40] 이들 떡 중에서 화전은 곡물 반대기를 직경 4~5cm 정도의 크기로 둥글납작하게 밀어 만들며,[41] 이 떡과 같은 유전병류인 주악은 지금의 만두류로 볼 수 있다고 한다.[42] 송편 또한 싸는 방식의 떡으로, 만두와 같은 방식으로 빚어진다. 특히 송편의 이름 중에는 '엽발(葉餑)'과 '엽자발(葉子餑)'이 있는데,[43] 이들 이름은 넓은 잎에 떡을 찌는 중국 남방 풍속과 관계되며, 이처럼 잎에 싸서 찌는 떡 형태의 음식은 강원 지역의 세시 풍속에도 나타난다.[44] 이 같은 쌈 방식은 해초류인 김을 비롯해 삼합으로 불리는 김치쌈과 작은 만두 여러 개를 하나의 만두로 싸서 먹는 섬 만두에 이르기까지 한국인에게는 매우 익숙하고 흔한 음식 문화이다. 그만큼 한국의 음식 문화에는 다양한 쌈 음식과 섭취 방식이 발달돼 있다.

따라서 한민족이 농경 초기부터 채소나 나물 잎, 그리고 곡물 반대기에 소를 넣은 만두와 같은 음식을 만들어 먹었을 가능성이 크다고 할 수 있다. 이런 가능성은 우리의 전통 음식 중 하나인 부꾸미(유전병류의 떡)가 만두피와 유사한 곡물 반대기에 소까지 넣은 음식이란 점을 비롯해, 특히 2월 초하룻날 강원 태백시 상사미동에서 빚어졌던 취떡이 메밀가루나 옥수수 가루에 취를 섞은 다음, 만두처럼 빚어 속을 나물로 채운 떡이란 점에서도 뒷받침된다.[45]

중국은 '보오즈', 우리는 '만두(만티우)'… 같은 만두 다른 이름

한국의 만두는 주된 섭취 방식에서도 중국과 차이를 보인다. 앞서 살폈듯 강원도를 비롯한 세시 만두 문화권에서는 대체로 만두를 떡국과 섞어 식음하고 있다. 하지만 한반도와 인접한 중국 북방(길림성)에서는 만두를 떡국과 혼용하지 않는다고 한다.[46] 한국의 만둣국과 같은 중국의 '혼돈(餛飩)'이 기원을 전후한 시기부터 문헌에 등장한다는 점에서[47] 이 같은 섭취 문화의 차이는 역으로 한국 만두의 자생설을 뒷받침한다고 할 수 있다. 만두가 중국에서 한반도로 전래됐다면 고대 시기 한반도와 중국 대륙 간의 빈번한 종족 이동과 문화 접촉에 의해 혼돈 또한 전래되고 문헌 기록에 남았을 가능성이 있다. 하지만 이 혼돈은 13세기 초 무렵의 『동국이상국집』(후집, 권 7)에 출현한다.[48] 따라서 한국 세시 만두의 주된 식용 방법인 만둣국은 한국 음식 문화의 특징 중 하나인 '습성 음식'의 발달 측면에서 이해될 수 있으며,[49] 만두 역시 국과 같은 형태로 발달했다고 볼 수 있을 것이다.

한국의 만두 명칭은 기록상 14세기 중엽 『고려사』에 출현하며, 당시의 만두가 어떤 형태인지는 불분명하지만 속을 넣은 만두였을 것으로 보기도 한다.[50] 그런데 만두의 명칭은 중국과 차이가 있다. 중국의 만두는 3세기 이전에는 속의 유무에 상관없이 '만티우(만두)'로 불렸지만, 이후 소를 넣은 '보(바)오즈'와 소가 없는 '만티(터)우'로 분화됐으며,[51] '바오즈'란 어휘는 주로 지리적으로 한반도와 인접한 중국 북부 지방에서 쓰이고 있다.

고유의 '만두류' 음식에 북방의 '만투(만두)' 이름 수용… 한국 만두 탄생

이 같은 명칭은 한국 만두의 경우 그 이름이 '만두' 하나뿐이라는 점에서 중국과는 차이가 있음을 살피게 하는 부분이며, 한국 만두의 자생적 탄생을 뒷받침하는 근거로 볼 수 있을 것이다. 또한 중국 만두가 만약 한반도에 전래됐다면 그 시기는 중국 만두의 명칭 분화(3세기) 이전임을 시사한다고 할 수 있다. 그런데 북한의 만두 관련 방언 대부분은 '만터우'의 축약형인 '만투'이고, 이 같은 '만ㅌ-'류의 어휘는 몽골('만트')을 비롯해 멀리 유럽과의 접경인 아르메니아('만티')에서도 출현한다.[52] 이를 고려하면 한국의 세시 만두는 중국이 아닌 북방에서 전래됐을 가능성이 있지만, 만두류로 볼 수 있는 유사한 음식이 세계 여러 나라에서 출현하고, 그 명칭이 유사하다는 점에서 만두는 음식 자체의 전파가 아닌 명칭의 수용 위주로 확산됐고, 한국의 세시 만두 또한 '만투(만두)'란 이름을 수용한 것으로 여겨진다.

이 밖에 만두는 여러 음식을 한꺼번에 먹을 수 있는 효과적이고 간단한 방법이란 측면에서 세계 다수의 문화권에서도 우연하게 출현했을 가능성도 있다. 또한 한국은 만두의 기원지로 알려진 중국 대륙과는 국가와 민족 형성의 이전 시기부터 영토와 종족, 문화를 공유하거나 서로에게 영향을 주는 관계였다.[53] 따라서 이 같은 음식 탄생과 발달의 보편성 및 동북아시아의 민족과 문화의 동질성, 그리고 지역에 따른 역사의 공통성은 만두의 한국 자생을 방증하는 또 다른 근거로도 이해될 수 있을 것이다.

이상으로 한국의 전통 만두로 이해될 수 있는 세시 만두에 대해 살펴보았다. 이상을 요약하자면 다음과 같다.

세시 만두는 강원·경기 중심… 섣달그믐·설날 등의 연말연시 음식
세시 만두는 섣달그믐, 설날, 대보름 무렵을 비롯해 2월 1일(머슴날, 영등일)의 세시 등에 출현하고, 섣달그믐과 설날에 집중되는 양상을 나타낸다. 이 같은 출현 시기는 (전통) 만두가 설날의 음식이라는 통설과 다른 것으로 한국의 세시 만두가 연말연시의 음식임을 살피게 한다. 또한 세시 만두의 문화권은 경기, 강원 북부와 동해안, 그리고 이들 두 지역과 접하는 충청 및 경북 경계선 일대의 '역디귿(ㄱ) 자'형 지역이며, 이 같은 권역(분포)은 세시 만두가 남부 지방은 물론, 충청도와 경북 대부분 지역에서도 출현하지 않는 음식이자, 겨울철 별식임을[54] 보여 준다.

메밀의 기원지, 쌈 문화 등을 배경으로… 한국 고유의 세시 만두 탄생

세시 만두는 대다수의 지역에서 만둣국의 형태로 식음됐고, 주재료는 대부분 메밀이며, 첨세병의 성격도 지니고 있다. 또한 한반도의 경우 사실상 메밀의 기원지이고, 한국 음식 문화에는 쌈과 습성 음식이 발달해 있으며, 만두와 비슷한 유전병 같은 떡 음식이 고대 시기부터 있었다는 점에서 세시 만두는 고대 한국에서 기원했고 다만 그 명칭(만두)만을 차용한 것으로 여겨진다.

미주

1   김광언 1992, p.119.

2   정혜경 2008, p.6.

3   공만식 2022. p.593. ; 정혜경 2008, p.10.

4   "二郞家朝餉饅頭(이랑가조향만두). / 이랑(둘째 아들)의 집에서 아침에 만두를 보내오다." -『목은집』(권 13). ; 국립민속박물관 2004, p.74. ; 『목은집』의 저자 이색이 고려시대 말인 14세기의 인물이기에 그의 시에 등장하는 만두를 14세기로 보았다.

5   김광언 1992, p.123.

6   정연정·윤향림 2022, p.99.

7   "饅頭白似霜(만두백사상). / 만두가 서리 빛깔처럼 희어라." -『사가시집』(권 12)(15세기 말). ; "饅頭雪積(만두설적). / 흰 눈처럼 쌓인 만두." -『목은집』「목은시고」(권 35)(14세기 말).

8   김용갑·박혜경 2022, p.93.

9   [표] 세시 만두(만둣국)의 섣달그믐 출현 지역

출현 책자/출현 지역		섣달그믐
『세시풍속』	강원	강릉 왕산, 동해 망상-묵호-삼화, 삼척 원덕-근덕-미로, 속초 대포, 태백 구문소-삼수-상사미, 고성 현내-죽왕, 양구 양구, 영월 영월(거운리)-영월(흥월리)-남면, 인제 인제(귀둔리)-기린, 정선 정선-북면, 철원 철원-근남-서면, 평창 봉평-진부-평창, 화천 상서-간동-화천, 횡성 우천
	경기	구리 갈매-교문, 파주 파주, 양주 회천(덕계리)-회천(덕정리), 양평 용문, 연천 신서, 포천 일동(유동리)-일동(기산리)
	충남	홍성 홍북
	충북	단양 영춘
『韓國의 歲時風俗』	강원 경북	강릉 옥계, 고성 토성, 동해 망상-쇄운, 삼척 하장-원덕-근덕(문암리)-근덕(도원리), 양구 방산-동면(12월 29일)-양구(12월 29일), 양양 현남, 인제 북면(월학리)-북면(서화리)-인제, 정선 북평(장열리)-북평(남평리)-정선, 평창 미탄-용평, 횡성 안흥
기타 책자	강원	명주 사천(한민), 동해시, 삼척시, 인제군, 태백시, 화천군(이상 한일)

<출처: 『세시풍속』, 『한국의 세시풍속 Ⅰ, Ⅱ』, 『한국민속종합조사 보고서』(약호→ 한민), 『한국의 가정신앙』(한가), 『한국인의 일생의례』(한일), 『북한민속종합조사 보고서』(북민), 『종가의 재례와 음식』(종제)>

※ ( ) 안의 '12월 29일'은 이날 만두 제사가 행해짐을 나타냄. / 출현 지역의 시·군과 읍·면·동 명칭은 생략함(예: 강릉 왕산 ⇒ 강릉시 왕산면을 지칭) / 아래 세시 만두 관련 [표] 출처 모두 동일.

[표] 세시 만두(만둣국)의 설날 출현 지역

출현 책자 /출현 지역		설날
『세시 풍속』	강원	강릉 왕산-주문진-옥계, 속초 청호-도문, 원주 부론-신림-호저, 춘천 동산-서면-동내, 태백 구문소-삼수, 양구 양구-남면, 양양 강현(전진리)-강현(회룡리)-서면, 영월 영월(흥월리), 인제 인제(가아리)-인제(귀둔리)-기린, 정선 북면, 철원 철원-근남-서면, 평창 봉평-진부-평장, 홍천 화촌-동면, 화천 상서-간동-화천, 횡성 갑천
	경기	광명 학온-소하2동, 광주 중부-광주-실촌, 구리 갈매-교문, 시흥 신현-도창, 안양 관양-석수, 오산 부산-갈곶, 용인 양지-남사-백암, 이천 설성, 파주 문산-법원-파주-교하, 평택 팽성-이충-현덕, 하남 감일, 양주 회천(덕계리), 여주 금사-대신-점동, 연천 연천-신서-전곡, 포천 일동(유동리)-일동(기산리), 강화 내가-교동
	경북	영덕 영해, 예천 예천, 의성 점곡
	충남	서산 부석, 홍성 홍복
	충북	제천 송학, 청주 수의2동, 청주 장암, 영동 용산
『韓國 의 歲時 風俗』	강원	동해 망상-쇄운, 삼척 하장, 양구 방산, 양양 현남, 횡성 안흥
	경북	봉화 명호, 안동 도산, 영천 도남, 예천 용문
기타 책자	강원	고성 토성, 명주 구정(이상 한민), 고성군, 삼척시, 화천군(이상 한일)
	경기	양평 개군(한가), 동두천 답동, 양평군, 여주군(이상 한일), 광명 소하2동(종제)
	경북	안동 도산, 월성 양동(이상 한민)
	충남	공주 상왕(종제)
	충북	충주, 단양 대강(용부원리)(이상 한민)

[표] 세시 만두(만둣국)의 대보름 무렵 출현 지역

출현 책자 / 출현 지역		대보름 무렵
『세시 풍속』	강원	동해 삼화, 원주 부론-신림, 춘천 동산-동내, 태백 구문소-삼수, 양구 양구, 영월 영월(흥월리)-남면, 평창 봉평-진부-평창, 홍천 서석-동면, 화천 상서-간동-화천, 횡성 우천-강림-갑천
	경기	광주 광주-실촌, 동두천 탑동-동안, 수원 이의, 의왕 왕곡, 이천 마장, 양평 용문, 여주 금사-대신-점동
	경북	문경 문경
	충북	제천 송학-금성, 충주 산척
『韓國 의 歲時 風俗』	강원	정선 북평 장열

[표] 세시 만두(만둣국)의 2월 1일 출현 지역

출현 책자 / 출현 지역		2월 1일
『세시 풍속』	강원	태백 구문소, 인제 인제(귀둔리), 화천 상서
기타 책자	강원	영월 중동(한가)
	경북	영덕, 안동, 의성, 영천, 성주, 문경, 금릉(김천), 울릉(이상 한민) / 영덕 영해-남정(한가)

10 경기 이천시 마장면에서는 정초에 볏섬만두를 많이 빚어 먹었는데, 이 만두는 직접 재배한 밀을 사용해 크게 만들었다(600).

11 강원 양양군 강현면에서는 설날 만두를 빚을 때 북한식처럼 큰 것이 아닌 남한식처럼 적당한 크기로 만들었다(278).

12 평안도에서는 김장김치의 맛이 들기가 무섭게 만두를 빚어 한 독 가득히 담아 얼려 놓은 채 겨우내 생각날 때마다 삶아 먹었다. -김광언 1992, p.127. ; 중국 길림성의 조선인들은 만두를 빚고 얼려서 정월 보름 전까지 먹는다. -국립문화재연구소 2002, p.103. ; 시베리아 사람들은 만두의 일종인 펠메니를 발코니에 내놓아 얼려 두고 겨우내 먹는다. -정혜경 2008, p.6.

13 『세시풍속』 외의 자료에 영천시 도남동(『한국의 세시풍속Ⅱ』, p.273)과 월성군(현 경주시) 양동마을(『한국민속종합조사 보고서』(경북), p.489)에서도 만두가 설날의 음식으로 출현했다. 이들 지역은 영동보다는 위도상 남쪽이다. 그런데 이들 지역의 경우 지명만 출현하거나, 한 집안의 풍속으로 나타나 논의에서 제외했다.

14 "朔望必奠(삭망필전). / 그믐과 보름에는 반드시 제사를 지낸다." -『고려사』(권 63).

15 김용갑 2019, pp.331-340.

16 김종혁 2009. p.16.

17 '대만두의 껍질을 배를 가르듯 칼로 자르면 그 속에는 호두알만 한 소만두가 가득 들어있다.'(『해동역사』(권 19) -윤서석 2001, p.489 인용). ; '송편을 만들 때 작은 떡 3~5개를 큰 떡 소 안에 넣기도 한다.'(『임원십육지』) -김용갑 2019, p.63 인용.

18 "俗謂二月朔日直奴婢. 粉米作餠如饅頭樣小豆去皮爲餡. 入甑中覆松葉蒸熟名曰松餠(속위이월삭일직노비. 분미작병여만두양소두거피위함. 입증중복송엽증숙명왈송병). / 세속에서는 2월 초하루를 노빗날이라고 말한다. 쌀가루로 만두의 모양과 같이 떡을 빚고 팥의 껍질을 벗겨 소를 넣는다. 이 떡을 소나무 잎을 깐 시루 안에 쪄서 익히는데 이름하여 송편이라 한다." -『열양세시기』 2월 초하루.

19 김광언 1992, p.128.

20 "蕎麥星星銀粟白 滿山都是饅頭材(교맥성성은속백 만산도시만두재). / 메밀꽃은 별과 같고 은색의 조는 하야니 온 산에 뒤덮인 게 다 만두의 재료다."

21 복혜자 2008. p.275.

22 김광언 1992, p.127.

23 최영진 2020, p.84.

24 만두 껍질(피)로는 메밀가루와 밀가루가 쓰였으며, 이는 『음식디미방』으로부터 『규합총서』에 이어, 오늘날까지 큰 변화가 없다. -윤서석 2001, p.489.

25 이성우 1985, p.169. ; 윤서석 2001, p.250. ; 문수재·손경희 2001, p.236. ; 주영하 2018, p.311. ; 국립민속박물관 2004, p.74.

26 김광언의 「만두고」(1992) 및 공만식의 「고려시대 만두 문화의 두 흐름」(2022) 등 참조.

27 린다 시비텔로 2017, p.170.

28 김광언 1992, p.131.

29 정혜경 2008, p.10.

30 국사편찬위원회 2002, p.306.

31 윤서석 2001, p.489. ; 장혜영 2010, p.142.

32 "國中少麥. … 故麵價頗貴 非盛禮不用(국중소맥. … 고면가파귀 비성례불용). / 나라 안에 밀이 적다. … 때문에 밀가루는 값이 매우 비싸서 잔치가 아니면 쓰지 않는다." - 『고려도경』(권 22).

33 김용갑·박혜경 2022, p.75.

34 성락춘·이철, 2007, p.86. ; 박철호·박광근·장광진·최용순 2008, p.107.

35 김용갑·박혜경 2023, p.123.

36 안완식 2009, p.101.

37 최준식 외 8인 2010, p.77. ; 문수재·손경희 2001, p.236.

38 강인희 2000, p.178.

39 린다 시비텔로 2017, p.161.

40 윤서석 2001, p.492.

41 최인학 외 2004, p.479.

42 윤서석 2001, p.492.

43 김용갑 2018a, p.191.

44 강원 태백시 상사미동에서는 예전에 쌀이 귀해서 추석에도 송편을 빚지 못하고, 대신 감자나 귀리쌀로 반대기를 만들어 만두처럼 떡을 빚었다. 떡 안에는 산나물을 뜯어다가 들깨와 기름으로 양념한 나물을 넣고, 옥수수 잎으로 그 떡을 한 개씩 싸서 쪘다(229).

45 『세시풍속』(강원), p.226.

46 국립문화재연구소 2002, p.86.

47 공만식 2020, pp.558-559.

48 "謝其禪師送細餛飩(사기선사송세혼돈). / 혼돈을 보내준 선사에게 감사했다."

49 김용갑·박혜경 2022, p.112. ; 김천중 1994, p.206. ; 윤성재 2015, p.63.

50 김광언 1992, p.126.

51 김광언 1992, p.119.

52 고혜선 2014, p.123.

53 "其後高驪略有遼東 百濟略有遼西(기후고려략유요동 백제략유요서). / 고려(고구려)가 요동을 다스리자 백제는 요서를 다스렸다." -『송서』백제. ; "渤海靺鞨大祚榮者 本高麗別種也. … 聖曆中 自立爲振國王(발해말갈대조영자 본고려별종야. … 성력중 자립위진국왕). / 발해 말갈의 대조영은 본래 고려(고구려) 출신이다. … 성력(698~700) 연간에 스스로 즉위하여 진국왕이 됐다." -『구당서』말해말갈. ; "燕齊趙民 避地朝鮮 數萬口(연제조민 피지조선수만구). / 연, 제, 조나라의 백성 수만 명이 난을 피해 고조선으로 갔다." -『삼국지』(권 30, 동이전. 예(濊)).

54 윤서석 2001, p.489. ; 만두는 한국, 중국, 몽골은 물론, 우즈베키스탄과 시베리아, 터키 등에서도 그 형태와 내용물만 달리해 나타나는 북방의 음식이다. -정혜경 2008, pp.3-7.

6장

설날…
떡국을 먹는 것은 태양을 먹는 것

무병장수와 풍년 농사 기원… 차례 전 세배 올리기도

6장

설날…
떡국을 먹는 것은 태양을 먹는 것

무병장수와 풍년 농사 기원… 차례 전 세배 올리기도

1. 설날의 유래와 어원

제사·세배 풍속 7세기 이전 시작…『형초세시기』에도 등장

설날은 음력 1월 1일로 현대 한국의 2대 명절 중 하나이다. 앞서 살펴봤듯,『수서』,『삼국사기』 및 『구당서』의 기록에 의하면, 백제와 신라는 최소한 7세기 말 무렵(백제 멸망 이전)에는 설날(음력 1월 1일)을 기념해 웃어른에게 인사(세배)하고 조상에게 제사를 지냈던 것으로 보인다. 이 같은 추정은 『구당서』에 '백제의 세시복랍이 중국과 같다'라는 기록과 함께¹ 이 무렵의 풍속을 담은 것으로 여겨지는 『형초세시기』를 통해 뒷받침된다. 6~7세기 초 무렵의 풍속이라고 할 수 있는 중국의 『형초세시기』는 정월 초하루(1월 1일)를 '삼원일(三元日)'이라 해 이날 첫새벽에 어른들에게 인사를 올리고, 조상에게 제사 지내며, 폭죽을 터트려 악귀를 쫓는 풍속이 행해졌음을 소개하고 있다. 따라서 첫새벽에 어른들에게 인사 올리기 등이 현대의 우리 세배 풍속 등과 닮아 있다는 점에서 이들 설날 풍속은 고대 이래 지속된 것으로 여겨진다. 한편, 납일과 관련, 8세기 초 중국 당나라의 서견이 지은 『초학기』는 '납(랍, 臘)은 사냥의 의미로 짐승을 사냥해 선조에게 지내는 제사를 가리킨다'라고 기록하고 있다.

고려시대 새해 첫날… 정조, 원일 등으로 불려

새해 풍속은 이후 신라 후대와 고려를 거쳐 조선시대의 문헌에 등장하는데, 새해(설날)를 지칭하는 명칭은 다르게 나타난다. 9세기 말 무렵 최치원이 저술한 『계원필경』 등을 그의 후손들이 엮은 『고운집』은 새해 첫날을 '원정(元正)'으로 기록하고 있다. 1251년에 판각(간행)된 『동국이상국집』은 설날을 '정조(正朝)'와 '원정'으로 기록해 이날 절하고 축하하는 풍속이 있었음을 보여 준다. 이어 1452년 김종서 등에 의해 편찬된 고려의 역사서인 『고려사절요』는 1095년 당시의 새해 첫날을 '원일(元日)'로 표기하고 있다. 이처럼 설날은 원일, 원단(元旦), 원정, 정조, 세수 등의 한자 이름으로 불리거나, 정월 초하루, 설날 등의 한국어로 불렸다. 한편, 설날의 또 다른 이름인 '까치설날'과 관련해 경기 광주시 광주읍에서는 섣달그믐을 '까치설날'이라고 하고(91), 강원 평창군 진부면 하진부리에서는 정월 14일의 대보름 전날을 '여름날' 혹은 '까치보름'이라고 부르는 것으로 보아(459), '까치'는 특정일의 전날을 의미하는 것으로 여겨진다. 이를 고려하면, 아찬설은 설 전날로도 해석이 가능하다고 할 것이다.

설날은 섫다 또는 섣달에서 유래

설날의 어원과 관련, 한국인들은 새해 첫날을 어떻게 지내느냐에 따라 나머지 365일의 길흉이 결정된다고 하여 이날을 매우 조심스럽게 지냈다. 이에 따라 설날의 '설'을 '조심하다, 삼가다'라는 뜻을 지닌 고어 '섫다'에서 유래한 것으로 보기도 한다. 이와 함께 모든 것이 아직은 '서투르고 낯설다'라는 의미의 '선'이 변화하여 '설날'이 되었다는 설도 있으며, 12월 마지막 날을 '섣달'이라고 부른 것이나, 나이를 뜻하는 '살'에서 설의 유래를 찾기도 한다. 즉, 섣달은 '설의 달' 또는 '설이 오는 달'이란 의미로 섣달에서 '설'이 나왔다고 보는 것이다. 한편, 경기 양주군 회천읍에서는 설의 유래와 관련, '설'이란 없는(가난한) 사람이 없어서(가난해서) 서럽기 때문에 '설'이라 부른다고 했다(772).

그렇다면 새해 첫날인 설날은 언제부터 한민족 대다수가 명절로 지내게 됐을까?

설날… 최소 12세기 고려시대에 대다수가 명절로 지내

앞서 언급했듯, 한민족은 동지를 새해로 여겼다. 따라서 한민족에게 새해 첫날은 동짓달과 정월 초하루의 설날로 대별된다고 할 수 있다.

새해 첫날에 관한 여러 문헌이 있지만, 결론부터 말하자면 『고려사』에 분명하게 명절을 의미하는 9대 '속절'에 설날인 '원정(元正)'이 포함되고, 예종 원년(1106)의 원정 하례 표문에 관한 기록으로 보아, 한민족 다수가 정월 초하루를 설날로 지내기 시작한 것은 최소 12세기 무렵부터라고 할 수 있다. 고려시대의 원정 풍속이 어떠한 것인지는 상세히 파악하기는 어렵지만, 삼국시대는 물론 현대의 설날과 유사한 측면이 많았던 것으로 여겨진다. 무엇보다 새해를 맞아 서로 축하하고 천지신명 등에게 제사를 지낸다는 신라 및 백제의 고대 설 풍속이 현대까지도 변함없이 나타나, 이들 풍속은 삼국 → 고려 → 조선 → 현대로 이어졌다고 볼 수 있기 때문이다. 이 같은 설 풍속의 유사성과 연속성은 한민족의 설날이 삼국시대부터 태동해 고려와 조선시대를 거치며 현대 한국인의 명절로 자리 잡았음을 보여 준다고 할 것이다.

2. 설날의 풍속

2.1. 19세기의 풍속

19세기 초 떡국은 섣달그믐날 먹는 음식… 돼지고기도 넣어

현대와 시기적으로 가깝고 한민족의 전통문화로 이해될 수 있는 조선 후기의 설 명절 풍속은 『열양세시기』와 『동국세시기』에 잘 드러나 있는데, 이들 세시기는 조상 제사와 함께 가래떡을 잘라 만든 떡국 등을 기록하고 있다.

먼저 떡국과 관련, 조선 후기의 학자인 김매순이 19세기 초의 한양 풍속을 기록한 『열양세시기』는 떡국을 병탕이라고 하며, 병탕은 찐 멥쌀을 절구에 찧어 떡 덩어리를 만들고, 이를 손으로 비비고 굴려 가래떡인 '권모'를 빚은 다음, 이를 동전과 같은 모양으로 가늘게 썰어 꿩, 닭 등의 고기와 함께 끓는 장국탕에 넣은 음식으로, 섣달그믐날 밤중에 먹는다고 기록하고 있다. 이처럼 『열양세시기』는 떡국이 새해 첫날 먹는 음식이 아닌 새해 바로 전날 밤중에 먹는 음식임을 보여 주고 있다. 이는 대다수의 현대 한국인들이 설날 아침에 떡국을 먹는 것과는 다른 풍속이다. 『동국세시기』도 『열양세시기』와 엇비슷한 떡국 만들기 풍속을 담고 있지만 떡국의 재료인 가래떡의 명칭을 '권모'가 아닌 '백병(白餠)'으로 기록하고 있으며, 그 재료에 돼지고기가 등장하지 않는다. 이로 보아 돼지고기는 집안마다 다른 가풍이었거나, 이 무렵부터는 현대에서처럼 떡국에 쓰이지 않았던 것으로 여겨진다.

19세기 초 설날… 최고의 음식 강정… 상점 문 닫고 관공서 휴무

떡국 외의 설날의 풍속과 관련해, 『열양세시기』는 설날(새해 첫날)을 정조(正朝)로 칭하며, 이날 조상에게 제사를 지내는데 이때 강정을 최고의 음식으로 여겨 이를 올린다고 기록하고 있다. 또한 설날에는 시중 상점들이 문을 닫고, 감옥이 비워졌으며, 초하루부터 초사흘까지 3일 동안 관공서가 휴무했다고 적고 있다. 이 세시기는 이어 백성들이 새로 만든 의복인 '세비음(歲庇蔭)'을 입고 '덕담'을 나누었으며, 친척이나 이웃 어른들을 찾아 세배를 하고, 손님이 오면 술과 음식을 차려 '세찬'을 대접했다는 풍속을 보여 주고 있다. 또한 설날에는 윷놀이와 널뛰기가 행해졌는데, 윷놀이의 경우 소년들의 놀이로 1월 15일까지만 허용됐다고 한다. 이와 함께 지역에 따라 연날리기와 제기차기, 팽이치기, 투호 등의 놀이가 설날은 물론, 평상시에도 행해졌다고 기록하고 있다.

19세기 중엽 한양… 예쁘게 단장한 계집종 보내 인사하기

1849년 홍석모가 지은 한양 중심의 『동국세시기』는 새해 첫날을

'원일'로 기록하고 있으며, 이날 풍속으로 차례 지내기, 설빔 입기, 세배하기, 세찬 등을 소개하고 있다. 또한 예쁘게 단장한 계집종을 (지인과 친척 등에게) 보내 새해 안부를 전하는 '문안비(問安婢)' 풍속이 있었으며, 궁궐과 왕실 내·외척들은 역귀나 전염병 등의 액운을 쫓기 위해 사천왕상, 종규(馗)신 등의 그림을 그려 문간에 붙이는 '문배(門排)' 풍속을 행하고, 또 백성들 사이에는 벽에 닭과 호랑이 그림을 붙여 악귀를 쫓고 재앙을 막는 풍속이 있었음을 보여 준다. 설날 음식으로는 찹쌀가루 또는 멥쌀가루와 삶은 팥을 사이사이에 (층을 내듯) 넣고 시루에 쪄서 만든 시루떡[증병]이 있었다. 『동국세시기』는 이와 함께 새해 처음 듣는 소리로 한 해의 운세를 점치는 '청참(聽讖)'과 5개의 오행점 알을 던져 새해 운수를 보는 '오행점' 풍속을 비롯해, 전염병을 물리치기 위해 지난 1년 동안 모은 머리카락을 태우는 풍속을 기록하고 있다. 이 밖에 떡 2개를 스님의 떡 한 개와 바꾼 다음 아이들에게 먹여 천연두를 막고, 새해 첫날밤에 신발을 방 안으로 들여 야광귀를 쫓는 풍속도 담고 있다.

2.2. 1970년대 전후의 설날 의례와 음식 풍속

경상도 중심의 차례 전 세배… 산간과 해안 지역에서 주로 나타나

현대의 『세시풍속』에 나타난 설날 차례 풍속과 음식은 지역에 따른 차이를 보이며, 차례를 설날이 아닌 섣달그믐에 지내는 지역도 상당함을 보여 준다. 예컨대, 산 조상이 먼저냐, 죽은 조상이 우선이냐에 따라 차례를 지낸 후에 세배를 드리는 지역이 있고, 이와 반대로 차례 이전에 세배를 먼저 올리는 지역도 있다. 차례를 지내거나 성묘를 다녀온 후 세배를 올리는 지역이 다수를 차지하는 가운데, 차례 전 세배는 경남과 경북, 전남, 전북 및 충남과 충북에서 출현하며 특히 경남과 경북에서 높은 출현 빈도를 보인다. 이런 풍속이 출현하는 지역의 상당수는 산간이나 해안 지역이라는 특징을 나타내는데, 이는 조상 숭배 의례 이전에 행해진 사자 의례와 관련된 것으로 여겨진다.

이 같은 차이를 통해 한국의 세배 풍속은 차례 전 세배를 행하는 '산 사람 먼저 또는 부모 우선'의 세배 지역과 '죽은 조상이 먼저인 조상 숭배 또는 조상 우선'의 세배 지역으로 대별됨을 살필 수 있다. 따라서 한국의 설날 세배 권역은 경상도 중심과 해안·산간 지역의 '부모 우선 권역'과 함께 경기도 중심 및 내륙 평야 지대의 '조상 우선 권역(숭배 권역)'으로 나눌 수 있다고 할 것이다.[2]

새벽에 지낸 설 차례… 늦으면 조상이 상 안 받아

강원 태백시 삼수동에서는 섣달그믐 저녁에 '저세'를 지내고, 정월 초하루 아침 5~6시에 일찍 차례를 지냈는데 해가 밝으면 조상들이 상을 안 받기 때문이었다(207). 경기 포천군 일동면(유동리)에서는 차례상을 북향으로 모시고, 상에는 떡국, 적(소고기, 돼지고기), 동태전, 부침개, 두부 부침, 갈납(고기, 두부 등을 넣고 동글납작하고 조그맣게 빚음), 탕(고기 또는 북어와 다시마를 넣고 끓임), 조기, 나물(숙주, 고사리, 시금치), 과일(사과, 배, 밤, 대추, 곶감), 옥천(한쪽을 빨갛게 물들인 동그란 사탕), 인절미 등을 올렸다. 과일은 조율이시(제물을 상에 놓을 때 왼쪽부터 대추, 밤, 배, 감 순서) 순으로 진설했고, 떡국에는 만두와 쇠고기를 넣었으며, 그 위에 깨, 후추, 파를 무쳐서 꾸미(고명)를 얹어 놓았다. 나물 중 콩나물은 쓰지 않았다. 이 마을에서는 차례를 지낸 다음, 상을 물리고 세배를 했다(885).

상차림 없이 메 올려 설 차례… 세배 후 떡국차례 지내기도

충북 청원군 문의면에서는 설날 조상에게 떡국을 올리는 것은 불경스럽기 때문에 대개 메(멥쌀밥)를 지어 차례를 모셨다(379). 충남 서산시 해미면에서는 설날 아침 8시 이전, 방에서 상(床) 없이 자리를 깔고 조상 수대로 한꺼번에 밥과 음식을 차려 차례를 지냈다. 세배는 이후 성묘를 다녀온 다음에 드렸다(139). 금산군 제원면에서는 설날 새벽에 닭 삶은 물에 떡국을 끓여서 먼저 조상과 성주를 위했으며(성주에게 올렸으며), 다음으로 집안 어른들에게 떡국을 올리고 세배를 드렸다. 이렇게 세배를 드린 후에야 다시 떡국을 끓여서 차례를 모셨다(312).

새해 맞아 조상에게 인사드리기 위해 차례… 마른 떡국 차리기도

충남 당진군 당진읍에서는 새로운 해를 맞이했으니 먼저 조상에게 인사를 드리기 위해 '차례'를 지냈는데, 차례에 닭을 두 마리 쓸 경우, 한 마리는 차례상 위에 살아 있는 것처럼 모양을 잡아서 올렸다

(327). 부여군 은산면에서도 새해 조상에게 인사를 드리기 위해 방안 제사로 고조까지 차례를 모셨다. 떡국은 고기로 국물을 내는 것이 아니라 '마른 떡국'이라 하여 맹물에 간을 하고 달걀로 지단만 부쳐서 올렸다(421). 홍성군 서면에서는 설에 떡국을 먹어야 나이 한 살을 먹는다고 여겨 떡국을 마련한 원주민과 달리, 황해도에서 남하한 주민들은 메만을 올렸다. 이 마을에서는 식사 후에 세배를 드렸다(662-663).

조상과 집안 신령 위해 설 차례… 떡국 없이 메와 탕으로 지내기도

전북 익산시 금마면에서는 설 아침에 조상과 집안의 여러 신령을 위해 메와 탕만을 마련하여 차례를 지내는 것이 일반적이었고, 세배는 차례 후에 드렸다(121-122). 전주시 효자동에서는 설 차례를 4대조까지 올렸는데 이를 '차례 모신다' 혹은 '지앙 모신다'라고 했으며, 차례상을 차리기 전에 성줏상을 먼저 차렸고, 차례는 오전 8시경에 시작해 오전 중에 지냈다(182).

섣달그믐 상 그대로 떡국만 올려 설 차례… 죽은 조상이 부모보다 먼저

전남 담양군 월산면에서는 섣달그믐 밤 11~12시 사이에 메와 여러 제물을 차려 놓고 제사를 지냈으며, 이 제물을 그대로 놓아두었다가 아침에 메만 치우고 떡국을 올려 설 차례를 지냈다(427). 진도군 의신면에서는 설날 밤에 차례를 모셨으며, 설 아침에는 성줏상, 조상상, 삼신(지앙)상을 차렸다. 성주를 가장 웃어른으로 여겨 성줏상을 먼저 올리고, 다음으로 조상상을 차렸다(761). 함평군 학교면에서는 설 차례상과 함께 성줏상을 차렸는데 세배는 죽은 조상이 살아 있는 부모보다 먼저이기 때문에 차례를 지낸 후에 부모님에게 올렸다(808). 경남 통영시 산양읍에서는 설 아침에 차례를 지내지 않고 섣달그믐날 제사로 대신했으며, 성주 앞에만 간단한 상을 차렸다. 세배는 식사 후에 집안 어른들에게 드렸다(389).

설날 지손 제사 후… 종손 집 모여 메로 설 제사 지내기도

경북 경주시 외동읍에서는 차례상에 대추를 제일 먼저 올렸는데, 대추가 실과 중에서 제일 어른 격이고, 공을 들이지 않고 따는 열매이기 때문이었다. 과일은 나무에 열리는 것부터 앞에 놓고, 덤불에 열리는 수박, 참외, 토마토 등은 뒤에 놓았다. 예전에는 하지만 지나면 참외(외), 배, 수박 등의 햇실과만 차례에 사용하고 대추, 밤 등의 묵은 실과는 사용하지 않았다(58). 영양군 영양읍에서는 정월 초하루 아침에 각 가정에서 먼저 제사를 지낸 후 종손집에 모여 설 제사를 지냈다(594).

세배 드린 후 밥 제사(차례)… 떡국 먹은 뒤 밥 지어 제사 지내기도

경북 문경시 동로면에서는 세배를 드린 다음 차례를 지냈으며, 떡국 제사보다는 밥 제사를 지내는 집이 훨씬 많았다. 설 아침에 떡국을 먼저 끓여서 먹고 난 다음에 밥을 지어서 제사를 지냈다(202). 경남 함안군 여항면에서는 설날 차례를 오전 9~10시경에 지냈으며, 차례를 지내기 전인 새벽에 한 해 동안 가족의 건강과 농사의 풍년을 기원하는 의미에서 집안 성주에게 먼저 떡국을 올렸고, 부모와 가까운 친지에게 세배도 드렸다(781).

3. 설날의 절식

현대 한국의 설날 떡국은 흰 가래떡을 썬 떡국점을 쇠고기나 닭고기 등을 삶은 육수에 넣고 끓인 음식이며, 기호에 따라 고명, 꾸미를 얹고, 일부 지역과 가정에서는 만두 등을 추가하기도 한다. 이 떡국의 한자 이름은 앞서 살폈듯, '병탕'이나 '탕병', '첨세병', 또는 '병갱' 등이었으며, 새해를 즈음해 떡국을 먹는 시기는 조선 후기는 물론 현대에도 지역에 따라 차이가 있어 새해 아침이나 섣달그믐 저녁이었다.[3] 그렇다면 이 떡국은 언제부터 설날 음식으로 마련됐을까?

탕병에서 유래한 떡국… 득남 잔치 음식에서 설날 절식으로

우리 문헌에서 떡국의 모태 음식이자 한자 명칭이라고 할 수 있는 '탕병(湯餅)'이 등장한 것은 15세기 중·후기의 풍속이 기록된 것으로 여겨지는 서거정의 문집 『사가시집』이다. 이 문헌에 나타난 탕병은 자식(손자)을 얻은 기쁨을 주변 사람들과 나누기 위해 베푸는 '탕병회'나 생일잔치의 음식이었다.[4] 이처럼 탕병으로 아이의 탄생과 생일을 축하하는 의례는 중국 당나라 시대에도 있었으며,[5] 이 시기의 탕병은 보릿가루로 만든 떡을 끓는 국물에 삶아 만든 음식이었다고 한다.[6]

탕병은 생일 의례 등과 함께 일상의 음식으로도 만들어졌는데,『대동야승』은 3세기 무렵 중국 위나라에서 여름철에 탕병을 먹었다고 기록하고 있다.[7]

15세기 중·후반의 탕병… 국물에 떡이나 국수도 넣어

15세기 중·후반의 조선시대 탕병은 국물에 떡을 넣은 것은 물론, 국수를 넣은 것도 의미해 가래떡을 잘라 떡국점으로 만드는 현대의 떡국과는 거리가 있었다. 또한 이 같은 탕병이 15세기 무렵의 설날 음식으로 쓰였는지 여부도 확인되지 않고 있다. 국물에 떡을 넣어 만든 음식은 17세기 초의『영접도감의궤』에 병갱(餠羹)으로 출현하며, 이후 18세기 말의『청장관전서』및 19세기 이후의『열양세시기』에는 각각 첨세병(添歲餠)과 병탕(餠湯)으로 나타난다.

떡국점을 넣은 설날의 떡국은 기록상, 최소한 18세기 중엽 이전인 것으로 여겨진다.『성호전집』(18세기 중엽)에 '정조(설날)에 탕병(떡국)을 올리는데 이 탕병은 떡을 잘라 만든 것'[8]이라고 소개되어 있기 때문이다.

탕병… 개별적 축하 음식에서 민족적 하례 음식인 떡국으로 변천

탕병에 관한 이상과 같은 기록은 곡물의 건더기를 국물에 넣어 끓이는 음식이 고대 시기부터 있었으며, 떡이 들어간 탕병의 경우 쌀의 보급과 생산량의 확대 및 한민족의 멥쌀떡 문화에 힘입어 탄생했음을 시사한다고 할 수 있다. 또한 설날 떡국(탕병)은 탄생 및 생일 등과 같은 특정일의 개별적 축하 음식(탕병)에서 시작돼, 한 해의 건강과 행운 및 무탈을 기원하는 새해 첫날의 민족적 하례 음식으로 그 의미가 확대되고, 현재와 같은 음식 형태와 쓰임새로 발달, 변천했음을 살피게 한다.

한민족의 설날 떡국 식음 시기… 7세기 무렵으로 보기도

중국을 비롯한 한국의 새해 첫날 인식은 앞서도 살폈듯, 시대에 따라 달랐다. 중국의 경우 인월(음력 1월) 새해는 기원전 16세기까지 존속한 하(夏)나라가 채택한 이래 이후 한나라가 태초력을 제정한 기원전 104년부터라고 할 수 있으며, 한민족의 새해 기념도 기록상 그 시기를 특정할 수 없지만 국가에 따라서는 한무제 시기 이후 얼마 지나지 않아 음력 1월의 새해(설날)를 기념했다고 볼 수 있다. 고대 시기 한국과 중국의 역사, 문화적 연관성 및 지리적 근접과 종족적 친연성 등을 고려했을 때, 한민족 역시 지역에 따라서는 음력 1월을 새해로 기념했을 가능성이 크기 때문이다. 따라서 당시 중국의 설날에 탕병이 쓰였다면 백제 등에서도 이 같은 음식이 쓰였을 가능성이 높은 것으로 여겨진다.

중국의 설날 떡국[탕병] 식음은 기록상 12세기 육방옹의 『세수서사시』의 주석에 겨울과 설날에 먹는 탕병(떡국)이란 의미의 동혼돈(冬餛飩: 겨울철 혼돈), 연박탁(年餺飥: 새해의 박탁)으로 등장한다. 또한 20세기 초의 『만물사물기원역사』는 떡국이 중국 당송 시대부터 이미 있었고, 우리 또한 이와 같다고 적고 있다.[9] 이 주장을 따른다면 한민족은 7세기 무렵부터 설날에 떡국을 먹은 셈이 된다. 한민족의 설날 떡국과 관련, 일부에서는 개성 지방의 '조랭이떡국'을 들어 고려에서 조선으로 교체되는 시기에 설날 떡국이 있었음을 주장하기도 한다. 개성 지방에서는 이성계에 의해 왕씨의 고려가 망하고 수도가 한양으로 옮겨져 이 원한을 풀기 위해 가래떡의 끝을 비틀고 잘라 내 조랭이떡국을 끓였다는 속설이 있기 때문이다.[10]

떡국을 먹는 것… 태양과 나이 한 살을 먹는 것

한민족이 설날에 떡국을 마련해 먹는 것은 크게 3가지 이유로 나눌 수 있다. 먼저 첨세 의례적 측면으로 이는 떡국의 모양이 둥글거나 타원형인 것에서 나타나듯, 둥근 태양을 형상화한 떡을 먹음으로써 1년을 의미하는 태양을 먹는 셈이 되고,[11] 이로써 나이 한 살이 더 들게 된다는[12] 의미이다. 이와 비슷한 의미와 인식은 상술했던 동지팥죽의 둥근 새알심과 설 무렵의 둥근 만두 등을 먹는 것에서 살필 수 있다. 이처럼 태양을 형상화한 음식 풍속은 태양이 천지 만물의 부활과 신성을 의미한다고[13] 보는 태양신 숭배 신앙과 관련된 것으로 여겨지며, 이런 신앙의 연장선에서 평안북도, 강원도, 경기도의 일부 지역에서 섣달그믐에 떡국 먹는 풍속이 출현했다고 볼 수도 있을 것이다. 한편, 태양 숭배는 동이족[14] 및 무속 신앙과 밀접한 연관이 있는 것으로 보기도 한다.

떡국 먹는 것… 무병장수와 풍년 농사 기원

두 번째는 떡국의 재료인 가래떡이 갖는 색의 상징성이다. 가래떡은 흰색으로 이 색상은 청결과 밝음을 의미한다.[15] 따라서 흰색의 신성함을 빌려 새해를 청결하고 엄숙하게 맞이하고[16] 한 해를 무탈하고 건강하게 보내며, 장수하려는 기복적 신앙에서 떡국을 먹었다고 볼 수 있다.

세 번째 이유는 떡국점이 엽전 모양인 것에서도 나타나듯, 돈을 닮은 떡을 먹음으로써 재물이 가득하기를 소망하고,[17] 오곡백과가 풍년 들기를 기원하기 위함이라고 할 수 있을 것이다.

그렇다면 설날 떡국은 언제부터 대중화됐을까?

떡국의 대중화… 쌀의 자급이 이뤄진 1970년대 말 이후

설날의 떡국은 쌀을 재료로 한 흰 가래떡을 잘라 만든 음식이다. 이런 재료적 요인으로 인해 경작 환경상 쌀이 나지 않는 제주나 강원, 경북의 일부 지역에서는 50여 년 전까지도 부잣집을 제외하고는 설날에 떡국을 끓이기가 어려웠다.

1940년에 행해진 한국인의 주곡류 실정에 관한 조사 보고에 의하면 당시 한국인 중 쌀을 전혀 얻지 못하고 보리, 조, 두류를 주식으로 하는 세대가 전체의 19.5%에 달했으며, 조와 그 밖의 잡곡을 주식으로 하는 세대는 8%였다고 한다.[18] 이 같은 주곡류 섭취 실정은 명절 풍속에 그대로 반영돼 경북 울릉군 북면에서는 쌀이 귀해 설날에 메밥 정도만 짓고 떡국은 올리지 못했다(657). 사정은 충북 청원군 강내면과 미원면의 경우도 비슷해, 설날 떡국은 식량 사정이 나아지거나 경제적

여력이 생긴 1970년대 이후 보편화되었다고 한다(391, 402). 또한 전남 무안군 해제면에서도 떡국은 잘 사는 집에서만 끓였으며(455), 해남군 송지면의 경우 쌀이 귀해 설날에 떡국을 별로 끓이지 않았으며, 떡 뽑는 기술도 좋지 않았다고 한다(858). 이 밖에 충남 당진군 송악면에서는 일제강점기에는 공출로 떡국차례를 지내기 어려웠다(348). 이를 고려할 때, 설날 떡국은 쌀의 자급이 실현된 1970년대 이후 한민족 대다수에 의해 마련되며 대중화됐다고 할 수 있다.

미주

1 "歲時伏臘 同於中國(세시복랍 동어중국)."

2 김용갑 2019, p.83.

3 섣달그믐 저녁에 떡국을 먹는 풍속은 현대에도 이어져 강원도 삼척, 홍천, 화천, 횡성, 그리고 경북 김천, 포항 등지에서 출현했다.

4 "湯餠草茶供宴坐(탕병초다공연좌). / 떡국에 한 잔의 차로 생일잔치를 차려 먹다." -『택당집』(속집, 권 4, 시).

5 "引箸擧湯餠 祝詞天麒麟(인저거탕병 축사천기린). / (돌잔치에서) 수저 당겨 국수를 먹으면서 하늘의 기린이라 축하하였네." -『전당시(全唐詩)』(권 354).

6 "湯餠者磑麥爲麵(탕병자애맥위면). / 탕병은 맷돌에 보리를 갈아 보릿가루로 만든다." -『치평요람』(권 95).

7 "露濕何郞試湯餠(노습하랑시탕병). / 이슬이 젖었으니 하랑에게 탕병을 시험하다." -『대동야승』(해동잡록, 권 4, 본조).

8 "正朝有湯餠 切餠作湯者也(정조유탕병 절병작탕자야). / 정조(설날)에는 떡국을 올리는데 떡을 잘라 탕을 만든 것이다." -『성호전집』(권 48, 잡저, 참례(參禮)).

9 장지연 2014, p.565.

10 신미경·정희정 2008, p.279. ; 권순형 2007, p.169.

11 김정민 2015, p.58. ; 박혜숙 2007, p.48.

12 신미경·정희정 2008, p.279.

13 윤광수·김연호 2003, p.162.

14 유소홍·양명모 2017, p.61.

15 경남 하동군 양보면에서는 설날은 새해의 첫날이므로 밝음의 표시로 흰떡을 사용했다 (711).

16 윤광수·김연호 2003, p.162.

17 최준식 외 8인 2010, p.122.

18 박철호·박광근·장광진·최용순 2008, p.42

7장

대보름…
오곡밥 먹어야 풍년 들고 복 받는다

개보름은 보름 전날… 니 더우, 내 더우, 맞더우!

7장

대보름…
오곡밥 먹어야 풍년 들고 복 받는다

개보름은 보름 전날… 니 더우, 내 더우, 맞더우!

1. 대보름의 유래와 조선시대 이전의 풍속

　대보름은 음력 1월 15일로, '보름'으로도 불린다. 한국의 명절이 그러하듯 대보름 또한 매년 그 날짜가 다르고 대개 2월 초순에서 하순 사이에 위치한다. 대보름은 새해를 축하하는 설날의 풍속과 연결되며, 많은 한국인들은 대보름을 맞아 찰밥이나 오곡밥을 차려 조상과 가신 등에게 올리고, 한 해 풍년과 건강을 기원했다. 또한 한편으로는 액운을 떨쳐 내는 다양한 의례적 행위와 놀이 등을 행했다. 한국의 전통 세시 문화에서 가장 다양하고 많은 풍속이 출현하는 시기가 바로 정월대보름이 포함된 음력 1월 1일부터 15일 사이이며, 길게는 음력 12월 섣달그믐 무렵부터 2월 초하루의 머슴날 또는 영등날 무렵까지라고 할 수 있다.

19세기의 대보름 풍속… 찰밥이나 오곡밥 차리고 부럼 깨기, 더위팔기

19세기 중엽에 기록된 『동국세시기』는 대보름의 절식으로 찰밥과 오곡밥을 기록하고 있으며, 부럼 깨기, 귀밝이술, 묵은 나물 먹기, 복쌈 등과 같은 풍속을 담고 있다. 또한 대보름에는 볏가릿대 세우기, 과일나무 시집보내기, 달빛으로 농사 점치기 등과 같은 풍년 기원 풍속이 있었고, 액막이와 건강 기원을 위한 허수아비(제웅) 버리기, 다리 밟기, 더위팔기 등이 행해진 것으로 나타난다. 이와 함께 대보름 무렵에 연 날리기, 동전 치기를 비롯해 석전과 같은 편싸움의 민속놀이가 있었으며, 불을 밝혀 밤을 새우는 수세 풍속과 함께 야간 통행금지가 해제된다는 내용도 담겨 있다. 그런데 『동국세시기』 등의 조선 후기 3대 세시기는 지역적으로 한양 중심이고, 계층적으로는 양반 사대부 위주인 것에서 나타나듯, 이들 세시기는 한양 외의 지역에서 농경 등을 주업으로 하던 당시 대다수 일반 한국인들의 세시 문화를 담아내거나, 한민족의 풍속 전체를 대표하기에는 한계가 있다고 할 수 있다.

대보름은 농사 관련 명절… 문헌 기록에 상세 풍속 나타나지 않아

대보름을 비롯해 유두, 백중 등은 '농사 관련 명절'의 성격이 강하다는 점에서 사실상 문헌 기록의 담당자 역할을 했던 양반 사대부의 기록에서 이들 명절의 상세한 풍속을 찾기는 어렵다. 이에 더해 풍속은 백리부동풍이요 가가례이기에,¹ 한국 사회의 산업화와 도시화 이전, 한국인의 전통 풍속 대다수가 남아 있었던 시기로 볼 수 있는 1970년대 무렵 이전에 어떤 풍속이 지역별로 어떻게 실재했는지 그 전모를 파악하는 것은 현재로서는 사실상 불가능에 가깝다. 이런 상황에서 『한국민속종합조사보고서』와 『세시풍속』 등을 통해 이른바 '전통 시기' 우리 선조들이 행했을 것으로 여겨지는 대강의 풍속들을 접할 수 있다는 것은 그나마 다행이라고 할 것이다.

거문고의 상자를 활로 쏘아라… 까마귀의 공을 기리는 날

한민족의 명절 중 그 유래를 추정할 수 있는 기록이 우리 문헌에 나타나는 것은 추석과 대보름 등이다. 다음은 대보름과 관련해 『삼국유사』(권 1)에 기록된 '사금갑(射琴匣)' 설화이다.

> 신라 21대 왕은 비처왕 또는 소지왕이라고 하는데, 서기 488년 이 왕이 천천정이라는 정자로 행차했다. 그런데 이때 까마귀와 쥐가 와서 울었고, 쥐가 말하기를 '이 까마귀가 가는 곳을 찾아가 보라'라고 했다. (이와 관련, 신덕왕이 흥륜사에 가는데, 길에서 쥐들이 꼬리를 이어 물고 가고 있었다. 이를 괴이하게

여겨 점을 치니, '내일 먼저 우는 까마귀를 찾아가라'라는 점괘가 나왔다는 말도 있는데 이는 잘못된 이야기이다). 왕이 신하에게 일러 까마귀를 따르게 하였으나, 신하는 남쪽의 피촌에 이르렀을 때, 돼지 두 마리가 싸우는 것을 한참 동안 구경하다 까마귀가 간 곳을 놓쳐 버렸다. 신하가 까마귀를 찾아 길 주변을 배회했는데 이때 한 늙은이가 연못 가운데에서 나와 글(봉투)을 바쳤다. 봉투에는 '열어 보면 두 사람이 죽을 것이요, 열어 보지 않으면 한 사람이 죽을 것이다'라고 쓰여 있었다. 신하가 돌아와 왕에게 이 봉투를 바치니, 왕이 말하기를 '두 사람이 죽느니 오히려 열어 보지 않고 한 사람만 죽는 것이 낫다'라고 했다. 그러자 일관이 나서서 '두 사람은 백성이요, 한 사람은 왕'이라고 아뢰었다. 왕이 그러하다고 여겨 봉투를 열어 보니 '거문고의 상자를 쏴라'라고 적혀 있었다. 왕이 궁에 들어가서 거문고 상자를 쏘자, 상자 안에서 승려와 왕비가 은밀하게 사통하고 있는 것이 드러났다. 이에 왕이 두 사람을 모두 죽였다. 이로부터 나라의 풍습에 해마다 정월 상해일, 상자일, 상오일에는[2] 모든 일을 조심하고 감히 움직이지 않았다. 15일을 오기일(烏忌日)로 삼아 찰밥으로 제사를 지냈는데 지금까지 이를 행하고 있다. 사람들은 이를 달도(怛忉)라고 부르는데, 슬퍼하고 조심하며 모든 일을 금하고 꺼려한다는 뜻이다. 글(봉투)이 나온 연못을 서출지라고 부른다.

위의 설화를 통해 대보름은 신라의 오기일 제사와 관련돼 있고, 대보름에 마련되는 찰밥(오곡밥) 풍속이 1,500년 이상의 오랜 역사를 지녔으며, 현대와 달리 먼 옛날 신라에서는 쥐와 까마귀가 인간의 액운을 막아 주는 상서로운 동물들로 인식됐음을 살필 수 있다. 대보름은 이렇게 신라의 오기일 제사에서 비롯된 것으로 보이지만, 그 시작과 풍속 내용은 현대와 사뭇 다른 모습이다.

그 꿈 내게 팔게나… 치마 한 폭에 사들인 왕비 자리

오기일과 관련해서는 또 다른 흥미로운 설화가 전하는데, 신라의 김유신과 태종무열왕 김춘추, 그리고 그의 왕비에 관한 이야기다. 이 설화 또한 『삼국유사』(권 1)에 기록돼 있다.

김유신의 누이 중에 보희와 문희가 있었다. 보희가 자다가 오줌을 누는 꿈을 꾸었는데, 그녀가 눈 오줌이 경주 읍내에 가득 찼다. 다음 날 아침 언니 보희는 자신의 꿈을 동생인 문희에게 이야기했다. 꿈 이야기를 다 들은 문희는 언니에게 '내가 이 꿈을 사겠다'고 했고, 그 꿈 값으로 자신의 '비단 치마'를 주겠다고 했다. 꿈을 팔 때, 언니가 '어젯밤의 꿈을 너에게 준다'라고 말하자 동생은 치마폭을 펼쳐 그 꿈을 받았고, 비단 치마로 꿈값을 치렀다. 이후 10일이 지나 김유신이 김춘추(춘추공)와 함께 정월 상오 기일(대보름날)에 유신의 집 앞에서 축국(공놀이)을 했다. 이때 김유신이 일부러 춘추공의 옷을 밟아 저고리의 고름을 떨어지게 하고, 춘추공을 집 안으로 들여 옷고름을 달게 했다. 집에 들어온 김유신이 동생 보희에게 춘추공의 옷고름을 달라고 했지만 보희는 거절했다.

이에 김유신이 문희(어릴 때 이름은 아지)에게 옷고름을 달라고 하자, 김춘추(춘추공)가 김유신의 뜻을 알고 마침내 문희와 정을 통하고 김유신의 집에 자주 왕래했다. 이후 김유신은 문희가 임신한 것을 알고 '네가 부모에게 고하지도 않고 임신을 하였으니 무슨 까닭이냐'라며, 이를 온 나라에 소문내고 불태워 죽이겠다고 말했다. 그리고는 선덕여왕이 남산으로 거둥할 때를 기다렸다가 뜰에 땔나무를 쌓아 놓고 불을 질러 큰 연기가 나도록 했다. 왕이 그것을 보고 '무슨 연기인가'라고 묻자 좌우에서 아뢰기를 '아마도 유신이 누이를 불태우려는 것 같습니다'라고 했다. 왕이 그 까닭을 물으니, 아뢰기를 '그 누이가 남편도 없이 임신하였기 때문'이라고 답했다. 이에 선덕여왕이 '그것이 누구의 소행이냐?'라고 물었고, 이에 마침 왕을 모시고 옆에 있던 춘추공의 얼굴이 붉게 변했다. 왕이 이를 보고 '이는 너의 소행이니 속히 가서 그녀를 구하도록 하라'라고 명했다. 춘추공이 임금의 명을 받고 말을 달려 왕명을 전하여 문희를 죽이지 못하게 하고 그 후 떳떳이 혼례를 올렸다.

위의 설화를 통해 7세기 중반 무렵에 신라 사람들은 오늘날의 축구와 유사한 '축국'이라는 공놀이를 했으며, 남의 꿈을 대가를 치르고 사는 풍속과 함께 혼인을 하려면 부모의 허락을 얻어야 하는 풍속이 있었음을 살필 수 있다.

2. 대보름 의례

『동국세시기』에서 살필 수 있듯, 조선 후기 3대 세시기에는 대보름과 관련한 제사 성격의 의례가 출현하지 않는다. 하지만 현대의『세시풍속』에는 다양한 의례가 나타난다. 이들 의례가 현대에 들어 새로 형성된 것이 아니라는 측면에서 그만큼 양반층이 기록한 문헌 풍속과 기층을 이루는 일반 한민족의 풍속은 달랐다고 할 것이다. 다음은 『세시풍속』에 나타난 대보름 의례이다.

대보름의 의례는 대부분 조상과 성주신 대접

대보름의 의례는 조상과 성주신 등의 가신 대접이 기본 토대를 이루는 가운데, 강원도의 경우 가신 대접 위주의 '제사' 의례가 많이 출현하고, 전남과 전북의 경우 조상 대접 위주의 '차례'가 많이 행해진 것으로 나타난다. 지역별 의례 형태는 다음과 같다.

강원 삼척군 원덕면에서는 15일에 찰밥을 하는 영동지방의 타 지역과 달리, 오곡밥을 지어서 '오곡밥 제사'를 올리며, 주로 집안의 가장 큰 신인 성주에게 치성을 드렸다. 성주는 한지를 네 번 접어서 무명실로 묶어 대들보에 얹어서 모셨다(63). 태백시 구문소동에서는 보름날 아침에 찰밥을 하면 양푼에 가득 퍼서 숟가락을 조상 수대로 꽂아 놓고 제사를 지냈다. 상에는 무채국과 집에서 만든 강냉이술, 그리고 보름날 먹으려고 장만한 나물들을 함께 차려 놓았다(197). 경북 고령군 쌍림면에서는 15일에 오곡밥을 지으면 먹기 전에 성주 앞에 촛불을 켜고 밥 한 그릇을 차려 놓았는데, 식구는 물론 객지에 나가 있는 가족들의 숟가락까지 모두 꽂아 두었다(428).

전남 곡성군 곡성읍에서는 보름날 새벽에 보름 차례를 지냈는데, 이때 성줏상에 비린내가 나는 것은 올리지 않고 수저도 차리지 않았으며 오곡밥과 나물만 진설했다. 차례가 끝나면 음식을 골고루 담아 집 밖으로 던지면서 고시레(고수레)를 했다(322). 목포시 옥암동에서는 보름날 아침에, 설 차례와 마찬가지로 조상 앞에 차례상을 차려 놓았지만 설 때처럼 온 식구가 모여 절을 하지는 않았다. 보름에는 나물을 많이 장만하므로 제물로 오곡밥과 함께 나물을 많이 올렸으며, 제물은 설보다는 간소하게 차렸다(132). 여수시 호명동에서도 보름날 아침에 찰밥과 나물, 생선을 조금만 장만하여 설보다는 훨씬 간소하게 차례를 지냈으며, 차례상 앞에서 유교식 제의는 하지 않았고 다만 금년 농사가 잘되게 해 달라고 손을 비비며 마쳤다(203). 함평군 나산면에서는 보름에 오곡밥, 나물, 두부를 넣은 명태국을 준비해 성줏상을 안방에 차렸고, 쌀독 위에도 김을 덮은 오곡밥을 가져다 놓았다(797). 해남군 산이면에서는 대보름 아침 일찍 선영에 상을 차렸는데 조상상은 간단하지만 격식대로 차렸고, 성줏상은 바구니에 찰밥을 한가득 담아서 나물과 함께 마당 한쪽에 놓아두었다(850).

조상밥 큰 양푼에 담아 수저 꽂고 모둠밥차례… 시루째 찰밥 올리기도

전북 정읍시 신태인읍에서는 15일 아침에 차례를 지냈는데 안방에 차리는 조상 상에는 찰밥과 잡곡밥을 한 그릇씩 놓았으며, 마루에 차리는 자손 없는 귀신을 위한 상에는 흰밥(찰밥) 한 그릇과 숟가락을 꽂은 잡곡밥 여러 그릇을 올려 두었다. 또한 철륭이나 샘, 문간에는 김에 밥을 싸서 노적 쌈 형태로 놓아두었다(256). 무주군 무주읍에서는 15일 아침에 찰밥을 지어 차례를 지낼 때 조상밥을 그릇에 푸지 않고 큰 양푼에 가득 담아 숟가락을 식구 수대로 꽂아 두었다. 보름밥은 이렇게 '모듬밥(모둠밥)'으로 올리는 것이 특징이었다(309). 부안군 부안읍에서도 대보름날 아침에 설과 마찬가지로 차례상을 차렸다. 하지만 이날은 절을 하지 않았다. 또한 이날 대문 앞과 마루에도 각각 잡귀들과 조상의 친구들을 위한 상을 차려 놓았다(363). 익산시 금마면에서는 보름날 아침, 집안에서 제사를 모시는 조상에게 보름 차례를 올렸으며, 이날은 다른 날과 달리 (찰)밥을 밥그릇에 푸지 않고 시루째 가져다 놓았다. 또한 이날 성주와 삼신에게는 밥을 올리지 않았으며, 안방의 윗목에 시루를 올리고 시루 안에 숟가락을 있는 대로 모두 꽂아 놓고, 나물도 그릇째 가져다 두었다. 음식을 올려 둘 뿐 그 앞에서 절을 하지는 않았는데 이렇게 하는 것은 보름이 '농사 명일(명절)'이기 때문이었다(127).

유구한 명절일수록 의례는 소멸… 절식 위주로 계승

대보름 풍속은 한민족 고유의 의례 형식이 무엇이고, 한국 명절의 계승 방향성이 어디에 있는지를 시사한다고 할 수 있다.

먼저, 명절을 쇠는 방향성과 관련해, 대보름은 2000년대 초 무렵까지 일부 지역에서 절식인 찰밥이나 오곡밥을 차리고 의례까지 행한 것으로 나타난다. 그런데 다수의 지역에서는 사실상 의례 없이 절식만을 마련해 명절을 지냈다. 이는 동지에서 나타나듯, 유구한 역사를 지닌 명절일수록 시간의 흐름에 따라 의례는 퇴색되거나 생략되고, 그 명절을 대표하는 절식만 남는 것이 명절 풍속의 변화 양상이자 속성임을 보여 주는 것이라 할 수 있다.

그렇다면 이렇듯 의례와 무관하게 절식이 계승되는 이유는 무엇일까? 의례는 외래에서 유입된 종교나 사상 등에 영향을 받아 한 시대를 풍미하는 유행적 성격이 강한 반면, 절식은 한민족의 음식 취향과 미감에 의해 선택되고 계승된 보수적인 문화 요소이기 때문일 것이다. 이런 측면에서 기원전에 비롯됐을 것으로 여겨지는 동지가 팥죽이라는 절식으로 현대까지 계승되고 있듯, 대보름 또한 현재처럼 '오곡밥(찰밥)'이라는 절식으로 계승될 가능성이 높다고 할 수 있다. 이로 볼 때, 한민족 명절의 계승 방향성은 절식에 있다고 할 것이다.

고대 의례는 간략 상차림이나 무(無)상차림… 대보름이 계승

한민족 고유의 의례 형식과 관련해 대보름은 그 유래가 5세기 말

삼국시대의 '사금갑' 설화로까지 거슬러 올라가고, 강원도와 전라도를 중심으로 '대보름 제사'나 '차례' 등의 명칭이 출현한 것에서 살필 수 있듯, 고대 한민족의 제사 형식과 유교의 차례 등을 수용하며 현대에 이르렀다. 하지만 『세시풍속』에 나타난 이들 제사나 차례 또한 사실상 유교의 의례 절차라 보기 어렵고, 대다수 지역에서는 대보름에 간단한 상차림만을 했으며, 일부 지역에서는 아예 상을 차리지도 않았다. 이는 한민족의 고대 의례 형식이 간단한 상차림이거나 고수레 등과 같은 무(無)상차림이었으며, 대보름 의례는 이를 계승했을 가능성이 큼을 시사하는 것으로 여겨진다.

조상은 가상의 시간적 존재자… 가신은 가상의 공간적 존재자

이와 함께, 대보름 풍속은 우리 선조들이 인식했던 명절의 목적이 무엇이고 의례 대상이 누구인지를 살피게 한다. 상술했듯 대보름의 의례 대상은 '조상'과 함께 성주로 대표되는 가신 등이며, 의례의 목적은 이들에 대한 감사와 대접인 것으로 나타난다. 그런데 이들 의례 대상 중 조상은 혈연과 기억을 매개체로 해 제사 주관자의 시간 속에 영속하는 존재, 즉 가상적 시간의 존재자이고, '가신'은 제사 주관자가 거주하는 공간에 좌정하고 있다고 여겨지는 가상적 공간의 존재자라고 할 수 있을 것이다. 따라서 대보름 풍속은 한민족의 명절이 성주와 조상으로 대표되는 가상의 시·공간 존재자들을 섬기고 대접해 복을 받고 원하는 바를 이루는 데 있음을 보여 준다고 할 것이다.

3. 대보름의 절식

대보름의 절식은 찰밥과 오곡밥… 신라 풍속에서 유래

대보름의 절식은 앞서 살폈듯 오기일(烏忌日)의 찰밥 풍속에서 유래했다고 할 수 있다. 그런데 이 찰밥은 현대에 들어 찹쌀이 포함된 오곡밥이나 잡곡밥, 또는 약밥 등으로 불리며, 그 명칭과 함께 형태 또한 변화된 양상을 나타낸다. 실제로 현대의 『세시풍속』은 오곡밥의 출현 지역이 찰밥보다 4배가량 많음을 보여 준다. 따라서 이를 고려하면, 대보름의 절식은 찰밥과 함께 오곡밥이며, 이들 중 대보름을 대표하는 대표 절식은 오곡밥이라고 할 수 있을 것이다. 오곡밥은 대다수의 지역에서 5가지 곡식을 넣어 지은 밥이 아닌 여러 가지 곡식을 넣은 잡곡밥을 의미하며,[3] 밥을 짓는 곡식의 종류는 지역과 가정에 따라 달리 나타난다.

절식과 명칭·먹는 시기… 지역에 따라 조금씩 달라

대보름의 절식 종류 및 명칭과 관련, 강원도의 경우, 특이하게 오곡밥과 찰밥 2종류를 모두 마련해 먹는데, 속초시 도문동에서 나타나듯, 강원도 대다수의 지역에서는 14일 저녁에 오곡밥을 지어 먹고, 15일

대보름 아침에는 찰밥을 지어 보름 제사를 지낸다(98). 또한 강원도 일부 지역에서는 대보름 전날인 14일에 섬만두를 빚어 먹기도 한다. 경기도의 경우, 광주시 중부면에서 나타나듯, 오곡밥은 '잡곡밥'으로 불리기도 했으며(68), 이 지역에서는 찰밥이 아닌 잡곡밥을 14일에 먹는 지역이 대다수를 차지한다. 경남과 경북의 경우, 거제시 거제면에서 살필 수 있듯 대보름날에 주로 오곡밥을 지어 먹으며, 이 밥에는 대부분 찹쌀이 들어간다. 오곡밥과 관련, 경주시 강동면에서는 이를 '농삿밥'이라고 부르며(72), 구미시 해평면 등을 비롯해 다수의 경북 지역에서는 오곡밥 또는 찰밥이라고 말한다(104).

전남의 경우, 대보름의 절식을 오곡밥, 보름밥, 찰밥 등으로 칭하며 주로 15일에 먹는다. 그런데 특이하게 보성 득량면에서는 열나흗날 낮에는 오곡밥을 먹고 저녁에는 찰밥을 먹으며, 오곡밥은 수수, 콩, 조, 팥 등을 섞어 짓고, 찰밥은 전남 다수의 지역에서처럼 찹쌀과 팥을 넣어 찐다(542). 전북 지역의 경우, 오곡밥과 찰밥 명칭이 혼재하며 먹는 시기도 지역에 따라 14일과 15일로 다르게 나타나지만 14일의 출현 빈도가 높은 편이다. 충청도의 경우 오곡밥이라는 명칭의 사용이 압도적으로 높으며, 먹는 시기는 충남의 다수 지역이 14일, 충북은 14과 15일이 혼재한다. 그런데 우리 명절의 음식 장만이 대부분 명절 전날에 이뤄지고, 찰밥과 오곡밥의 경우 익는 시간이 서로 다른 여러 곡물을 재료로 하며, 특히 찹쌀의 경우 주로 쪄서 만드는 등 조리 과정이 쉽지 않다는 점에서 대보름의 절식인 오곡밥과 찰밥은 대부분의 지역에서

14일에 마련됐다고 할 수 있을 것이다. 그렇다면 실제로 이들 절식을 장만해 의례에 올릴 음식만을 따로 덜어 둔 다음, 거의 대부분의 지역에서는 14일에 오곡밥이나 찰밥을 먹었다고 보는 것도 가능할 것이다.

('[표] 대보름 무렵에 오곡밥과 찰밥이 출현한 지역 수'는 미주 참고)[4]

대보름의 또 다른 시식… 취나물 등의 묵은 나물

대보름에는 이들 절식과 함께 시식으로 취나물 등의 묵은 나물을 장만했다. 묵은 나물은 시기적으로 풋나물을 마련할 수 없는 대보름 등의 명절이나 제사 등에 쓰기 위해 이전 해에 뜯어서 말려 둔 나물을 말한다. 나물과 관련, 강원 영월군 영월읍(거운리)의 사례에서 나타나듯, 다수의 지역에서는 대보름에 오곡밥을 지어 이를 피마자(아주까리) 잎으로 싸 먹었으며(297), 고성군 현내면 등에서는 이렇게 싸 먹는 것을 복쌈이라고 불렀다(234).

한편, 대보름의 절식과 관련되는 약반(약밥)에 대해, 『경도잡지』는 신라의 오래된 풍속이라고 한 반면, 『열양세시기』는 이 약반이 중국에서 유래한 풍속이라고 달리 기록하고 있다. 그런데 이는 대보름의 약밥 풍속 자체가 어디에서 비롯됐느냐와 약밥의 조리법 자체가 어디에서 유래했는가라는 관점 차이에서 비롯된 것으로 여겨진다. 대보름에 약밥을 차리게 된 풍속 자체는 신라이고, 찹쌀을 비롯한 쌀이 외래에서 유입된 것에서도 살필 수 있듯, 약밥의 조리법 자체는 중국에서 유래했다고 보는 것이 타당하다고 할 것이다.

찹쌀밥을 대추 살과 감떡에 주무르고, (여기에) 찐 밤과 잣을 넣어 다시 벌꿀과 참기름, 그리고 간장과 함께 버무린 것을 '약반'이라 하는데, (이 것을) 보름날의 좋은 음식으로 삼는다. (이는) 신라의 오래된 풍속이다.[5]

<『경도잡지』>

약반이란 것은 중국의 먹을거리가 우리에게 전해진 것이다.[6]

<『열양세시기』>

4. 현대의 대보름 풍속

액막이와 풍년 기원… 건강한 여름나기

　『동국세시기』 등과 같은 조선 후기의 세시기 이후, 한반도의 중부 이남 지역에서는 대보름을 맞아 어떤 풍속들이 행해졌을까? 앞서 언급했듯, 정월대보름 무렵은 일 년 중 가장 많은 세시풍속이 집중된 기간이다. 농경민이었던 한민족에게 설 이후의 대보름 무렵은 농한기이자, 곡식의 여유가 있는 시기이며, 한 해 처음으로 풍요를 상징하는 보름달이 뜨는 시기이다. 따라서 대보름 무렵은 새해 농사의 풍년을 빌고 가족들의 무병장수와 복을 기원하기에 맞춤한 시기로 여겨졌다고 볼 수 있다. 이런 배경에서 정월 14일과 15일에는 오곡밥과 찰밥 등의 절식이 마련되고, 전국 대부분의 지역에서 다양한 의례 행위와 함께 민속놀이 등이 펼쳐졌다고 볼 수 있을 것이다. 이들 풍속의 대부분은 가족의 액막이와 행운 기원을 비롯해 농사의 풍년과 관련된 것들이다.

　현대의 『세시풍속』에 나타난 대보름 풍속의 다수는 앞서 살펴본 『동국세시기』의 내용과 유사하기도 하지만, 일부는 특정 지역에서만 출현하기도 한다. 이들 풍속 중, 찰밥 및 오곡밥 하기, 연날리기, 윷놀이 등을 비롯해 귀밝이술 마시기, 부럼 깨기, 달맞이, 불놀이(쥐불놀이, 횃

불, 달집태우기, 논·밭둑 태우기), 더위팔기 등은 전국 대부분의 지역에서 공통적으로 나타나거나 형식과 이름 등을 달리한 채 출현한다. 이와 함께 나무 장가(시집)보내기, 허재비(제웅) 버리기, 용알뜨기, 새 쫓기, 찰밥 훔치기, 개보름쇠기, 아주까리(깻) 쌈 먹기, 아침밥 일찍 먹기와 같은 풍속 등도 지역에 따라 그 출현 빈도가 높게 나타난다. 그렇다면 이와 달리 일부 지역 또는 특정 지역에서만 출현하거나 색다른 정월대보름 풍속에는 어떤 것들이 있을까? 이들 풍속으로는 달집태우기와 고싸움, 용물로 밥 짓기, 노두 놓기 등을 들 수 있다.

4.1. 달집태우기와 줄다리기

경남 중심의 달집태우기… 소원 성취·액운 제거가 주목적

달집태우기는 보름달을 맞이하며 한 해의 액운 제거와 함께 개인의 소원 성취, 그리고 풍년 농사 기원 등을 목적으로 커다란 불을 피우는 풍속이다. 이 풍속이 다수 출현하는 지역은 경남이며, 전북과 경북의 여러 지역에서도 나타난다. 전남의 경우 '연안 유역권(강이나 바다 등에 접하거나 인접한 언저리 지역)'이라고 할 수 있는 곡성, 구례, 순천, 광양, 보성 등의 섬진강 권역을 비롯해 영산강 유역의 영암과 무안, 나주에서 출현한다. ('[표] 『세시풍속』에 나타난 달집태우기 출현 지역 수'는 미주 참고)[7] 이 같은 출현 지역을 고려할 때, 달집태우기는 경남 지역을 중심으로 발달돼 산간 지역과 해상 및 강을 따라 전북과 경북은 물론, 전남에까지 확산된 것으로 여겨진다. 또한 이런 분포는 일부에서 말하는 문화 권역이 '달집태우기와 줄다리기 권역으로 대비된다'라거나, '달집태우기는 한강 이남의 산간 지방을 중심으로 전국에 두루 분포한다'라는 주장과는 차이가 있음을 보여 준다. 무엇보다 달집태우기는 주로 액을 제거하기 위해, 줄다리기는 풍년을 기원하기 위해 행해졌다는 점에서 풍속의 주된 목적이 서로 다르고,[8] 달집태우기의 경우 경기도와 충청도 지역에서는 거의 출현하지 않기 때문이다. 또한 경남 산청군 단성면의 사례에서 살필 수 있듯, 이들 두 풍속 모두가 행해졌던 지역도 다수 나타난다.

그렇다면 달집태우기와 줄다리기는 어떤 풍속이었을까?

경남 마산시 진동면에서는 15일에 짚, 솔가지, 대나무, 각목 등으로 달집을 만들어 태웠다. 저녁에 달집을 태울 때 아들이 없는 사람이 마을 사람들에게 술과 음식을 대접하고 제일 먼저 달집 앞에서 소원을 빌면 득남을 한다고 여겼다. 또한 달집을 태울 때 그 불길의 모양을 보고 그해의 농사를 점쳤는데, 불길이 곧게 타오르거나 한꺼번에 확 타면 길조로 보았고, 중간쯤에서 멎거나 연기만 많이 피어오르면 흉년이 들 것으로 여겼다(97). 경남 고성군 동해면에서도 대보름날 달집태우기를 했으며, 이날 오후가 되면 마을 청년들이 소나무를 구해 와 가장 먼저 달을 볼 수 있는 바닷가의 산꼭대기에 달집을 지었다. 달집은 소나무를 사용해 원뿔 형태로 만들고, 아랫부분에는 사람이 드나들 수 있는 크기의 달문도 냈는데, 크기는 사람 키의 몇 배나 될 정도였다. 달집에 소원을 빌고 싶은 사람은 마을에 술 한 말을 내고 달집에 불을 붙일 성냥불을 켰다(478).

마을의 세 과시·연기 많이 내기 위해 달집 태우기도

전북 김제시 금산면에서는 정월대보름에 마을 맞은편에 있는 산에 나무를 많이 쌓아 놓고 불을 놓았는데, 이를 '망울불'이라고 했으며, 이 불을 놓을 나무를 쌓을 때는 이웃 동네에서 더 크게 불을 놓을까 봐 낮에 몰래 가서 나무를 훔쳐 오기도 했다. 망울불은 저녁에 놓았으며, 이 불은 마을 간의 세를 과시하는 수단이었기에 자기 마을의 불이 더 크게 붙기를 기원했다(41). 경북 청도군 풍각면에서는 대보름 저녁 보름달이 뜰 무렵에 짚과 나무를 한 길 반 정도 되는 높이로 모아서 '달집태우기'를 했으며, 이 불의 핵심은 불꽃이 아닌 연기를 많이 내는 것이었다. 달집을 태우며 콩을 볶아 먹으면 일 년 신수가 좋다고 여겼으며, 할머니들은 액막이로 짚 인형을 걸어 태우며 치성을 드리기도 했다(782-783).

줄다리기··· 동쪽과 서쪽으로 나눠, 동쪽이 이겨야 그해 풍년

전남 나주시 남평읍에서는 열나흗날 아침부터 마을 청년들이 중심이 되어 각 집을 돌며, 줄다리기(고싸움)에 쓸 짚을 걷었으며, 이때 각 집안에서는 형편껏 짚을 내놓았다. 거둬들인 짚은 마을의 공터인 '번덕지'에 쌓아 두고, 나무 3개를 묶어 줄을 틀 수 있는 도구를 이용해 줄을 드렸다(엮었다). 줄다리기의 줄은 약 30cm 굵기의 외줄에 길이는 50m 정도였으며, 이 줄을 사람들이 쉽게 잡아당길 수 있도록 줄 옆에 가는 새끼줄을 내어서 달았다. 줄다리기를 할 때는 몸통의 외줄이나 새끼줄을 잡아당겼다. 줄다리기는 보름날 저녁에 동서로 편을 나누어 했는데, 동쪽이 이겨야 풍년이 든다 하여 줄다리기의 승패는 결국 동쪽이 이기는 것으로 났다고 한다. 줄다리기가 끝난 후에 줄은 거두어 태워버렸다. 남평읍에서는 일제강점기 때까지만 하더라도 고싸움(줄다리기)이 성했으며, 현재 남평초등학교 앞이 현이 있던 자리로 이곳에서 동부와 서부로 나누어서 치열하게 고싸움을 하고 놀았다(83).

고싸움… 줄 앞에 고 만들고 큰 줄에 새끼줄 달아

전남 장흥군 안양면에서는 정월 보름부터 2월 초하루까지 줄다리기를 하고 놀았다. 줄다리기에 쓸 짚은 마을 어른들이 각 집을 돌며 추렴했으며 줄은 사람 어깨에 대고 드리는데, 두께가 30cm 정도 되었다. 줄을 드릴 때 이 줄을 여자가 넘어가면 줄이 끊어진다 하여 여자들은 줄을 드리는 곳에 다닐 수가 없었다. 줄은 2개를 만들어 원줄에 새끼줄을 달고, 앞부분에는 고를 만들었다. 고싸움을 할 때는 젊은 청년들이 참가해 들판에서 위 첨(위쪽 지역)과 아래 첨으로 편을 나눠 여러 번 겨루었으며 이긴 쪽이 그해 풍년을 맞는다고 여겼다. 줄다리기에 사용된 줄은 창고에 보관하거나 썩도록 놔뒀다(735).

기우제 줄다리기… 암줄과 수줄을 끼워 넣으면 비가 왔다

경남 산청군 단성면에서는 대보름날 달집태우기와 줄다리기를 모두 했다. 달집태우기는 대보름날 저녁에 마을 공터나 냇가 근처에서 행했으며, 달집에는 주로 대나무가 사용됐는데, 대나무가 타면서 깨볶는 것처럼 요란한 소리를 내기 때문이었다. 달집을 태울 때 불 속에 동정이나 속옷, 허재비(제웅), 머리카락 등을 집어넣고 액막이도 했으며, 달집을 태울 때 연기가 많이 나면 마을에 좋다고 여겼다. 줄다리기는 짚으로 왼새끼를 한 줄씩 꼬아서 세 줄을 만든 다음, 이 줄들로 아주 굵은 동아줄을 만들고 양편을 갈라서 행했다. 줄다리기는 비가 오지 않을 경우에도 했는데, 암줄과 수줄을 만들어 그것을 끼워 넣는 행위를 하면 반드시 효험이 있었다고 한다(573-574).

4.2. 풍농과 재복 기원

과일나무 시집·장가보내기… 열매 많이 열려

경남 밀양시 초동면에서는 보름날 낮에 사과, 배, 대추, 자두, 앵두 등의 과일나무 가지 사이에 돌을 끼워 두면 과일이 많이 열린다고 여겨 과일나무 시집보내기를 했다(134). 충남 아산시 송악면에서는 정월 대보름에 과일나무 장가들인다고 하여 산내끼(새끼)를 가지에 연결시키거나 가지 사이에 돌을 꽂아 뒀다. 이렇게 하면 과일나무에 열매가 많

이 열린다고 보았다(171). 태안군 고남면에서도 보름날 아침에 과일나무 장가보내기를 했는데, 이 지역에서는 과일나무 가지의 벌어진 부분에 돌 따위를 끼우고 도끼로 나무를 3번 가볍게 찍는 시늉을 하면서 '올해 열매 안 열리면 내년에 잘라 버리겠다'라고 위협했다(651).

샘의 용물로 밥 짓기… 부자 되고 한 해 재수가 좋다

경북 구미시 옥성면에서는 보름날 새벽에 마을에 있는 세 군데 우물에서 제일 먼저 물을 떠다 밥을 하면 마을에서 그해 농사를 가장 잘 짓고, 1년 동안 재수가 있다고 여겼다. 이런 이유로 여인네들이 이날 서로 먼저 우물을 뜨려고 새벽 일찍 집을 나섰는데 제일 먼저 우물을 퍼 가는 사람은 그 증거로 가지고 간 또아리(똬리)를 샘에 던져 놓고 왔다(118). 군위군 효령면에서는 열나흗날 밤에 아낙네들이 동네 우물에서 용물을 떴다. 바가지를 물 위에 띄워 놓고 우물 옆에 앉아 있으면 갑자기 무슨 소리가 나면서 용물이 솟았고, 이때 달이 환하게 비쳐 용물 솟는 것이 보였다. 그때 재빨리 물을 뜨고, 그 물로 찰밥을 해서 각 가신들에게 올렸으며, 용물을 떠 밥을 해 먹으면 부자가 된다고 여겨 꼭 용물을 뜨러 갔다(469).

4.3. 액막이

들삼재·누울삼재·날삼재… 삼재 막고자 제웅치기

경기 동두천시 동안동에서는 15일에 제웅치기를 했는데, 이 지역에서는 삼재(三災)란 감당키 어려운 재난 3가지를 일컫는 것으로서 일생 동안 개인의 사주에 따라 규칙적으로 돌아오는 것이라 여겼다. 삼재는 흔히 수재, 화재, 풍재, 또는 병난(병 때문에 겪는 어려움이나 고생), 질역(병과 전염병), 기근(흉년으로 먹을거리가 없어 굶주림)이나, 부모 또는 본인의 죽음 등을 의미했다. 삼재는 처음 1년간은 들어오고(들삼재), 머물다가(누울삼재), 떠난다(날삼재)고 여겼으며, 그해 삼재가 드는 사람은 정초에 제웅을 만들어 삼재를 피하고자 했다. 제웅은 짚으로 만든 사람 모양의 인형으로, 삼재가 들면 팔다리와 머리에 동전을 넣은 제웅을 만들어 보름날 새벽에 삼거리나 사거리에 내다 버림으로써 재액도 함께 내버린다고 믿었으며 버려진 제웅은 어린아이들이 주워서 동전을 꺼내 군것질거리를 사기도 했다(240). 안산시 사동에서는 정월 14일 저녁 오곡밥을 먹고 나서 사람이 많이 다니는 삼거리나 사거리에 제웅을 버렸다. 제웅은 짚으로 사람 모양을 만든 것으로 크기는 30~50cm 정도였으며, 제웅 속에 돈을 꽂아 두기도 했는데 동네 아이들이 제웅에서 돈을 꺼내어 엿 등을 사 먹었다(382).

개울가 노두 놓기 적선… 나쁜 운세 제거·아이 낳기 기원

전북 정읍시 입암면에서는 1년 운세가 좋지 않다고 하면 보름 전후에 짚으로 오쟁이(짚으로 엮어 작게 만든 담는 그릇)를 엮어 그 안에 돌을 넣은 다음, 개울에 다리를 놓아 주는 '노두' 놓기를 했다. 다른 사람들을 위해 적선을 했으므로 운세가 좋아진다고 믿었다(240). 남원시 대강면에서는 열나흗날 낮에 복을 받으려고 오장치(오쟁이)에 돌을 넣어 도랑에 다리를 놓았는데, 이렇게 하면 물을 건널 때 버선에 물이 들어가지 않기 때문이었다. 특히 아기를 낳지 못하는 사람이 노두 놓기를 하면 아기를 낳는다고 하여 많이들 행했다(90). 익산시 웅포면에서도 아들의 신수가 나쁘면 짚으로 엮어 모래를 넣은 오쟁이 3개를 만든 다음, 사람들이 많이 다니는 냇가에 다리를 놓았다. 이렇게 다리를 놓아 주면 나쁜 액을 막을 수 있다고 여겼다(167).

연날리기… 편지 보내듯 액연에 주소 써서 날려 보내

충북 청주시 장암동에서는 정초에 연날리기를 많이 했는데, 14일 밤에는 연줄을 끊어 하늘로 날려 보냈다. 연줄을 끊을 때는 연과 줄이 연결되어 있는 부분에 약쑥을 매달고 불을 붙여 약쑥이 타들어 가서 실이 끊어지도록 했다. 연은 '갈퀴'라는 농기구에서 살을 활용하고 무명을 길쌈할 때에 나오는 질긴 실을 사용해 주로 사각형의 방패연으로 만들었다(58). 청원군 문의면에서도 대개 섣달그믐에 연날리기를 시작하여 정월 보름에 액연을 날려 보냄으로써 끝마쳤으며, 액연에는 성명 및 주소와 함께 '올해 액운을 풀어 주소서!'라는 기원을 새겼다(384).

복숭아 가지·타래버섯 개에 걸어줘… 잔병 없길 기원

충남 논산시 상월면에서는 대보름날 개에게 그해 무병을 기원하기 위해 얼룩덜룩하게 타래버섯 같은 것을 매달아 주었으며(72), 천안시 병산면에서도 보름날 아침에 개에게 잔병 없으라고 복숭아나무 가지를 꺾어다가 개 목걸이를 해 주었다(220).

까막까치에 오곡밥 주기… 날짐승이 액을 가져간다

충남 홍성군 은하면에서는 떡국을 하면 떡국점을 건져 내서 나무 위에 얹어 두었는데, 이것은 까그매(까마귀)와 까치 등의 날짐승에게 밥을 주는 것이었다. 날짐승이 떡을 먹으면 액을 가져간 것으로 여겼으며, 대보름(14일)에는 오곡밥을 떼어 두었다(684). 전북 장수군 천천면에서도 설 차례를 지내고 나서 까치나 까마귀에게 밥을 주기 위해 찰밥과 나물을 조금씩 그릇에 담아서 담 위에 올려놓았다. 명절이 되었으니 골고루 먹으라고 주는 것으로 보름에도 주었으며, 새가 음식을 먹으면 풍년이 든다는 속설이 있었다(511, 521).

4.4. 절식

대보름날 찰밥… 3번 쪄서 이른 새벽에 먹었다

강원 평창군 진부면에서는 정월 열나흗날(14일)을 '여름날' 혹은 '까치보름'이라 하고, 15일은 가을날이라고 했다. 여름날 아침에는 오곡밥을 지어 어두컴컴할 때 불을 켜 놓고 먹었으며, 이어 정월대보름날 아침에는 밤, 대추, 곶감 등을 넣고 찰밥을 지어 보름 차사를 지냈다. 이 찰밥은 전날 미리 불려 놓았다가 먼저 시루에 한 번 찌고, 대추, 밤 등을 넣어서 다시 찐 다음, 널어 놓았다가 마지막으로 한 번 더 쪄서 만든 밥이었으며, 날이 밝기 전에 먹었다(459).

김쌈·볏섬 싸 먹기… 복 받고 풍년 든다

충북 음성군 생극면에서는 대보름 아침에 찰밥을 지어서 김 쌈을 싸서 먹었는데, 김 쌈은 '복쌈'이라고 하여 이렇게 먹어야 복이 온다고 믿었다(306). 충남 보령시 웅천읍에서는 보름날 아침에 보름밥을 반드시 김에 싸서 일찍 먹었으며, 이를 '볏섬 싸 먹기'라고 불렀다. 김밥을 하나 싸 먹을 때마다 볏섬을 하나씩 하는(쌓는) 것이라고 여겼다(106).

묵나물… 도토리묵 아닌, 봄에 뜯어 이듬해 먹는 묵은 나물

경북 청도군 풍각면에서는 정월대보름 아침에 쌀이 들어 있지 않은 오곡밥과 묵나물(묵은 나물)을 먹었다. '묵나물'은 봄철 산에서 나물을 캐서 말린 다음, 이듬해에 먹었기에 묵은 나물이라고 했으며, 고사리, 아주까리 잎, 도라지, 취나물 등을 많이 말렸다. 오곡밥을 먹을 때에는 맨 먼저 피마자 잎으로 쌈을 싸서 먹었는데, 피마자 잎(아주까리 잎)이 액막이 잎이기 때문이었다(781).

오곡밥… 농사짓는 모든 곡물로 짓는 밥

충남 홍성군 서면에서는 서숙(좁쌀), 팥, 보리, 수수, 보리 등 그 집에서 농사지은 모든 곡물을 섞어서 지은 잡곡밥을 '오곡밥'이라고도 했으며(667), 경남 함양군 함양읍에서도 오곡밥은 특별히 다섯 가지 곡식을 넣는 것이 아닌, 집에 있는 곡식 모두를 넣어 지어 먹는 밥이었다(795).

오곡밥 나눠 먹어야… 그해 농사 잘돼

경기 광주시 실촌면에서는 열나흗날 쌀, 팥, 보리쌀, 콩 등의 여러 곡식으로 오곡밥을 짓고 12시쯤에 점심 겸 저녁으로 먹었다. 이날 오곡밥을 많이 해 두었다가 사람들이 집에 찾아오면 나누어 먹었는데, 동네 사람들이 많이 찾아와서 오곡밥을 먹어 주어야 그 집의 농사가 잘된다고 여겼기 때문이다(96). 양평군 지제면에서도 14일 저녁 보리, 콩, 기장, 수수 등으로 오곡밥을 지어 먹었으며, 오곡밥을 먹으면 그해 곡식이 잘된다고 믿었다(782). 경북 포항시 구룡포읍에서는 보름날 아침에 마을 우물물을 가장 먼저 떠서 오곡밥을 지으면 그해 농사가 잘된다고 여겼다(385).

이 풍속들은 대보름의 오곡밥이 풍년 농사를 기원하기 위해 마련됐음을 보여 준다.

아주까리 잎 싸서 먹는 오곡밥… 꿩 알을 줍는다

경북 칠곡군 동명면(남원2리)에서는 보름날 콩, 팥, 좁쌀, 기장, 찹쌀,

보리쌀 등 갖은 곡식을 다 넣고 오곡밥을 지어 먹었으며, 아주까리 잎에 싸 먹으면 꿩 알을 줍는다고 여겼다. 꿩 알은 계란보다 훨씬 맛이 좋았으며, 그해 봄에 꿩 알을 주우면 한 해 재수가 좋다고 해 꿩 알을 줍기 위해 아주까리 쌈을 먹었다(874). 경북 의성군 단촌면에서는 찰밥을 먹을 때 다른 잡곡보다 먼저 콩을 빼내어 먹으면 꿩 알을 줍는다고 보았다. 그런데 꿩은 알을 낳을 때 한 구덩이에 알을 낳고 흙을 덮은 후 그 위에 다시 알을 낳는 습성이 있어서 한 개를 발견하면 그 주변에서 몇 개의 알을 더 주울 수도 있었다(748).

피마자 잎 싸 먹기… 한 해 신수 좋기를 기원
경북 경산시 용성면에서는 오곡밥을 피마자(아주까리) 잎에 싸서 먹었다. 이 잎은 사람이 먹는 잎 중에서는 가장 크지만, 아무리 크더라도 절대 잘라서 먹지 않았으며, 다만 먹을 때는 자기의 입에 넣을 수 있을 정도의 크기로 쌈을 쌌다. 이 잎을 먹는 것은 피마자 잎처럼 광활하게 신수를 좋게 해 달라는 의미였다(43).

'개보름 쇠듯 한다'… 개보름은 보름 전날, 무신경하게 지내는 차례를 의미
충남 공주시 사곡면에서는 정월 열나흗날을 '개보름'이라 해 명절로 여겼으며, 보리밥으로 연명하던 시절에도 이날만큼은 쌀(찹쌀 또는 멥쌀)에 보리쌀, 팥, 콩, 조 등의 잡곡을 섞어서 오곡밥을 지어 먹었다(14). 논산시 상월면에서도 14일 저녁을 개보름, 15일을 대보름이라 불렀다

(69). 전북 무주군 적상면에서는 보름날 찰밥을 지어 조상에게 차례를 올렸는데, 밥을 큰 양푼에 가득 담아 수저를 조상 수대로 꽂는 형식으로 지냈다. 이처럼 보름차례는 다른 명절 차례나 제사와 달리 신경을 쓰지 않기에 '개보름 쇠듯 한다'라는 말이 생겨났으며, 이 지역에서는 보름 차례상 및 제사상에 호박나물을 올리면 귀신과 사람이 부서[부어 서] 죽는다고 여겨 이 나물을 올리지 않았다(328).

4.5. 더위팔기 및 기타

시원한 여름 보내기 위해 더위팔기… 니 더우, 내 더우, 맞더우!

전남 구례군 구례읍에서는 그해 자신의 더위를 팔기 위해서 보름날 아침 해가 뜨기 전에 처음 만난 사람의 이름을 불렀다. 이름을 듣고 대답을 하면, '내 더우!' 하고 외쳐 더위를 팔았으며, 더위를 산 사람은 '니 더우, 내 더우, 맞더우!'라고 하여 다시 더위를 되팔았다. 이렇게 하면 양쪽 모두 더위를 팔게 된 셈이어서 그해 여름에 더위를 타지 않는다고 여겼다(367). 경북 성주군 수륜면에서는 정월대보름 아침에 일찍 대문을 나서서 상대방의 이름을 부르고 그 사람이 대답하면 '내 더위 사라'라고 말함으로써 더위를 팔았다. 판 사람은 여름을 시원하게 보낼 수 있지만 더위를 산 사람은 더위 때문에 고생을 한다고 보았으며, 해뜨기 전에 팔아야 효과가 있다고 믿었다(534). 칠곡군 왜관읍에서도 보름에 아침밥을 먹고 나가서 친구를 만나면 '니(너) 내 더위 사가라'라고 하면서 더위를 팔았는데, 어른들에게는 더위를 파는 장난을 하지 않았다(901).

대보름에 겉절이… 뜨거운 국물 먹으면 더위 타

충남 당진군 순성면에서는 정월 보름날 아침에 무김치를 먹지 않았는데, 먹으면 모심기를 할 때 논에서 거저리에 쏘인다고 여겼기 때문이었다. 또한 보름 명절에는 묵은 김치를 먹지 않고 햇김치인 겉절이를 해서 먹거나 나박김치를 담가 먹었다. 나박김치는 무를 납작하게 자르고 배추도 잘게 잘라서 고춧가루 우린 물만을 사용해 만들었다(384). 홍성군 서면에서는 보름날 아침 식사를 할 때 뜨거운 국을 먹으면 더위를 탄다고 하여 아예 국을 끓이지 않았다(670).

김치 먹으면… 이 상하고 부스럼 나며 살쐐기 쏘여

경북 칠곡군 동명면(남원2리)에서는 보름날 김치를 먹으면 논일을 나갈 때 벌레에 쏘이고 부스럼이 난다고 여겼다(875). 경기 시흥시 도창동에서는 보름날 김치를 먹으면 이가 상한다고 먹지 않았으며, 대신 김이나 짠지 같은 반찬과 찰밥을 먹었고 보름에는 칼질도 하지 않았다(351). 강원 화천군 간동면에서는 15일 아침 보름밥을 먹을 때 김치를 먹으면 살쐐기에 쏘인다고 여겼으며, 오곡밥은 취나물이나 김에 쌈을 싸 먹었다(541).

젓가락은 좁은 이랑, 숟가락은 넓은 이랑… 찬물 먹으면 소나기 만나

강원 춘천시 동내면에서는 14일 아침에 '볏섬 먹는다'라고 하여 만둣국을 먹었고, 이날 점심에는 오곡밥을, 15일 아침에는 백반과 미역국을 먹었다. 또한 14일에 찬물을 마시면 일할 때 소나기를 만나고, 숟가락으로 밥을 먹으면 여름철 김맬 때 다른 사람보다 큰 고랑(이랑)을 매게 되며, 젓가락으로 먹어야 좁은 고랑(이랑)을 맡게 된다고 여겼다. 이와 함께 오곡밥을 할 때는 싸리나무로 불을 때야 농사가 잘된다고 믿었다(180). 이와 유사한 속신은 전북 무주군 적상면에서도 출현한다(328). 충남 아산시 송악면에서는 1월 15일 보름밥을 숟가락이나 젓가락 대신 손가락으로 먹었는데, 온종일 손가락으로 밥을 먹는 것이 아니라, 몇 번 먹는 시늉을 했으며, 이들 풍속은 중인 이하의 계층에서 행해졌다고 한다(168).

숟가락으로 밥 먹으면 논둑이 터져… 손가락으로 먹어야 밭에 풀 안 나

전북 진안군 부귀면에서는 보름날 아침에 숟가락으로 밥을 먹으면 '방천(논둑이 터지는 것)이 난다'고 여겼으며, 이를 예방하기 위해 숟가락 대신에 젓가락을 쓰거나 손가락으로 밥을 먹었다. 김도 통째로 올렸는데 숟가락을 사용하지 않고 손가락을 이용하여 밥을 먹게 하려는 의도였다(623). 또한 진안군 동향면에서는 보름날 아침밥을 손으로 먹으면 밭에 풀이 나지 않는다고 여겼다(585).

집안에서는 싸리·콩윷놀이… 마을에서는 장작윷놀이

강원 영월군 영월읍과 남면에서는 설날부터 대보름까지 윷놀이를 많이 했는데, 설날에는 집에서 싸리윷이나 콩윷으로 가족들끼리 놀고, 대보름이 가까워지면 마을의 이웃들과 마당에 모여서 장작윷을 가지고 놀았다(309, 320). 남면에서는 윷놀이를 위해 윷가락을 찰밥과 함께 넣어 찌기도 했으며, 이렇게 찌면 대체로 모가 잘 나왔다고 한다(320). 인제군 인제읍(가아2리)에서도 정초에 윷놀이를 했으며, 집 안에서 노는 (놀 때 쓰는) 윷가락은[9] 한 뼘 길이의 싸리나무 윷이나 손가락 한 마디 크기의 콩윷이었다(333). 강원도 지방의 정초 윷놀이의 윷 크기는 지역에 따라 달랐다. 영서쪽에서는 장작윷이라 하여 크게 만드는 고장이 많았고, 영동에서는 주로 실내에 쓰는 밤윷이라 불리는 작은 종지윷을 많이 만들었다(612).

오곡밥·찰밥 먹는 것… 풍년 농사와 무병·무탈 기원

이상에서 살펴본 것처럼 음력 1월 15일의 대보름은 한민족의 고대 국가인 신라에서 유래했으며, 대보름의 대표 절식은 오곡밥과 함께 찰밥이고, 대보름은 한 해의 풍년 농사 기원과 함께 액운 제거 및 건강한 여름나기를 기원하는 성격의 명절이었다. 따라서 우리가 대보름에 찰밥이나 오곡밥을 먹는 것은 풍년 농사를 기원하고, 무병·무탈하기 위함이라고 할 수 있을 것이다.

미주

1 "百里不同風 家家禮(백리부동풍 가가례). / 백 리를 벗어나면 풍속이 같지 않고 집집마다의 예법(가풍)이 있다."
2 음력 1월의 첫 번째 돼지날(상해일)과 쥐날(상자일) 및 말날(상오일)을 말한다.
3 예컨대, 강원 삼척시 원덕면의 경우 대보름 명절의 오곡밥에 찹쌀, 대추, 팥, 콩, 기장쌀, 차좁쌀, 수수쌀(때깨질, 수꾸) 등의 곡물을 썼다(63).
4 [표] 대보름 무렵에 오곡밥과 찰밥이 출현한 지역 수

지역	오곡밥	찰밥
강원(54)	54	20
경기(82)	82	6
경남(66)	64	2
경북(71)	35	30
전남(66)	58	11
전북(42)	29	19
제주(12)	3	3
충남(45)	41	7
충북(33)	29	3
합계(471)	395	101

<출처: 국립문화재연구소, 『세시풍속』 9개 지역 편> / ( )는 조사 지역 수.
※ 대보름 무렵은 정월 14일과 15일을 말함.

5 "糯米飯揉以棗肉柿餠 蒸栗海松子更調蜂蜜芝麻油陳醬號藥飯 爲上元佳饌. 新羅舊俗也(나미반유이조육시병 증율해송자갱조봉밀지마유진장호약반 위상원가찬. 신라구속야)." -『경도잡지』 상원.
6 "(藥飯) 故是中國物而傳于東((약반) 고시중국물이전우동)." -『열양세시기』 상원.
7 [표] 『세시풍속』에 나타난 달집태우기 출현 지역 수

지역	출현 지역 수	이칭
강원(54)	1	대보름 놀이
경기(82)	9	동홰 놀이, 달맞이
경남(66)	61	불놀이
경북(71)	30	달불 놓기, 달집 놓기
전남(66)	15	
전북(42)	24	망울불 놓기, 망우리
제주(12)		
충남(45)	1	

충북(33)	2	소나무 가지 태우기
합계(471)	143	

<출처: 국립문화재연구소, 『세시풍속』 9개 지역 편> / ( )는 조사 지역 수.

8 줄다리기와 관련, 『형초세시기』는 입춘일에 대나무 껍질을 꼬아 만든 긴 줄을 당기는 시구(施鉤) 놀이 풍속을 담고 있으며, 이 놀이와 그네뛰기가 외국에서 유입된 풍속이라고 기록하고 있다.

9 윷은 크기에 따라 장윷과 종지윷으로 나눌 수 있는데, 장윷은 어른 손 한 뼘 정도의 크기로 장작윷, 개비윷, 긴윷 등으로 불린다. 종지윷은 종지에 담아 던지기에 붙여진 이름으로 크기는 손가락 한 마디 정도이며, 지역에 따른 이칭은 생윷, 쪽윷, 밤윷, 콩윷, 깍쟁이윷 등이다. -『세시풍속』(총괄 편), p.52.

8장

꽃방맹이 손에 쥐고
화전가 부르던 삼짇날

강남 간 제비 오는 날… 나비 색으로 운세 보기

8장

꽃방맹이 손에 쥐고
화전가 부르던 삼짇날

강남 간 제비 오는 날… 나비 색으로 운세 보기

1. 삼짇날 유래와 절식

상사일·답청절… 푸른 풀을 처음으로 밟는 날

음력 3월 3일의 삼짇날은 상사일(上巳日) 또는 답청절, 삼삼일로도 불렸다. 한민족이 삼짇날을 속절로 지낸 것은 기록상 고려시대부터로, 『고려사』(권 84)는 나라에서 형벌을 금하는 속절 중 하나로 상사일을 기록하고 있다. 또한 중국의 역사서인 『송사』(외국열전)도 고려 사신의 전언을 통해 고려 사람들이 '상사일에는 푸른 쑥떡을 음식상의 으뜸으로 꼽는다'라는 풍속을 담고 있다.『송사』의 기록이 고려 현종 6년(1015)임을 고려할 때, 한민족은 최소한 11세기 초 이전부터 상사일을 기념했다고 볼 수 있다.

고대 시기 한국의 삼짇날과 관련, 15세기 말엽의 풍속이 기록된 것으로 볼 수 있는『용재총화』(1525년 간행)에는 '3월 3일을 상사라 하는데 세속의 사람들은 답청절(踏靑節: 푸른 풀을 밟는 명절)이라고 부른다. 이날 사람들은 모두 성 밖의 야외로 나가 놀며, 꽃으로 전을 부쳐 먹고 술을 마신다. 또한 새로 난 쑥잎을 뜯어 시루떡(설고)도 만들어 먹는다'라는 기록이 담겨 있다. 이로 미루어 볼 때, 삼짇날을 대표하는 풍속인 화전놀이는 최소한 16세기 초부터 행해진 한민족의 유구한 풍속임을 살필 수 있다.

연한 쑥 뜯어 쑥떡… 꽃잎으로 화전 부치는 날

삼짇날의 대표 시식인 쑥떡과 화전은 또 다른 문헌에도 등장한다. 1488년 조선을 방문한 명나라 사신이 기록한『조선부』에는 '조선에서는 삼월 삼짇날에 연한 쑥잎을 뜯어서 멥쌀가루와 섞어 떡을 찌는데 이를 애고(艾糕), 즉, 쑥떡[艾糕]이라 한다'라고 했으며, 17세기 초의 기록으로 볼 수 있는『태촌집』은 '답청절의 제물로 화전인 전화병을 올린다'라고 했고, 비슷한 시기의『택당집』(별집, 권 16)도 '삼월 삼짇날 속절의 제물로 쑥떡인 애병(艾餠)을 쓴다'라고 기록하고 있다. 그런데 18세기 전기의 풍속으로 볼 수 있는 『도곡집』(권 26)을 비롯해 18세기 중엽의 풍속을 담은 것으로 여겨지는 『지수재집』(권 15)은 삼짇날 송편을 마련한다는 내용을 담고 있다. 이들 송편이 쑥을 재료로 했는지 여부는 불분명하다.

그렇다면 이 같은 삼짇날 풍속은 조선 후기에 이르러 어떻게 변모됐을까? 18세기 말의 풍속을 담은 『경도잡지』는 '삼짇날인 중삼일에 사람들이 진달래꽃을 따다 찹쌀가루와 섞어 둥근 떡을 만든 다음 참기름에 지져 화전(花煎)을 만들어 먹는다'라고 했으며, 이 같은 시식 풍속은 19세기 중엽의 『동국세시기』까지 이어진다. 19세기 초의 『열양세시기』는 화전 시식과 함께 '한양인 경성의 꽃놀이가 삼월에 제일 성하여, 북악산의 필운대와 세심대는 꽃놀이하려는 사람들이 구름같이 모여들어 한 달 내내 줄지 않는다'라며 현대와 유사한 봄나들이 풍속을 기록하고 있다.

[표] 문헌에 나타난 삼짇날 풍속

출전 문헌 (기록 시기)	명칭	풍속 내용	기타
형초세시기 (6세기~ 7세기 초)	3월 3일	맑은 물에 임하여 잔 띄우고 술 마심[1] / 서국채[2]의 즙을 내어 끓인 국 / 꿀과 쌀가루를 섞어 버무린 (떡) 용설판: 나쁜 기운 물리침	상사(上巳日)라는 어휘가 출현
용재총화 (15세기 말~ 16세기 초)	上巳 (상사)	답청절 / 교외 나들이 / 화전과 술 / 쑥설고(쑥떡) 빚음	
경도잡지 (1800년 전후)	重三 (중삼)	진달래꽃과 찹쌀가루 섞고 둥글게 빚어 참기름에 지진 화전(花煎) 만들기	

동국세시기 (1849)	三日 (삼일)	진달래꽃과 찹쌀가루 섞고 둥글게 빚어 참기름에 지진 화전(花煎) / 녹두면과 오미잣물에 꿀과 잣을 곁들인 화면(花麵)과 수면(水麵)	3월 중 화류놀이 / 풀각시놀이 / 버들피리 불기
해동죽지 (1921)	3월 3일	화전 / 화전놀이	

※ 풍속의 유래와 변천상을 살피기 위해 한국 풍속과 많은 유사성을 담고 있는 고대 중국의 『형초세시기』와 함께 18세기 말~20세기 초의 한국 세시기 등에 출현한 풍속을 [표]로 만듦. / ( )는 풍속 출현 시기 또는 책자 간행 시기.

2. 삼짇날의 특징

전국 공통의 절식·의례 부재… 점치기 풍속이 다수

앞서 살펴본 조선 후기의 세시기 풍속은 현대의 『세시풍속』에도 엇비슷하게 출현한다. 그런데 『세시풍속』은 이에 더해 이전의 양반 사대부들이 기록한 한양 중심의 풍속에 등장하지 않는 다양한 풍속들을 담고 있다. 대표적인 것이 삼짇날 처음 보는 나비의 색깔로 한 해의 길흉을 점치고, 신록이 싹트는 나무의 잎과 꽃이 피는 양상을 보며 한 해 농사의 풍년 여부를 미리 내다보는 풍속들이다. 특히 처음 보는 나비나 동물로 한 해를 점치는 풍속은 지역에 따라서는 화전 부치기나 화전놀이보다 광범위하게 출현한다.

그럼에도 『세시풍속』에 나타난 지역별 삼짇날의 두드러진 특징은 남한 전역에 걸쳐 공통적으로 출현하는 의례 또는 행사와 절식을 찾기 어렵다는 점이다. 예컨대, 화전놀이로 대표되는 삼짇날의 야외 나들이인 '회치'는 마을 사람들이 경치 좋은 곳에 모여서 먹고 노는 것에 초점이 맞춰진 놀이였고, 이의 출현 빈도는 경남 지역에서 가장 높게 나타난다. 그런데 이러한 야외 나들이는 전남과 전북 지역의 경우 화전놀이라는 이름으로 불렸고, 그 출현 빈도도 경남만큼 높지 않으며, 경기도를 비롯해 충청도에서는 흔치 않은 풍속이었다. 지역별 삼짇날의 풍속은 경기도의 경우 나비와 나무, 그리고 짐승 관련 점치기 풍속이 다수를 차지하며, 충남과 전북 지역은 강남에서 돌아온 제비와 관련한 풍속의 출현 빈도가 높다.

다음은 『세시풍속』에 나타난 삼짇날 풍속이다.

3. 삼짇날의 풍속

3.1. 화전놀이와 시식

참꽃 따다 부침개… 여인네끼리 산에 놀러 가는 날

강원 홍천군 동면에서는 삼짇날의 경우 진달래가 아주 물이 오를 때이기에 진달래를 올려 밀전병을 부쳤으며, 그 맛은 달콤하면서 사드름(약간 쓴맛)했다. 산에서 나물을 캐고 진달래를 따서 그냥 먹기도 했는데, '진달래의 맛이 쓰면 그해 풍년이 들고, 달면 그해 흉년이 든다'고 여겼다(521). 경기 화성시 향남면에서는 삼짇날이 되면 산과 들판에 꽃들이 피기 시작했고, 이때 진달래꽃을 뜯어 찹쌀가루와 반죽한 다음, 참기름을 발라 진달래 전을 부쳐서 먹었다(722). 전남 해남군 현산면에서도 삼짇날 밀가루에 쑥을 넣거나 진달래꽃(참꽃)을 넣어 밀전을 만들었다(841). 충북 영동군 용산면에서는 삼짇날, 진달래꽃을 얹어 화전을 만들고 진달래술을 담기도 했는데, 진달래술의 경우 복날 먹으면 가래를 예방할 수 있다고 여겼다(261).

삼짇날… 명소 찾아 '회치'하고 참꽃부낌이 먹는 날

경남 거제시 거제면에서는 삼짇날 동년배들이 마을 인근의 경치 좋은 곳에 모여 음식 등을 먹으며 노는 '회치'를 했는데, 이때 시식으로 진달래꽃을 넣은 '참꽃부낌이'라는 전을 부쳐 먹었다(17-18). 의령군 용덕면에서도 새봄을 맞아 친목을 도모하는 뜻으로 마을 사람들이 잔치를 열었는데, 주로 삼짇날에 물 좋고 경치 좋은 곳에 찾아가서 노는 것이었다. 이를 '회치한다'라고 불렀으며, 회치는 다가오는 농사철에 품앗이가 잘 되게 해 주었고, 마을 사람들이 농사일을 서로 협력하도록 하는 데 도움이 됐다(631). 전남 광양시 황길동에서는 삼짇날이 가까워지면 산과 들이나 하동 등지로 화전놀이를 가서 참꽃(진달래) 잎을 많이 넣은 화전을 부쳐 먹었다(49).

시집올 때 입은 옷 꺼내 입는 날…
꽃보다 고운 분홍치마·새파란 저고리의 처녀

경북 구미시 해평면에서는 삼짇날 젊은 처녀들이 분홍 치마에 새파란 저고리를 입고 산으로 가서 나물을 뜯고 놀았는데, 그 모습이 꽃보다 더 보기 좋았다고 한다(109). 청송군 파천면에서는 산에 진달래꽃이 활짝 피면 화전놀이를 갔으며, 이날은 부인네들이 꽃과 어울리는 날이기에 자신들이 시집올 때 입었던 고운 옷을 꺼내어 입고 머리도 단정히 빗어 한껏 멋을 부렸다(854).

꽃방맹이 손에 쥐고 화전가 부르던 아낙네들

경북 의성군 사곡면에서는 삼짇날에 마을 여자들이 '단장'이라는 곳으로 올라가서 화전놀이를 했는데 놀이 계원을 '화전꾼'이라 부르기도 했다. 갓 시집온 새댁들은 시집살이 때문에 화전놀이에 참여할 수가 없었고, 대개 중년 부인들이 모여서 이 놀이를 했다. 화전놀이를 하는 날에는 여인네들이 아껴둔 옷을 꺼내어 차려입었으며, 참꽃(진달래꽃)을 꺾어서 만든 꽃방맹이(참꽃 한 아름을 꺾어 묶어 놓은 것)를 손에 쥐고 시를 짓거나, '어와 세상 벗님들아 화전놀이 가자스라'라는 화전가를 부르며 놀았다. 화전놀이 때 불렀던 노래의 가사집이 있었으나 한국전쟁 이후 분실되었고 기억에서마저 사라지면서 점차 화전가를 부르지 않게 되었다(735).

삼짇날은 떡 해 먹는 날… 느티나무떡·쑥떡

경북 군위군 부계면에서는 화전놀이를 갈 때는 꼭 떡을 해 먹었다. 이 마을에서는 '봄 떡 못 먹겠더라. 와 언놈이 줘야 먹지'라는 얘기가 있을 만큼 떡이 귀했으며, 특히 봄철에 먹는 떡은 다른 때보다 정성을 많이 들였다(487). 경기 남양주시 오남면에서는 3월 초순이면 느티나무에 새순이 돋았으며, 삼짇날에 새순을 뜯어 쌀가루와 함께 떡을 쪄 먹었다(218). 전북 순창군 인계면에서는 삼짇날 멥쌀가루에 쑥을 넣어서 만든 '정절편(일종의 달떡)'을 빚었다(414). 강원 양양군 강현면에서도 3월 초가 되면 쑥이 약간씩 올라오기 시작하기에 삼짇날에는 쑥을 뜯어서 쑥밥을 해 먹었다. 이날 쑥밥과 쑥나물을 함께 먹으면 건강하게 여름을 날 수 있다고 여겼으며, 쑥떡을 해 먹기도 했다(282).

조금만 먹어도 나비처럼 가벼워진다는 송편

강원 횡성군 우천면에서는 3월 삼짇날에 떡(송편)을 빚어 손마디만큼만 조금 먹어도 나비처럼 가벼워진다고 해서 이날 떡을 만들어 먹었다(571). 경북 예천시 유천면에서도 삼짇날에 송편을 빚고, 산으로 화전놀이를 가서 진달래(참꽃) 화전도 부쳐 먹었다(637).

노란 조개, 쑥 넣어 끓인 쑥국… 청어 말린 과메기 넣기도

경북 경산시 남천면에서는 삼짇날 돌 밑에서 갓 자라난 쑥을 뜯어서 말린 것과 강에서 채취한 노란 조개를 넣고 쑥국을 끓여 먹었다. 노란 조개는 삶아서 조리질을 하면 속살이 자연스럽게 빠져나왔다고 한다. 쑥국에는 청어를 말린 과메기를 넣기도 했는데, 쑥국은 먹을 것이 넉넉하지 않은 봄철에 입맛을 돋우고 영양을 보충할 수 있는 최고의 음식이었다(20). 영천시 야사동에서는 삼짇날 쑥국을 먹으면 뱀에게 놀라지 않는다고 하여 이날 쑥국을 끓였다(335).

3.2. 나비 점 풍속

삼짇날 노랑나비를 보면 좋은 일 생겨… 흰나비는 궂은일

강원 원주시 부론면에서는 삼월 삼짇날이면 나비가 나왔는데, 처음 보는 나비가 흰나비이면 그해 부모님이 돌아가셔서 상복을 입게 되고 노랑나비이면 좋은 일이 생긴다고 여겼다. 또한 이날 뱀을 보면 그해 재수가 없고, 도마뱀을 보면 1년 내내 행동이 재빠르다고 보았다(116-117). 경기 김포시 고촌면에서도 흰나비를 보면 상주가 되고, 노랑나비와 제비를 보면 몸이 가볍게 되며, 뱀을 보면 재수가 없고, 개구리를 보면 몸이 무겁게 된다고 여겼다(171). 또한 안산시 대부동에서는 흰나비를 보면 운수가 사납고 노랑나비를 보면 운수가 좋다고 믿었으며(375), 경남 고성군 대가면에서는 삼짇날이나 그즈음에 산이나 들에 나가 흰나비를 보면 그해 상주가 되고, 호랑나비를 보면 길하다고 점쳤다(512).

3.3. 나뭇잎으로 풍년 점치기

느티나무로 한 해 농사의 풍흉 점쳐… 잎 한꺼번에 피면 풍년

강원 횡성군 갑천면에서는 느티나무 잎이 한꺼번에 피면 그해 모내기 또한 한꺼번에 할 수 있어 풍년이 들고, 잎이 군데군데 피면 흉년이 든다고 믿었다. 그런데 이 마을에는 느티나무가 없어서 인근의 추동마을 느티나무를 보고 점을 쳤다(600). 홍천군 화촌면에서는 마을에 있는 큰 느티나무의 잎이 일시에 피면 물이 충분하여 모를 한 번에 심을 수 있고, 잎이 드문드문 피면 가물어서 한꺼번에 모를 심지 못한다고 여겼다(508). 전남 나주시 동강면에서도 삼짇날 당산나무의 잎이 피는 것을 보고 풍흉을 점쳤는데, 당산나무의 잎이 한 번에 피면 그해는 풍년이 들고, 여러 번에 나눠서 피면 좋지 않다고 보았다(63). 대구 달성군 유가면에서는 삼짇날에 마을에 있는 당산나무의 잎이 한꺼번에 피면 그해는 운수가 좋을 것이고, 드문드문 피면 운수가 좋지 않을 것이라고 여겼다(918).

3.4. 제비 풍속

강남 갔던 제비가 돌아오는 삼짇날… 호박과 박을 심는 날

경기 구리시 갈매동에서는 삼월 삼짇날은 강남 갔던 제비가 돌아오는 '좋은 날'이기에 여자들이 개울가로 가서 머리를 감았다(110). 전남 여수시 호명동에서는 삼짇날에 호박을 심었는데, 이날은 제비가 호박씨를 물고 오기에 이때 호박과 박을 심으면 잘된다고 여겼으며(208), 충북 청주시 장암동에서도 삼짇날에 호박이나 박을 심으면 잘 자란다고 해서 호박이나 박을 많이 심었다(63).

고개를 3번 까닥여 제비에게 인사하기… 노인들은 제비에게 절을 하기도

전남 무안군 해제면에서는 삼짇날이면 제비가 보였으며, 이날 처음 보는 제비에게 고개를 세 번 까닥거려 인사했다. 제비를 가장 먼저 본 사람은 재수가 좋아서 꿩 알을 줍는다고 여겼고 제비는 사람이 드나드는 출입구 위에 둥지를 틀며, 사람이 살지 않는 빈집에는 아예 둥지도 틀지 않았다(465). 충북 단양군 적성면에서도 강남 갔던 제비가 삼짇날이면 다시 돌아왔는데, 예전에 노인분들 중에는 이날 제비를 보고 절을 하는 사람도 있었다(183).

제비집은 추녀 안에 있어야 재수 있다

전북 익산시 금마면에서는 제비가 집을 지을 때, 문을 바깥쪽으로 내면 재수가 없고 안쪽으로 내면 재수가 좋다고 여겼으며, 또한 제비가 짚을 많이 섞어서 집을 지으면 그해에 비가 많이 오고, 짚이 삐치지 않고 깨끗하게 지으면 비가 드물다고 보았다(133). 충남 당진군 순성면에서는 제비가 집을 지을 때 추녀 안에 지으면 좋고, 추녀 바깥에 지으면 돈이 나간다고 흉조로 여겼으며, 제비집을 흙으로 매끈하게 지으면 논밭에 풀이 덜 나고, 거칠게 지으면 풀이 많이 난다고 믿었다(388). 전남 장성군 삼계면에서도 삼짇날 돌아온 제비가 집을 지을 때 짚을 늘어뜨려서 수선스럽게 지으면 그해 비가 많고 풍년이 들지만 보기 좋도록 몽글게(깨끗하게) 지으면 비가 적다고 여겼다(699).

제비 보면 부지런해지고… 개구리 보면 배고플 일이 없다

전북 부안군 상서면에서는 삼짇날에 나비 색깔을 보고 점을 치듯이 동물을 보고 그해 운수를 점쳤는데, 제비를 먼저 보면 부지런해지고, 개구리를 먼저 보면 한 해 동안 배가 불러 배고플 일이 없을 것이라고 보았다(391). 충남 공주시 우성면에서도 삼짇날 제비를 보면 몸이 가벼워지고, 노랑나비를 먼저 보면 마음이 상쾌해지며, 흰나비를 보면 상복을 입게 되고, 개구리를 보면 그해에 배가 고프지 않아 좋다고 여겼다. 또한 벌을 보면 신역(몸으로 치르는 노역)이 고되고 힘을 쓸 일이 많다고 점쳤다(36).

3.5. 기타 풍속

삼짇날은 아이 배냇머리 깎는 날

강원 홍천군 서석면에서는 아기가 태어나서 한 번도 깎지 않은 '배냇머리'를 삼짇날에 밀어 주었는데(깎아 주었는데) 이렇게 하면 아이가 장수한다고 여겼다. '배꼽칼'을 사용했기에 머리카락이 꼼꼼하게 깎이지 않고 드문드문 깎여 보기가 좋지 않았다(492). 영월군 남면에서는 삼짇날 자녀들의 머리를 깎아 주면 머리에 부스럼이 나지 않으며 머리털이 잘 자라고(325), 경남 거창군 주상면에서는 삼짇날 어린아이의 머리카락을 깎아 주면 머릿결이 고와진다고 여겼다(463). 함양군 마천면에서는 삼짇날 처녀들이 개울가로 가서 머리를 풀어 끄트머리를 조금 잘라 물에 띄웠는데, 이렇게 하면 머리가 잘 자란다고 믿었다(813).

삼짇날은 길일… 장을 담그자

경남 양산시 물금면에서는 삼짇날이 길일이기 때문에 이날 장을 담그는 집이 많았다. 장맛으로 그 집안의 운세를 가늠할 수도 있었기 때문에 삼짇날 장을 담그지 않는 집은 따로 손 없는 날을 택해서 장을 담갔다(268). 경북 예천시 용문면에서도 삼짇날은 '장 담그기 좋은 날'이라고 해 집집마다 장을 담갔다(643).

삼짇날… 부부가 동침하면 지신이 노해 흉년 들어

경남 창녕군 이방면에서는 삼짇날 부부가 함께 자지 않았는데, 동침을 할 경우 지신이 질투를 하여 한 해 농사를 흉년 들게 한다고 여겼기 때문이다(702).

삼짇날 불공… 집안 평안하고 장수한다

경남 김해시 한림면에서는 삼짇날 불공을 드리면 집안이 편안하고 장수한다고 하여 이날 부녀자들이 절에 가서 삼짇 불공을 드렸다(76). 하동군 옥종면에서도 삼짇날이 길일이라며 이날 절에 가서 불공을 드리고 오는 사람이 많았으며, 이 마을에서는 불교 신자가 아니더라도 절에 많이 갔다(731). 전북 장수군 계북면의 절이나 암자에서는 삼짇날 팥죽을 쑤어 불공을 드렸다(569).

삼짇날은 용왕제 드리는 날… 풍년 농사와 집안·자손 잘되기를 기원

경남 거창군 가조면에서는 삼짇날 새벽에 가까운 도랑이나 물가에 가서 집안이나 자손이 잘되게 해 달라고 용왕제를 지냈는데, 집집마다 비는 자리가 달라, 만약 남의 자리에서 제를 지낼 경우 부정을 타서 효과가 없다고 여겼다. 용왕제의 제물로는 적은 양의 밥, 미역, 떡 등이 쓰였다(450). 전남 순천시 주암면에서는 삼짇날 음식을 장만해 논에 나가서 농사가 잘되게 해 달라고 용신에게 제사를 지냈다(161).

밤에 보리피리 불면 뱀 나온다

경남 마산시 진북면에서는 삼짇날 남자아이들이 버드나무나 소나무 순으로 피리를 만들어 '해뜨기' 불기를 했으며(122), 부산 기장군 철마면에서도 물오른 버들가지를 꺾어 손으로 비빈 다음, 껍질이 터지지 않게 벗겨 내고 낫으로 아래위를 잘라 내, 아래쪽을 얇게 파내서 피리를 만들었다(879). 경북 고령군 덕곡면에서도 물가에 피는 '버들강새'라는 풀을 꺾어다가 피리를 만들어 불었는데 풀의 길이, 굵기에 따라서 풀피리의 소리가 다 달랐다(447). 전남 구례군 문척면에서는 삼짇날 남자아이들이 미루나무 잎 등으로 풀피리를 불고 놀았는데, 밤에 피리를 불거나 휘파람을 불면 뱀이 나온다고 해 어른들이 불지 못하게 했다(391).

풀싸움을 하는 삼짇날

부산 기장군 철마면에서는 삼짇날 주로 아이들이나 머슴들이 바래기(바랭이)³ 풀을 뽑아 머리 부분을 묶고 상대방의 것과 엮은 다음, 양편이 동시에 잡아당겨 끊어지지 않는 편이 이기는 풀싸움을 했다(879).

삼짇날… 산맥이 하며 산치성 드리는 날

강원 삼척시 원덕면에서는 주로 봄철 삼짇날이나 10월 15일경 등에 '산맥이'라고 하는 산치성(山致誠)을 드렸는데, 그 장소는 각기 달라 집집마다 가는 산이 있고 자기 몫의 소나무가 있었다. 산맥이를 할 때는 '산'이라는 금줄을⁴ 소나무에 칭칭 동여매고, 백지를 20cm 정도의 길이로 찢어 걸어 놓은 다음, 제물로 어물과 떡, 메를 준비하거나 말린 명태를 차렸다. 그리고 '일 년 열두 달 하루같이 도와주고 물에 가면 고기 잘 잡고 산에 가면 굴지(구르지) 말게 해 달라'라고 빌었다. 치성을 마친 후에는 '제반떡'이라 부르는 떡 가운데에 구멍이 뚫린 동글레떡을 날짐승들 먹으라고 소나무 위로 던지기도 했다(68). 춘천시 동산면에서는 각 가정마다 산에 산제당을 만들어 놓고 3월 삼짇날 등에 '산치성'을 드렸는데, 산제당은 짚으로 짓거나 바위에 제단만을 두는 형태 등으로 만들었다. 산치성을 갈 무렵에 닭 또는 개고기를 먹었거나 상례를 보는 등과 같이 부정이 있으면 치성을 드리지 않았으며, 산에 갈 때는 청수, 북어 한 마리, 백설기, 술, 과일, 밥 등을 준비했다(155).

매년 만들어 마을 입구에 줄지어 세워졌던 장승

강원 춘천시 동산면에서는 매년 3월 삼짇날이 되면 거리제와 성황제를 지냈는데, 성황제는 마을 앞에 있는 성황당에서 아침 일찍 모시고, 거리제는 저녁에 마을 입구에서 행했다. 누구나 참여할 수 있는 거리제와 달리, 성황제에는 부정이 있는 사람은 참여할 수 없었다. 인근의 마을에서도 장승제와 성황제를 지냈으나, 한국전쟁 이후 대부분 사라졌다고 한다. 한편, 이 마을의 길목 좌우에는 장승들이 늘어서 있는데, 예전에는 제례일 전날에 매년 장승을 세웠다고 한다(155-156).

미주

1 『형초세시기』는 이 풍속과 함께 『예의지』에 3월 상사일에 관리와 백성들이 모두 동쪽으로 흐르는 물가에서 계제를 지내고 술을 마시는데, 이처럼 물가에서 제액을 물리치는 풍속은 그 유래가 오래되었다고 기록하고 있다.

2 서국채는 국화과의 2년생 초목으로 서곡초(떡쑥), 향모, 청명채, 용모라고도 불린다. 민간에서는 청명절에 보통 서국채의 어린 줄기와 잎을 가루 내어서 부쳐 먹었다. -국립민속박물관 2007. p.58.

3 볏과에 속하는 한해살이풀.

4 한국의 풍속에서는 새끼로 금줄을 치는데, 이와 관련해 『형초세시기』는 새끼줄을 쳐서 역귀를 쫓는다는 풍속을 소개하고 있다. 이를 통해 마을 단위 제사나 장을 담글 때 치는 금줄의 의미가 역병을 일으키는 귀신을 쫓는 것에서 유래했음을 살필 수 있다.

9장

여름철 재액 제거와
건강을 기원했던 단오

푸른빛의 쑥떡을 빚는 날… 수리취떡은 와전의 산물

9장

여름철 재액 제거와
건강을 기원했던 단오

푸른빛의 쑥떡을 빚는 날… 수리취떡은 와전의 산물

음력 5월 5일의 단오(端午)는 현대에 들어 그 세가 크게 약화됐지만 고려시대의 9대 속절, 조선시대의 4대 절사(명절)에서 나타나듯 동지, 설, 추석과 함께 한국인의 큰 명절이었다. 단오는 주로 한양과 양반 계급층을 비롯해 강원, 충북, 제주 지역에서 많이 지냈던 것으로 여겨지며, 이날 제사와 함께 약쑥을 캐고 창포물로 머리를 감았다. 이들 풍속과 함께 다수의 한국인들은 단옷날 그네를 타거나 씨름을 하며 명절로서 하루를 쉬었다.

단옷날의 떡… 지역에 따라 달라… 강원·충북 지방은 수리취떡

단옷날에는 지역과 집안에 따라 떡도 빚었는데, 강원도와 충북의 일부 지역 등에서는 쑥이나 취를 멥쌀가루 등에 섞어 떡을 만들고 이를 '수리취(치)떡'이나 '수리떡'이라 불렀으며,[1] 전북과 전남 등지에서는 '삐비(삘기)'나 찔레꽃을 재료로 떡을 빚고 이를 찔레꽃떡 등으로 칭했다.[2] 이는 단오의 대표 떡으로 알려진 '수리취떡'이 남한 전역의 떡이 아닌 강원도와 충북 일대의 태백산맥 주변에 주로 출현하는 떡 명칭임을 보여 준다. 그럼에도 한국 단오의 대표 절식은 '수리취떡'으로 통칭되고, 한국인의 상당수는 이 떡이 수리취를 재료로 한 떡으로 알고 있다. 한국 명절을 대표하는 떡을 한국인이 달리 인식하고 있는 것이다.

1. 단오의 성격과 특성

단오는 어떤 명절일까? 앞서 살폈듯, 음력 5월 5일에 기념되는 단오는 마한의 오월제와 관련되며, 추석 문화권에 대비될 정도로[3] 큰 명절로 인식되고 있다. 그런데 단오는 농산어촌의 경우 그 인식만큼 크게 지내는 명절이라고 말하기 어려운 측면이 있다. 무엇보다 단오는 명절을 쇠는 척도라고 할 수 있는 절식과 의례의[4] 출현 지역 수 측면에서 설날이나 추석에 뒤지는 것은 물론, 동지보다도 훨씬 적다. ('[표]『세시풍속』에 나타난 단오 의례와 떡 출현 지역 수'는 미주 참고)[5]

의례와 절식의 출현 빈도 크게 낮아

단오에 절식을 마련하거나 의례를 행하는 지역은 『세시풍속』 전체 조사 지역 10곳 중 3~4곳 미만으로, 이 같은 출현 빈도는 일반적 인식과 달리 단오가 한국인 다수에 의해 기념되지 않는 명절이었음을 보여 준다. 특히 강원과 제주, 충북을 제외한 나머지 지역의 경우 의례와 떡 출현 빈도에서 유의미한 횟수라고 보기 어려워, 추석권과 단오권의 구분도 사실상 큰 의미가 없음을 살피게 한다. 따라서 『세시풍속』 조사에 의한 현대 한국의 단오는 일부 지역에서만 바쁜 농사철에 하루를 쉬는 속절이며,[6] 대다수 지역에서는 무병장수와 제액초복(除厄招福)적 의례 행위가 주를 이뤘던 예전 기억 속의 풍속에 지나지 않는다. 그렇다면 단오는 왜 한민족 전체의 명절로 보편화되지 못했을까? 단오가 대다수 지역으로 대중화되지 못했거나 쇠퇴한 것은 다음과 같은 요인에서 비롯된 것으로 여겨진다.

단오는 보릿고개 시기에 자리… 명절 쇠퇴 요인으로 작용

무엇보다 농경이 주였던 한민족의 명절은 농사와 관련이 깊다. 예컨대, 파종 전에는 풍년 농사를 기원하고, 수확을 마친 뒤에는 이에 대한 감사를 전하며, 식량의 여유가 있어야만 명절이란 잔치를 지내는 것이 가능했기 때문이다. 그런데 단오의 경우 그 시기가 파종도 수확을 마친 뒤도 아니며, 더욱이 보릿고개로 불릴 만큼 한민족에게 먹거리 상황이 좋지 않은 음력 5월에 자리한다. 이 같은 시기적 요소는 단오가 고대 한민족의 전체 명절로 확산되는 데 분명한 장애 요소가 됐다고 할 수 있을 것이다.

주요 곡물의 파종 시기는 6월 중·하순… 5월초 단오 날짜와 맞지 않아

한민족이 기원을 전후한 시기에 어떤 곡물을 주로 경작했는지는 당시의 주요 곡물인 5곡을 살피는 것으로 파악이 가능한데, 중국의 『삼국지』(위지 동이전)와[7] 『산해경』의 기록을 통해 3세기 이전의 5곡은 대체로 '보리, 조, 기장, 마, 콩'이었을 것으로 추정된다.[8] 한민족이 이 시기에 농사와 관련된 오월제 등의 축제(명절)를 지냈음이 『후한서』 등에 나타나는 만큼, 마한 등의 고대국가에서 행한 농경 축제(명절)의 대상 곡물에는 이들 5곡이 포함됐을 것이다. 따라서 이들 곡물의 파종과 수확 뒤의 시기는 당시 농경 축제(명절)의 기념일과 연관되고, 음력 5월(양력 6월)과 관련된 곡물이 단오 명절의 기념 대상이라 할 수 있다. 『후한서』는 고대의 농경 축제에 대해 "(마한에서는) 항상 5월에 밭일을 마치고 귀신에게 제사 지내며, 밤낮으로 먹고 마시며 무리를 지어 노래하고 춤추는데 10월에 농사일이 끝나도 또한 이같이 한다"라고 기록하고 있다. 이 기록의 5월은 단옷날의 5월과 일치한다.

[표] 한반도 5곡의 파종 및 수확 시기

곡물명	파종 시기	수확 시기
벼	모내기: 중부 5월 중순~6월 중순 남부 5월 하순~6월 하순	중부 9월 하순~10월 하순 남부 10월 상순~11월 상순
보리	중북부 10월 상순 중남부 10월 상·중순 남북부 10월 중순 남남부 10월 중·하순	중부 6월 상·중순 남부 5월 말~ 6월 상순
콩	여름콩 4~5월, 가을콩 6~7월 단작: 중부 5월 중·하순 남부 5월 상·중순 맥후작: 중부 6월 중·하순 남부 6월 중순	그루콩:중부 10월 상·중순 남부 10월 중·하순
조	봄조 5월 상순 그루조 6월 중·하순	봄조 9월 상·중순 그루조 10월 상·중순
기장	봄기장 5월 상순 그루기장 6월 중·하순	봄기장 8월 하순~ 9월 상순 그루기장 9월 하순~10월 상순

<출처: 성락춘·이철. 2007. 『인간과 식량』. 서울: 고려대학교출판부. pp.82-90.>

그렇다면 어떤 곡물이 5월에 파종되거나 수확될까? 시대에 따라 다소의 차이는 있을 수 있지만, 기원을 전후한 시기에 한민족이 경작한 주요 곡물(보리, 조, 기장, 마, 콩)의 파종과 수확 시기는 위의 [표]와 같다. 보리의 경우 10월 상순·중순에 파종하고 이듬해 5월 말에서 6월 중순경에 수확하며, 콩은 보리를 심은 뒤에 파종할 경우 남부 지역은 6월 중순과 10월 중·하순이 각각 파종과 수확 시기이다. 조의 경우 그루조[9]를 기준으로 6월 중·하순에 파종해 10월 상·중순에 수확되며, 기장은 그루기장의 경우 6월 중·하순이 파종기, 9월 하순에서 10월 상순이 수확 시기이다.[10]

이를 통해 이들 5곡의 파종과 수확 시기는 보리를 제외하고 대체로 6월 중·하순과 10월 상·중순으로 모아짐을 살필 수 있는데, 이들 시기는 『후한서』에 기록된 오월제와 시월제의 축제 시기였을 가능성이 높다고 할 수 있다. 그런데 파종의 경우 이후 추가로 행해야 할 힘든 농사일이 한동안은 없다는 점에서 '파종 일(시기) = 축제일'이라는 등식이 성립될 수 있지만,[11] 수확은 곡물을 거둬들이고 이후 탈곡과 저장까지 마쳐야 한다는 점에서 수확 시기가 축제일이 되기는 어려워 보인다(수확 시기≠축제일). 이에 더해 한국의 기후는 10월 이후 겨울철로 접어들어 월동 준비도 필요하다. 따라서 한국인의 주요 농경이 잡곡에서 벼농사로 대체되기 이전, 마한에서 행해진 농경 축제의 시기는 오월제의 경우 파종 시기와 엇비슷한 6월 중·하순 무렵이고, 시월제는 수확 시기인 10월 상·중순을 넘긴 11월 초였을 가능성이 높다고 할 것이다. 이들 축제 시기를 음력으로 환산하면, 오월제는 대략 음력 5월 하순 무렵이고, 시월제는 음력 10월 초 무렵이 된다.

이상과 같은 파종과 축제 시기는 음력 5월 5일의 단옷날이 한민족이 경작한 곡물의 파종 시기와 대체로 맞지 않고, 보리 수확 철에 해당되는 바쁜 농사철임을 보여 준다. 특히 벼농사가 본격화된 이후에는 모내기 등으로 더욱 바쁜 농번기가 단오 무렵이다. 이는 단오의 기념 대상 곡물의 부재를 의미하며, 명절로서 쉬거나 기념하는 것을 사실상 불가능하게 하는 요인으로 작용했다고 할 수 있다. 그 결과 단오는 전국적으로 공통된 풍속을 찾기 어렵고, 절식 또한 지역에 따라 각기 다른 양상을 띠게 된 것으로 여겨진다.[12]

물론, 단오의 기념 곡물과 관련해서 보리가 그 기념 대상이며, 단오는 보리 수확과 관련한 농경 축제라고 볼 수도 있고, 실제로 단오에 보리를 주재료로 해 보리개떡 등을 단오의 절식으로 만드는 지역이 다수 출현한다. 하지만 『후한서』에 나타난 5월제는 파종 뒤의 축제란 점에서 수확을 하는 보리와는 그 성격이 맞지 않으며, 단오를 대표하는 떡류 절식인 쑥떡이나 수리취떡은 보리가 아닌 쌀 등을 주재료로 한다는 점에서도 단오를 보리 수확을 기념하는 명절로 보기에는 분명한 한계가 있다.

단오 무렵은 모내기 등으로 바쁜 농사철… 명절일로 부적합

단오가 명절의 시기로 부적당함은 현대의 『세시풍속』에서도 분명하게 드러난다. 경남 사천시 서포면의 경우 단옷날은 모내기 철로 바빠 명절이 아닌 것으로 여기며(212), 전남 무안군 해제면과 경북 영천시 청통면도 바쁜 농사철이라 쉴 수 있는 시기가 아니었다(467, 363). 또한 경북 영덕군 창수면 역시 단오 무렵은 한창 바쁜 농사철이라 단오에 대해 관심을 두지 못했다(558). 이처럼 단오가 농번기인 지역은 울진군 근남면(모내기), 진안군 진안읍(모심기 준비, 보리 베는 철), 제주시 노형동(고구마 심기-보리 거둬들이기), 구미시 해평면(농사철), 북제주군 한경면과 서귀포시 중문동(보리 수확기) 등이다.[13]

고대 농경 축제인 오월제는 이처럼 단오의 5월이란 시기와 관련될 수 있지만 재배 곡물의 파종 시기와 맞지 않아, 그 기념일이 음력 5월 5일은 아니었던 것으로 보인다. 따라서 단오는 농경 관련 축제의 성격이 약했다고 할 수 있으며, 이는 파종이나 수확을 축하하는 단오 의례의 필요성 감소로 이어졌고, 단오에 대한 명절 인식이 쇠퇴하는 핵심적 이유가 되었다.

신라, 중국 문물 도입에 적극적… 한국의 단오 풍속에 영향

고대 한국의 단오 풍속은 중국의 영향을 크게 받은 것으로 여겨진다. 신라는 '삼국 통일' 이전은 물론 이후에도 중국의 문물 수입에 적극적으로 나서 중국의 관복을 도입하고,[14] 당나라의 정월 세수 역법을 채택했으며(700년), 이후 757년에는 우리 고유의 지명 등에 대한 한자화를 단행했다.[15] 이로 미루어 6세기에서 7세기 초의 풍속으로 여겨지는

『형초세시기』에[16] 등장하는 중국의 단오 풍속[17]도 신라에 유입됐을 가능성이 크다. 이는 한국『세시풍속』에 나타난 다수의 단오 풍속이 당시 중국 단오의 풍속과 유사한 점이 많고, 오히려 현재의 중국 단오 풍속과는 차이가 나는 데서 살필 수 있다. 현대 중국의 단오 풍속은 종자와 포주, 오독주를 마시는 등 무더운 여름나기와 유행병 예방 음식 위주로 나타난다고 한다.[18]

고대 중국과 한국의 단오 음식… 종자(각서)

중국 단오의 영향은 음식과 함께 날짜와 명칭 등에서 살필 수 있다. 중국의 단오 음식으로 '종자(粽子)'가 있는데, 이 음식은 대나무 잎에 찹쌀을 담아 원추형이나 삼각형 또는 사각형으로 싼 다음, 실로 묶고 쪄서 만든 것으로, 고대 시기에는 각서 등으로 불렸다. 종자를 먹는 것은 중국 단오의 가장 보편적인 풍속이었으며,[19] 한국의 단옷날에도 이 음식(각서)이 쓰였, 그런데 송편의 원형 역할을 했다고 여겨지는 각서는 푸른 대나무 잎을 재료로 한 것에서 살필 수 있듯,[20] 그 색상이 한국 단오의 대표 절식인 쑥떡이나 수리취떡의 푸른 빛깔에 영향을 미쳤다.

중국 단오의 날짜·풍속과 마한의 오월제 결합… 단오 풍속 형성

『삼국유사』의 거득공 설화에서 살필 수 있듯, 단옷날의 이칭인 '수릿날'은 신라의 토속어에서 비롯됐다고 할 수 있는데,[21] 이 명칭 또한 중국의 단오와 관련된다. 신라에서는 중국에서 유입된 '단오'의 한자음을 '술의[車衣]-수뢰-수리' 등으로 불렀기 때문이다. 이를 고려하면 한국의 단오는 중국으로부터 그 명칭과 함께 음력 5월 5일이라는 날짜를 비롯해 강한 양기를 활용한 무병과 건강 기원 및 제사라는 풍속을 취하고, 마한의 농경 축제인 '오월제'는 물론 삼국과 가야의 제사 풍속을 결합해 형성됐다고 할 수 있을 것이다.[22] 이 같은 단오 탄생의 대결합을 촉발시킨 것은 신라에 의한 백제와 고구려 일부 지역의 병합인, 속칭 서기 668년 신라의 '삼국 통일'이었다. 이는 로마제국의 태양절과 크리스마스와의 관계에서 나타나듯, 정복 세력에 의해 피정복민의 문화가 영향을 받고 변화될 가능성이 크다는 점에서도 뒷받침된다.

따라서 일부에서는 조선 후기 실학자 이익의 설명에 의거해 단오가 한국 고유의 명절[23]이라고 하지만 이는 오월제의 성격에 중점을 둔 풀이로 이해되며, 단오가 한·중·일 3국은 물론 베트남에서도 기념되는 명절일 뿐만 아니라, 중국에서 가장 흥성하다는 점을 고려할 때, 단오는 중국으로부터의 유입 또는 영향을 크게 받은 명절이라고 할 것이다.

그렇다면 수릿날로도 불리는 단오의 명칭은 어떻게 유래했을까?

2. 단오 명칭의 유래

단오 명칭의 유래 보여 주는 <거득공 일화>

단오의 명칭과 관련될 수 있는 한 일화가 『삼국유사』(권 2)에 실려 전한다. 다음은 이 책에 기록된 <거득공 일화>이다.

신라 문무왕이 하루는 이복동생인 거득공(車得公)을 불러 '네가 재상이 돼서 나라를 태평하게 만들라'라고 말했다. 이에 거득공이 전국 각지를 돌며 백성들의 사정을 살핀 뒤에 하겠다고 답했다. 왕의 허락을 받은 거득공은 스님 차림을 하고 전국을 돌았고, 마침내 현재 광주광역시인 무진주에 이르러 이 지역의 관리인 안길의 집에 머물게 되었다. 안길은 거득공의 신분을 몰랐지만 그를 특별한 사람으로 여겨 정성껏 대접하고 자기 첩 중의 한 사람에게 밤 시중을 들게 했다. 이튿날 아침, 거득공은 감사를 표하며, '나는 경주 사람으로 내 집은 황룡사와 황성사라는 두 절 사이에 있고, 내 이름은 단오(端午, 세속에서는 이를 거의[車衣]라 부름)이니, 주인께서 만약 경주에 오거든 내 집을 찾아 주면 좋겠소'라는 말과 함께 떠났고, 이후 그는 경주로 돌아가 재상이 되었다.

당시 신라에는 지방 호족들의 아들 또는 향리 한 명을 경주에 머물게 해 견제하는 고려의 기인 제도와 비슷한 제도가 있었는데, 때마침 무진주의 안길이 경주로 오게 되었다. 안길은 예전 거득공이 생각나 그를 찾기로 하고 그의 집을 수소문했으나 아는 사람이 없어 길가에 오래도록 서 있었다. 그런데 마침 길을 지나던 한 노인이 이를 듣고, '두 절 사이에 있는 집은 대궐이고, 단오는 재상인 거득공이니 대궐로 가보라'라고 알려 주었다. 이렇게 거득공과 안길은 다시 만나게 되었고, 거득공은 안길을 위해 큰 잔치를 베풀어 주었으며, 그간의 사정을 듣게 된 문무왕은 경주 인근의 산 하나를 무진주의 소목전(땔나무를 공급하는 산)으로 하사했다고 한다.

이 일화는 고대 시기에 실재했던 일부 한민족의 근친혼을 떠올리게 한다. 근친혼은 신라는 물론 고려시대 중기에도 행해졌고, 『삼국사기』 신라본기에는 신라 사람들이 동성혼(同姓婚)은 물론이고 형제의 딸이나 사촌 누이, 심지어 고모, 이모에게도 장가들어 아내로 삼는다고 힐난하는 내용이 담겨 있다.[24] 이처럼 근친혼은 대다수 한국인들에게 불편하게 받아들여진다. 그런데 이 일화는 근친혼에서 더 나아가 당시 사람들의 성 관념이 상당히 개방적이었음을 보여 준다. 마치 이방의 몇몇 종족들이 예전에 행했던 폐습처럼, 자신의 첩에게 귀한 손님의 잠자리 시중을 들게 하는 내용이 담겨 있기 때문이다. 이런 시중이 당시 신라의 풍속이었는지는 알 수 없지만 집주인이 첩의 시중을 손님에게 제안하고, 손님도 흔쾌히 수락했다는 점에서 최소한 당시 사회·문화적 분위기가 이런 행태를 낯설게 여기지 않았던 것만큼은 분명해 보인다.

단오의 이칭 수릿날[車衣]… 신라왕의 동생 이름에서 유래했을 수도

<거득공 일화>는 단오가 신라 문무왕의 동생 이름이기도 했고, 당시 신라의 경주 사람들이 그의 이름인 '단오'를 '차의 또는 거의(車衣)'로 불렀음을 살피게 한다. 단오가 차(車)와 관련됐음은 또 다른 기록을 통해 찾을 수 있는데, 14세기 중·후기의 문인인 원천석이 지은 『운곡행록』(권 2)은 단오를 신라 때는 '차(車)'라 했다고 기록하고 있으며,[25] 고려가요 <동동>에는 '수릿날'이 나타난다.[26] 이후 『경도잡지』에는 '단오를 민간에서는 술의일(수릿날)이라 하며, 술의는 한자로 수레[車]라 한다'라고 기록돼 있다.[27] 단오(단오 풍속)가 언제 한민족의 문화에 유입됐는지 불분명하지만,[28] 이들 기록을 통해 단오란 명칭은 최소한 신라 문무왕 시절인 7세기 중엽 이래 쓰였으며 당시 사람들은 이를 '수레'와 유사한 음으로 불렀음을 살필 수 있다. 따라서 단오로 불린 거득공의 또 다른 이름이 '수레(술의)'인지, 아니면 한자어 단오를 당시 신라인들이 수레로 발음했는지 알 수 없지만, 만약 단옷날이 거득공 이후에 유입됐다면, 단오의 이칭 수릿날은 거득공의 이름에서 유래했거나 관련됐다고 할 수 있을 것이다.[29]

수릿날 명칭 강원·경기·충북에서 주로 쓰여… 수리취(치)떡 출현 지역과 유사

단오(수릿날)의 명칭은 주로 옛 신라의 경주 지역이나 원천석의 본관인 강원 원주 등지에서 쓰인 것으로 보이며, 19세기에는 한양 등지에서도 불린 이름으로 여겨진다. 이 같은 출현 지역은 현대의 풍속 조사서인 『세시풍속』에서도 뒷받침되는데, 이 책들에서 취떡, 수리취(치)떡 등이 집중적으로 출현한 지방은 강원, 경기, 충북 지역 등이기 때문이다. 따라서 단오의 '술의일-수릿날' 명칭은 한반도 동부 이남을 중심으로 쓰이다가, 인적 교류 등에 의해 서울, 경기 지역으로 확산된 것으로 여겨진다. 그런데 이 명칭은 단오 명절의 쇠퇴로 한반도 전역으로 확대되지는 못한 것 같다. 이는 추석을 의미하는 '한가위'가 신라의 가배에서 유래해 이 지역을 중심으로 사용되다 추석 명절의 확산과 함께 전국적으로 확대돼 쓰이는 것과는 대조를 이룬다고 할 것이다.

그렇다면 단오에는 어떤 의례와 풍속이 있었을까?

3. 19세기 단오의 풍속

단옷날은 그네 뛰고 씨름… 창포물에 얼굴 씻고 단오 치장

단옷날 풍속과 관련, 19세기 중엽의 『동국세시기』는 이날 항간에서 남녀가 그네뛰기를 하고, 청장년들은 씨름을 하는데, 그네의 경우 북방 오랑캐들이 한식날 행했던 반선 놀이에서,[30] 그리고 씨름은 고려기에서 유래했다고 기록하고 있다. 이들 두 놀이 모두 사실상 고대 한민족의 놀이라는 의미이다. 또한 이날 남녀 아이들은 창포를 삶은 물로 얼굴을 씻고 붉은색과 녹색의 새 옷을 입으며, 부녀자들은 전염병을 예방하고자 창포 뿌리를 깎아서 비녀를 만들고 그 끝에 목숨 '수(壽)' 자나 '복(福)' 자를 새겨 머리에 꽂았는데, 이를 단오치장[端午粧]이라고 한다고 적고 있다. 궁중의 풍속으로는 임금이 신하 등에게 하사하는 부채와 애호(艾虎) 풍속, 그리고 대궐 문 등에 붙이는 부적과 액을 물리치기 위해 임금이 차고 다녔던 옥추단 풍속이 나타난다.

쑥과 멥쌀가루로 수레바퀴 모양의 떡 빚어

『동국세시기』는 이와 함께 앞서 언급한 술의일과 수레를 기록하며, 이날 쑥을 뜯어 짓이겨서 멥쌀가루에 넣고 초록색이 나도록 반죽을 한

다음, 수레바퀴 모양으로 떡을 만들어 먹기에 이날을 술의일이라고 하고, 떡집에서는 이 떡을 시절 음식으로 판다고 기록하고 있다. 이처럼 단오에 뜯는 쑥은 절식의 재료로 쓰이고 있지만, 『동국세시기』를 비롯한 조선 후기의 3대 세시기에는 쑥을 뜯는 약초 채취 풍속은 명확하게 드러나지 않는다(익모초, 진득찰을 채취해 약으로 쓴다는 기록만 있음). 쑥 채취의 경우 중국의 『형초세시기』에는 5월 5일에 약초를 캔다는 기록과 함께 '그해에 질병이 많게 되면 병을 치료할 풀이 먼저 나오는데 그 풀이 바로 쑥이다'라고[31] 기록될 정도로 역사가 깊고, 현대의 『세시풍속』에서도 전국 대부분의 지역에서 거의 공통적으로 유일하게 출현하는 단오의 풍속이다. 따라서 이들 세시기와 엇비슷한 시기의 한시집인 『세시풍요』에는 쑥과 익모초를 채취하는 풍속이 나타나는 것에서 살필 수 있듯, 쑥 채취는 18세 말에서 19세기 중엽 사이의 단오 풍속에 실재했던 것으로 여겨지며, 『동국세시기』 등에 쑥 채취가 소개되지 않은 것은 의외라고 할 것이다.

단옷날 의례와 풍속… 벽사와 제액초복적 성격 지녀

단옷날 뜯는 쑥은 절식의 재료와 함께 식용 및 1년의 상비약으로 널리 쓰였다. 단옷날 쑥의 채취와 이의 활용은 일종의 벽사의 의미로,[32] 강한 양기를 담은 쑥을 이용해 재앙을 가져오는 음기와 잡귀를 제거하고자 하는 제액축귀적 의례의 변형이라고 할 수 있다. 이 같은 벽사적 성격의 풍속은 단옷날에 임금이 신하들에게 애호(쑥으로 만든 호랑이 형상)

를 하사하고, 액운과 사악한 잡귀를 물리치기 위해 민간에서 대문 등에 쑥을 거는 풍속을 비롯해 그네뛰기에서도 나타난다고 할 수 있다.

그네뛰기의 경우 유희와 함께 '그네를 뛰면 액운이 사라진다'고 여겼던 춘천시 서면의 풍속에서 살필 수 있듯이,[33] 그 목적이 건강한 여름나기와 함께 액운 쫓기에 있었기 때문이다. 이를 통해 한국 단오의 의례와 행사 등도 여타의 세시풍속과 마찬가지로 무속성이 그 핵심임을 살필 수 있다.[34]

『동국세시기』는 이들 풍속과 함께 과일 풍년을 기원하는 과일나무 시집보내기, 돌싸움, 그리고 단옷날 제사 지내는 지방의 풍속 등을 소개하고 있다.

[표] 문헌에 나타난 단오 풍속

출전 문헌 (기록 시기)	명칭	풍속 내용	기타
형초세시기 (6세기~ 7세기 초)	욕란절 또는 단오	5월은 속칭 악월-꺼리는 것이 많음 / 5월 5일 욕란절 또는 단오 / 온갖 풀을 밟는 놀이-풀싸움 놀이 / 쑥 뜯어 사람 형상 만들어 문 위에 걸기-해로운 기운 물리침 / 창포를 아로새기거나 가루 내어 술에 띄워 마시기 / 쑥 뜯기 / 애호 만들기 / 배 경주 놀이인 경도-굴원 추모 / 약초 캐기-해로운 기운 물리침 / 오색실 팔에 거는 벽병-병 예방	하지에 통종 먹기[35], 국화 따기
용재총화 (15세기 말~ 16세기 초)	端午 (단오)	문에 애호 걸기 / 술에 창포 띄우기 / 아이들 쑥으로 머리 감기 / 그네놀이 / 여아들 단장 / 채색 줄놀이	
경도잡지 (1800년 전후)	端午 (단오)	임금이 쑥으로 만든 애호와 단오부채 하사 / 단오부채 선물하기 / 단오를 민간에서 술의일이라 칭함 / 쑥으로 만든 떡 / 여아들 홍색과 녹색 새 옷 입기, 창포탕으로 세수, 창포비녀-단오치장 / 그네뛰기 / 씨름 / 옥추단 차기 / 벽사문 붙이기	

동국세시기 (1849)	端午 (단오)	임금이 애호, 단오부채 하사 / 단오부채 진상 / 단오선 선물 / 단오부적 붙이기 / 제호탕 / 옥추단 / 아이들 창포물 세수, 붉은색과 녹색 새 옷 입기, 창포비녀-단오치장 / 그네뛰기 / 씨름 / 단오를 속칭하여 술의일 / 쑥과 멥쌀가루로 쑥떡 빚기 / 익모초, 진득찰 뜯기 / 대추나무 시집보내기
해동죽지 (1921)	단오	보리 천신 / 보리수단 / 앵두 천신 / 창포비녀, 창포에 목욕하기, 새 옷 입기-단오빔 / 그네뛰기 / 부채 진상, 선물하기-단오절 부채 / 병 없애는 단오부적 붙이기

그렇다면 1970년대 전후의 단오 풍속은 어떠할까? 다음은 『세시풍속』에 나타난 현대의 단오 풍속이다.

4. 1970년대 전후의 단옷날 풍속

4.1. 그네 풍속

빨강색 마포 적삼·검정색 마포 치마… 단옷날 그네 타는 여인네 모습

충남 보령시 웅천읍에서는 단옷날 여자들이 새 옷을 입고 그네를 탔는데, 새 옷은 주로 빨강 물을 들인 마포 적삼과 검정 물을 들인 마포 치마였다(110). 금산군 복수면에서는 낮 동안에는 남자들이 그네를 뛰고, 여자들은 남자들이 모두 돌아간 밤 시간에 나와 그네를 탔다(305). 충북 영동군 매곡면에서는 단옷날 그네 뛸 때는 누가 잔소리를 안 하기에 처녀, 총각이 만나기 제일 좋은 때였으며, 이때 마음에 있는 사람에게 밀서(연애편지)도 주고 맛있는 것도 나누어 먹었다(238). 경북 문경시 동로면에서는 5월 초나흗날 동네 청년들이 집집을 돌며 짚을 모으고 이 짚에 물을 축여서 새끼를 꼰 다음, 줄에 발판을 달아 느티나무에 그네를 맸다. 그네는 청년들이 먼저 튼튼한가를 시험한 다음에, 비로소 여자들이 "어~라, 군디~야, 앞산~아 받아라, 뒷산~아 밀어라, 어~라, 군디야, 올라가신다"라고 소리를 지르며 흥겹게 그네를 뛰었다(209-210).

모기 물리지 말라… 더위 타지 말라 탔던 그네

강원 영월군 남면에서는 마을 청년들이 큰 나무에 그네를 매면 여자들이 단오에 그네를 탔다. 이 마을에서는 단옷날 그네를 타거나, 수리취떡과 미나리를 먹으면 그해 여름에 더위를 타지 않는다고 여겼다(326). 원주시 신림면에서는 단옷날 수리취떡을 빚거나, 여유 있는 집에서는 찹쌀로 인절미와 절편을 만들어 먹었으며, 그네를 뛰는 것은 '모기를 날리는 것'으로서 이를 많이 타면 여름에 모기 물리지 않는다고 보았다(132-133). 경기 성남시 판교동에서는 예전에 마을 청년들이 그네를 만들어 매어 주었으며, 그네 만드는 것을 '그네 드린다'라고 했다. 그네를 드릴 때는 짚을 세 가닥으로 만들어 3명이 서서 돌려 가며 줄을 꼬았다(285).

4.2. 건강·치장 풍속

머릿결 고우라 창포물에 머리 감고… 위장 좋으라 마신 익모초즙

강원 동해시 묵호동에서는 단옷날 창포 뿌리를 삶아서 머리를 감으면 머릿결이 좋아지고, 익모초를 삶아 마시면 위장이 좋아져 밥맛이 절로 난다고 여겼으며, 아침 이슬 맞은 약쑥을 말려 배가 아플 때 먹었다. 또한 단오에는 마을의 소나무에 그네를 매어 남녀 구분 없이 뛰었다(50). 전북 군산시 경암동에서는 단옷날 창포물에 머리 감고, 상추 이

슬로 분을 바르는 한편, 발바닥이 좀먹지 말라고 그네를 뛰고 놀았다. 또한 이날 모래찜질도 하고 물을 맞으러 다니기도 했다(17-18). 전남 곡성군 곡성읍에서는 단옷날 찔레꽃을 따서 전이나 떡을 해 먹었으며, 속병이 있는 사람은 이날 익모초를 따다가 찧어 그 즙을 마시면 좋다고 여겼다. 또한 머릿결이 좋아지고 종기가 나지 말라고 창포물에 머리를 감았으며, 아이들에게는 땀띠가 나지 말라고 상추 이슬을 발라주었다(326-327).

물고기 많이 잡힌 단오철… 참게가 나뭇가지에 가득 매달리기도

경기 안산시 신길동에서는 단오에 동네에서 단오제를 지냈으며, 단오 때쯤이면 바다에서 고기가 많이 잡혔기에 이날 마을 사람들이 물고기와 술을 조금씩 마을 공터로 가지고 나와 함께 먹고 마시며 놀았다. 이 마을에서는 예전에 바다를 막기 전에는 단오를 즈음해 참게들이 육지로 많이 올라와 나뭇가지에 가득 매달렸다고 한다(366). 고양시 일산구 가좌3리에서는 단옷날 약쑥을 말려 두고, 익모초즙을 마셨으며, 창포물에 머리도 감았다. 또한 이날 청년들은 주로 씨름을 하고 여자들은 그네뛰기를 했으며, 남녀 장원을 뽑아 마을 전체의 축제인 '쌍그네 놀이'를 했다(17-18).

단오빔 차려입고 단오장에 가는 날

경남 하동군 화개면에서는 단옷날 예쁜 옷을 입고 치장을 하는데 이를 '단오빔'이라 했으며, 이날 장이 서기도 했는데 이를 '단오장'이라 불렀다. 이 마을에서는 단오 무렵이 바쁜 농사철임에도 불구하고 이날 하루는 쉬었기에 사람들이 단오장에 가서 물건도 구입하고 먹을 것도 사 먹으며 하루를 보냈다(747).

4.3. 시식 풍속

장독대 옆에 취떡 올려 단오고사… 집안 안녕과 오곡 풍년 기원

강원 인제군 인제읍(귀둔1리)에서는 단옷날 단오고사를 지냈는데, 이 고사에서는 조찹쌀 가루와 취나물을 섞어 취떡을 만든 다음, 뒤뜰 장독대 옆에 자리를 깔고 이 떡을 시루째 올려 집안의 안녕과 오곡이 풍년 들기를 축원했다. 또한 이날 아침에 메밥을 짓고 취떡과 전을 부쳐 안방 윗목에 차리고 조상에게 제(차례)를 지내기도 했다(351). 홍천군 서석면에서는 5월 중에 떡을 빚을 때는 떡취를 썼는데, 이 취는 산에서만 자라며 잎의 뒤가 하얀색이었다. 이 떡취를 뜯어서 말려 두었다가 단옷날 찰떡을 할 때에 같이 넣어서 찌면 쑥떡보다 맛이 좋았다고 한다(494).

경상도의 단오는 큰 명절… 하루 농사일 쉬어

경북 구미시 형곡2동에서는 예전부터 단오를 큰 명절로 여겨, 여자들은 그네를 뛰고 남자들은 씨름을 하며 하루를 놀았으며(96), 남제주군 표선면에서는 70년대 중반까지 빙떡 등을 마련해 집집마다 단오제를 지냈고, 단오 무렵은 날씨도 좋아 농사일을 하루 쉬며 어른, 아이 할 것 없이 그네를 뛰었다(48).

전라도의 단오는 바쁜 농사철… 뻘기떡과 찔레꽃떡·밀개떡 빚어

전남 무안군 해제면에서는 단오 무렵이 농번기라 쉬지는 못했지만 단옷날에는 밀개떡을 해 먹었으며(467), 영광군 법성포읍(법성면)에서는 단옷날 모시 잎으로 떡을 해 먹었다(628). 전북 익산시 금마면에서는 단오 무렵에는 모 심을 준비를 해야 하므로 일손이 바쁘기에 한가하게 그네를 뛰며 놀 시간이 없었으며, 주로 한가한 처녀들이나 그네를 뛰었다(135). 이와 달리 쉬는 지역도 있었는데, 정읍시 입암면의 경우 단옷날 띠풀(뻘기)의 어린싹을 찧어서 쌀가루와 함께 버무린 다음 떡을 만들어 먹었으며, 이날 씨름을 하거나 그네를 타고 놀았다(247).

5. 단오의 대표 절식

앞서 살폈듯, 흔히 단오를 대표하는 떡류 음식을 '수리취떡'이라고 말한다. 이 떡은 멥쌀가루나 찹쌀가루 등에 연한 쑥 또는 산나물인 취를[36] 넣고 쪄서 만든 절편류로, 그 명칭은 단오를 우리말로 '술의일-수릿날(水瀨日)'이라 부른 것에서 유래했다고 볼 수 있다. 그런데 수리취떡이라는 이름은 산나물인 수리취와는 관련이 없는 와전에 의한 명칭으로, 단오의 대표 절식으로서 이 떡은 '쑥떡'이라 부르는 것이 타당하다고 할 수 있다.˙

5.1. 수리취(치)떡 명칭은 와전의 산물

수리취떡은 술의일(戌衣日)에서 유래

단옷날을 즈음해 빚어지는 수리취떡은 사실 그 명칭이 취나물인 수리취와는 큰 연관이 없다. 앞서 '단오'가 한 개인의 이름과 수레를 의

---

* 9장의 5, 6절은 논문, 「단오의 대표음식으로서 쑥떡의 발달 배경과 단오의 성격」(『아세아연구』 61(3). 고려대 아세아문제연구소. 2018)을 바탕으로 수정·보완됐음.

미하는 '차·거(車)'와 관련될 수 있음을 살폈듯, 수리취떡 또한 이 명칭과 관련되는데, 『경도잡지』는 단오를 민간에서는 '술의일(수릿날)'이라 하고 이 술의(戌衣)는 우리말로 수레를 나타내며, 단옷날 쑥으로 수레바퀴 모양의 수레떡을 만들어 먹는다고 기록하고 있다.[37] 이와 비슷한 기록은 19세기 중엽의 『동국세시기』에도 등장하며, 다만 『경도잡지』와의 차이점은 쑥을 멥쌀가루에 섞어 만든다는 내용을 담은 반면 쑥떡이란 이름은 출현하지 않는다는 점이다. 이들 두 세시기의 중간 무렵인 18세기 초의 『열양세시기』는 조선 사람들이 단오를 수뢰일(水瀨日)이라 한다고 기록해[38] 그 명칭의 차이와 함께 현대에 보다 가까운 음을 보여 주고 있다. 이후 20세기 초 저술된 『만물사물기원역사』는 단오의 술의일 속칭과 함께 쑥떡을 만드는 데 쓰이는 쑥을 '술의채(戌衣菜)'라 적고 있다.[39] 이는 단옷날 쑥떡을 만드는 재료인 쑥과 관련한 표현 또는 속칭이 『경도잡지』에는 '술의취(戌衣翠)'로 등장하지만 1백여 년 뒤의 『만물사물기원역사』에는 '술의채(戌衣菜)'로 바뀌고 있음을 보여 준다.

단옷날의 푸른 빛 '취(翠)'… 단옷날의 나물인 '취'로 와전

『경도잡지』는 푸른빛(비취색)을 의미하는 '취(翠)'자를 사용해 쑥의 푸른 색상을 표현하고 술의취가 쑥임을 보여 주고 있으나, 『만물사물기원역사』는 쑥을 '술의나물(술의채)'로 의역한 한자 표기를 사용해 산에서 나는 취나물임을 나타내고 있다. 이로 인한 결과인지 또는 (기록에 등장하지는 않지만) 단옷날 떡은 취로 만드는 전통이나 가풍에 의한 것인지 불분명하지만, 강원도 동해시 삼화동 등을 비롯해 다수의 지역에서는 단오떡을 '수리취떡'이라 부르며 쑥과 함께 취를 그 재료로 쓰는 것으로 나타난다.[40] 그런데 1843년경 유만공이 지은 한시집인 『세시풍요』에 술의취(수리취)의 정체를 구체적으로 설명하는 내용이 출현한다. 이 책은 '비취색(푸른색)의 쑥을 찌고 문드러지게 해 떡을 물들인다'[41]라는 구절과 함께 주석으로 '비취색의 쑥이 곧 술의취(戌衣翠)이다. 술의 때에 처음으로 뜯는다. 익모초도 이날 뜯는다'라고 기록하고 있다.[42] 이는 술의취가 '단옷날의 푸른 빛', 즉 '술의취애(戌衣翠艾)'로 '단옷날의 푸른 쑥'을 줄인 단어임을 보여 준다. 따라서 단옷날 떡 재료로서 취의 사용은 떡을 취로 만드는 전통에서 비롯된 것이 아닌, 푸른색을 의미하는 '취(翠)'와 산나물인 '취'의 음이 같은 것에서 비롯된 와전의 결과임을 살필 수 있다. 다시 말해 산나물인 '취'나 '수리취(치)떡'은 단오의 '술의취'와는 아무런 관련성이 없었으나 일부 한국인들이 쑥의 푸름을 의미하는 '취(翠)'의 한자 발음을 취나물로 잘못 이해하고 떡의 재료나 이름에 사용함으로써 현대와 같은 '수리취(치)떡'이라는 명칭이 생겨나게 됐다는 것이다.

5.2. 단오떡의 종류와 주재료

강원·경기·경상·충북 등 대다수 지역에서 쑥떡 빚어… 전남은 찔레꽃떡 단오의 대표 절식이 쑥떡인 또 다른 이유는 쑥과 수리취를 떡의 재료로 사용하거나 쑥만을 재료로 해 단오떡을 빚어도 충북 제천시 송학면(16)과 충주시 산척면(91) 등에서는 이를 '수리취떡'으로 칭한다는 점과[43] 함께 단오떡의 재료로서 쑥의 쓰임이 취보다는 훨씬 많다는 점에서 찾을 수 있다.

단오를 지내기 위해 빚어지는 떡류 절식은 『세시풍속』의 전체 471개 조사 지역 중 160여 곳 이상에서 출현해, 조사 지역 10곳 중 3곳 이상에서 빚어지는 것으로 나타난다. 출현한 떡류는 강원도가 (수리)취떡과 쑥떡이었으며, 경기도는 쑥떡과 수리취떡, 경남과 경북은 압도적으로 쑥떡, 전남은 찔레꽃떡류, 전북은 뻘기떡, 제주는 쑥떡과 보리떡, 충남은 떡류 출현이 미미하지만 쑥과 관련된 떡, 그리고 충북 지역은 쑥떡과 수리취떡이었다. 떡 출현 지역 중 쑥떡이 나타난 지역은 90여 곳으로, 절반 이상이 쑥떡을 빚고 있다. 지역별로는 충북이 가장 높은 출현 빈도를 보였으며 이어 경북과, 경남, 강원도 순으로 높았다. 『세시풍속』을 통해 살필 수는 없지만 북한 지역의 경우도 단오에 쑥떡을 빚고 있다고 한다.[44]

반면, 취떡류는 45곳에서 출현해 쑥떡의 절반에 머문다. 취떡의 출현 빈도는 강원도에서 가장 높게 나타났고, 이어 경기도, 경북과 충북 등의 순이었다. 이 밖에 찔레꽃떡류는 모두 17곳에서 나타났는데, 전남이 12개 지역으로 가장 많았고, 전북과 경남의 몇몇 지역에서도 출현했다. 이상을 고려하면 한국 단오의 떡류 절식은 쑥떡, 취떡, 찔레꽃떡 순으로 많이 빚어졌으며, 따라서 단오를 대표하는 절식은 쑥떡임을 살필 수 있다. ('[표] 『세시풍속』에 나타난 단오의 떡 종류와 출현 지역 수'는 미주 참고)[45]

5.3. 수리취(치)떡 명칭의 문제점

수리취는 해발 1,300미터 이상의 고산식물… 사실상 채취 어려워

 그렇다면 왜 수리취를 재료로 한 떡은 단오를 대표하는 절식으로 발달하지 못했을까? 무엇보다 수리취라는 식물의 생태적 특성에서 비롯된다고 할 수 있다. 식물도감 등에 의하면 곰취는 해발 1천 미터 이상의 산지에서 자생하고, 수리취는 이보다 더 높은 해발 1,300미터 이상의 고산지대에서 나기 때문이다.[46] 사실상 한반도 남부 지역에 이처럼 높은 산이 있는 지역은 많지 않다. 따라서 남한의 극히 일부 지역에서만 어렵게 구할 수 있는 식물이 명절의 보편적 재료로 쓰이기에는 분명한 한계가 있다고 할 것이다.

 다음으로 기록에서 살필 수 있듯, 단오의 절식은 쑥을 재료로 한 떡이었으며, 이 같은 단오의 쑥떡 전통은 기록상으로만 무려 1천 년이 넘기에 이 절식의 명칭을 '수리취(치)떡'으로 하기에는 곤란하다는 점이다. 특히 이들 '술의취' 기록(명칭)을 담은 세시기의 풍속이 무엇보다 한양 중심이며, 단오를 칭하는 '수레[車]'라는 이름 또한 신라 시대의 경주 지역 토속어에서 비롯되었다. 이는 한국의 대표적 부식인 김치

의 명칭이 표준어로 통일되기 전 한반도 전역에는 다양한 김치의 명칭이 있었고, 이 중 김치는 주로 경기도 일원의 방언이었지만 현재 김치의 대표적이고 일반적인 단어가 됐다는 점에서[47] 단오의 수릿날 명칭 및 이 이름과 관련된 절식의 명칭도 이와 비슷한 궤적을 밟았거나 밟을 가능성이 있다고 할 수 있다. 어휘가 생성되고 성장, 사멸한다는 점에서 명칭의 변화와 출현은 자연스러운 일이다. 하지만 이 변화와 출현으로 인해 한국 명절과 그 절식이 갖는 본래 의미나 유래와의 연관성이 멀어진다면 이는 더 이상의 고착화가 진행되기 전 바로잡는 것이 필요하다 할 것이다. 또한 수리취떡이란 명칭에서도 나타나듯, 재료를 취해 그 떡의 명칭이 됐다면, 쑥을 재료로 해 만든 떡은 쑥떡으로 칭해야 하고, 더욱이 이 떡이 단오를 기념해 떡을 하는 한국의 대다수 지역에서 출현한다면 이는 '쑥떡'으로 칭하는 것이 보다 자연스러운 일일 것이다.

다시 말해 단오의 대표 절식이 쑥떡이라는 점은 이 떡이 단옷날 한반도 중부 지역 대다수 지역에서 출현한다는 지역적 분포성, 떡에 쑥이 사용된다는 재료성, 쑥떡이 한민족의 보편적 떡 이름이라는 전통성, 그리고 한국의 떡 이름의 명명이 주로 주재료에서 취해진다는 명칭성 등의 측면에서 그 타당성을 갖는다고 할 것이다.

5.4. 쑥떡의 단오 음식화 시기

한민족의 유구한 쑥떡 전통… 기록상으로 1천 년이 넘는 역사

쑥떡이 언제부터 단오의 떡으로 쓰였는지는 불분명하다. 하지만 한민족이 쑥떡을 빚어 먹은 역사는 기록상으로만도 1천 년이 넘으며, 한국의 단군 신화에 등장할 정도로 쑥은 오랜 역사와 함께 한민족과의 관련성이 높은 식물이다. 쑥은 다년생 초본 식물로 낮은 산지나 들에서 자생하며, 약용과 식용으로 널리 쓰이고,[48] 중국의 고대 시가집인 『시경』에 출현하기도 한다.[49] 쑥을 재료로 해 빚는 쑥떡의 기록은 『송사』에서 찾을 수 있는데, 이 역사서는 11세기 초 고려 사신의 전언을 통해 고려에서는 쑥떡을 '상사일(음력 3월 3일 삼짇날)'의 최고 음식으로 친다고 기록하고 있다.[50] 이를 통해 한민족의 쑥떡 빚기 역사가 최소 1천 년 이상임을 살필 수 있다.

단오의 음식으로서 쑥떡… 18세기 후반 『경도잡지』에 등장

한민족은 고대 시기부터 이처럼 봄철에 쑥을 채취해 떡이나 쑥버무리 등을 만들어 먹는 전통이 있었으며, 떡과 함께 쑥국 등을 끓이고, 특히 5월 단오에는 양기가 강한 쑥을 뜯어 1년 상비약으로 쓰는 풍속을 지니고 있었다. 또한 식량이 부족한 시기에는 구황 식품의 재료로 쑥을 적극 활용했다.[51] 이 같은 전통적 음식 문화 속에 벼농사의 확대로 쌀이 증산되고, 조선 후기 유교의 의례가 생활 의례로 정착되면서 떡하는 빈도가 높게 증가했음을 고려할 때,[52] 쑥떡은 기록에서 발견되고 있지는 않지만 18세기 후반의 문헌에 출현하기 이전, 단오의 음식으로 쓰였을 가능성이 높은 것으로 여겨진다.

단오의 음식으로 쑥떡이 출현하는 문헌 중 하나는 18세기 후반의 『경도잡지』이다. 이 책에는 단옷날 수레바퀴 모양으로 쑥떡인 애고(艾糕)를 만든다고 기록돼 있다. 이를 통해 쑥떡은 최소한 18세기 후반, 한양 지역 단오의 음식이었음을 살필 수 있으며, 이후 단오의 쑥떡은 1970년대 후반 쌀의 자급과 경제력의 향상 등으로 보다 많은 지역에서 빚어졌다고 할 것이다.

그렇다면, 한민족은 왜 단오의 대표 음식으로 쑥떡을 먹게 됐을까? 쑥떡의 발달 배경에 대해 살펴보자.

6. 한민족은 왜 단오에 쑥떡을 먹을까?

고대 발해민의 쑥떡 전통 영향

단옷날의 의례와 대표 절식인 쑥떡이 강원도를 비롯해, 경남, 경북, 그리고 충북에서 두드러지게 나타나듯, 단오는 주로 밭농사 문화권과 북쪽 지방에서 성했던 명절이다.[53] 그렇기 때문에 단오의 대표 절식인 쑥떡도 북방계 한민족 풍속의 영향을 크게 받은 것으로 여겨진다.

앞서 살폈듯, 쑥떡은 삼짇날과 단오의 음식으로 주로 봄철에 빚어졌다. 그런데 삼짇날은 삼국시대부터 명절이었을 가능성이 높고,[54] 이에 따른 떡류 음식도 있었을 것이란 점에서 고려 전기 삼짇날의 쑥떡은 삼국시대의 전통일 가능성도 크다고 할 수 있다.

쑥떡이 단오의 음식으로 출현한 것은 12세기 말이다. 1180년에 간행된 『거란국지』(권 27)는 '요나라 궁정에서는 매년 단오절에 발해의 요리사가 쑥떡을 만들어 황실이 먹었다'라는 내용을 담고 있다.[55] 이후 쑥떡은 15세기 후반의 『용재총화』를 비롯해 『해동역사』에 인용된 『조선부』의 기록에 나타나고,[56] 17세기 초의 『지봉유설』과 17세기 중엽의 『택당집』에는 삼짇날의 시절 음식인 '애병설고'와 '애병' 등으로 출현한다.[57]

쑥떡… 북방계 한민족의 음식에서 단오 음식으로 발달

이상의 기록은 쑥떡이 봄과 초여름 무렵에 나는 쑥을 재료로 빚어지고, 그 중심 시기는 삼짇날에서 단오이며, 쑥떡이 북방계 한민족의 떡일 뿐만 아니라 북방으로부터 확산된 음식임을 살피게 한다. 이 같은 역사와 문화적 환경 속에서 쑥떡은 단오의 음식으로 발달하고 한민족 일상의 떡 음식으로 확대됐다고 볼 수 있을 것이다. 따라서 한민족이 단오에 쑥떡을 먹게 된 배경에는, 발해민들과 같은 고대 북방계 한민족의 쑥떡 만드는 전통이 중요하게 작용했다고 할 수 있을 것이다.

식용과 약용으로서 쑥… 쑥떡 발달의 중요한 배경으로 작용

쑥을 식용과 약용으로 적극 활용한 한민족의 생활 문화도 쑥떡 발달의 중요한 배경이 됐다.

먼저 식용과 관련, 중국의 『형초세시기』는 쑥이 질병을 치료하며, 『동경몽화록』은 단오 무렵에 종자와 오색 수단[58]을 먹고 쑥으로 만든 '애인'을 문 위에 거는 풍속을 기록하고 있다. 이 같은 단오의 음식과 풍속은 고대 한국에 유입됐는데 『세화기려보』에 출현하는 '통반'에서 살필 수 있듯,[59] 한국 풍속에서는 종자와 같은 떡을 감싸고 찔 수 있는 줄풀이나 넓은 잎의 식물이 나지 않았다. 이런 이유로 고대 한국에서는 잎으로 감싸는 떡류 음식을 만들기 어려웠고,[60] 이들 식물을 대신해 푸른빛이 강한 쑥이 단옷날의 식재료로 적극 활용되었으며, 떡 음식이 발달한 한국 식문화를 배경으로 단옷날의 떡 재료로까지 확대된 것으로 여겨진다.

약용과 액막이 식물로서의 쑥 활용 전통

쑥 걸기 등의 풍속에서 살필 수 있듯 쑥을 축귀와 나쁜 기운을 제거하는 액막이 식물로 여기고, 더 나아가 양기가 강한 치료약으로 인식하는 한국인의 민간 신앙적 믿음도 쑥떡 발달의 한 배경이 됐다고 할 수 있다. 경북 영주군 단산면에서는 쑥이 남녀 모두에게 좋지만 특히 부인병에 효과가 좋아 상비약으로 준비해 두었으며(305), 경남 창녕군 이방면에서는 단옷날 약쑥을 찧어 그 물을 먹으면 더위를 먹지 않고 배앓이를 하지 않는다고 여겼다(703). 또한 합천군 가야면에서는 쑥에 내린 이슬을 받아 마시면 위장병이 낫는다고 해 이슬을 마셨으며(865), 강원 속초시 대포동에서도 단오 새벽에 이슬 먹은 약쑥을 뜯어 말려 놓았다가 속이 아프거나 다리가 저릴 때 이를 쪄서 그 물을 마시거나 뜸을 떴다(92). 이 밖에 경기 포천시 가산면에서는 단옷날 이슬을 맞은 약쑥을 말려 두었다가 산모의 몸을 씻기는 데 사용했다(914).

더 나아가 충북 청원군 강내면에서는 단오에 쑥떡을 먹어야 나쁜 기운이 물러간다고 여겨 이 떡을 '사사 떠는 떡'이라[61] 했으며(397), 부산 기장군 철마면에서는 단옷날 쑥떡을 해 먹으면 배가 아프지 않고 병에 걸리지 않는다고 보았다(881). 이상의 풍속들은 쑥이 속병과 다리 저림은 물론, 부인병 등에 효과가 있고, 쑥을 재료로 한 떡은 제액과 함께 병 치료 및 예방의 음식 등으로 폭넓게 쓰였음을 보여 준다. 실제로 쑥은 병을 치유하는 '카테콜(catechol)' 성분이 함유돼 있으며, 세포, 간 보호, 혈당 강화, 항염증, 살균 작용, 살충, 말라리아 치료 및 항종양에 효과가 있다고 한다.[62]

따라서 이 같은 약 효능을 지닌 쑥은 떡의 재료로서 큰 장점으로 작용해 전남 여수시 호명동의 풍속에서 나타나듯(209), 쑥을 재료로 한 떡은 귀하게 여겨졌고 이는 쑥떡이 단옷날의 절식으로 발달하는 배경이 됐다고 할 수 있을 것이다.

이들 배경과 함께 단오의 대표 음식으로서 쑥떡의 발달은 앞서 떡국에서 살폈듯, 의례 음식으로서 떡 사용과 함께 쌀농사의 한반도 전래 및 쌀의 증산과 자급에 따른 쌀의 여유, 명절의 떡을 널리 알린 대중매체의 확산 등에서 기인했다.

단오의 쑥떡 먹기… 건강한 여름나기, 액운 떨치려는 기원 담겨

요약하자면, 한민족이 단오에 수리취떡으로도 불리는 쑥떡을 먹은 것은 농사의 풍년 기원보다는 봄철에 많이 나는 쑥을 섭취해 건강하게 여름철을 나고, 액운을 떨쳐 내려는 바람과 기원에서 비롯됐다고 할 것이다.

미주

1 『세시풍속』(강원), 양구 양구, p.259. ; 동해 삼화, p.57. ; 『세시풍속』(충북), 충주 안림, p.104.

2 『세시풍속』(전남), 곡성 석곡, p.341. ; 신안 압해, p.566. ; 해남 현산, p.842 및 『세시풍속』(전북), 정읍 옹동, p.235. ; 정읍 입암, p.247.

3 김택규(1985)는 추석과 단오를 기준으로 한국의 문화권을 단오권, 추석권, 추석·단오 복합권으로 3대별 했다. 남한강과 소백산맥으로 구획되는 잡곡 문화 기반의 한반도 북부는 단오권이며, 벼농사 지대인 서남부는 추석권, 그리고 두 문화권 사이의 동남부는 추석·단오 복합권이라는 것이다. 이와 관련 김명자(1998)는 복합권인 경북은 단오권의 성격이 강하다고 보았다.

4 의례는 유교식 차례를 비롯해, 고사나 치성, 그리고 쑥 걸기 등과 같은 행위를 포함한다.

5 [표] 『세시풍속』에 나타난 단오 의례와 떡 출현 지역 수

지역	떡 출현 지역 수	의례 출현 지역 수
강원(54)	34(63)	15(28)
경기(82)	21(26)	6(7)
경남(66)	20(30)	7(11)
경북(71)	26/(37)	12(17)
전남(66)	20(30)	8(12)
전북(42)	18(43)	5(12)
제주(12)	6(50)	9(75)
충남(45)	4(9)	3(7)
충북(33)	16(48)	9(27)
합계(471)	165(35)	74(16)

<출처: 국립문화재연구소, 『세시풍속』 9개 지역 편>

※ ( )는 조사 지역 수와 출현 비율(%). / 의례 출현 지역 수에는 해당 조사 지역의 명절 인식 여부도 포함됨.

6 '단오는 농사일로 가장 바쁜 때이며, 북쪽 지방에서 성했던 명절이었다.' -권순형 2007, p.170.

7 "土地肥美 宜種五穀及稻(토지비미 의종오곡급도). / 토지는 비옥하고 좋아서 오곡과 벼를 파종하기에 적당하다." -『삼국지』 한(변진).

8 위안리 2005, p.160.

9 그루: 그루갈이(한 해에 같은 땅에서 두 번 농사지음. 이모작)의 준말. / 그루조: 그루갈이로 심은 조.

10 성락춘·이철 2007, pp.83-89.

11 풍속의 시기와 농사를 짓는 곡물은 다르지만 '호미씻기'에서 나타나듯, 우리 선조들은 힘든 농사일을 마친 뒤에 곧바로 잔치를 여는 풍속을 지니고 있었다.

12 단오와 달리 추석의 경우, 농공 감사 및 천신 의례라는 전국 공통의 풍속과 함께 벼농사라는 주된 곡물이 있고, 이를 재료로 한 송편이 절식으로 발달됐다는 차이를 보인다.

13 이와 달리 경북 포항시 죽장면과 청도군 화양면을 비롯해 장수군 천천면은 바쁜 농사철이지만 하루를 쉬며 단오 명절을 보내기도 했고, 전북 무주군 적상면과 장수군 장계면 지역은 모내기를 끝낸 다음 한가한 여유 시간을 갖기도 했다. -『세시풍속』(경북), 청도 화양, p.799. ; 『세시풍속』(전북), 장수 장계, p.550.

14 "文武王在位四年 又革婦人之服. 自此已後衣冠同於中國(문무왕재위사년 우혁부인지복. 자차이후의관동어중국). / 신라 문무왕 재위 4년(664)에 또 부인의 복식 제도를 바꿨다. 이후로부터 의관이 중국과 동일하게 됐다." -『삼국사기』 색복.

15 "冬十二月攺 沙伐州 爲尙州…(동십이월개 사벌주 위상주…). / 겨울 12월에 사벌주의 이름을 상주로 바꿨다…." -『삼국사기』 신라본기.

16 『형초세시기』는 중국 양쯔강 중류 유역에 위치하는 형초 지방의 세시풍속을 담았으며, 중국 양나라의 종름이 6세기경에 지은 『형초기(荊楚記)』를 7세기 초 수나라의 두공첨이 증보, 가주한 것으로 알려져 있다. 따라서 이 세시기에 담긴 풍속은 6세기에서 7세기 초 이전까지라고 할 수 있을 것이다.

17 욕란(난초 끓인 물에 몸을 씻음), 쑥 뜯기, 약초 캐기, 쑥 걸기, 굴원 제사, 종(糉) 먹기 등. -국립민속박물관 2007, pp.62-66.

18 신미경·정희정 2008, p.285 재인용.

19 요위위 2012, p.246.

20 김용갑 2018a, p.191.

21 "吾名端午也, 俗爲端午爲車衣(오명단오야, 속위단오위차의). / 나의 이름은 단오다. 세상 사람들은 단오를 거의(차의)라고 부른다."

22 이와 관련, 한 연구자는 '수릿날은 마한시대의 오월제 내지 제천일이었고, 이 수릿날이 중국에서 유입된 단오절로 교체되면서 이름만 존속했을 개연성이 크다'라고 밝히고 있다. -박진태 2008, p.82. ; 한편, 중국의 경우 단오 제사가 전국화된 것은 송나라 때로 전국에서 굴원을 기념하라는 황제의 명령이 내려진 것이 계기가 됐다고 한다. -왕런샹 2010, p.287.

23 유소홍 2017, p.61.

24 "若新羅, 則不止取同姓而已 兄弟子姑姨從姉妹 皆聘爲妻. 雖外國各異俗 責之以中國之禮 則大悖矣(약신라, 즉불지취동성이이 형제자고이종자매 개빙위처. 수외국각이속 책지이중국지례 즉대패의). / 신라는 어떠한가? 같은 성씨에 장가드는 것을 그치지 않을 뿐만 아니라, 형제의 자식(딸)이나 고모, 이모, 사촌의 손아래 및 손위 누이에게도

장가들어 아내로 삼았다. 비록 외국과 풍속이 각각 다르지만 중국의 예법으로 따져 밝히자면 이는 곧 대단히 어그러진 일이다." -<신라본기 3, 내물이사금 즉위년 -김부식 논평>

25 "新羅是日號爲車(신라시일호위차). / 신라 때에는 이날(단옷날)을 수레라 불렀다."

26 고려가요 <동동(動動)>에는 '5월 5일에 아으 수릿날 아침'으로 출현한다. -임영화 2018, p.205.

27 "端午俗名戌衣日. 戌衣者東語車也(단오속명술의일. 술의자동어차야). / 단오를 세속에서는 술의일이라 부른다. 술의는 우리말로 수레다."

28 중국의 『형초세시기』에 단오가 별도의 풍속 항목으로 설정되지 않았고, 5월의 행사를 소개하면서 5월 5일을 '욕란절'과 함께 '단오'로 칭한다고 기록돼 있음을 고려할 때, 최소한 이 세시기가 쓰인 것으로 여겨지는 6~7세기 무렵, 형초 지방의 경우 단오가 명절로 대중화되기 이전인 것으로 보인다. 따라서 단오 풍속의 한반도 유입은 이 이후이며, 명절로서 단오의 이름보다는 거득공의 이칭인 수레가 먼저인 것으로 여겨진다.

29 한 연구는 거득공 설화의 단오 명칭을 근거로 중국의 단오 풍속이 유입되기 이전에 이미 '수릿치'라는 세시풍속이 이 시기(신라 문무왕)에 있었다고 보기도 한다. -국립민속박물관 2003a, p.438.

30 『형초세시기』는 그네뛰기가 본래 북방 산용족의 놀이로 중국 여자들이 이를 배웠으며, 나무에 비단 끈을 매달아 나무판을 설치한 다음 탄다고 기록하고 있다.

31 "歲多病則病草先生艾是也(세다병즉병초선생애시야)." -『형초세시기』 5월.

32 권순형 2007, p.173.

33 『세시풍속』(강원), p.173.

34 이화형 2015, p.322, p.330.

35 각서, 통종: 대나무 통 안에 찹쌀가루를 넣어 쪄낸 떡의 일종.

36 수리취(치)떡을 만드는 데 활용되는 재료 중 하나인 취는 참취, 미역취, 곰취, 단풍취, 수리취, 분취, 서덜취 등 7종 이상으로 산에서 자생하며 주로 나물로 식용되는데, 품종에 따라 여름에서 가을철 사이에 흰색이나 노란색의 꽃을 피운다. -<민족문화대백과사전>; 경북 청송군 부남면에서는 이들 취 중에서 잎의 색상이 푸른색이 아닌 붉은색의 취를(840), 강원 홍천군 서석면에서는 잎의 앞뒤가 하얀 취인 떡취 등을 주로 사용해 떡을 빚었다(494).

37 "端午俗名戌衣日 戌衣者東語車也. 是日作艾糕象車輪形食之 故謂之戌衣日(단오속명술의일 술의자동어차야. 시일작애고상차륜형식지 고위지술의일). / 단오를 세상 사람들은 술의일이라 부르며, 술의는 우리말로 수레다. 이날 수레 모양의 쑥떡을 만들어 먹는다. 고로 술의일이라 일컫는다."

38 "國人稱端午日水瀨日(국인칭단오왈수뢰일). / 나라 사람들은 단오를 수뢰일이라 칭한다." -『열양세시기』 단오.

39 장지연 2014, p.573.

40 강원 동해시 삼화동에서는 단오에 취나물이나 쑥으로 떡을 찌는데, 이를 수리취떡이라고 했다(57).

41 "翠艾初蒸爛染糕(취애초증난염고). / 비취색(푸른색)의 쑥을 찌고 문드러지게 해 떡을 물들인다."

42 "翠艾卽戌衣翠 始採於是日 益母草採於是日(취애즉술의취 시채어의시. 익모초 채어시일). / 비취색의 쑥이 곧 술의취(戌衣翠)다. 술의 때에 처음으로 뜯는다. 익모초도 이날 뜯는다."

43 이와 함께 강원 양구군 양구읍에서는 단오도 큰 명절이기에 쑥을 뜯어 쑥떡과 함께 찰떡, 취떡, 인절미 등을 장만해서 먹었다. 이를 '수리떡'이라고 했다(259). ; 충북 충주시 안림동에서는 쑥을 따다가 밀가루와 섞어 만들기도 하는데 이것도 '수리떡'이라고 불렀다(104).

44 리재선 2004, p.83.

45 [표] 『세시풍속』에 나타난 단오의 떡 종류와 출현 지역 수

지역	출현지역	쑥떡(류)	취떡	수리치(취)/취자떡	찔레꽃떡/전	빨기떡	기타	출현누계
강원(54)	34	13	24				14	51
경기(82)	21	11		7/2			4	24
경남(66)	20	19		1	2			22
경북(71)	26	21	5		1		8	35
전남(66)	21	4			8/4	1	7	24
전북(42)	18	6			1/2	6	6	21
제주(12)	6	2					4	6
충남(45)	4	2		1			1	4
충북(33)	16	12		5			8	25
합계(471)	166	90	29	14/2	11/6		52	212

<출처: 국립문화재연구소, 『세시풍속』 9개 지역 편>

※ ( )는 조사 지역 수. / 기타 떡에는 시루떡(6회), 송편(8회), 인절미(6회), 밀개떡(3회), 개떡(2회), 부침개, 볶음떡, 부꾸미(각 1회)를 비롯해 떡 명칭이 드러나지 않은 떡(19회)이 포함됨.

46 안완식 2009, p.326.

47 일제강점기 소창진평의 『조선방언연구』에 의하면 '침(짐)치'의 방언권은 거의 한반도 전역에 걸쳐 있는 것으로 나타나 김치의 방언권보다 수배 넓었다. -김용갑 2017a, p.146.

48 안완식 2009, p.326. ; 『우리주변식물생태도감』 ; <민족문화대백과사전>.

49 세종대왕기념사업회 2014, pp.88-89. ; 쑥과 관련해 중국 문헌인 『이아』는 쑥[蒿-호]을 긴(菣)과 번(蘩, 산흰쑥)으로 구분해 지금 사람들은 향긋한 청호(青蒿: 개똥쑥), 즉 긴(菣)을 삶아 먹는다고 기록하고 있다. -구자옥 외 2015, p.614.

50 "上巳日 以青艾染餠爲盤羞之冠(상사일 이청애염병위반수지관). / 상사일(삼짇날)에 푸른 쑥으로써 떡을 물들여 올리는 음식을 으뜸으로 삼는다." -『송사』 외국열전, 고려 (1015년).

51 경북 문경시 농암면에서는 4월 보릿고개와 7월은 집집마다 먹거리를 구하는 것이 힘들었는데, 이때는 쑥을 뜯어 쌀 한 되를 함께 넣고 찧어서 쑥죽, 쑥밥, 쑥떡 등을 만들어서 3~4일 정도를 연명하기 일쑤였다(179).

52 김용갑 2017b, p.79.

53 권순형 2007, p.170.

54 삼월 삼짇날은 고구려, 백제, 신라에 대해 쓴 여러 기록들에서 찾아볼 수 있는 명절이다. -사단법인 평화문제연구소 2005, p.533.

55 양우다 2006, pp.352-353. ; 『동국세시기』에도 '요(遼)나라 풍속에 5월 5일 발해(渤海)의 주방에서 쑥떡을 올린다'라는 내용과 함께 조선의 (쑥떡) 풍속이 여기서 비롯된 것 같다는 기록이 담겨 있다.

56 『조선부(朝鮮賦)』의 기록을 15세기 후반으로 본 것은 이 책의 저자인 명나라 사신 동월이 성종 19년인 1488년 조선을 다녀갔기 때문이다.

57 "三三日艾餠(삼삼일애병). / 삼짇날의 쑥떡." -『택당집』(권 16), 잡저.

58 오색 수단(水團): 쌀가루, 밀가루 등으로 경단 같이 만들어서 꿀물이나 오미잣물에 담가서 먹었던 음식.

59 통반(筒飯): 찹쌀을 줄풀 잎에 싸서 만든 음식으로 오늘날의 떡과 유사함.

60 "고대 한국에는 중국의 각서를 만드는 (줄 풀 등과 같은) 식재료가 없었기 때문에 중국의 각서-종자(粽子)가 없었던 것이다." -쉬이·리슈원·최두헌 2015, p.387.

61 '사사 떠는 떡'의 의미와 관련해 2001년 4월, 세시풍속 조사 당시에도 제보자들(강내면 저산리 주민)은 그 뜻을 모른다고 밝힌 바 있는데(397), 2024년 10월 30일, 필자가 강내면 저산리 지역의 기관, 단체(강내농협 등)를 통해 저산리 토박이들을 전화 조사한 결과에서도 그 뜻을 아는 주민이 없는 것으로 나타났다. 추정컨대, 이 떡은 '사악한 기운을 떨쳐 내는 떡'의 의미가 아닐까 한다.

62 안완식 2009, p.406.

10장

지금은 사라진
풍농 기원의 명절 유두

삿갓에 도롱이 쓰고 유딧제… 부침개, 밀개떡 해 먹는 날

10장

지금은 사라진 풍농 기원의 명절 유두

삿갓에 도롱이 쓰고 유딧제… 부침개, 밀개떡 해 먹는 날

1. 유두의 유래

유두(流頭)는 음력 6월 15일을 말한다. 유두라는 명칭은 '동쪽으로 흐르는 물에 머리를 감고 몸을 씻는다'라는 뜻의 '동류수두목욕'에서 나온 말이라고 한다.¹ 유두의 유래와 관련해 『동국세시기』는 고려시대의 학자 김극기의 문집에 나타난 경주의 옛 풍속을 기록하고 있다. 6월 보름날 경주 사람들이 동쪽으로 흐르는 물에 머리를 감아 상서롭

지 못한 것들을 씻어 내고 재앙을 물리치는 제를 지내며 술을 마셨던 '유두연'이 바로 유두 풍속으로, 조선 사람들이 이 풍속을 이어받아 속절로 삼고 있다는 것이다. 이 세시기는 이런 유래와 함께 당시 한양 상류층에서 유둣날 먹었던 수단이나 건단, 그리고 상화병과 연병이란 떡 등을 소개하고 있다. 당시 수단은 멥쌀가루를 쪄서 둥글고 긴 가래떡을 만든 다음, 마치 구슬처럼 잘게 썰어 꿀물에 얼음과 함께 넣어 먹었던 음식이었다. 또한 상화병은 밀가루를 반죽한 다음 꿀에 버무린 콩이나 깨를 넣어서 찐 일종의 찐빵이었으며, 연병은 밀가루 반죽을 지져서 꿀에 콩과 깨를 섞은 소 등을 넣은 다음, 여러 모양으로 접어서 만든 음식이었다.

현대의 『세시풍속』에서는 이들 떡이나 음식의 명칭 등을 찾기 어렵다. 그런데 이들 음식 중 상화병과 연병의 경우 그 재료와 조리 방법 등에서 『세시풍속』에 등장하는 유둣날의 개떡이나 부침개 등과 닮았음을 살필 수 있다.

[표] 문헌에 나타난 유두 풍속

출전 문헌 (기록 시기)	명칭	풍속 내용	기타
형초세시기 (6세기~ 7세기 초)	-	풍속 출현 안 함	6월 복날-탕병 (벽악병) 먹기
용재총화 (15세기 말~ 16세기 초)	流頭 (유두)	고려 환관들의 물놀이에서 유래 / 명절로 삼아 수단병 만들어 먹음	
경도잡지 (1800년 전후)	六月十五日 (6월15일)	속칭 유두절 / 수단 먹기 / 동쪽으로 흐르는 물에 머리 감기, 술 마시기-유두음(流頭飮) 풍속	

동국세시기 (1849)	流頭 (유두)	우리 풍속으로 유두일 / 멥쌀가루로 만든 수단, 멥쌀이나 찹쌀가루로 만든 건단 / 밀가루로 만든 상화병 / 밀가루 반죽 지져서 콩, 깨 등을 소로 넣은 연병 / 밀가루 반죽해 구슬 모양으로 만든 유두 누룩[유두국]을 차고 다니거나 문 위에 걸어 둠	
해동죽지 (1921)	6월15일	유두(流頭) / 냇가에 모여 술 마시며 발을 씻는 탁족 놀이	복날-부녀자들 약수에 머리 감음

고대 물놀이에서 유래… 수단병 만들어 먹었던 유두

그렇다면 조선시대 후기 당시 한국인들은 유두를 맞아 이런 음식 외에 어떤 풍속을 행했을까? 유감스럽게도 조선 후기의 세시기들은 이를 보여 주지 않고 있다. 이보다 앞선 문헌 기록 등을 통해서도 유두의 풍속은 찾기가 쉽지 않다. 16세기 초에 간행된 『용재총화』는 6월 15일이 유둣날인데 옛날 고려의 환관들이 더위를 피하여 동천에서 머리를 풀고 물에 떴다 잠겼다 하면서 술을 마셨고, 세속에서는 이로 인하여 이날을 명절로 삼고 수단병을 만들어 먹는다고 기록하고 있다.[2] 그런데 유두와 관련, 『성호사설』(권 10)이 고려시대에 재앙을 없애려고 기도하던 풍속이라고 본 것과 달리, 일부에서는 유두를 설, 정월대보름, 삼짇날, 8월 추석(한가위), 9월 중구, 10월 제천 등과 함께 삼국시대의 기록에도 등장할 만큼 오래된 명절로 보기도 한다.[3] 특히 중국이 음양 철학에 입각해 삼짇날(3월 3일), 단오(5월 5일), 칠석(7월 7일), 중구(9월 9일) 등의 중일 명절을 숭상하는 경향을 띤 것과는 달리, 한국의 경우 대보름, 유두(6월 15일), 백중(7월 15일), 추석 등과 같은 보름달이 뜨는 명절을 중히 여기는 것에서도 나타나듯, 유두는 추석과 함께 중국에는 없는 한민족 고유의 명절이라는 것이다.[4] 이런 이유에서인지 『세시풍속』에는 이들 문헌에는 나타나지 않는 다양한 풍속이 담겨 있다. ('[표] 『세시풍속』에 나타난 유두의 시식 출현 지역 수'는 미주 참고)[5]

2. 유두의 특징

유두의 절식은 국수와 부침개… 충청도에서 성한 명절

그렇다면 실제 민속 현장에서 한국인에게 유두는 어떤 명절이었을까? 문헌 기록과 달리 『세시풍속』에 나타난 유두는 밀과 보리 농사의 수확에 대해 햇곡식을 천신하고 조상에게 감사를 올리는 날이었으며, 한창 농사가 진행 중인 참외 농사나 벼농사에 대해서 풍농을 기원하고 병해충을 예방하는 날이었다. 이런 이유로 유둣날 대다수 지역에서 시식으로 밀(개)떡을 빚거나 부침개를 주로 마련해 기름 냄새로써 병해충을 막았다.

한국인이 행한 유둣날의 의례는 유두 차례, 유두제, 밭제, 유두 천신, 참외밭제 등이었으며, 시식 또는 절식으로는 부침개와 함께 송편과 밀전병, (밀)국수와 술, 손칼국수, 기름떡, 유두개떡, 쑥개떡, 밀개떡 등이 빚어졌다. 유두의 시식 출현 빈도가 높은 지역은 충북과 충남, 전남이었고, 가장 많이 마련되는 시식은 국수를 비롯해 부침개와 밀떡이었다. 이는 유두가 충청도 중심의 명절이었으며, 유두의 대표 절식은 국수와 부침개이고, 전라도 지역의 경우 밀(개)떡임을 보여 준다.

다음은 국립문화재 연구소가 간행한 『세시풍속』 9개 지역 편에 나타난 2000년대 초 무렵의 유두 풍속이다.

밭농사 지역의 유두… 밀, 보리 등의 햇곡식 천신하는 명절

충북 제천시 금성면에서는 유두에 햇밀을 빻아 국수(칼국수)를 만들고 차례를 지냈는데, 이 시기에 밀과 보리 등의 햇곡식이 나오기 때문에 조상에게 먼저 바치기 위해서였다. 차례를 지내고 나서 국수는 이웃 사람들과 나누어 먹었으며, 국수에 호박나물을 얹기도 하고 참기름과 파, 마늘 등으로 만든 양념장을 넣어 먹기도 했다(27). 음성군 원남면에서도 밀을 첫 수확한 후 밀국수를 만들어 안방이나 대청마루에 한 그릇씩 올려 조상에게 천신했다. 천신이 끝나면 이웃과 친척들이 마당에 모여 앉아 유두 국수를 먹었다(338).

논농사 지역의 유두… 농사 일꾼 위로하고 풍년 기원하는 명절

충북 청원군 미원면에서는 송편과 밀전병을 준비해 일꾼들을 위로했으며, 논빼미(논배미) 수명(논으로 물이 들어가는 곳)에 음식을 진설하고 풍년을 기원하며 빌거나 절을 했다(411). 경북 포항시 흥해읍에서도 유둣날을 농사 명절이라 여겨, 이날 아침에 조상 앞에 밥과 떡, 술을 특별히 차려 유두고사를 지냈다. 고사를 지낼 때는 '오늘은 유둿날입니다. 농사 잘되게 해 주십시오'라고 말하며 빌었다(403).

3. 유두의 절식

국수와 밀개떡 등을 해 먹는 날

충남 연기군 서면에서는 유둣날에 보리와 밀이 수확되므로 보리를 빻아 그 가루에 콩이나 돈부(동부) 등을 섞고 개떡을 쪄서 먹었으며(517), 당진군 송악면에서는 반죽한 밀가루 덩이를 손으로 얇게 펴 솥에 넣고 밀개떡을 만들었다(367). 홍성군 홍북면에서도 유두 즈음에 밀이 수확되므로 유둣날 보리개떡이나 밀국수를 만들어 먹었으며, 보리개떡은 밀을 가루 내 팥과 동부 등을 섞어서 쪘다(718). 또한 경북 영양군 석보면에서도 유둣날에 '유두면'이라는 국수를 해서 먹었으며, 이렇게 유두면을 먹어야 더위를 타지 않는다고 여겼다(627). 전북 순창군 팔덕면에서는 유두에 밀개떡이나 밀전을 해서 조상에게 차례를 지내며 감사를 드렸다(426).

맨드라미·백일홍 넣어 부침개… 콩이나 동부 넣고 밀개떡

강원 속초시 청호동의 토박이들은 유둣날 맨드라미와 백일홍을 넣어 부침개를 만들어 먹었다(87). 충남 연기군 전의면에서는 유둣날 콩이나 동부를 섞어 밀가루로 개떡을 쪄서 먹었는데, 이 개떡은 솥뚜껑을 뒤집어 기름을 칠한 뒤 반죽을 올려 부풀려 익게 한 다음, 네모나게 잘라서 만들었다(536-537). 전남 신안군 압해면에서는 유둣날 아침에 들에 나가지 않았다. 이날은 용신님이 곡식을 점지해 주는 날이기에 들에 나가지 않고 하루를 쉬며, 밀개떡을 해 먹기도 하고, 찰밥을 해서 아침에 차려 놓기도 했다. 이는 용신님이 많은 양의 곡식을 점지해 주기를 바라는 의미였다(566-567).

기름 냄새 풍기려 부친 부침개… 해충 퇴치의 음식

충북 단양군 적성면에서는 유둣날에 '벌레 굽는다'고 하여 논으로 나가 부침개를 부쳐 던지며 '벌레들아, 이거 먹고 베(벼)는 먹지 마라!'라고 외쳤다. 기름 냄새가 있으면 벌레가 끼지 않는다고 여기기 때문이었다(185). 청주시 월오동에서는 유둣날에 참외 농사의 풍년을 기원하기 위해 원두제를 지냈는데, 이때 기름 냄새를 풍겨 벌레를 예방하기 위해 밭에서 밀전을 부치고, 햇참외와 술을 올렸다. 원두제를 지낸 후부터 참외를 수확할 때까지 여자는 참외밭에 들어갈 수 없었고, 남자의 성기 모양처럼 기다랗게 크라는 의미에서 남자만 밭에 들어갈 수 있었다(78-79). 진천군 덕산면에서는 유둣날에 참외밭 안에서 부침개를 부쳐 밭제를 지냈는데, 파, 배추 등을 넣고 부녀자가[6] 부침개를 부치면 남자가 술과 함께 올렸다. 밭제는 기름 냄새를 풍겨 병해충을 예방하고, 유두 무렵부터 열리는 참외 농사의 풍년을 기원하기 위한 것이었다(363).

병에 석유 담아 솔가지로 막고 논에서 끌기도… 농약 나온 후 사라진 풍속

전북 진안군 동향면에서는 유두제 때 벼벌레를 퇴치하기 위해 배추나 파를 기름에 부쳐 논의 물꼬에 넣었으며, 유두제를 지내지 않을 때에는 병에 석유를 담아 솔가지로 병목을 막고 논에 넣어서 끌고 다니기도 했는데 이런 풍속은 살충제가 나오면서 모두 사라졌다(593).

부침개 등을 나누며 이웃과 친교, 단합하는 잔칫날

경북 울진군 평해읍에서는 유둣날에 칼국수나 콩국수 등을 삶아 먹거나, 부추, 오징어, 고구마, 감자로 부침개를 해서 온 동네 사람들이 나눠 먹었다(720). 강원 횡성군 우천면에서는 밀을 수확하면 이에 대한 감사로 조상 천신을 했는데, 밀국수를 조상 수대로 대청마루의 상에 올렸으며, 천신이 끝나면 식구들끼리 모여 밀국수를 먹고 이웃끼리도 나누어 먹었다. 이렇게 이웃끼리 나누어 먹기에 단합이 잘 되었다고 한다(574). 전북 고창군 성송면에서는 유둣날에 들에 나가지 않고 하루를 쉬었으며, 이날 개떡을 찌고 음식을 장만하여 동네잔치를 했다(299). 무주군 무주읍에서도 유두에 주민들이 모여서 떡과 술을 나누어 먹으며 하루를 놀았으며(316), 전남 진도군 임회면에서는 유둣날 부침개(밀개떡)를 부쳐 먹고 마을 사람들이 모여서 강강술래를 하며 즐겁게 하루를 보냈다(789).

고추장 넣어 장떡 빚고… 구운 장어 참외밭에 걸어

강원 철원군 철원읍에서는 유둣날에 밀전병(밀지짐)이나 '장떡' 등을 부쳐 이웃과 나누어 먹었는데, 장떡은 고추장을 넣어 매콤하게 만든 떡이었다(413). 경기 광명시 소하2동에서는 유두 무렵이 참외를 수확하는 시기였으며, 이때를 즈음해 장어를 사다 구워서 참외밭의 원두막에 걸어 놓고 어둑어둑해질 무렵에 고사를 지냈다. 이처럼 장어를 걸어 둔 것은 징거(뱀)가 외를 좋아하기 때문에, 참외밭에 뱀이 들어오는 것을 방지하기 위해서였다. 또 이날 수리취를 뜯어다가 말려서 '개떡(수리떡)'을 해 먹기도 했다(59). 안성시 죽산면에서는 집에서 기름 냄새를 피워야 해충이 없다고 하여 유두 때 전을 많이 부쳐 먹었다. 또한 참외밭에서 기름 냄새를 피우기 위해 부침개를 부쳤는데 이렇게 해야 잡신이 들어오지 못한다고 여겼다(422). 전남 영암군 덕진면에서는 용신제를 논에서 지내고 밭에서는 밭제를 지냈는데, 밭제의 경우 뜸부기가 밭에 집을 짓고 알을 낳아 농작물에 해가 되므로 이것을 막기 위한 것이었다(646).

4. 유두의 의례

삿갓에 도롱이 쓰고 지낸 유두 제사

경북 상주시 만산 2동에서는 유두에 논이 가물지 않고 물이 풍족하게 해 달라고 용에게 비는 덤봉제(용제)를 지냈으며, 유둣날이면 으레 용제를 지내기 때문에 이를 '유디 지낸다'라고 말하기도 했다(이 마을에서는 날이 가물 때를 대비해 논 옆에 파둔 샘을 '덤봉'이라고 했다). 덤봉제는 대개 일꾼이 삿갓을 쓰고 도롱이를 입은 채 지냈는데 날씨가 좋아도 이렇게 입고 지낸 것은 일꾼의 옷차림처럼 비가 내리기를 기원하는 의미였다. 덤봉제는 밤에 수숫대를 논에 세우고 윗부분을 갈라서 그 사이에 서숙(조) 한 가지를 끼운 다음, 절을 하는 형식으로 지냈으며, 제물은 붉은 시루떡과 적 등의 간단한 음식으로, 가정에 따라서는 국수, 밥, 떡, 술을 차리기도 했다(225).

공중에 차려졌던 유두의 제물… 삼대에 떡 매달아

경북 김천시 어모면에서는 유둣날 아침, 주로 집안의 안주인들이 밀개떡과 삼(麻)대를 논 안에 꽂고 그 위에 밀개떡 몇 개를 꿴 다음, 논둑에서 두 번 절을 하며 유두제를 지냈다(166). 경남 산청군 단성면에서는 유둣날 논고사를 지낼 때, 주인이 제물을 준비하고 머슴이 이를 논으로 가져가서 물꼬에 삼대를 놓고 그 위에 제물을 올려 농사가 잘되게 해 달라고 빌었다. 제물은 대개 떡(섬떡)과 술, 과일이었으며, 기원을 마친 다음에는 음식을 조금씩 떼어 사방에 고시레(고수레)를 했다(577). 강원 영월군 영월읍(흥월리)에서는 유두에 곡식이 병해충 피해를 입지 않고 잘 자라서 풍년이 들기를 기원하며 유두고사를 지냈는데, 이 고사는 부녀자들이 밭으로 나가 전을 부쳐 밭에 던지거나 이를 막대에 매달아 두고 농신에게 기원하는 형식이었다(315). 전남 광양시 황길동에서는 유둣날에 떡을 하고 삼대로 만든 삼발이를 논의 물꼬에 놓은 다음, 이 위에 떡을 얹고 농사가 잘되게 해 달라고 기원하는 용신제를 지냈다(51). 영암군 덕진면에서도 유두에 곡식 병충해가 없고 풍년이 들라는 의미에서 논 주인들이 대나무의 윗부분을 쪼갠 후에 부챗살처럼 편 다음, 여기에 음식을 담아 자기 논에 꽂아 두고 용신제를 지냈다. 용신제 뒤에는 아이들이 논으로 가서 음식을 빼 먹었다(646).

방에 짚 깔고 밀국수 한 그릇… 가신 대접

충북 청주시 장암동에서는 밀을 첫 수확하면 이를 갈아서 밀국수를 만들어 먹었는데, 먹기 전에 조상에게 밀 수확에 대한 감사를 표하기 위해 방에 짚을 깔고 그 위에 밀국수 한 그릇을 놓아두었다. 천신을 한 다음 식구들끼리 모여 먹는 밀국수는 시원하게 하거나 지금의 칼국수처럼 따끈하게 해서 먹었다(64). 충남 천안시 수신면에서는 햇밀이 나왔으므로 유둣날 집안의 신령에게 천신했으며, 이때 햇밀로 국수를 만들어 장광의 터주와 방 안의 성주에게 한 그릇씩 퍼서 올렸다(246-247).

논 물꼬에 짚 깔고 제물… 농사 잘되길 기원

전북 진안군 진안읍에서는 유둣날에 찰떡과 송편, 부침개를 마련해 논고사를 지냈는데, 아침 일찍 부침개와 떡을 들고 남자 혼자 논으로 나가 논의 물꼬 앞에 짚을 깔고 제물을 차린 후 농사가 잘되기를 빌었다. 고사를 마친 후에는 부침개를 조금씩 떼어 물꼬에 넣고 남은 것은 짚 위에 그대로 두거나 절읍대(삽대)에 꽂아 두었다(612). 전남 여수시 화양면에서도 유둣날 아침, 메 한 그릇과 과일, 밀떡 등의 제물을 간단히 준비해 논둑에 짚을 깔고 제물을 진설한 다음, 손을 비비며 한 해 농사가 무사히 마무리되게 해 달라고 신령에게 기원하는 논고사를 지냈다. 비손이 끝나면 제물을 논둑에 묻어 버리거나 그대로 놔두고 돌아왔다(228).

개떡만 차리기도… 격식 없이 간단히 차린 유둣날 제사

전남 구례군 구례읍에서는 유둣날 논이나 밭에 가서 용신제를 지냈는데, 이 제사는 간단히 (밀)개떡을 논이나 밭에 한 덩이씩 놓고 농사가 잘되게 해 달라고 용신에게 기원하는 것으로 별다른 제물을 차리는 등의 격식은 없었다(373). 곡성군 삼기면에서도 유둣날 집안의 안주인이 농사가 잘되게 해 달라는 의미에서 논이나 밭에 가서 용신제를 지냈는데, 제를 지내는 대상은 용왕이며, 제를 지낼 때에는 술이나 주과포 등과 같은 제물을 가져가지 않고 단지 개떡만을 가져갔다(356). 전북 고창군 성내면에서도 유두에 간단하게 음식을 장만해 안방에는 성줏상을 차리고 마루에는 귀신들을 위한 '귀신밥'을 차려 놓았다(272).

논의 물꼬(수멍)에서 지낸 유둣날 제사

전북 진안군 동향면에서는 유둣날 아침에 남자들이 떡과 적을 가지고 자기 집 논으로 가서 수멍(물꼬) 앞에 짚을 깔고 떡(송편)과 적(배추, 파)을 올린 다음 재배하며 논고사를 지냈다. 간단하게 제를 마친 후에는 수멍에 적을 조금씩 뜯어서 넣고 남은 것은 짚 위에 올려놓고 왔다(593). 무주군 설천면에서도 6월 14일, '작은 유둣날'에 떡을 쪄서 15일의 '큰 유둣날' 새벽에 논과 밭에 나가 고사를 지냈는데, 남자들만이 자기 논으로 나가서 논마다 돌면서 송편과 부침개를 수멍(물꼬)에 놓고 농사 잘되기를 기원했다. 고사를 지낸 후 부침개를 조금 뜯어서 수멍 안에 집어넣었다(353).

땅에 묻힌 유둣날의 제물

전남 곡성군 석곡면에서는 유둣날에 논이나 밭 주인이 농사가 잘되기를 기원하며 팥시루떡을 가지고 밭에 가서 유두제사를 지냈는데, 이 날은 한 해 곡식의 생산량이 정해진다고 하여 다른 사람들은 밭에 가는 것을 삼갔다. 제를 지낸 후 팥시루떡을 밭 한 군데에 묻고 왔다(341).

무안군 청계면에서는 유둣날 아침, 농사를 짓는 집에서는 밀가루로 부침개를 부쳐 논두렁에 가서 간단하게 비손 등을 하고 흰 종이에 부침개를 싸서 땅에 묻고 돌아오는 유두고사(논고사)를 지냈다. 가난하고 배고프던 시절이었기에 아이들이 기다렸다가 음식을 '걷어서' 먹고 다니기도 했다(499).

유둣날의 제사는 부녀자가 주관하기도 했다

충북 진천군 백곡면에서는 유두에 참외 농사의 풍작을 기원하기 위해 기름떡을 부쳐 먹으며 참외밭에서 유두제를 지냈는데 이 제사는 부녀자가 주관했다(350). 전남 보성군 득량면에서도 유둣날 부녀자들이 새벽 3시 정도가 되면 용신을 달래기 위해 논으로 가서 용신제를 지냈으며, 제물로는 밥과 나물, 개떡 등을 진설했다(547). 고흥군 대서면에서는 유둣날 남자들은 밀개떡과 밀전을 가지고 논두렁에 가서 농신제를 지내고, 여자들은 밭으로 가서 제사를 지냈다. 농신제는 두더지나 뱀이 논두렁에 구멍을 뚫지 말라는 의미였다(310).

충청도 등 한반도 서부 지역이 유두 문화권

『세시풍속』에 나타난 유두는 밭농사 지역의 경우 참외 농사의 풍년 기원을 비롯해 밀과 보리 등의 햇곡식 수확에 대해 조상과 성주 등의 가신에게 감사를 올리고 천신하는 명절이며, 논농사 지역의 경우 농사짓는 사람들의 수고에 대한 감사와 함께 벼농사 등의 풍년 기원과 병해충을 예방하려는 성격이 강한 명절(속절)임을 살필 수 있다. 명절을 지낸다는 것이 절식을 마련하고 의례를 행하는 것으로 대표된다는 측면에서 볼 때, 유두 풍속이 가장 성했던 지역은 절식의 출현 빈도가 비교적 높은 충북과 충남, 전남을 비롯해 이들 지역과 접하는 강원, 경북, 전남 등의 접경 및 산간 지역이었다고 할 수 있을 것이다. 즉 한반도 중남부의 서부 지역이 유두 문화권인 셈이다.

유두 의례의 특징… 강한 현장성과 무(無)상차림

한민족 고유의 농경 명절인 유둣날의 의례 특징 중 하나는 강한 현장성과 함께 무(無)상차림이라는 점이다. 이런 특징은 유두의 의례가 논이나 밭과 같이 농사가 지어지는 현장에서 직접 행해지며, 절식이나 시식 또한 논밭에서 바로 만들어 곧바로 논밭에 던져지고, 상을 차리는 대신 짚을 깔고 음식을 올리는 것에서 드러난다. 이 같은 간략한 제물 마련과 무(無)상차림, 그리고 강한 현장성은 고대 한민족의 의례 형태가 무엇이고, 신(가신) 대접의 방식이 어떤 것이었는지를 시사한다고 할 것이다.

미주

1 "東流水頭沐浴(동류수두목욕). / 동쪽으로 흐르는 물에 머리를 감고 몸을 씻는다."
2 "世俗因以是日爲名辰 作水團餠而食之(세속인이시일위명진 작수단병이식지)."
3 선희창 2010, p.137.
4 정승모 2012, p.20.
5 [표] 『세시풍속』에 나타난 유두의 시식 출현 지역 수

지역	국수	부침개	밀떡	밀개떡	개떡	출현 누계
강원(54)	9	5	2		1	17
경기(82)	10	9	13	2		34
경남(66)	5	1	5	1		12
경북(71)	12	1	6	2		21
전남(66)	1	5	8	8	6	28
전북(42)		4	1	8	2	15
제주(12)						
충남(45)	8	6	1	4	5	24
충북(33)	14	10	1		2	27
합계(471)	59	41	37	25	16	178

<출처: 국립문화재연구소, 『세시풍속』 9개 지역 편> / ( )는 조사 지역 수.

6 『세시풍속』에는 '아녀자'란 호칭으로 쓰였다. 이 호칭이 출현한 지역은 이 밖에 충북 진천군 백곡면과 문백면을 비롯해 청주시 월오동, 경기 수원시 이의동 등이다.

11장

자식 사랑하는
부모의 마음이 깃든 칠석

북두칠성에 수명장수 기원… 쌀밥 먹는 날

11장

자식 사랑하는
부모의 마음이 깃든 칠석

북두칠성에 수명장수 기원… 쌀밥 먹는 날

1. 칠석의 유래

칠석(七夕)은 음력 7월 7일로 견우와 직녀가 오작교에서 만난다는 날이다. 칠석은 『형초세시기』에 등장할 정도로 그 풍속의 역사가 깊고, 한국은 물론 중국 등의 한자 문화권에서 기념된 속절이다. 중국의 경우 이미 송대에 입추, 추분, 중구 등과 함께 축일 휴가까지 있을 만큼 큰 명절로 인식됐으며,[1] 우리의 경우 중국보다는 널리 기념되지는 않았지만 기록상 최소 17세기 초 무렵에는 속절이었던 것으로 나타난다. 이 무렵의 풍속을 담은 『택당집』(별집, 권 16, 잡저)이 칠월 칠석 속절일의 제물로 상화(기장떡)류의 음식을 기록하고 있고, 이후 『성호사설』(권 4, 만물문) 또한 칠석에 약과류의 음식으로 추정되는 밀병을 먹는다는 내용을 담고 있기 때문이다. 칠석의 음식은 서울 지방의 전승 민요인 <떡타령>에도 출현해, 3월 삼진날의 쑥떡, 4월 파일(초파일)의 느티떡과 함께 7월 칠석의 떡으로 수단이 등장한다.

칠석은 중국의 영향 커… 농어촌에 다양한 풍속 출현

칠석의 풍속과 관련해, 『세시풍속』은 2000년대 초 무렵까지 한국의 농산어촌에서 행해졌거나 기억 전승된 다양한 풍속을 담고 있다. 하지만 19세기 중엽의 『동국세시기』는 '칠석날 인가에서 옷가지를 밖으로 내어 햇볕을 쪼이는데, 이는 옛날부터 내려오는 풍속'이라는 한 줄만을 기록하고 있다. 오히려 고대 중국의 『형초세시기』가 『세시풍속』과 유사한 칠석의 풍속을 더 많이 담고 있다. 이는 한국의 칠석 풍속이 중국의 영향을 받았으며, 양반과 일반 백성의 풍속이 큰 차이가 있었음을 보여 주는 것이라 할 것이다.

그렇다면 칠석의 유래는 어떻게 되고 그 풍속에는 무엇이 있을까?

먼저 『형초세시기』의 7월 풍속에 기록된 칠석의 유래와 관련된 설화이다.

옛이야기에 의하면 은하수는 바다와 통해 있는데, 바닷가에 사는 한 사람이 배에 비각을 세우고 식량을 가득 실은 다음 항해에 나섰다. 10개월 후 어느 곳에 이르렀는데, 그곳에 있는 집의 형상이 성곽처럼 매우 장엄했다. 멀리서 집 안을 바라보니 한 여인이 베를 짜고 있었고, 한 남자는 소를 끌고 강가에서 물을 먹이고 있었다. 그런데 소를 끌던 사람이 배에서 자신을 지켜보고 있음을 알아차리고 놀라며 다가와 물었다. '어떻게 해서 여기까지 오게 됐습니까?' 배를 타고 온 사람이 그간의 사정을 이야기하고 이곳이 어디냐고 묻자 소 끌던 사람은 촉도에 가서 제자 백가서에 능통한 엄군평이란 사람을 찾아가 물으라고 답했다. 이에 배 타고 온 사람은 소 끌던 사람이 있던 곳에 오르지 않고 곧바로 돌아왔다고 한다. 그리고 엄군평에게 그곳이 어디냐고 물으니 그가 말하기를, '모년 모월에 누군가가 견우성에 다다랐다'라고 답했다. 그 시기를 헤아려보니 바로 그 배 탄 사람이 은하수에 도착한 때였다.[2]

칠석은 견우와 직녀가 만나는 날… 오작교는 우리 설화에 등장

『형초세시기』는 이 설화와 함께 7월 7일은 견우와 직녀가 만나는 날이며, 견우가 직녀에게 장가들 때에 천제에게 2만 전을 빌려 혼례를 치렀는데 오래도록 갚지 못하여 영실로 쫓겨났다고 기록하고 있다. 그런데 이 설화에는 칠석날 밤 까마귀들이 다리를 놓아 견우와 직녀가 만나도록 했다는 '오작교'는 등장하지 않는다. 오작교는 15세기 말 서거정이 편찬한 『동문선』(권 6)의 '칠석우'에 등장한다. 『형초세시기』는 상술한 견우성 설화와 함께 칠석날 밤 부녀자들이 바느질을 하고 말린 고기와 과일 등을 진설한 뒤 바느질 솜씨가 좋아지길 기원하며, 견우성과 직녀성에 제사 지내고 소원을 비는 풍속을 담고 있다. 이들 풍속은 현대의 『세시풍속』에서도 나타날 만큼 강한 전승력과 함께 오랜 역사를 지니고 있다. 중국 신화에 의하면 견우성은 은하수의 동쪽 끝부분에 위치하고, 직녀성은 은하수의 서쪽 가장자리에 위치해 서로 마주 보는 별이다. 직녀는 천제의 손녀로 오랫동안 직물과 비단을 짰는데, 은하수 건너편에 있는 견우에게 시집을 간 뒤로 비단 짜는 것을 중단하니 천제가 크게 노하여 직녀와 견우를 헤어지게 했고, 이후 견우와 직녀는 매년 칠월 칠석에만 한 번 만날 수 있었다. 이처럼 칠석과 관련된 설화는 그 줄거리와 내용이 다양하게 나타난다.

[표] 문헌에 나타난 칠석 풍속

출전 문헌 (기록 시기)	명칭	풍속 내용
형초세시기 (6세기~ 7세기 초)	7월	7월 7일-견우와 직녀가 만나는 밤 / 부녀자들 밤에 바느질 / 금, 은, 동으로 바늘 만들고 술, 말린 고기, 오이와 과일 차려 바느질 솜씨 좋아지길 기원
용재총화 (15세기 말~ 16세기 초)	-	풍속 출현 안 함
경도잡지 (1800년 전후)	-	풍속 출현 안 함
동국세시기 (1849)	七夕 (칠석)	인가(민가)에서 햇볕에 옷 말리기
해동죽지 (1921)	七夕 (칠석)	견우직녀 만나는 날 / 시인 문사들이 산이나 물가에서 더위 피해 술 마심-칠석 놀이

2. 칠석의 특징

절을 찾아 불공… 자식 잘되기·풍년 기원하는 농군의 명절

한양과 양반 중심의 풍속을 담은 조선 후기의 세시기와 달리 일반의 한국인들은 칠석에 무엇을 하고, 어떤 시식을 먹으며 칠석을 보냈을까? 전통 시기와 연관될 수 있는 칠석의 풍속은 현대의 『세시풍속』을 통해 그 대강의 면모를 살필 수 있다.

『세시풍속』에 나타난 칠석은 북두칠성에 무병장수를 기원하고, 절을 찾아 집안의 태평을 염원하며 불공을 드리는 날이었다. 또한 칠석은 농사의 마무리 철을 맞아 고사를 지내며 풍년 들기를 기원하는 농군들의 명절이었고, 자식을 사랑하는 부모들의 사랑과 정성이 깃든 날이기도 했다. 칠석을 맞아 많은 한국인들은 칠석제나 칠성맞이굿, 칠석고사 등을 집에서 지내거나 무당집 또는 절을 찾아 행했다. 이날의 시식 또는 절식으로는 부침개나 밀떡, 국수, 백설기와 함께 쌀밥과 미역국 등이 있으며, 출현 빈도가 높은 음식은 밀떡 > 전(전병) > 백설기 순이었다. ('[표] 『세시풍속』에 나타난 칠석의 시식 출현 지역 수'는 미주 참고)[3]

지역별 차이 있는 다양한 풍속 전국적 출현… 공통된 절식·의례 없어

칠석은 풍속의 출현 지역이 경기도와 경남을 비롯해 충남과 충북에 집중되며, 전국적으로 공통되게 출현하는 절식과 의례를 찾기 힘들고, 절식이나 시식의 출현 빈도가 10곳 중 3곳에 머물 정도로 낮다는 특징을 보인다. 그럼에도 칠석은 넓은 의미에서는 공통되지만 지역마다 차이가 있는 다양한 풍속이 전국적으로 광범위하게 출현하는 특징도 드러낸다. 이는 칠석의 기저에 고사나 불공 등을 통해 한국인이 가장 중시 여기는 자식의 수명장수와 함께 풍년 기원 등과 같은 바람이 깔린 것에서 비롯된 것으로 풀이된다.

다음은 『세시풍속』에 나타난 칠석 풍속이다.

3. 칠석 풍속

칠석은 큰 명절… 북두칠성에 가족의 수명장수와 행운을 기원

경남 양산시 상북면에서는 사람이 칠성신에게서 수명을 받았다고 해 칠월 칠석에 부녀자들이 북두칠성을 바라보고 가족의 무병장수와 행운을 빌었다(256). 고성군 동해면에서는 칠석날 주부들이 절에 가서 불공을 드리고 집안의 안녕과 태평을 빌었으며, 칠석도 큰 명절이기에 이날은 특별히 다른 일을 하지 않고 쉬었다(483). 경북 영주시 풍기읍에서는 칠석날 칠성님에게 제사를 지냈는데, 집 근처나 산에 미리 정해 놓은 칠성 바위에 초를 일곱 개 켜고 칠색 천을 바위에 묶은 다음, 제물로 깨끗한 물과 삼색 나물을 차리고 소지하며 가족들의 무병장수를 빌었다(322).

칠석날 저녁, 달 보며 저고리에 동정 달기… 수명장수 기원

강원 강릉시 왕산면에서는 칠석에 무당을 집에 데려와 칠성맞이굿을 하기도 하고, 절에 가서 제사를 지내기도 했다. 또한 개인이 마당 가운데에 정화수를 떠 놓고 북두칠성에 수명장수를 빌었다(19). 횡성군 우천면에서는 칠석 저녁에 달을 보면서 외출복이나 저고리의 동정을 달면 입는 사람이 무병장수한다고 하여 이날 밤에는 실과 바늘을 준비해 두었다가 동정을 달았다(575). 경남 밀양시 부북면에서는 칠석날 밤에 부녀자들이 밥과 과일 등의 간단한 음식을 차려 놓고 제사를 지냈는데, 이때 바느질 솜씨를 좋게 해 달라고 바늘과 실을 상 위에 올려놓기도 했다(161).

북두칠성에 시집가게 해 달라 기원… 비가 내리는 날

경남 사천시 서포면에서는 일부 마을 사람들이 칠석날 밤에 북두칠성을 바라보고 장수를 빌었으며, 특히 젊은 처녀들은 시집 잘 가게 해 달라고 기원하기도 했다(213). 경기 고양시 대자1리에서는 칠월 칠석은 견우와 직녀가 만나는 날이라 꼭 비가 온다고 여겼으며, 일부 집에서는 천신과 함께 시식으로 밀전병을 만들어 먹었다(30). 강원 고성군 죽왕면에서는 칠월 칠석에 정화수를 떠 놓고 칠성님에게 재배하며 무사안녕을 빌었는데, 달이 올라올 무렵에 세 번 절하고 한 번 반절을 했다(247).

칠석은 유두, 백중과 함께 농군의 3대 명절

전남 장흥군 장평면에서는 칠석날을 비롯해 유두와 백중을 농군의 3대 명절이라 하여 쉬고 놀았다. 이날은 그해 스무 살이 돼 온품으로 인정받아 품앗이에 끼게 된 청년들이 품앗이 선배 일꾼들에게 술을 대접했다(757).

4. 칠석의 절식과 시식

쌀밥 먹는 날 칠석… 아이들이 손꼽아 기다렸다

앞서 1장에서 살폈듯, 칠석은 쌀밥을 먹는 날로 아이들은 이날을 손꼽아 기다렸다. 칠석날 아침에는 쌀밥을 차려 호박나물 등과 함께 먹었는데, 이런 풍속은 충남 청양군 청양읍과 정산면을 비롯해 홍성군 서면 등에서 출현한다.

밀 부침개·밀떡·밀전병이나 호박전 부쳐 먹는 날

강원 춘천시 동내면에서 칠석은 기름 냄새를 풍기며 밀 부침개나 호박전을 해 먹는 날로 이날 밀떡과 호박을 넣은 밀 부침개를 해서 장독대, 조왕, 성주 등에게 가져다 놓았다(186). 화천군 간동면에서는 칠석날 호박전을 부쳐 먹었는데, 이것은 예로부터 내려온 풍속이었다(549). 경기 광명시 학온동에서는 칠석을 '밀떡 부쳐 먹는 명절'이라 여겨 다른 음식은 장만하지 않고 밀떡만을 준비해 터주가리(터주신 모신 곳)에 가져다 놓은 다음, 마을 사람들을 불러 나누어 먹었다(45).

반달로 빚은 밀 부꾸미… 삶은 팥소에 만두처럼 양 귀 접고 빚어

경북 문경시 문경읍에서는 칠석날 사람들이 한데 모여 음식과 술을 먹고 마시며 하루를 놀았는데, 밭에서 애호박을 따다가 채를 썰어서 호박전도 부치고, '밀 부꾸미'도 지져서 먹었다. 밀 부꾸미는 칠석에 빠지지 않는 음식으로 동그랗게 민 밀가루 피 속에 삶은 팥을 넣고 만두를 빚듯이 양쪽 귀를 접어서 반달 모양으로 만들었다(196).

칠석은 국수 먹는 날

경북 의성군 점곡면에서는 칠석날 절이나 가정에서 국수를 만들어 먹었는데, 이날은 '자식들을 위한 날'이어서 국수처럼 자식들의 수명이 길게 해 달라고 기도했다. 가정에서는 보통 '건진 국수(콩가루 섞은 면발로 만든 국물 국수)'를 만들어 먹었으며, 불자들의 경우 칠석날 국수를 사서 절에 갔다(770). 전남 장성군 삼계면에서는 칠석날 모시 잎을 뜯어 새파란 송편을 만들고 국수도 삶아 먹었다. 이날 송편은 모시 잎을 삶아서 쌀가루와 같이 찌고 손으로 치댄 다음, 작게 떼어서 주로 밤이나 팥을 소로 넣어서 만두처럼 빚었다(703).

칠성님에게 비릿한 것은 금물… 쌀밥과 소(素) 미역국 올려

경기 평택시 현덕면에서는 칠석에 쌀밥을 하고 미역국과 밀떡을 해먹었으며, 칠성주머니를 모시는 집에서는 칠성주머니 밑에 밥과 국을 차려 놓았다(678-679). 충남 연기군 금남면에서도 칠석날 아침에 흰쌀밥과 고기를 넣지 않은 소(素) 미역국을 끓여 먹었다. 아무리 쌀이 없어도 칠석날 먹을 쌀은 따로 두었다가 이날은 반드시 쌀밥을 했다(499). 전북 익산시 함라면에서도 칠석날 아침에 메, 청수, 미역국을 각기 한 그릇씩 담아 장독대에 가져다 두는 것으로써 칠성을 위했다.[4] 칠성에게는 비릿한 것을 올리지 않아야 하므로 미역국은 고기를 넣지 않고 끓였다(157). 경기 오산시 부산동에서는 칠석 즈음이면 밀을 수확하는 시기로, 칠석에는 수확한 밀로 밀떡을 부쳐서 시식으로 먹고, 시루떡도 장만했다. 또한 칠성주머니의 쌀을 꺼내서 밥을 지어 먹었는데, 칠석날은 비릿한 음식을 먹지 않는 날이라고 해 미역국과 나물을 장만해 밥을 먹었다(467).

5. 칠석의 의례

5.1. 농사 관련

밭농사 지역… 보리나 밀 수확하고 천신하는 날

경기 구리시 교문1동에서는 칠월 칠석을 보리(밀) 수확하는 시기이자, 1년 동안 서로 떨어져 있던 견우와 직녀가 까막까치가 만들어 준 오작교를 통해 서로 만나는 날이라고 여겼다(121). 군포시 대야동(속달마을)에서는 밭에 밀이나 녹두를 많이 심었는데, 칠석이 되면 이들 곡물이 수확되기에 이날 햇밀을 갈아 밀떡을 만들거나 녹두부침을 부쳐 먹었으며, 밀떡을 하면 이웃끼리 서로 나누었다. 녹두부침은 녹두와 쌀을 반씩 섞고 갈아서 부친 것으로 배추를 삶아 넣거나 김치, 파 등을 넣어 만들었다(145). 오산시 갈곶동에서는 칠석날 그해 처음으로 참외를 수확하면 집에서 술과 참외를 차려 성주에게 참외 천신을 했다. 다른 과일은 수확해도 천신하지 않았지만, 참외만은 맨 처음 익은 것을 따다가 참외로 고사를 지냈다(480).

논농사 지역… 농사 마무리 잘되기를 기원하는 날

경남 남해군 삼동면에서는 칠석날 생선, 나물, 고기, 메, 떡 등의 제물을 논두렁에 차려 놓고 그해 농사가 원만하게 마무리되길 기원하는 비손을 했다. 칠석 제물에 올리는 생선은 어떤 것을 올려도 무방하나 다만 숭어와 마티미(매퉁이)는 올리지 않았다. 숭어는 그 머리가 뱀같이 생겼기 때문에 어떤 제사상에도 올리지 않았으며, 마티미는 팔딱팔딱 뛰는 생선이라 방정맞다고 하여 역시 올리지 않았다(544). 강원 춘천시 서면에서는 칠석날 낮에 논으로 가서 적을 부쳐 막걸리와 함께 차리고 반절을 한 다음, 음식을 조금 떼어서 논에 던지며 농사가 잘되게 해 달라고 칠석 할아버지에게 비손을 했다(174). 인제군 인제읍(귀둔1리)에서도 칠석날 집안의 가장들이 논이나 밭으로 나가서 전을 부쳐 농신에게 바치고 풍년을 기원했는데, 전을 논이나 밭에 던지면 병충해가 생기지 않고 농신이 풍년이 들도록 해 준다고 여겼다. 이때 부친 전은 주로 감자를 갈아 밀가루와 섞어 만들었으며, 집에 따라서는 이 전을 나무 꼬챙이에 걸어 논두렁에 세워 두기도 했다(352).

칠석에는 반드시 논고사… 안 지내면 농사 망쳐

전남 여수시 돌산읍에서는 칠석날 아침 일찍 흰 시루떡과 밥을 해서 논 가장자리에 차려 놓고 칠성님에게 올해 농사 무사히 마무리하게 해 달라고 반드시 고사를 지냈다. 고사(비손)를 마치면 숟가락으로 밥을 떠서 사방에 뿌리고 떡도 함께 던진 뒤에 논둑 귀퉁이에 밥을 묻고 돌아왔다. 만약 이렇게 하지 않으면 그해 농사를 망친다고 여겼다(191-

192).

5.2. 가신 대접

자식 사랑하는 부모의 마음이 가득 담긴 명절

전북 장수군 계북면에서는 칠석날 아침 일찍 백시루를 쪄서 시루 안에 기름불을 밝히고 칠성이 머무는 장광에 시루째 올려 칠성을 위했다. 칠성은 장광의 터주지신 중에 가장 큰 신령으로 '철륭신'이라고도 불렸으며, 시루 안의 불은 종지에 들기름을 담고 세발심지(새발심지)를 넣어 밝혔다. 이후 삼신과 칠성 순으로 소지를 올렸는데 칠성공을 잘 들이면 집안 아이들의 명이 길고 건강하다고 여겼다(573). 충남 홍성군 은하면에서는 아이가 잘 크도록 관장하는 신령이 칠성으로, 이 신령은 때때로 아이가 자는 머리맡에 머문다고 여겨, 칠석날 머리맡에 짚을 깔고 밥, 물, 미역국을 각기 세 그릇씩 올렸다(699).

과거 보러 가는 아들 위해 칠성공 드리는 날

전북 군산시 임피면에서는 칠석날 정화수를 떠 놓고 쌀을 담은 그릇에 촛불을 켜서 북두칠성에 공을 드렸다. 이 공은 대개 아기를 못 낳는 사람이나 과거를 보러 가는 아들을 위해, 혹은 병든 사람을 위해 드렸다(28).

장독대 앞에 넓은 돌로 '칠성당'… 청수 한 그릇만으로도 치성

강원 춘천시 동산면에서는 집집마다 장독대 앞에 '칠성당'이라고 하는 넓은 돌을 놓아 뒀는데, 7월 칠석이 되면 이곳에 음식을 차려 놓고 칠석제를 지내거나, 음식 없이 그냥 청수만 한 그릇 떠 놓고 치성을 드렸다(159).

5.3. 불공·칠성맞이 굿

칠석은 절에서 불공드리는 날

경남 김해시 한림면에서는 칠석날 절에 가서 불공을 드리면 수명이 길어지고 무병장수한다고 여겨 노인이 있거나 병자가 있는 집안의 부녀자들이 절에 가서 불공을 드렸다. 불공을 드릴 때는 특히 칠성당에 들러 칠성신에게 수명장수를 빌었다(78).

칠석은 무당(만신)집에 가서 칠성맞이 굿하는 날

경기 김포시 대곶면에서는 칠석날 과일, 쌀, 백설기, 무나물, 녹두나물, 과일, 초, 향을 준비해 만신(무당) 집에 가서 칠성맞이 굿을 했으며, 굿의 대가로 쌀과 돈을 주었다. 굿을 하면서 북두칠성에 소원을 빌었는데, 이는 생명이 북두칠성으로부터 왔다가 죽으면 다시 그쪽으로 돌아가는 것이라 여겼기 때문이었다. 죽으면 칠성판을 만들어 염을 하는 것도 다 이런 이유라고 보았다(159). 파주시 파주읍에서도 칠석날 만신(무당)집이나 절에 가서 가족들의 건강과 평안을 기원하며 불공을 드리는 사람들이 있었으며(631), 인천 강화군 강화읍에서는 칠석날 절에 다니는 사람은 절에서 불공을 드리고, 만신집에 다니는 사람은 만신(무당)집에서 칠성메를 해놓고 치성을 드렸다. 치성을 드릴 때 만신이 징을 치며 축원하는 것을 '칠성맞이'라고 불렀다(928).

칠석은 신앙 의례의 '샐러드'… 절 공양·만신집 칠석맞이·가신고사 등 지내

경기 성남시 판교동에서는 칠석날 장독대에 정한수(정화수)를 떠 놓고 치성 드리는 부녀자들도 있었고, 만신집에 가서 가족들의 수명장수를 빌거나 절에서 불공을 드리는 사람도 있었다. 또한 칠석날 집안의 성주에게 떡을 올려 고사를 지내거나, 간단히 터주가리에 밀떡과 참외를 올려 비손하기도 했다. 칠석날의 터주가리 비손은 예전에 흔히 볼 수 있는 풍속이었다(286). 안양시 관양동에서도 칠석날 절이나 만신집에서 불공을 드리거나 칠석맞이를 했으며, 집에서 칠석고사를 지내는 사람들은 고사떡(팥시루떡)을 하고 술을 차려 성주나 터주 등의 가신을 대접했다(437).

5.4. 기타 의례

민간 의례의 제물상(床)으로 쓰였던 짚

경기 평택시 이충동에서는 칠석날 지석(제석)주머니의 쌀을 꺼내서 밥을 하고 가을철 추수를 한 뒤 새 곡식으로 채웠는데, 이날 '지석쌀'로 밥을 하면 먼저 안방의 지석주머니 밑에 차려 놓았다. 이후 지석주머니 밑의 방바닥에 짚을 깔고 '삼밥'이라고 해서 밥 서너 그릇과 미역국, 밀떡, 나물 등을 차렸으며, 이들 음식은 개에게 주면 안 된다고 하여 깨끗하게 먹었다. 또한 칠석날은 지석주머니를 위한 음식을 장만하는 날이기에 생선과 같은 비릿한 반찬은 만들지 않고, 대신 나물과 호박전 같은 밀떡을 준비했다(667). 전남 진도군 임회면에서도 아이들이 있는 집안의 경우 칠석날 밤, 마당에 짚을 깔고 동이에 물을 떠 놓고 '칠성님네 우리 자손들 어짜든지(어떤 경우이든) 잘되게 해 달라'라고 비손했다(790).

칠석은 죽은 형제의 영혼을 위로… 가족의 수명장수를 기원하는 날

경남 거제시 거제면에서는 칠석날 절에 가서 가족의 수명장수를 기원하는 불공을 드리고, 사망한 형제가 있는 경우 그 영혼을 위로했다(22). 진주시 지수면에서도 칠석날 절에 가서 불공을 드렸는데, 주로 가족의 건강이나 평안을 기원하고 사망한 형제를 위로하는 것이었다(287).

미주

1 장주근 2013, p.41.

2 국립민속박물관 2007, p.68.

3 [표] 『세시풍속』에 나타난 칠석의 시식 출현 지역 수

지역	의례 출현	밀떡	백설기	시루떡	부침개	전(전병)/적	국수
강원(54)	16	3			6	5/2	
경기(82)	54	33	3	2	15	16/1	
경남(66)	53	1		1		3	
경북(71)	30					1	3
전남(66)	30	1		3		1	1
전북(42)	27	1		3			
제주(12)	3						
충남(45)	30		8	7		1	
충북(33)	24		13	6	1	5	3
합계(471)	267	40	24	22	22	35	7

<출처: 국립문화재연구소, 『세시풍속』 9개 지역 편> / ( )는 조사 지역 수.

4 '위하다(위했다)'의 의미는 '인간이 신령을 소중하게 여겨 그들에게 최선의 예우와 정성을 바치고 그들 신령이 늘 흡족하게 한다'는 것이다. -이필영 2007, p.394.

12장

농군의 명절 백중…
호미 씻고 잔치

객사한 망자의 넋을 기리는 날… 경상도·제주에서 성행

12장

농군의 명절 백중…
호미 씻고 잔치

객사한 망자의 넋을 기리는 날… 경상도·제주에서 성행

1. 백중 유래

백중(百中)은 음력 7월 15일로 중원(中元) 또는 백종으로도 불리며, 한국의 속절과 명절 중에서 절식과 의례의 출현이 미미한, 지금은 잊히고 사라져 가는 속절이다. 『열양세시기』는 중원일에 절에서는 조상의 혼령에게 재를 올리고, 백성들은 모여서 마시고 즐기니 모두 옛 풍속을 따른 것이라고 기록하고 있다. 또한 『동국세시기』는 중원을 우리 풍속에서는 백종일(百種日)이라 하여 큰 명절로 여기며, 이날 사찰에서는 재를 올리고 불공을 드린다는 기록과 함께 항간의 백성들은 이날을 망혼일(亡魂日)로 삼아, 달밤에 채소, 과일, 술, 밥 등을 차리고, 돌아가신 어버이의 혼을 불러 모신다고 적고 있다. 최남선은 백중과 관련해 농사일이 백중 무렵이면 가장 힘든 김매기까지 끝나게 돼 이날 농부들이 술밥 등을 차려 서로 위로하고 즐겼다며 그 유래가 불교의 우란분(盂蘭盆) 공양에서 시작된 듯하다고,[1] 『동국세시기』와 엇비슷한 유래관을 피력했다.

백중과 관련, 『우란분경』에 전해져 오는 이야기는 다음과 같다.

> 석가모니의 제자 중에 목련존자가 있었는데 그의 어머니는 살아생전에 죄를 많이 지어서 아귀도라는 지옥에서 큰 고통을 받았다. 이에 목련존자가 어머니를 지옥에서 구하고자 석가모니에게 간원하여 음력 7월 15일에 오미백과(여러 가지 과일)를 시방대덕(十方大德: 모든 세상의 고승)에게 공양하고, 마침내 그의 어머니의 영혼을 구제하였다.[2]

백중… 농가의 명절이자 불가의 오랜 풍속

국립민속박물관이 발간한 『한국세시풍속사전』(가을편)은 백중이 대보름인 상원과 함께 일 년에 두 차례 있는 농민들의 큰 축제라고 소개하고 있다. 이들 기록 등은 백중이 불가의 오래된 풍속이자, 농사와 관련된 명절임을[3] 보여 준다. 그만큼 백중은 전통 시기 농촌에서는 의미가 컸던 속절로 이날 다수의 지역에서는 사실상 한 해의 힘든 농사일을 끝마쳤다는 의미로 농기구인 호미 등을 씻은 다음, 잔치를 열었다.

[표] 문헌에 나타난 백중 풍속

출전 문헌 (기록 시기)	명칭	풍속 내용	기타
형초세시기 (6세기~ 7세기 초)	7월 15일	우란분 만들어 부처님에게 공양	
용재총화 (15세기 말~ 16세기 초)	百種 (백종)	속칭 백종 / 사찰에서 백 가지 꽃과 과일로 우란분 베풀기 / 사찰에서 작고한 어버이 영혼 불러 제사	
경도잡지 (1800년 전후)	中元 (중원)	속칭 백종절(百種節) / 먹을 것 차려 산에 올라 가무 -우란분에서 유래	
동국세시기 (1849)	中元 (중원)	속칭 백종절(百種節) / 사찰의 큰 명절 / 나라 풍속으로 망혼일-백성들이 달밤에 채소, 과일, 술, 밥 등을 차려 죽은 어버이 혼 불러 제사	충청도 풍속- 남녀노소가 마시고 먹으며 즐김
해동죽지 (1921)	7월 15일- 백종일	옛 속칭으로 백종일(百終日) / 우란분[4] / 절에 가서 명복 비는 백종재 지냄	7월 중순- 술, 떡 마련해 호미씻기

그렇다면 한국 사회가 도시화, 산업화되기 이전, 전통 시기의 문화가 잔존했다고 여겨지는 1970년대를 전후한 시기에 백중은 어떤 속절이었을까? 다음은 『세시풍속』에 나타난 백중의 풍속이다.

2. 백중 특징

공통된 절식·의례 없어… 농군 위로 잔치는 광범위하게 출현

　『세시풍속』에 나타난 백중 풍속의 특징은 이날을 속절(명절)로 기념하는 사람이 많지 않고, 이런 배경에서 공통적인 절식(시식)이나 의례를 찾기 힘들다는 점이다. 백중을 맞아 마련되는 시식의 경우 나물과 밀전병, 부침개가 사실상 전부이며, 이들 음식 또한 광역 지방 단위로 폭넓게 출현하는 것이 아니라 일부 지역에만 한정적으로 나타난다. 예컨대, 백 가지 나물 먹기는 경남의 다수 지역에서 나타나고, 밀가루로 만든 전병은 강원, 경기, 전남의 일부 지역에서, 그리고 부침개는 강원과 경남, 전남의 각각 1~2개 지역에서 출현하고 있을 뿐이다. 이들 시식 외에 백중에 나타난 음식은 시루떡과 함께 밀이나 보리로 만든 개떡, 찰부꾸미, 수제빗국 등이다.

　의례의 경우 성주, 삼신 등에게 올리는 백중고사, 용왕제, 조상 차례, 불공드리기, 안택고사, 망혼제, 망제, 천도제, 백중굿이 출현했으며, 이들 의례 중 출현 빈도가 높은 것은 객사한 이들을 위한 망제를 비롯해 불공드리기와 백중고사, 조상에 대한 차례 등이었다. 망제는 대부분 경남에서 나타났고, 차례는 전남과 전북, 경기 지역에서, 불공

드리기는 충청과 경북 지역에서, 그리고 백중제 및 백중고사는 제주 지역의 출현 빈도가 상대적으로 높았다.

앞서 언급했듯, 명절을 쇤다는 것이 절식의 마련과 함께 의례를 행하는 것으로 대표되고, 백중의 절식과 의례 출현 빈도가 낮다는 측면에서 사실상 백중은 명절이라 말하기 어렵다. 그렇지만 한편으로 백중은 농경민이었던 한민족에게는 절식이나 의례와는 상관없이 큰 의미를 지닌 속절이었음을 보여 준다. 한 해의 힘든 농사일을 마친 데 대해 농군(농부나 일꾼·머슴)들을 위로하고 격려하는 잔치가 명칭만을 달리해 논농사와 밭농사 지역을 중심으로 광범위하게 출현하기 때문이다. 이들 농사 잔치를 강원도에서는 '호미씻이(세서연)'라 불렀으며, 경북에서는 '풋구(풋굿)', 전남에서는 '만들이', 그리고 전북에서는 '술멕이'라 칭했다. 이처럼 백중은 농군들의 잔칫날이었기에 일부 지역에서는 백중을 설 다음의 큰 명절로 여기기도 했다.

백중은 불교 색채가 강한 속절… 객사한 조상 등에게 제사 지내는 날

『세시풍속』에 나타난 이 같은 백중의 풍속은 다음과 같이 요약된다고 할 수 있다. 백중은 불교적 색채가 강한 속절로 이날 많은 사람들이 절을 찾아 불공을 드렸으며, 사찰에서는 백중제나 천도재를 지냈고, 민간에서는 객사한 조상과 자식이 없는 이들을 위한 제사를 올렸다. 백중은 또한 앞서 언급했듯, 한 해의 힘든 농사가 마무리됨을 축하하는 명절이자, 힘든 농사일을 담당한 일꾼들을 위로, 격려하는 날이었다. 백중은 지역적으로 경상도(경남 중심)와 제주도에서 성한 명절이었고, 풋굿과 만들이(만드리)류의 풍속은 해안과 뱃길이 접하는 연안에서 주로 출현하는 특징을 보인다. 이 밖에 제주도의 백중은 농사가 아닌 마소와 관련되며, 목동의 노고를 위로하고 마소의 건강과 풍요를 기원하는 날이었다.

3. 백중의 의례 및 행사

3.1. 농사 및 농군 위로

호미씻이… 한 해의 힘든 농사일을 모두 끝낸 날

강원 강릉시 왕산면에서는 세벌매기가 끝난 뒤인 백중날에 주로 호미씻이(세서회·세서연)를 했는데, 이날은 하루를 잘 놀기 위해 동네에서 가가호호 추렴하고 술이나 떡을 장만해 큰 상을 차렸으며, 송편을 꼬챙이에 꽂아 마을 주민들에게 하나씩 돌렸다. 또한 이날은 풍물도 치면서 지신밟기도 했다(20). 경북 영양군 석보면에서는 백중 때쯤이면 그해 농사일 중에서 가장 어려운 논밭의 김매기가 모두 끝났기에 농기구를 다 썼다고 하여 이를 씻어 놓고 음식을 잘 차려 머슴들을 대접했다. 일종의 머슴들 생일로 이날 일꾼들은 마을 뒷산 중턱에 모여 마을 사람들이 가져다주는 술과 묵, 감주, 고추전 등을 먹으며 하루를 놀았다(628).

아이논매기·두불논매기… 농번기가 비로소 끝

경북 봉화군 물야면에서는 7월 15일을 '풋구날' 또는 백중이라고 했으며, 풋구로서의 의미가 더 큰 날이었다. 논매기는 아이논매기(초벌논매기)와 두불논매기(두벌논매기)로 두 번 하는데 아이논매기는 6월경 호미로 풀을 뽑는 것이고, 두불논매기는 아이논매기를 하면서 엎어 놓은 풀이 뿌리를 내려 다시 살기 전에 손으로 치우는 작업이었다. 두불논매기를 마치면 7월 중순 무렵(백중)이 되는데, 이때 비로소 농번기가 끝이 났다(501).

풋굿·만들이… 농사짓느라 수고한 머슴들 하루 놀리는 잔치

경북 울진군 근남면에서는 음력 칠월 중순쯤이 되면 농사짓는 사람들이 남녀노소 할 것 없이 모여서 하루 종일 흥겹게 놀았는데 이를 '푸술 먹는다(풋굿)'라고 했다. 풋굿은 머슴들이 농사짓느라고 수고했다는 의미에서 하루를 놀게 하는 것으로 이날 (주인들은) 머슴들을 잘 대접해 주었다. 예전에는 주인들이 머슴들에게 여름이면 베주(삼베) 적삼을 한 벌 해 주고, 겨울이 되면 동복을 한 벌 해 주었다. 농사를 다 짓고 나면 쌀을 주어 보답했으며, 주는 쌀의 양은 머슴의 능력 고하에 따라 다섯 가마니에서 열 가마니까지로 차이가 있었다(712). 전남 광양시 광양읍(용강리)에서는 백중날 한 해 농사가 잘되었다고 성주에게 상을 간단하게 차려 제사를 지냈다. 또한 날을 잡아 집안의 일꾼이나 머슴들을 쉬게 했는데, 이를 '만들이'라 했다. 이때는 술과 음식을 많이 장만해, 머슴들이 당산에서 매구(꽹과리)를 치고, 윷놀이를 하며 하루를 잘 쉬도록 했다(21).

보리 송편에 보리술 대접… 농부의 날

전남 장성군 북하면에서는 백중날이 머슴을 살던 일꾼들을 위한 농부의 날로, 이날은 일꾼들이 농사일을 어느 정도 마치고 논에서 발을 씻고 나오는 날이었으므로 음식을 장만해서 일꾼들을 하루 쉬게 했다. 예전에는 이날 쌀이 귀해서 보리로 만든 송편과 보리술을 대접했으며, 머슴을 많이 들인 집에서는 닭을 여러 마리 잡아서 먹으라고 내주었다(716).

벼농사 풍년을 기원하는 날

강원 영월군 남면에서는 백중날 집에서는 참외나 수박 등의 과일을 먹고, 논에 나가서는 용왕제를 지냈는데, 이때 수제빗국을 끓여 논에 뿌리거나 부침개를 부쳐 던지고, 막대기에 매달기도 하면서 용왕님에게 벼농사의 풍년을 기원했다(327).

3.2. 동네잔치

한국의 포트락(potluck) 파티 '풋구'… 국수 먹으며 동네잔치

경북 예천시 용문면에서는 논매기를 마친 7월 보름경이면 마을의 길을 닦고 길가의 풀을 베어 낸 후, 가정마다 성의껏 준비한 술이나 떡 지짐 등을 장만해, 이들 음식을 마을의 넓은 장소나 이장 집으로 가져가서 마을 사람들과 나누어 먹으며 하루를 즐겁게 보냈다. 이를 '풋굿'이라고 했는데 저녁이 되어 술이 거나하게 취하면 부잣집에 가서 풍물을 치고 한바탕 놀았다(645). 봉화군 소천면에서는 백중을 전후해서 가장 힘들고 일손이 많이 가는 논매기 작업이 거의 끝나는데 김매기를 모두 끝내면 '풋구(호미씻이) 먹는다'고 하여 마을 사람들이 모여서 하루를 함께 보냈다. 이때 시·절식으로 국수를 만들어 먹고, 집집마다 형편에 맞게 음식을 준비해서 나눠 먹으며 밤새워 놀았다. 부잣집의 경우 풋구날 머슴에게 여름옷을 한 벌 해 주기도 했다(516-517). 영주시 풍기읍에서도 7월 중에 농사를 일단락 짓고 마을 주민들이 하루 날을 잡아 호미씻이를 했으며, 이때 집집마다 한 가지씩 음식을 가져와 산신당 앞에 아주 풍성하게 차렸다. 주민들이 이들 음식을 함께 먹고 마시며, 힘든 농사로 고생한 것을 서로 위로했다(322).

닭 잡고 보름 동안 마을 축제… 추석보다 크고 설 다음이던 백중 명절

전남 보성군 득량면에서는 세벌매기를 끝내고 백중이 되면 마을 사람들이 모여서 윷놀이도 하고 지신밟기도 하면서 하루를 쉬었다. 그해 농사를 제일 잘 지은 집에서는 머슴을 소에 태워 주기도 했으며, 또한 음식을 푸짐하게 차려 대접했다. 예전에 이 마을에서는 백중이 추석보다 큰 명절이었다(548). 충북 옥천군 군북면에서는 백중을 설 다음가는 명절이라 여겨, 무려 보름 동안이나 '깽맥이'로 불리는 풍장패를 중심으로 마을 축제가 벌어졌다. 이때는 식전(새벽)에 보리풀 한 짐 하고, 저녘때 쇠꼴 베는 일 외에는 일하지 않고, 마을 사람들이 '둥구나무' 아래에 모여 술도 마시고 떡도 해 먹으며 놀았다(295).

3.3. 가신·불공·망자 관련 의례

객사해 제삿날을 모르는 망자를 기리는 슬픈 날

부산 기장군 일광면에서는 집을 나가 언제 돌아가신지 몰라 기제사도 지내지 못하는 조상이 있는 경우, 이 혼령을 위하여 백중날에 제사를 지냈으며(911), 경남 거제시 일운면에서도 객사해 제삿날을 모르는 조상들을 위하여 백중날에 망제(忘祭)를 드렸다(37). 전북 장수군 계북면에서는 백중날 후손이 없는 조상을 위해 메를 올렸는데, 자손을 두지 못한 조상은 이날에야 비로소 밥을 얻어먹을 수 있다고 여겼다(573).

아미타 부처님이 지옥문을 여는 날… 누군가 기원해 주면 극락왕생

충남 천안시 병산면에서는 백중에 돌아가신 영가를 위해 불공을 드렸는데, 이날은 아미타 부처님이 지옥문을 열기에 극락왕생을 빌어 주었다. 자손이 없다면 친구가 불공을 드려도 같은 효과를 볼 수 있다고 여겼으며, 특히 돌아가신 사람 중 비정상적으로 죽었거나 마음에 걸리는 사람이 있으면 이날 그 사람을 위해 불공을 드렸다. 불공은 망자의 몸에 맞는 옷과 신발 등을 마련해 공을 드린 다음 이를 태우는 형식이었으며, 이렇게 치성을 드려 준 영가는 훗날 꿈에 나타나도 깨끗한 모습이었다고 한다(229). 경북 영천시 야사동에서도 백중 때에는 하늘이 열리기에 조상들을 위한 불공을 드리기 위해 절에 가거나, 산소에 갔다(337).

조상 선영·성주 대접… 제물 차리되 절을 하지 않는 날

전남 광양시 황길동에서는 백중날 아침에 선영에 음식을 차리고, 성주 앞에도 메와 나물 등으로 간단하게 상을 차리고 절을 했다(52). 여수시 돌산읍에서는 백중날 저녁에 제물을 조금 장만해 성주 앞에 상을 차려 놓았는데, 설 때와 마찬가지로 메를 지어 올렸고, 4대 조상과 성주 앞에 모두 진설했다. 형편에 따라 조기가 있으면 올리고 채소, 과일 등도 구할 수 있다면 모두 올렸으며, 성줏상의 음식은 식구들끼리 모여 함께 음복했다(192). 여수시 화양면에서는 대보름 때와 마찬가지로 백중날 오곡밥을 지어 조상 앞에 차려 놓았으며, 제물로는 오곡밥과 함께 나물, 생선, 돼지고기 등을 올렸다. 이때 가족들이 절을 하지 않았으며 상만 차려 두었다가 철상한 다음, 식구들끼리 음복했다(229).

무당이 마을 주민의 무병을 빌어 주는 날

제주시 이호동에서는 7월 14일에 무당이 음식을 장만해 자신의 집에서 백중굿을 하며 일 년 동안 동네사람들의 무병을 빌어 주었다. 백중굿을 하면 무당집을 찾아 쌀 한 말 정도를 부조하고 굿에 참여했으며, 굿하는 날 무당집에 가지 않으면 무당이 노한다고 여겼다(38). 인천 강화군 내가면에서는 백중날 불자들은 절에 가서 불공을 드리고, 무속을 믿는 사람은 만신집에 가서 치성을 드렸다(940).

물 조심 기원하는 날⋯ 배고사를 지냈다

경기 김포시 대곶면에서는 백중사리 때가 1년 중 가장 물이 많이 올라오기 때문에 물 조심 차원에서 배고사를 지냈다. 배에다 귀신을 모시는 그릇과 창호지를 준비해 두었다가 배에서 치성을 드렸는데 제물은 떡, 돼지고기, 과일이었다(159-160).

3.4. 기타 의례

올벼심리하는 날⋯ 가신 대접

전북 순창군 금과면에서는 백중날 올벼심리를 겸해서 상을 차려 놓았는데, 올벼 쌀로 밥을 하고 쇠고기를 넣은 무수국(뭇국), 시루떡, 호박전, 솔전(부추전), 나물 등을 장만해 성줏상과 삼신상을 차렸다. 올벼는 덜 여문 벼의 이삭을 훑어다가 쪄서 말린 쌀이며, 제사를 마친 후에는 식구들끼리만 음식을 나눠 먹었다(406). 군산시 경암동에서는 술과 음식을 장만해 먹고 마시며 하루를 쉬는 '술멕이'를 칠석은 물론 백중에도 했으며, 백중에는 호박전도 부쳐 먹었다. 또한 추석 전에 '오리쌀(벼가 익기에 앞서 일부를 거둬 솥에 쪄서 말린 쌀)'로 밥을 해 조상에게 바치고 성줏상도 따로 차려 '오리심니(올벼심리)'를 했다(19). 남원시 운봉읍에서는 7월 백중도 명절이라 하여 차례상과 성줏상을 차리고 비손을 했다. 이때 상에는 고기는 별로 올리지 않고, 풋것으로 부친 전과 함께 고사리, 상추, 배추, 산나물, 말린 시래기 등의 나물을 올렸다(81).

마소 기르는 사람들의 '백중멩질'… 제물은 날것과 상왜떡

제주 이호동에서는 14일 자정을 기해서 마소를 기르는 사람은 날것으로 제물을 마련해 목장이나 자신의 밭에서 반드시 '백중멩질(명절-백중제)'을 지냈다. 마소를 50~100두 정도 기르는 주인들의 경우 목장에 모여 목축신에게 제를 드렸으며 제관은 테우리(목동)였다. 제물은 막걸리를 탄 더운물로 밀가루 등을 되직하게 반죽해 만두 모양으로 빚어 부풀게 한 다음, 쪄서 만든 상왜떡을 비롯해 메밀가루로 쟁반만 하게 둥그렇게 빚은 모멀돌레떡, 쇠고기, 명태 등이었다(38).

'테우리코스(목동고사)'… 목동의 영가를 추모하고 마소가 잘되길 기원

남제주군 표선면에서는 14일 자시에 목장 등에서 제사를 지냈는데, 이 제사는 목동(테우리)의 영가를 위해 지내는 것으로 이 제사를 테우리코스 또는 테우리멩질이라고 했다. 제사 후 제물을 잡식해서 던질 때,[5] 던진 수저가 향하는 쪽으로 가면 잃어버린 마소를 찾을 수 있다고 여겼다(50). 북제주군 구자읍에서는 목축신을 '백중이'라고 불렀으며, 이신은 음력 7월 보름에 벼락을 맞아 죽었기에 사람들이 그의 죽음을 슬퍼해 백중 전날인 14일에 백중이의 혼을 위로하고, 마소의 번성을 기원하기 위해 백중제를 지냈다(93).

4. 백중의 절식과 시식

백 가지 나물 먹고 건강을 다지는 날… 흰색 가지 먹기도

경남 창녕군 도천면에서는 백중날 백 가지 나물을 해 먹으면 좋다고 해 구할 수 있는 모든 채소를 나물로 무쳐 먹었다(673). 하동군 양보면에서도 백중날에 백 가지 나물을 먹으면 좋다고 해 여러 나물을 먹었지만, 2000년대 초 무렵부터는 흰색 가지를 먹기도 하고, 배와 가지, 혹은 백합과 가지를 먹기도 했다(720). 창녕군 이방면에서는 백중날의 경우 계절적으로 나물이 많이 나는 때이기에 여러 가지 채소로 나물을 만들어 먹었는데 이렇게 하면 좋은 일이 생긴다고 여겼다(705).

성주와 터주에게 밀전병을 올리는 날

경기 파주시 파주읍에서는 백중날 밀가루 반죽에 호박 채를 썰어 넣고 밀전병을 부친 다음, 술이나 물과 함께 성주, 터주 등의 가신들에게 바치는 백중고사를 지내기도 했으며, 고사 없이 가신들에게 그냥 음식만을 가져다 놓기도 했다(632).

미주

1 최남선 2012, p.21.

2 국립민속박물관 2003c, p.351.

3 김기덕 외 2011, p.238.

4 불가의 목련존자가 그의 어머니를 지옥의 고통에서 구해낸 날을 우란분이라 한다. -『해동죽지』(「명절풍속」).

5 잡식: 제주 지역에서 쓰이는 의례 용어. 제주 풍속의 특징은 의례에 쓰인 음식을 조금씩 떼어 이를 신령에게 바치는 것인데, 이를 '웃제반(제반), 잡식, 걸명'이라 부르며, 지역에 따라 제반은 조상에게 드리는 것이고, 걸명은 (조상을 따라온) 잡귀를 위한 음식으로 구분하기도 한다. -김용갑·박혜경 2023, p.138.

13장

마한의 시월제와 신라의 가배에서 유래한 추석

송편 빚어 풍년 기원… 한 해 농사의 수고에 감사

13장

마한의 시월제와 신라의 가배에서 유래한 추석

송편 빚어 풍년 기원… 한 해 농사의 수고에 감사

추석(秋夕)은 음력 8월 15일로 한국의 대표적인 명절이다. 명절의 이름이 가을날의 저녁인 것에서 나타나듯, 추석은 계절적으로 덥지도 춥지도 않은 날씨에 밤에는 환한 보름달이 뜨고, (지역에 따른 차이는 있지만) 쌀과 여러 과실의 수확이 가능해지는 가장 좋은 시기에 들어 있다. 이런 이유로 19세기 초의 『열양세시기』(8월 중추)는 추석을 일러 '더도 말고 덜도 말고 한가위만 같아라'라고 했으며,[1] 이날 닭을 잡고 떡을 빚어 배불리 먹으며 햇곡식 등을 차려 조상에게 천신하고 한 해 농사에 대해 감사드린다고 기록했다.

현대의 한국 추석 풍속도 2019년 말 코로나가 창궐하기 이전까지 19세기 초의 이 기록과 크게 다르지 않았다. 고향의 부모님을 찾아뵙고, 흩어진 가족들이 한데 모여 음식을 장만하고 차례를 지냈으며, 이후에는 성묘를 하거나 여행지 등을 찾아 3일간의 연휴를 가족과 함께 보냈다. 다른 풍속이라면 현대에 들어 햇곡식을 천신하는 의미가 사라졌고, 송편이 절식으로 자리 잡았다는 점일 것이다.

그런데 3년여가량 지속된 코로나의 대유행과 이에 따른 비대면의 일상화는 문화 현상[풍속]이 전쟁이나 대재앙을 겪으면 급격하게 변화하거나 소멸한다는 역사적 사실을 증명이라도 하듯, 우리의 추석 풍속을 크게 변화시켰다. 코로나 종식과 함께 직접 대면의 일상생활이 가능하고 이전처럼 명절을 지낼 수 있게 됐지만 고향을 찾아 명절을 지내거나 친지를 방문하는 풍속은 크게 쇠퇴했다. 명절 차례를 지내지 않거나, 연휴를 활용해 해외여행을 떠나는 것이 추석과 같은 명절의 새로운 풍속이 되어가고 있다. 한민족의 오래된 명절 문화, 즉 흩어진 가족이 한데 모여 절식을 마련하고 조상에게 의례를 올리는 명절 풍속이 21세기에 들어 그 수명을 다해가는 듯한 패러다임적 변화를 겪고 있는 것이다.

동북아시아 쌀 문화권 국가 중 한국에서만 크게 기념되는 추석

그렇다면 현대에 들어 한민족의 2대 명절로 자리매김하였고, 동북아시아의 쌀 문화권 국가 중 벼 수확과 관련해 우리만이 크게 기념하는 추석은 어떤 명절이며, 그 형성 과정은 어떻게 될까?

1. 추석의 유래

가배… 신라의 베 짜기 대회와 관련된 잔치

추석과 관련해, 『삼국사기』(권 1)는 다음과 같은 내용을 기록하고 있다.

> 서기 32년 신라의 유리이사금 왕이 6부의 관속들을 두 부류로 나눈 다음, 왕녀 두 사람으로 하여금 각각 이들 관속들 중 여자들만으로 무리를 조직하게 하였다. 이어, (음력) 7월 16일부터 매일 아침 일찍 큰 뜰에 모여서 길쌈을 짓게 하였고 밤 10시경에 그치게 하였다. 그리고는 (음력) 8월 15일에 이르러 그 성과의 다소를 살펴, 진 쪽이 술과 음식을 마련하여 이긴 쪽에 사례(대접)하였다. 대접하면서 이날 춤추고 노래하며 온갖 놀이를 행하였는데, 이것을 가배라고 불렀다. 이때 경쟁에서 진 쪽의 여자 한 명이 일어나 춤을 추면서 탄식하여 말하기를, '회소 회소'라고 하였으니, 그 음이 슬프고도 우아하므로 훗날 사람들이 그 소리를 따라 노래를 지어 회소곡(會蘇曲)이라고 이름 붙였다.

다음은 중국의 고대 잡학서인 『회남자』와 중국의 역사서인 『후한서』에 실린 설화이다.

항아는 예의 아내이다. 예가 서왕모에게 불사약을 청했는데, 미처 복용하기 전에 항아가 이를 훔쳐 먹고 신선이 되어 달로 도망가 달의 정령이 되었다.

<『회남자』>[2]

예가 서왕모에게 불사의 약을 청했는데, 항아가 이를 훔쳐 달로 달아났다. 가기 전에 유황에게 가서 점을 치니, 유황이 말하기를 '길하다. 활활 나는 귀매가 홀로 서쪽으로 가니, 하늘의 어둠을 만날 것이며, 두려워 말고 놀라지 말지어다. 나중에 또한 창성할 것이다' 하니, 항아는 마침내 달에 몸을 의탁하였고, 이가 바로 달에서 사는 두꺼비이다.

<『후한서』>[3]

가배는 추석 날짜의 기원… 한가위의 어원

『삼국사기』는 이처럼 추석의 유래로 가장 많이 인용되는 신라의 '가배' 행사를 기록하고 있다. '가배'는 추석의 다른 이름으로 부르는 '한가위'의 '가위' 어원과 관련된다. 가배란 가운데(영남 지방 일부에서는 지금도 '가분데'라고 말함)라는 뜻인데[4] 이 어휘에서 'ㅂ' 음이 탈락해 '가위'가 됐고, 이 단어에 크다는 의미의 접두사 '한[大·正]'이 붙어 '한가위'가 됐다는 것이다. 그런데 기록에서 살필 수 있듯, 가배는 길쌈(베 짜기) 내기를 마친 궁중의 여인들이 음력 8월 15일에 잔치를 벌이는 행사로 우리가 알고 있는 전통적인 추석 풍속과는 다르며 굳이 공통점을 찾자면 음력 8월 15일이라는 날짜와 잔치를 벌인다는 정도이다.

항아분월… 달구경과 달 숭배의 기원 설화

『회남자』와 『후한서』에 기록된 설화는 중국의 추석 풍속(달구경)과 관련되는 '항아분월(항아가 달로 달아남)' 또는 '상아분월' 설화이다. 이 설화는 추석을 맞아 한국과 중국에서 공통적으로 나타나는 달구경, 더 나아가 한민족의 경우 달님에게 소원 빌기 등의 달 숭배로까지 이어진 풍속의 한 유래로 여겨지고 있다. 이들 역사 기록과 설화는 추석이 오랜 세월에 걸쳐 다양한 풍속을 수용하며 한민족의 전통 명절로 자리 잡았음을 살피게 한다. 또한 추석이 고대 한민족으로부터 유래됐음을 보여 준다.

중국보다 앞서 한국에서 시작된 '추석'

앞서 살폈듯 음력 8월 15일이라는 추석의 시기는 신라의 베 짜기 대회에서 비롯됐다. 이 날짜는 현존하는 중국 최고의 고대 세시기인 『형초세시기』에도 등장하지 않는 신라만의 고유한 행사일이다. '가배일'에서 기념일을 취한 추석은 가락국의 수로왕 제사, 백제의 '사중지월(四仲之月)' 제사[5] 풍속에서 의례의 형식이나 조상 숭배라는 명절 쇠기의 목적에 직·간접적인 영향을 받은 것으로 여겨진다. 이후 신라의 8월 15일 행사, 즉 초기의 '추석'은 중국 문물 수용에 적극적이었던 신라의 특성에 힘입어 '달 감상'이라는 중국의 중추절 풍속을 수용했다고 할 수 있다.[6] 이 같은 추석날의 한국 기원은 중국의 고대 세시기인 『동경몽화록』과 『세화기려보』에는 음력 8월 15일이 '중추절'로 기록돼 있는 반면, 우리 기록인 『고려사』에는 '가을 저녁'이라는 의미의 '추석(秋夕)'으로 그 명칭이 달리 출현한 것에서도 뒷받침된다. 한편, 중국에서 유입된 달 감상 풍속은 이후 고대 한국에서 달에 소원을 빌기까지 하는 달 숭배의 신앙으로까지 확대되었다.

2. 추석의 특징과 성격

추수 감사제 아닌 농공(農功) 감사와 풍년 기원의 명절

흔히 한국의 추석을 추수 감사제라고 말하지만 이는 추석 풍속의 전반에 부합하지 않는 것으로, 한국의 추석은 실제 내용적 측면에서 수확에 대한 감사가 아닌, 한 해 농사의 수고와 이를 무사히 마친 것에 대한 감사, 즉 농공(農功: 농사일의 공로와 수고)에 대한 감사와 풍년 기원의 성격이 강한 명절이라고 할 수 있다. 이는 경작 곡물의 파종 시기와 명절일의 시기가 일치하지 않는 단오의 사례처럼, 추석을 쇠는 음력 8월 15일 또한 추석의 핵심 곡물인 벼를 수확하기에는 이른 시기이자, 논농사를 마무리하고 기상 피해 없이 벼가 풍년 들기를 바라는 시기이기 때문이다. 이 같은 추석의 실제 성격은 한국 사회가 도시화되기 이전의 전통적 풍속을 다수 담고 있는 『세시풍속』을 비롯해, 한민족이 재배했던 곡물의 수확 시기 등을 통해 파악이 가능하다. 한민족이 청동기시대부터 현대에 이르기까지 식용한 식량 자원은 콩, 기장, 보리, 조, 밀과 함께 팥, 녹두, 메밀, 수수, 깨 등을 비롯해 벼라고 할 수

---

* 13장은 논문, 「추석의 대표 음식으로서 송편의 발달 배경」(『인문논총』 75(2). 서울대 인문학연구원. 2018)을 바탕으로 수정·보완됐음.

있다.[7] 따라서 명절이 농경과 관련된다는 점에서 한민족이 고대부터 재배한 주요 곡식의 파종과 수확 시기를 파악할 경우 한민족이 고대 시기 행했던 오월제와 시월제 등의 추수 감사제 대상 곡물이 무엇인지를 살필 수 있으며, 이를 통해 추석의 성격 규명이 가능하다고 할 수 있다. 바로 재배해 수확한 곡물이 천신의 대상이기 때문이다.

추석 날짜는 경작 곡물의 수확기보다 한 달 빨라… 천신일로 삼기에 부적합

9장에서 살펴보았듯, 한민족의 주요 재배 곡물인 5곡은 쌀, 보리, 콩, 조, 기장이라고 할 수 있다. 그런데 이들 다섯 곡물의 수확기는 (그류)기장이 10월 상순이고 벼는 9월 하순~11월 상순인 것에서 나타나듯, 월동 작물인 보리를 제외한 4개 곡물의 수확기는 대체로 10월 무렵이었다.[8] 이 같은 수확 시기는 조선시대에도 엇비슷해 추석과 관련성이 높은 벼와 관련, 『임하필기』(권 35, 벽려신지)는 '호남과 영남만이 지대가 따스하므로 반드시 10월에 (벼를) 수확한다'라고 기록하고 있다. 따라서 추석이 추수 감사제의 명절로 기념된다면 가장 맞춤한 시기는 10월 중순(음력 9월 중순) 이후가 된다. 이는 음력 8월 15일의 추석이 시기상 한민족이 경작한 곡물의 수확기보다 한 달가량 빨라 천신제의 추수 감사제 명절로는 그 시기가 맞춤하지 않음을 보여 주는 것이다. 반면, 『삼국지』에 나타난 마한의 시월제나 고구려의 동맹(10월), 예의 무천(10월)과는 그 시기가 대체로 일치한다. 따라서 곡물의 수확 시기보다 한 달가량 앞선 추석의 실제 내용적 성격은 최남선의 해석처럼 '힘든 농사일을 끝마쳤다는 농공(農功) 감사제'⁹에 더 부합한다고 할 수 있을 것이다.

추석에 햇곡식 나지 않아 중구에 차례 지내기도

실제로 추석이 시기적으로 추수 감사제나 천신제가 아니었음은 현대의 『세시풍속』 조사에서 확연하게 드러난다. 한 예로, 경북 포항시 죽장면에서는 추석보다는 9월 9일의 중구에 차례를 많이 지냈으며, 가을 차례는 반드시 햇곡식을 장만해 올려야 하는데, 이 마을은 산간이기 때문에 추석까지 햇곡이 나지 않아 중굿날이 추석보다 더 큰 명절이었다(378). 또한 충북 단양군 영춘면에서도 추석이 너무 일찍 오면 곡식이 없기 때문에 추석에는 제사를 지내지 못하고, 구월차사라고 해서 9월 달에 차례를 지냈다(166).

이처럼 추석이 실제 수확 철과 달라 명절로서의 기능이 없거나 그 의미가 크게 약화된 지역은 경북을 비롯해 강원, 충남 및 남부 지방의 전남과 전북 등에서도 나타난다. 그만큼 한반도 중부 이남의 다수 지역에서는 추석을 천신제와 수확 감사의 명절로 지내기 어려웠거나 지내지 않았다.

추석의 다른 이름은 '보름'… 풍년을 기원하는 명절

추석의 성격 규명은 그 명칭을 통해서도 살펴볼 수 있다. 예컨대, 강원 철원군 근남면에서는 '팔월 보름은 설날이나 정월대보름, 단오 등과 함께 중요한 명절'이라며 추석을 '보름'으로 칭했으며(424), 경남 고성군 하일면에서도 '보름날 아침 일찍 (추석) 차례를 지낸다'라고 밝히고 있다(502). 또한 충남 공주시 사곡면에서는 '8월 보름을 맞이하여 지내는 제사를 '송편차례'라 했고(24), 경기 남양주시 화도읍에서는 '팔월대보름은 더도 말고 덜도 말고 대보름만 같아라'라며(198), 추석을 각각 보름과 '대보름'으로 칭했다. 이 같은 보름 명칭 사용은 이들 지역 외에 충남 논산시, 당진군, 부여군, 경남 남해군 등의 일부 지역에서도 나타난다. 추석 명칭으로서 보름 출현은 달의 상징성에서 나타나듯, 추석의 성격이 풍년 기원과 관계됨을 살피게 한다.

3. 추석의 대표 절식 송편의 유래

170여 년 전 세시기에도 추석날 송편 기록 없어

대다수 한국인들은 추석하면 송편을 떠올리고 이 송편이 조상 대대로 먹어온 오랜 전통의 음식인 것으로 이해하고 있다. 그런데 불과 170여 년 전의 세시기에도 송편은 추석 음식으로 기록돼 있지 않고, 심지어 현대의 세시풍속 조사에서도 추석에 송편을 빚지 않는 지역이 상당수에 달한다. 특히 추석이 들어 있는 음력 8월 중순은 예전의 경우, 쌀의 수요와 공급 측면에서 쌀이 가장 귀한 시기라는 점에서 다수의 한국인들이 쌀을 주재료로 한 송편을 빚는 것은 사실상 어려웠다고 할 수 있다.

송편… 멥쌀가루로 반달 모양 빚어 솔잎 깔고 찐 떡… 옛 이름은 '엽발'

송편은 멥쌀가루를 주재료로 익반죽(끓는 물에 반죽)을 해 반대기를 만든 다음, 여기에 콩, 깨 등의 소를 넣고 반달 형태 등으로 빚어 솔잎을 깔고 쪄낸 떡이다. 떡 중에서도 만드는 과정이 복잡하고 정성이 많이 들어가는 '빚는 떡'에 속한다. 송편의 명칭은 솔잎을 깔고 찐다는 의미에서 비롯됐으며, '송편', '송병'과 함께 '엽발', '엽자발' 등으로도 불리

었다.[10]

송편은 음식물을 나뭇잎에 싸는 것에서 유래

현재와 같은 송편이 언제부터 빚어지고 어떻게 만들어졌는지 그 유래는 발견되고 있지 않지만, 반죽을 넓게 펴 소를 넣고 감싼 다음,[11] 솔잎과 함께 찌는 형태임을 고려할 때, 이 떡은 곡물 가루 반죽을 나뭇잎으로 감싸 찌는 '각서'류 또는 주악에서 비롯된 것으로 여겨진다.[12] 이는 『임원십육지』에 송편 모양이 조각떡[주악]과 같고, 크기를 손가락 마디만 하게 만들기도 하며, 작은 떡 3~5개를 큰 떡 소 안에 넣기도 한다는 기록과[13] 함께 송편의 다른 이름이 '엽발'로 나뭇잎을 의미하는 것에서 뒷받침된다. 또한 '송병'이란 명칭이 문헌에 등장하기 이전, 각서류의 떡이 빈번하게 출현하는 것도 한 근거가 될 수 있다.[14] 따라서 송편 또는 이의 모태가 되는 음식은 나뭇잎에 음식물을 싸서 가공하는 방식에서 기원해 나뭇잎 대신 곡물 반대기를 사용하는 주악 형태의 떡으로 빚어지다가 작게 빚어 기름에 튀기는 주악과 크게 빚는 송편 형태로 나뉘어 정착한 것으로 보인다.[15]

이 같은 송편의 명칭과 유래는 송편이 처음부터 추석 음식으로서 태동한 것이 아니라, 떡의 한 종류가 종교와 농경문화적 요인으로 인해 여러 의례 등과 함께 추석 음식으로 수용되면서 형성됐음을 살피게 한다.

송편은 반달 모양과 함께 둥근 온달 형태로도 빚어

송편의 모양은 반원 형태와 함께 원형도 있는데, 이들 모양은 『삼국유사』(권 1, 태종춘추송)의 '둥근달과 초승달' 기록에서 유추할 수 있듯이,[16] 송편을 달로 형상화해 달이 초승달에서 보름달로 변화하는 것처럼 생산성의 향상과 풍년 기원을 담고 있다고 할 수 있다. 송편의 모양과 관련, 『열양세시기』는 '쌀가루로 만두 모양의 떡을 만든다'라고 했으며,[17] 『임원십육지』는 '모양과 크기가 서로 다르고 남당의 만두를 빚는 방법처럼 빚기도 한다'라고 기록하고 있다.[18] 또한 『동국세시기』와 『한계유고』에는 각각 '둥근 옥의 절반 모양'과[19] '반달 모양'[20]의 송편이 나타난다.

이들 기록을 통해 19세기 초의 송편은 크기가 서로 다르고, 그 형태의 일부는 둥근 형태에 가까운 떡이었으며, 최소 19세기 중엽 이후 반달 형태가 확산됐음을 살필 수 있다. 이는 온달(둥근 모양) 형태의 송편을 보고하고 있는 『세시풍속』조사 보고서에 의해서도 일부분 뒷받침된다. 강원 속초시 청호동의 경우, '이북 이주민들은 만두 형태의 반달'로, '토박이들은 그냥 동그랗게' 송편을 빚고 있으며(88), 경북 경산시 용성면과 청도군 매전면도 반달과 온달 형태의 송편을 빚고 있기 때문이다(52, 822).

송편은 유두와 초파일에도 빚어져

송편이란 명칭과 관련한 기록은 17세기부터 나타나는데, 『성소부부고』「도문대작」(1611)에는 봄철 시절 음식으로 '송병'이 출현하고, 『상촌집』에는 유두일에 송편을 빚어 선물한다는 구절이 등장한다. 또한 『택당집』에는 '등석일(사월초파일)에 송편을 올린다'라는 기록이 있고, 『요록』(1680)에는 한글 명칭(송편)이 처음으로 나타난다. 이어 『승정원일기』[21]는 '백성들이 송병 2기를 올렸다'라는 기록을 싣고 있다. 이처럼 송편은 봄철 시식, 선물, 간식, 세시절기의 절식 용도와 함께 추석과 제례의 음식,[22] 그리고 농사 일꾼의 격려와 감사 의례 등에 쓰였으며, 심지어 아들 낳기를 기원하는 민간신앙의 제물로도 이용됐다.

[표] 문헌에 나타난 송편 관련 주요 기록과 쓰임새

시기	문헌명	출현 명칭	쓰임새
1611년	『성소부부고』『도문대작』[23]	松餠(송병)	봄철 시식
17세기 초	『상촌집』(권 10) 유두일제	松餠	유두일
1680년경	『요록』	송편	
1740년께	『성호사설』(권 4) 만물문(萬物門)	松餠	제례
1816년	<농가월령가>	송편	추석
1827년경	『임원십육지』		기자(祈子)
1849년	『동국세시기』 2월/ 8월 풍속	松餠	2월 노비일 / 8월 세시
1864년	『운양집』(권 4)	葉餑(엽발)	추석

4. 송편의 추석 음식화

19세기 초 <농가월령가>에 오려 송편으로 출현

송편이 추석 음식으로 쓰였음을 보여 주는 자료는 1816년 정학유가 경기도 마현에 머물며 지은 것으로 보이는 <농가월령가>에서 찾을 수 있는데, 이 가사의 8월령에 '오려 송편'이란 명칭이 등장한다.[24] 또한 서울 지방의 전승 민요인 <떡타령>에 2월 한식 송병과 함께 8월 가위 '오려 송편'이 출현하고,[25] 『운양집』(1864)에는 '엽발(송편)이 그 절기(추석)의 음식'이라고 기록돼 있다.[26] 그런데 이 무렵의 세시기에는 송편이 추석 음식으로 등장하지 않는다. 18세기 말에 쓰인 『경도잡지』는 송편이 2월 1일 머슴날(노비일)에 빚어진다고 소개하고 있으며, 『동국세시기』(1849)도 8월 중 풍속으로 '떡을 파는 집에서는 올벼(일찍 수확한 쌀)로 송편(오려 송편)을 만들어 판다'라고만 기록하고 있다.[27] 이를 통해 19세기 초 이후 송편은 일부 지역과 계층을 중심으로 추석 음식으로 빚어졌지만, 한양 등의 양반가에서는 여전히 쓰이지 않았던 음식임을 살필 수 있다. 그렇다고 추석이 이 시기에 명절이 아니었던 것은 아니다. 『오주연문장전산고』(19세기 중엽)는 '지금 풍속에 나라 곳곳의 양반과 상민, 일반사회를 막론하고 상원을 대망, 추석은 한가회라 한다'라고 밝히고 있으며,[28] 『운양집』(1864)은 추석을 농가의 중요한 명절로 소개하고 있다.

19세기의 세시기에 추석 송편 없어… 20세기 이후 추석 대표 음식화 시작
20세기 초 들어서도 추석의 음식으로서 송편의 자리매김은 분명하지 않은 것으로 나타난다. 1917년의 『매일신보』(1917년 9월 19일 자)는 '추석은 오려 송편에 햅쌀로 술 담가 선영에 제사하고 즐겁게 노는 명절이다'라는 기사를 게재하고 있다.[29] 1921년 최영년이 지은 『해동죽지』의 「명절풍속」은 8월 편 시에 '집집마다 쌀떡을 빚고 이를 솔잎에 깔아 찐 다음, 산소에서 제사 지내니 이를 일컬어 추석과 송편이라고 한다'라는 기록을 담고 있다.[30] 하지만 1936년 실시된 『중추원 풍속조사

□ 전남 지역에서 주로 빚어지는 모싯잎 송편(진녹색)과 흰 송편

서』「잡기 및 잡자료」는 추석 송편에 대한 기록 없이 '(2월 1일) 도시와 시골의 각 가정에서는 성대하게 송편을 빚으며'라고만 적고 있다. 이를 통해 최소한 1930년대 무렵까지 송편이 한반도 전역 또는 모든 계층의 일반적인 추석 음식이 아니었으며, 20세기 초 이후에야 추석날의 대표 음식으로서 태동하기 시작했음을 살필 수 있다.

그렇다면 송편은 언제부터 한민족 대다수가 먹는 추석의 대표 음식으로 자리 잡게 됐을까?

쌀 자급 이후 1970년대 후반… 추석 송편의 대중화

추석의 대표 음식으로서 송편의 대중화 시기는 '추석을 명절로 여기기 시작한 것은 산업화 이후'라는 경북 안동시 서후면의 사례 등에서 추정할 수 있다.[31] 이 무렵 다수의 한국인들은 한국 사회가 산업화와 도시화되기 이전, 추석을 명절로 여기지 않거나 햇곡이 나지 않는다는 이유 등으로 추석이 아닌 중구 차례를 지냈다. 중구 차례 지역은 경남과 경기를 제외한 남한 전역에서 폭넓게 출현하며, 『세시풍속』은 남한 172개 시·군 중 안동, 군포, 태백, 마산, 해남, 서귀포 등 최소 41개 시·군의 일부 지역에서 추석날 송편이 나타나지 않고, 거제, 곡성, 울주 등 8개 시·군의 일부 지역에서는 추석에 송편 대신 다른 떡을 만들었음을 보여 준다. ('[표] 『세시풍속』에서 추석 송편이 출현하지 않는 지역'은 미주 참조)[32]

이는 추석 송편의 대중화가 1970년대 후반, 산업화 등에 따른 경제력의 향상과 쌀의 자급 실현 등에 의해 가능해졌음을 의미하며, 이를 고려할 때 송편의 추석 음식화 시기는 1970년대 후반 이후라고 할 수 있을 것이다.

    그렇다면 한민족은 왜 추석에 송편을 먹게 됐을까? 송편이 추석의 대표 음식으로 발달하게 된 배경은 다음과 같다.

5. 추석의 대표 음식으로서 송편의 발달 배경

5.1. 농사일에 대한 감사와 격려로 빚어졌던 송편 전통

노빗날·머슴날의 송편… 힘든 농사일 앞둔 일꾼 격려

송편의 쓰임새 중 하나가 힘든 농사일에 대한 감사와 격려이다. 이 같은 농공 관련 풍속은 음력 2월 1일 노비일을 비롯해 6월 15일의 유두, 7월 7일의 칠석, 그리고 7월 15일의 백중과 복날에 나타난다. ('[표] 『세시풍속』에 나타난 농공(農功) 및 풍년 관련 송편 풍속'은 미주 참고)[33]

먼저, 한 해 농사의 계획과 시작 시기인 2월 1일을 살펴보면 지역에 따라 이날은 노비일, 머슴날, 영등날, 일꾼의 날 등으로 불리었으며, 한 해 힘든 농사를 앞두고 송편 등을 차려 먹거나 일꾼들을 대접했다. 강원 원주시의 부론면의 경우, 무병장수를 기원하고 가을까지의 힘든 농사일을 대비해 송편('나이떡')을 빚어 먹었으며(116), 홍천군 서석면에서는 이날 일꾼을 대접한다는 의미로 송편을 만들고 옷 한 벌과 용돈을 주었다(491). 특히 횡성군 우천면에서는 일꾼의 날이라 하여 나이떡(송편)을 빚어 먹었으며, 일꾼들에게 하루를 쉬게 했고, 이날 떡을 못 먹으면 2월 6일에 '좀생이떡'이란 송편을 빚어 농사의 큰 일꾼인 소에게 먹인

다음에 일꾼들을 대접했다(570-571). 또한 충북 충주시 산척면에서도 힘이 붙어 농사를 잘 짓도록 일꾼들에게 손바닥만 한 송편을 만들어 주었다(89).

유둣날의 송편… 풍년 기원과 농군 위로의 음식

한창 더위가 기승을 부리고 가장 힘든 농사철 중의 하루인 음력 6월 15일에는 농가에서 송편 등을 장만해 논밭에 나가 농사가 잘되기를 기원하는 제사를 지내거나, 잠시 농사일을 멈추고 송편 등을 먹으며 하루를 쉬었다. 충북 영동군 매곡면과 청원군 미원면에서는 송편과 밀전병을 준비해 논에서 풍년 기원을 비는 고사를 지내고 일꾼들을 위로했으며(239, 411), 전북 정읍시 입암면에서도 유둣날 주민들이 농사일을 잠시 멈추고 술과 송편을 마련해 마을 잔치를 벌였다(248).

백중·칠석의 송편… 힘든 농사일을 마친 일꾼에 대한 감사

농공 격려 성격의 송편 빚기 풍속은 음력 7월로 넘어가면서 농공 감사의 의미로 바뀐다. 7월이 되면 세벌매기가 끝나는 등 사실상 농사일이 마무리되고 곡식이 여물어 수확만을 기다리는 시기이기 때문이다. 이런 이유로 7월 칠석과 15일의 백중[34], 그리고 7월 중의 복날에 농가에서는 힘든 농사일의 큰 고비를 넘긴 것을 자축하고, 그동안 수고한 일꾼들에게 감사하는 잔치를 벌였다. 칠석날 전남 장성군 삼계면과 전북 고창군 성내면에서는 송편(고창군은 쑥개떡, 쑥송편, 시루떡) 등의 음식을 장만해 마을 잔치를 벌였고(702, 273), 이어 백중날, 강원 강릉시 왕산면의 경우 세벌매기가 끝났다고 하여 호미 씻기인 '세서회(세서연)' 행사를 동네잔치로 행했으며, 주민들은 꼬챙이에 송편을 끼워 하나씩 돌리고, 큰상을 차려 지신밟기 등을 하며 하루를 놀았다(20). 전남 장성군 북하면에서는 백중(농부날)이 농사일을 어느 정도 끝내고 논에서 발을 씻고 나오는 날이라 하여 보리송편과 보리술을 담가 먹었다(716). 경북 울진군 평해읍에서는 백중날 '소머듬 먹는다'하여 송편 등을 만들어 여름내내 일해 준 일꾼들을 잘 대접했다(722).

7월 복날의 송편… 풍년 기원과 일꾼 대접

7월 중 복날에도 농공 감사의 송편이 빚어졌다. 경북 상주시 함창읍에서는 중복날 송편을 만들어 일꾼들과 함께 용제를 지내고 농사일에 수고한 일꾼들을 먹였다(251-252).

이상에서 살필 수 있듯, 송편은 추석의 대표 절식으로 자리 잡기 이전, 주로 벼농사에 수고한 농군(일꾼)들을 격려하고 감사하는 데 쓰였다. 이는 추석 기념 의례가 벼농사의 풍년 기원 및 추수 감사와 함께 농공 감사제[35]의 성격에 기반하고 있고, 의례 음식으로서 송편을 마련하고 있음을 고려할 때, 송편의 추석 대표 음식화는 이처럼 송편을 농공에 대한 격려와 감사의 음식으로 여기는 식문화의 전통 속에서 탄생했다고 할 수 있을 것이다.

5.2. 풍년 기원 및 상징 음식으로서 송편 전통

큰 모양의 섬떡·섬 송편… 풍년을 상징

송편은 그 모양이 대체로 반원 형태인 것에서 나타나듯, 달과 관련되며 달의 상징적 의미는 초승달이 차올라 만월이 되는 것처럼, 풍년과 다산이다. 이 같은 상징성은 추석 음식으로서 송편 발달의 주요 배경이 됐다.

먼저, 송편을 차려 풍년을 기원하는 풍속은 정월 14일, 2월 1일, 유두, 그리고 7월 복날에 출현한다. 음력 1월 14일, 강원 평창군 진부면에서는 그해 농사가 잘돼 곡식을 많이 거두기를 기원하며 '섬(송편)'을 빚어 먹었다(459). 2월 1일, 경북 영덕군 창수면에서는 송편 등을 마련해 한 해 농사가 잘되게 해 달라고 영등제를 지냈으며(556), 영천시 야사동에서도 이날 쑥을 넣어 '섬떡'이라는 큰 송편 하나를 빚었다. 섬떡 안에는 새알을 일곱 개 넣었으며, 이를 크게 세 개 만들어 각각 두주(뒤주), 조왕, 성주에 갖다 놓고 1년 농사가 잘되기를 기원했다(334).

대보름·유두·복날의 제물 송편… 풍년 기원·물 부족 예방

한창 농사일이 바빠지고 벼가 성장하는 즈음인 유두일을 맞아 충남 금산과 충북 영동, 청원, 전북 진안과 무주, 경남 거창, 함양에서는 송편 등을 만들어 나락이 잘 여물고 풍년 들라고 논에서 제사를 지냈다.[36] 이어 7월 복날에는 경북 예천군 유천면과 예천읍의 경우, 송편을 준비해 참외밭에서 참외 농사의 풍년과 물 부족 예방을 위한 용제를 지냈고(638, 652), 앞서 살폈듯 상주시 함창읍에서도 풍년 기원의 용제에서 송편을 가장 중요한 제물로 삼았다(251-252). 이는 일 년 농사력 측면에서 송편이 추석에 앞서 풍년을 기원하는 의례 음식으로 쓰였음을 보여 주는 것이다. 또한 이런 쓰임새의 출현 지역이 강원도를 비롯해 경북, 경남, 충남, 충북, 전북 등에 걸쳐 광범위하게 분포한다는 점에서, 이같은 풍년 기원 의례를 위한 송편 쓰임은 전통이었음을 살피게 한다.

반달·온달 형태의 송편… 달을 형상화해 풍년 기원

송편의 모양은 달을 형상화한 것으로 볼 수 있는데,[37] 성장과 흥함, 풍년 기원 등의 의미를 담고 있다. 이런 이유에서 송편은 반달과 함께 온달 형태로도 빚어졌는데 경북 경산시 용성면의 경우, 추석에 반달 송편을 미리 만들고 나중에 온달 형태의 송편을 만들었다. 보름은 반달이 온달로 바뀐 것이기 때문에 반달 떡은 그릇 아랫부분에 놓고 그 위에 온달 떡을 올려놓았다(52). 청도군 매전면에서도 추석 송편으로 반달과 온달 떡을 빚었으며(822), 경남 함양군 서하면에서는 유둣날에 보름달 모양의 송편을 빚었다(828). 이처럼 송편은 달을 형상화하고 풍년을 상징하고 있으며, 이런 측면에서 농사가 잘되도록 기원하는 의례에서 제물로 차려졌다.

예쁘게 빚은 송편… 잘생긴 남편· 예쁜 자식 얻는다

송편이 풍년 또는 생산과 관련돼 있음은 속신에서도 나타난다. 송편을 예쁘게 빚으면 예쁜 자식을 낳거나, 신랑을 만날 수 있고,[38] 바늘이나 솔잎을 넣은 송편으로 임신 중의 태아를 감별할 수 있으며,[39] 송편이 여성의 성기를 닮았다고 보는 믿음 등이 여기에 속한다. 이들 속신은 소를 넣어 빚는 송편이 태아를 잉태하는 여성의 몸 구조와 비슷한 것은 물론, 대지에 씨를 파종하는 것과 닮았다는 인식에서 비롯된 것으로, 파종된 농작물의 풍요로운 결실을 송편으로 형상화해 상징한 것으로 볼 수 있다. 이 같은 송편의 풍년 기원과 풍년 상징 음식으로서의 전통은 송편이 추석의 대표 음식으로 발달하는 하나의 배경으로 작용했다고 할 수 있을 것이다.

5.3. 빚는 떡을 숭상하는 유교의 의례 전통

명절·혼례 등의 필수 의례 음식 떡

떡은 명절을 대표하는 절식이자, 생일이나 혼인, 환갑 등과 같은 경사는 물론,[40] 제례에서의 중요한 음식이다,[41] 그만큼 한국의 떡은 전래 음식 중 전통성과 토착성 및 보편성이 강해[42] 전통 시기 한국인들은 절기에 따르는 명절에 떡을 먹어야 명절을 쇠는 것 같다고 하여 떡을 만들어 먹기 위해 힘썼으며,[43] 떡이 없는 명절은 생각할 수 없을 정도로 떡을 중요하게 여겼다.[44] 특히 제례에서는 떡 중에서도 고급 떡에 속하는 송편과 같은 빚는 떡류가 숭상되었다. 이처럼 떡을 의례의 대표 음식으로 여기는 전통과 빚는 떡을 숭상하는 유교의 제례는 추석 음식으로서 송편 발달에 영향을 미쳤다고 할 수 있다.

의례 음식으로서의 떡은 통과의례의 경우 백설기, 콩설기, 가래떡, 팥시루떡, 송편, 절편 등이 쓰였으며, 세시절기에는 가래떡, 수리취떡, 송편, 팥시루떡, 팥떡 등이, 그리고 고사와 굿 등과 같은 민간신앙과 무속 의례에서는 백설기와 팥설기, 절편을 비롯해 송편 등이 진설됐다.[45] 특히 지역에 따라서는 6월 보름 유두제의 논고사[46] 등에서도 송편이 사용됐다.

송편과 같은 빚는 떡을 숭상하는 유교 의례

송편은 유교의 제례에서도 쓰였는데, 『성호사설』은 제향의 풍속이 차츰 사치해져 (18세기 중엽 무렵의) 제향에는 인절미를 쓰지 않고 가루떡인 '자고'를 쓰며, 그 한 종류에 송편이 있음을 기록하고 있다.[47] 즉, 송편은 조상 숭배를 최고의 가치로 여기는 유교의 핵심 의례인 제례에서 숭상되는 떡이었다. 이 같은 풍속에 따라 많은 정성과 시간이 소요되는 빚는 떡류인 송편 등이 왕실의 전작례와 정조 다례 등에 사용됐으며,[48] 일반인의 제례에도 쓰이게 되었다.[49] 차례가 낮에 지내는 간단한 제사 의례를 의미하듯, 추석의 기념 의례인 차례 또한 제례의 한 형태로 빚는 떡을 숭상하는 제례 전통에 따라 송편을 차리고 '송편차례'라 칭했다는 점에서,[50] 이 같은 유교 의례의 음식 전통은 송편을 추석의 대표 음식으로 만드는 한 요인이 됐다고 할 수 있을 것이다.

5.4. 쌀 자급과 대중매체의 확산

1970년대 이전… 추석 무렵은 쌀이 가장 부족한 시기

앞서 살폈듯, 송편은 1970년대 후반 쌀의 자급이 실현된 후 대다수 한국인에 의해 추석의 음식으로 빚어졌다. 따라서 쌀의 자급은 추석의 대표 음식으로서 송편 발달의 핵심적 배경이라고 할 수 있다.

한국에서 벼는 대개 10월에 수확되기에[51] 추석날이 위치하는 9월 15일(음력 8월 15일) 무렵은 송편의 주재료가 되는 쌀이 가장 여유롭지 못한 시기에 해당된다. 특히 쌀이 귀했던 전통 시기, 쌀 수확을 앞둔 추석 무렵은 더욱 쌀이 부족할 수밖에 없었기에 이때 한반도 대다수 지역에서 쌀로 송편을 빚고, 송편이 추석의 대표 절식으로 자리 잡기는 사실상 불가능했다고 할 수 있을 것이다. 이는 19세기의 세시기에서 추석 음식으로서 송편이 등장하지 않고, <농가월령가>[52]의 경우 보통의 벼보다 일찍 수확되는 '올벼'[53]로 '오려 송편'을 빚고 있는 것이나, 문헌에 기록된 송편의 출현 시기가 2월 1일, 삼짇날, 한식 등 대부분 쌀의 공급이 여유로운 상반기에 집중되고 있는 것에서 살필 수 있다. 따라서 송편이 추석 음식으로서 보편적으로 쓰인 시기는 쌀의 생산이 넉넉해져 추석 즈음에도 공급이 여유로운 시점으로 보는 것이 타당하다고

할 것이다. 이 같은 추론은 『세시풍속』 조사 자료에서 뒷받침된다. 경북 의성군 사곡면 공정3리 용소 마을에서는 '추석은 햇곡식을 수확한 것에 대해 조상에게 고마움을 표시하는 명절'로 추석에 햇곡이 나지 않으면 송편 등을 올리지 못해 9월 9일 차례를 지냈는데 1970년대 이후 통일벼가 나면서부터는 추석 즈음에 햇곡을 수확할 수 있어 이때부터 추석 차례를 지내게 되었다(743). 강원 태백시 상사미동 상사미 마을의 경우, 예전에는 쌀이 귀해서 추석에도 송편을 빚지 못하고, 대신 감자나 귀리쌀로 만두처럼 떡을 빚었다(229). 이들 조사 자료는 통일벼 생산이 식량 자급과 함께 추석 음식으로서 송편의 대중화에 끼친 영향을 단적으로 보여 준다.

1976년 쌀 자급 달성… 송편의 대중화로 이어져

1970년대 한국 정부는 식량 증산을 추진해 통일벼를 개발했고, 1971년 허문회에 의해 개발된 이 벼는 10a당 최고 624kg으로 다른 품종에 비해 평균 200여 kg 더 생산량이 많았다.[54] 그 결과 쌀 자급률은 1971년 82.5%에서 1976년 100.5%로 주곡의 자급이 달성됐다. 또한 통일벼는 모내기와 추수 시기를 한 달가량 앞당겨,[55] 송편이 추석 음식으로 자리매김하는 데도 기여했다. 이는 쌀의 자급이 송편의 추석 음식화 배경의 핵심 요인임을 살피게 한다.

송편을 널리 알린 대중매체… TV 방송 영향으로 송편 빚기도

신문과 방송의 언론 매체 확산도 송편의 추석 음식화에 중요한 역할을 했다. '1970년대 초 텔레비전을 시청한 뒤 송편을 빚게' 되었다는 전남 여수시 초도의 풍속에서 살필 수 있듯, 인터넷과 스마트폰 보급이 확산되기 이전, 방송은 공중의 인식과 태도 형성에 영향을 주는 등 교육과 사회화의 기능을 수행할 뿐만 아니라[56] 2000년대 무렵까지도 '지상파 TV의 경우 일반 국민에게 미치는 영향력이 가장 큰 매체'[57]였다.

신문 또한 추석 의례의 절차를 알리는 방법으로 송편의 대중화에 기여했다. 1960년대 이후 농어촌 인구의 도시 이주 등으로 핵가족화가 가속화되면서 명절을 맞아 제사 지내기를 희망하는 핵가족이 증가하자 신문들은 이들을 위해 제례 절차와 음식 등을 소개했다.[58]

5.5. 농촌인구의 도시 이주와 정부의 공휴일 제도

농촌인구의 도시 이주에 따른 농경문화의 도시 전파… 송편 확산에 기여

송편의 추석 음식화는 농촌인구의 도시 이주, 추석 공휴일의 확대, 가정의례 준칙의 강화, 그리고 가정 요리서의 발간 등과 같은 사회적, 문화적 요인도 배경으로 작용했다.

1960년대 후반, 한국에서는 경제개발과 함께 도시화와 산업화가 진행되면서 1955년 당시 157만여 명에 불과했던 서울의 인구가 1975년에는 689만여 명으로 4.4배가량 증가했고, 부산과 경기도도 비슷

한 상황이었다. 반면 전통적 논농사 지역인 전남과 전북, 충남 등은 자연 증가를 감안하면 실제적으로는 감소한 소폭 증가에 그쳤다. ('[표] 1966~1985년 사이 시·도별 인구 유입·유출 수'는 미주 참고)[59]

이 같은 인구 이동과 변화는 추석 명절과 밀접한 관련이 있는 농촌인구의 감소를 의미하며, 이 감소는 추석 명절의 의미 약화로 이어지기도 했지만 한편으로는 송편의 확산, 즉, 송편이 추석 음식으로 대중화되는 것에는 긍정적 요인으로 작용했다고 볼 수 있다. 19세기 한양 중심의 세시기에 나타나듯, 당시의 송편은 8월 중 시중의 떡 가게에서 파는 음식이었으며, 한양 지역이 아닌 농촌 중심의 추석 음식이었다. 그런데 농촌인구가 도시 등으로 이주함에 따라 그들이 지닌 송편 빚기 풍속이 자연스럽게 동반되었고, 이는 추석의 송편 문화를 전국적으로 크게 확산시키는 촉매제가 됐다고 볼 수 있다.

추석 공휴일 확대… 추석·송편 문화의 확대

공휴일 제도 또한 추석 송편의 대중화와 밀접한 관련이 있다.[60] 추석의 공휴일은 기록상 고려시대에 9대 속절로 나타난 이래, 조선시대의 5대 절향을 걸쳐 현재까지 이어지고 있다. 1900년대의 경우 학교의 휴일에 추석 등의 명절이 '속절 휴학'이란[61] 이름으로 시행된 것으로 보아 당시의 추석 휴일은 2일간의 연휴였다는 사실을 알 수 있으며, 이후 1986년과 1989년에 각각 2일과 3일의 연휴로 변경되거나 확대돼[62] 현재에 이르고 있다. 이는 추석이 고려시대~현대에 이르기까지

1천 년이 넘는 공휴일의 역사를 지니고 있음을 보여 주며, 이 같은 공휴일 제도는 명절 분위기의 전국적 확산과 함께[63] 공휴일의 여가 시간 활용 및 공동체의 명절 쇠기로 이어져 송편이 추석 음식으로 발달하는 데 기여했다고 할 수 있다.

이상으로 송편이 추석 음식으로 발달한 배경에 대해 살펴보았다. 요약하자면 다음과 같다.

추석 송편은 현대에 들어 보편화된 명절 음식
한국의 농촌 문화에는 송편을 빚어 힘든 농사일을 스스로 위로하거나 일꾼들을 일정 주기마다 격려하고, 감사를 전하는 농공 감사의 의례 전통이 있었다는 점이다. 이 전통은 유사한 농경의례인 추석에 송편이 빚어지는 핵심 요인이 됐다고 할 수 있다. 이와 함께 송편을 풍년과 풍요의 상징 음식으로 여긴 농경문화를 비롯해 농촌인구의 도시 이주, 추석 공휴일의 확대 등이 추석 송편의 전국적인 확산 배경이 됐으며, 특히 1970년대 후반 실현된 쌀의 자급과 경제력의 향상 등은 송편의 대중화에 결정적인 요인으로 작용했다. 이런 요인과 배경들이 종합적으로 작용해 송편은 1970년대 말 추석의 대표 음식으로 자리매김하게 됐다고 할 수 있다. 따라서 추석의 송편은 오랜 옛날부터 한국의 전 지역에서 빚어진 전통 음식이 아닌, 현대에 들어 전국화된 명절 음식이라고 할 수 있다.

미주

1 『세시풍요』(1843)에도 이와 유사한 표현(無加無減似嘉排(무가무감사가배) / 더하지 빼지도 말고 가배와 같아라)이 등장한다.

2 "姮娥 羿妻. 羿請不死藥於西王母 未及服之 姮娥盜食之 得仙. 奔入月中 爲月精(항아 예처. 예청불사약어서왕모 미급복지 항아도식지 득선. 분입월중 위월정)."-이정하 2023, p.33. 인용.

3 "羿請無死之藥於西王母 姮娥竊之以奔月. 將往 枚筮之於有黃 有黃占之曰吉. 翩翩歸妹 獨將西行 逢天晦芒 毋驚毋恐 後其大昌. 姮娥遂托身於月 是爲蟾蜍(예청무사지약어서왕모 항아절지이분월. 장왕 매서지어유황 유황점지왈길. 편편귀매 독장서행 봉천회망 무경무공 후기대창. 항아수탁신어월 시위섬서)."-이정하 2023, p.34. 인용.

4 국립민속박물관. 2003c. p.58.

5 "每以四仲之月 王祭天及五帝之神. 立其始祖仇台廟於國城 歲四祠之(매이사중지월 왕제천급오제지신. 입기시조구태묘어국성 세사사지). / 매 사계절 중간 달에 왕이 하늘과 오제(중국 5명의 성인 임금)의 신에게 제사를 지낸다. 시조인 구태의 사당을 도성에 지어 해마다 네 번 제사를 모신다."-『수서』「동이열전」, 백제.

6 '당·송대 들어 달 감상을 모태로 하는 추석이 출현했다.' -샤오팡 2006, p.291.

7 박철호 외 2008, p.21.

8 주요 곡물의 파종 및 수확 시기는 9장 '[표] 한반도 5곡의 파종 및 수확 시기' 참조.

9 장주근 2013, p.318.

10 송편의 한자 표기는 '송병' 외에 '葉子餑餑(엽자발발-송편)'(『동문유해』(1748), 『방언집석』(1778))을 비롯해 '松葉夾餠(송엽협병)'(『경도잡지』), '葉子餑(엽자발)'(『물명고』), '葉餑(엽발)'(『월여농가』(1861), 『명물기략』) 등으로 나타난다.

11 송편이 감싸는 형태의 음식에서 기원함은 19세기의 송편 소에 물고기나 미나리를 넣었다는 『다산시문집』(권 1)의 시(松餌尖尖魚作餡(송이첨첨어작함) / 뾰족한 송편은 물고기로 떡소를 만든다)와 『동국세시기』 2월 초하루 풍속(或以蒸棗熟芹爲餡(혹이증조숙근위도) / 혹은 찐 대추나 삶은 미나리를 떡소로 넣어 떡을 만든다) 등의 기록에서도 살필 수 있다.

12 사단법인 평화문제연구소 2005, p.35. ; "今俗又有所謂造角者. … 此亦角黍之 假成者也(금속우유소위조각자. … 차역각서지 가성자야). / 지금 풍속에 또한 이른바 조각이라고 하는 (떡이) 있는데, … 이것도 각서를 본떠 만든 것이다."-『성호사설』(권 4), 「만물문」.

13 "形如糙角餠(형여조각병). / 그 모양이 조각떡과 같다."

14 『조선왕조실록』(세종실록)(1447). 『동문선』(권 5)(1478), 『목은시고』(권 5)(1626), 『월사집』(권 57)(1636년) 등등.

15 송편의 유래가 각서와 관계된다면, 각서의 주재료가 찹쌀이고 아시아 남방에서는 현재까지도 찹쌀을 이용한 떡류가 많이 만들어지는 점, 그리고 송편이 쌀 수확과 관련됨을 고려할 때, 각서-주악-송편으로 이어지는 이들 떡 문화는 고대 시기에 수도작을 한반도로 전파한 중국 동남방 문화와 연관된다고 할 수 있을 것이다.

16 "百濟圓月輪 新羅如新月(백제원월륜 신라여신월). / 백제는 둥근달이요 신라는 초승달과 같다." -『삼국유사』(권 1)(659년).

17 "粉米作餠如饅頭樣小豆去皮爲餡(분미작병여만두양소두거피위함). / 쌀가루로 만두 모양과 같이 떡을 만들어 거피한 팥을 소로 넣는다." -『열양세시기』 삭일(2월 1일) 풍속.

18 "形大小不一. 或作指頭大 如南唐子母饅頭(형대소불일. 혹작지두대 여남당자모만두). / 모양과 크기가 하나가 아니다. 혹은 만두를 크게 빚거나, 중국 남당의 자모 만두를 빚는 것과 같이 만들기도 한다."

19 "皆作半璧 名曰松餠(개작반벽 명왈송병). / 모두 둥근 반옥처럼 만들어 송편이라 부른다." -『동국세시기』 2월 초하루 풍속.

20 "松餠 米粉熟勻 半月摩之(송병 미분숙균 반월마지). / 송편은 쌀가루를 익반죽해 반달 모양으로 빚는다." -『한계유고』「여범하」.

21 "民人等進松餠二器(민인등진송병이기). / 백성 등이 송편 두 그릇을 올렸다." -『승정원일기』 1565책, 정조 8년(1784년) 8월 18일.

22 『한국민속종합조사 보고서』(전남)는 송편이 돌상, 혼인 잔칫상은 물론 장례와 설날, 정월대보름에 이어 그믐의 세시음식으로 쓰임을 보고하고 있다. -제 5편 의식주, pp.11-22.

23 허균의 시문집인 『성소부부고』는 1613년에 쓴 서문으로 미루어 저작 시기는 그해 봄이나 그 전해인 것으로 여겨지며, 이 중 음식 관련 내용이 많은 「도문대작」은 1611년 유배지인 함열에서 지어졌다고 한다.

24 "북어쾌 젓조기로 추석명일 쉬어 보세 / 신도주 오려 송편 박나물 토란국을 / 선산에 제물하고."

25 강인희 2000, p.348.

26 "八月十五日 爲秋夕節 田家最重之. 葉餑卽其節食也(팔월십오일 위추석절 전가최중지. 엽발즉기절식야). / 8월 15일을 추석절이라 하며 농가에서는 가장 중히 여긴다. 송편이 바로 (추석)명절의 음식이다." -『운양집』(권 1), 시.

27 "賣餠家造早稻松餠(매병가조조도송병). / 떡 파는 가게에서는 일찍 수확하는 벼로(오려) 송편을 만든다."

28 "今無論京鄕兩常閭巷 最重上元日大望 秋夕日漢嘉會(금무론경향양상여항 최중상원왈대망 추석왈한가회). / 지금 (풍속에) 한양과 시골, 양반이나 상민, 궁궐과 민가를 가리지 않고 대보름과 추석을 가장 중히 여겨 대보름을 대망이라 하고 추석을 한가회라 한다." -『오주연문장전산고』 경사편5, 논사류2 풍속.

29 국립민속박물관 2003b, pp.448-452.

30 국립민속박물관 2003c. p.353.

31 『세시풍속』(경북), 안동시 서후면, p.261.

32 [표] 『세시풍속』에서 추석 송편이 출현하지 않는 지역

송편 비출현 지역(41개)	송편 비출현 지역 중 떡을 하는 지역(8개)
태백, 강원 고성, 정선, 남양주, 양평, 군포, 구리, 오산, 거제, 마산, 통영, 하동, 울주, 밀양, 양산, 경남 고성, 남해, 기장, 안동, 봉화, 영양, 예천, 울릉, 울진, 청송, 칠곡, 고흥, 곡성, 장흥, 해남, 진도(조도-흉년에는 송편 못했다), 익산, 순창, 장수, 진안, 제주, 남제주, 북제주, 서귀포, 태안, 괴산	거제(시루떡), 통영(시루떡), 하동(시루떡), 울주(호박전), 남해(절편), 칠곡(시루떡), 곡성(팥시루떡), 순창(시루떡)

<출처: 국립문화재연구소, 『세시풍속』 9개 지역 편 전체>

※ 전남 여수시 초도는 『세시풍속』 조사 지역 수에 포함되지 않았기에 이 지역을 추가하면 추석에 송편이 출현하지 않은 지역은 총 42곳이 된다.

33 [표] 『세시풍속』에 나타난 농공(農功) 관련 송편 풍속

빚는 시기	지역	빚는 이유
2월 1일	원주	힘든 농사일 대비(잘 먹어 둠)
	횡성	일꾼을 하루 놀림, 소 잘 먹여 농사 잘 짓게 기원
	충주	일꾼 힘 보태 농사 잘 짓게 기원
	홍천	본격 농사 전 일꾼 대접
6월(유두)	영동, 청원	일꾼 위로, 풍년 기원
	정읍	농사일 휴식, 마을 잔치
7월(칠석)	고창, 장성	농사일 휴식, 마을 잔치
7월(백중)	장성, 강릉	농사 일정 부분 마무리 축하
	울진	농사 일꾼 감사
7월 중(복날)	문경	용제 지낸 후 일꾼 먹이기 위해
	상주	풍년 기원, 농사 일꾼 위로, 대접

<출처: 국립문화재연구소, 『세시풍속』 (강원), (경북), (전남), (전북), (충북) 지역 편>

[표] 『세시풍속』에 나타난 송편이 쓰인 풍년 관련 풍속

빚는 시기	지역	빚는 이유 또는 속신(俗信)
정월 14일	평창	농사 잘돼 곡식 많이 거두길 기원
2월 1일	영덕, 영천	농사 잘되길 기원
	횡성	소 잘 먹여 농사 잘 짓게 기원

13장. 마한의 시월제와 신라의 가배에서 유래한 추석 405

	금산	나락 잘 여물길 기원
6월(유두)	영동, 청원	일꾼 위로-풍년 기원
	진안	논에서 제사-농사 잘되길 기원
	무주	논에서 고사-농사 잘되길 기원
	거창, 함양	논고사-농사 잘되길 기원
7월 중(복날)	예천	농사 잘되길 기원
	예천	농업용수 부족하지 않게 기원
	상주	풍년 기원-일꾼 대접

<출처: 국립문화재연구소, 『세시풍속』(강원), (경기), (경남), (경북), (전북), (충남), (충북) 지역 편>

34 '농사가 백중 때쯤이면 김매기를 다 마치고 잔손질이 없어져 농부가 여유롭다.' -최남선 2012, p.21.

35 장주근 2013, p.318.

36 『세시풍속』(충남) 금산 복수, p.306. ; 『세시풍속』(충북) 영동 매곡, p.239. ; 『세시풍속』(전북) 진안 동향, p.593 및 무주 적상, p.334. ; 『세시풍속』(경남) 거창 주상, p.465 및 함양 서하, p.828.

37 전남 영광군 묘량면에서는 송편이 달을 상징하는 음식이기에 반달 모양으로 빚었다(96). ; 무안군 운남면에서는 추석에 보름달이 크게 뜨므로 이를 상징적으로 표현하는 송편을 빚어 차례상에 올렸다(486).

38 전북 진안군 부귀면에서는 추석에 송편을 예쁘게 빚으면 예쁜 딸 낳는다고 하여 만드는 데 정성을 들였다(632). 이 같은 믿음은 경북 포항, 경남 거창, 충남 천안 등 전국의 여러 지역에서 엇비슷하게 나타난다.

39 송편 속에 바늘이나 솔잎을 넣고 찐 다음 한쪽을 깨물어서 바늘의 귀 쪽이나 솔잎의 붙은 곳을 깨물면 딸을 낳고 바늘이나 솔잎의 뾰족한 곳을 깨물면 아들을 낳는다고 믿었다. -『세시풍속』(총괄 편), p.402. 충남 당진군과 전북 익산시에도 이와 유사한 풍속이 출현한다.

40 사단법인 평화문제연구소 2005, p.32. ; 최운식 외 5인 2002, p.55. ; 『한국민속종합조사 보고서』(전남)과 (경기)편은 돌과 백일상에 송편이 차려짐을 보고하고 있다.

41 주강현 1996, p.87.

42 최인학 외 2004, p.140, p.473.

43 사단법인 평화문제연구소 2005, p.33.

44 최운식 외 5인 2002, p.55. ; 임영정 2002, p.224.

45 김용갑 2017b, p.59.

46 충남 금산군 복수면에서는 유둣날에 부침개나 송편을 만들어 논을 위했다(306).

47　"今之所尚者糕也. 家禮所謂粢糕是也. … 豆屑爲餡間鋪松葉爛蒸者 謂松餠(금지소상자고야. 가례소위자고시야. … 두설위도간포송엽란증자 위송병). / 지금 풍속에서 흔히 숭상하는 떡이 가루로 빚는 떡이다. 『가례』에서 말하는 자고다. … 콩가루를 소로 넣고 소나무 잎을 깔아 익혀 찐 떡을 이름하여 송편이라 한다." -『성호사설』(권 4), 「만물문」구이분자.

48　"팔월츄셕 다례 냥식송병." -『다례발기』(1850).

49　"팔월츄셕 숑병." -『절사제품』.『별차례등록』.

50　'송편차례'란 명칭은 충남 공주시 사곡면(24), 충북 진천군 문백면(375), 경기 의왕시 왕곡동(539), 경기 화성시 송산(704), 강원 강릉시 주문진읍(29) 등에서 출현했다.

51　성락춘 외 2007, pp.82-90. ; '일 년 내 지은 농사가 10월에 와서 끝이 난다.' -최남선 2012, p.22. ;『임하필기』(권 35,「벽려신지」)는 '호남과 영남만이 10월에 벼를 수확한다'라고 기록하고 있다.

52　"북어쾌 젓조기로 추석명일 쉬어 보세 / 신도주 오려 송편 박나물 토란국을 / 선산에 제물하고 이웃집 나눠 먹세 / 며느리 말미 받아 본집에 근친 갈 제 / 개 잡아 삶아 건져 떡고리와 술병이라 / 초록장옷 반물치마 장속하고 다시 보니 / 여름내 지친 얼굴 소복이 되었느냐 / 중추야 밝은 달에 지기 펴고 놀고 오소." -<농가월령가> 팔월령.

53　충남 부여군 부여읍에서는 올벼를 '오려'라 했으며, 오려는 보통 벼보다 20일 정도 일찍 나왔다(417).

54　김태호 2008, p.406.

55　국가기록원 홈페이지. 식량 증산.

56　정의철·이상호 2015, p.255.

57　편집부 2013, p.7.

58　<경향신문> 2014년 9월 1일 자,「차례상 차리는 법 언제 어떻게 유래됐나」.

59　[표] 1966~1985년 사이 시·도별 인구 유입·유출 수 (단위: 천 명, %)

시도		66~70년	70~75년	시도		66~70년	70~75년
서울	유입	1,183(48.1)	1,053(37.8)	충남	유입	97(3.9)	123(4.4)
	유출	248(10.1)	524(18.8)		유출	308(12.5)	281(10.1)
	편차	△935	△529		편차	▽211	▽158
부산	유입	308(12.5)	376(13.5)	전북	유입	54(2.2)	66(2.4)
	유출	127(5.2)	169(6.1)		유출	206(8.4)	199(7.1)
	편차	△181	△207		편차	▽152	▽133

경기	유입	344(14.0)	588(21.1)	전남	유입	57(2.3)	65(2.3)
	유출	321(13.1)	322(11.9)		유출	278(11.3)	318(11.4)
	편차	△23	△266		편차	▽221	▽253

※ 참고 자료: 문현상 외 3인 1991, pp.21-22. △표는 증가를, ▽표는 감소를 나타냄.

60 명절의 공휴일과 관련, 임재해(2003, p.68)는 지역의 명절이 공휴일로 지정되면 전국적인 명절로 확산되면서 일반화된다고 보았다. : 김진곤(2010, p.145)은 "법정 공휴일은 국가 또는 사회공동체가 예로부터 유래했거나 전승되어 온 문화적 가치를 지닌 것으로서 기념할 만한 가치와 함께 그 어떤 계기를 가지고 있어야 한다"라고 주장했다.

61 <기호흥학회월보> 제7호, 사립학교규칙. '한식 전일~한식일, 추석 전일~추석일, 음력 12월 28일~1월 7일.'

62 국가법령정보센터 홈페이지, <관공서의 공휴일에 관한 규정(대통령령)>.

63 임재해 2003, p.57.

14장

추석의 대체 명절
중구

햅쌀 안 나면 중구에 차례⋯ 국화떡 빚고 구절초 뜯는 날

14장

추석의 대체 명절
중구

햅쌀 안 나면 중구에 차례… 국화떡 빚고 구절초 뜯는 날

1. 중구의 유래

　중구(重九)는 음력 9월 9일로 중양절이라고도 한다. 『동국세시기』는 중구와 관련해 이날 노란 국화 꽃잎을 따서 만든 찹쌀떡(화전)과 높은 곳에 올라 자연을 즐기는 단풍놀이 풍속을 소개하고 있다. 중양절의 높은 곳 오르기는 17세기 초 기록으로 볼 수 있는 『성소부부고』에도 등장한다. 중구와 관련해 『택당집』(권 16)은 중구의 제물로 인병(인절

미)을 기록하고 있다. 중구는 중국 『형초세시기』에 그 풍속이 출현하고 송나라시대에 이미 축일 휴가가 있었으며, 우리나라 또한 고려가요 「동동」에 9월의 속절로 등장할 만큼 그 역사가 오래됐다. 하지만 중구는 중국에서 성한 명절인 것과는 달리 한국에서는 조선시대의 5대 명절에도 포함되지 않는 등 크게 기념되지는 않은 것으로 나타난다.

[표] 문헌에 나타난 중구 풍속

출전 문헌 (기록 시기)	명칭	풍속 내용
형초세시기 (6세기~ 7세기 초)	9월9일	모든 백성들이 들판에 자리를 깔고 술을 마시며 즐김 / 잔치 풍속은 한나라부터 송나라까지 불변 / 북인들도 중요시하는 절기- 떡 먹고 국화주 마시면 장수- 누대와 정자에서 잔치 / 높은 곳에 올라 술(국화주) 마시기-재앙 피하려는 것
용재총화 (15세기 말~ 16세기 초)	九日 (구일)	높은 곳에 오르기
경도잡지 (1800년 전후)	重九 (중구)	국화를 따다 떡 해 먹기-화전이라 함
동국세시기 (1849)	九日 (9일)	노란 국화 꽃잎으로 찹쌀떡-화전이라 함, 국화떡 화채-시절 음식 / 남산과 북악 올라 음식 먹으면서 놂-한양 풍속
해동죽지 (1921)	중양 (重陽)	큰 술동이에 국화 띄우고 높은 곳에 올라 시 지으며 국화주 마시기 / 구일제(과거시험-절일제)

그렇다면 1970년대를 전후한 시기 한국인들은 중구와 관련해 어떤 풍속을 행했을까?

2. 중구의 특징

추석의 대체 명절… 경북 중심, 강원·전남 등에서도 폭넓게 출현

『세시풍속』에 나타난 중구는 추석의 대체 명절로서의 성격과 함께 조상에게 제사를 지내고, 구절초를 뜯어 말리는 날로 요약된다.

추석을 대신한 명절로서 중구의 차례 지내기는 경북 안동 등을 핵심 지역으로 해서 경북을 비롯해 강원, 전남, 전북, 충북, 충남 등에서 폭넓게 나타나며, 이들 풍속의 출현을 찾기 힘든 지역은 경남과 경기 지역뿐이다. 그만큼 중구는 햇곡식을 조상에게 천신하는 명절이라는 성격이 강하다.

구절초 뜯고 망자에게 제사 지내는 날… 공통된 의례·절식 찾기 어려워

중구는 망자에 대한 제사 지내기 풍속이 대다수의 지역에서 출현하는 특징도 나타낸다. 중구를 지내는 남한 내 대다수 지역에서는 이날 제삿날을 모르거나 후손이 없는 조상은 물론, 이웃의 제사까지 지냈으며, 아들이 없는 친정 어버이의 제사를 딸이 지내기도 했다. 이 같은 망제 풍속은 경남에서 강하게 나타났으며, 전남 지역에서는 후손이 없거나 생사를 모르는 이를 위해 지내는 제사를 지역에 따라서는 차례로 칭하기도 했다.

　중굿날에는 이와 함께 5월 단오의 약쑥 뜯기에 견줄 만큼 구절초를 뜯어 말리는 풍속이 폭넓게 출현한다. 그럼에도 중구는 한국인 대다수가 기념하는 명절로 자리매김되지 못한 것에서 살필 수 있듯, 남한 내 대다수 지역에서 공통적으로 출현하는 의례나 절식을 찾기 어렵다는 특징도 보여 준다.

　다음은 『세시풍속』에 나타난 중구 풍속이다.

3. 중구 풍속

추석 대신 중구 차례… 신곡 없으면 추석 차례 안 지내

강원 영월군 영월읍(거운리)에서는 음력으로 9월 9일을 '중구', 또는 '중양절'이라 했고, 제비가 강남으로 되돌아가는 날이라고 보았다. 추석에 성묘하지 못한 집안에서는 이날 햅쌀로 떡을 하고 메밥을 지어 차례를 지냈는데, 예전 추석에는 철이 일러 성묘를 하지 못하는 경우가 많았기 때문이었다(305). 경북 문경시 농암면에서도 추석 때 햇곡으로 차례를 못 올리는 경우에는 중구로 차례를 미루어 지냈는데, 특히 가난한 집안에서는 추석 때 신곡을 못 잡기(햇곡을 수확하지 못하기) 때문에 이날 차례를 지낼 수밖에 없었다. 중구 때가 되면 생활 형편이 어려운 가정에서도 햇나락을 수확해 송편을 빚어 차례를 지내는 것이 가능했다. 또한 중구 무렵은 추석 때와는 달리, 한창 바쁜 시기이기에 바로 일을 하러 나갔으며, 추석 차례를 지낸 집에서는 중구 차례를 지내지 않았다(183).

궂은일 있으면 중구에 차례… 중구에는 송편 안 빚기도

경북 구미시 해평면에서는 8월 초부터 집안에 초상이 났다든지 궂은일이 생긴 집에서는 추석에 차례를 지내지 않고 9월 9일에 지냈으며, 추석에 햇곡이 나지 않았을 경우에도 차례를 미뤄 이날 지냈다(111-112). 상주시 사벌면에서는 햇곡이 나지 않아 추석 차례를 못 지내는 경우가 많지 않았지만, 만약 중구에 차례를 지내면 송편도 빚지 않고 씨름과 같은 놀이도 하지 않았다(242).

중구… 구절초 뜯는 날

강원 화천군 간동면에서는 9월 9일에는 구절초를 뜯어 밤에 서리를 맞혀 가며 말린 다음, 여러 약초와 함께 넣고 고아 먹으면 손발이 차고 냉한 사람에게 좋다고 여겼다(550). 경북 영천시 청통면에서도 중양절 즈음에 구절초와 같은 약초를 뜯어 말려 두고 상비약으로 요긴하게 썼다(364). 충남 당진군 당진읍에서는 중구 무렵에 구일초(구절초)를 뜯어다가 여드렛날 동안 밤이슬을 맞혀 가며 그늘에 말렸다. 그래야만 구절초가 약이 되며, 이를 만병통치약으로 여겼다. 특히 아이를 낳지 못하는 사람들이 구일초와 대추, 생강 등을 넣고 달여 먹었다고 한다(344).

중양절… 강남으로 제비 돌아가는 날·개구리 돌에 입 닦는 날

경기 포천군 가산면에서는 3월 삼짇날에 나왔던 제비와 뱀이 중구에 들어간다고 여겼다. 중구는 예전부터 명절로 치지 않았으며, 이때 뜯어 놓은 구절초는 약이 된다고 보았다(916). 경남 진해시 죽곡동에서는 구일을 좋은 명일로 여겼으며, 이날 강남에서 왔던 제비가 돌아가고, 뱀과 개구리가 돌에 입을 닦고 땅속으로 들어간다고 보았다(349).

남부 지방은 보리농사로 바쁜 농번기… 중부 지방은 단풍놀이 가는 날

전남 광양시 광양읍(용강리)에서는 중구 차례를 귀일제라고도 했는데, 가을에는 보리농사가 한창 바쁠 때라 차례를 지내지 않는 가정이 많았다(23). 반면, 경기도 화성시 우정면에서는 중양절을 즈음해 단풍놀이를 많이 갔으며, 이때쯤 국화가 만발하므로 국화를 따서 전을 부쳐 먹기도 하고, 국화주를 담그기도 했다(715).

4. 중구의 시식과 절식

국화떡 빚고 국화주 담그는 날… 밀 부침개 위에 국화꽃 올려

경기 의왕시 왕곡동에서는 중양절에 국화떡을 빚어 먹었는데, 진달래 잎으로 전을 부쳐 먹듯이, 국화잎을 찹쌀떡에 넣기도 했고, 증편에 맨드라미꽃을 올리기도 했다(539). 여주시 금사면에서는 삼짇날에 진달래꽃으로 '꽃전'을 해 먹듯이 중양절에는 밀 부침개 위에 국화꽃을 올려 만든 화전을 부쳐 먹었다(821). 경북 영주시 풍기읍에서는 중양절에 국화꽃을 올려 찹쌀로 떡을 빚고, 야생 들국화 잎을 따서 국화주를 담갔다. 이 술은 항아리에 술과 함께 국화잎을 넣고 3개월가량 땅속에 파묻은 다음 마셨는데 향기와 술맛이 아주 좋았다고 한다(324). 강원 강릉시 왕산면에서도 중양절에 국화주를 담가 울타리 밑에 묻어 두었다가 100일 후 꺼내 마셨는데, 이렇게 하면 장수한다고 여겼다(20). 경남 산청군 신등면에서도 국화를 따서 잎, 줄기 등과 함께 여러 가지 약초를 섞어서 작은 독(항아리)에 담은 다음, 누룩만 집어넣어 3개월에서 6개월가량 땅에 묻어 둔 다음 마셨다(593).

감을 넣은 뭉생이떡… 호박떡·인절미 등을 해 먹는 날

강원 양양군 서면에서는 중양절을 명절로 여겨 감과 콩을 넣고 '뭉생이떡'[1]을 만들어 먹었으며(292), 속초시 도문동에서도 중양절에는 감을 썰어 넣고 '뭉셍이 시루떡'을 쪄서 중양절 제사를 지냈다(102). 전북 고창군 성내면에서는 중양절에 어떤 소도 넣지 않은 '모떡'을 쌀가루로 만들어 먹었으며(274), 순창군 금과면과 완주군 상관면에서는 중굿날 시루떡을 해 먹었다(407, 442). 또한 충남 부여군 임천면에서는 9월 9일에 시루떡을 쪄서 장광에 올린 뒤 방 안의 성주에게 옮겨 놓았다가 나누어 먹었으며(450), 경북 김천시 어모면에서는 중양절에 호박떡을 했다(167). 이 밖에 전남 영광군 묘량면과 함평군 학교면에서는 중구에 햅쌀로 인절미를 만들어 먹었다(598, 820).

5. 중구의 의례

5.1. 차례와 조상 제사

추석보다 큰 명절이었던 경북 지방의 중구… 차례 지내기

경북 포항시 죽장면에서는 가을 차례의 경우 반드시 햇곡식을 장만해 올려야 해 추석보다는 9일 날 차례를 많이 지냈다. 이 지역의 경우 산간이기 때문에 추석까지 햇곡이 나지 않았기 때문이다. 그래서 이 지역은 중굿날이 추석보다 더 큰 명절이었다(378). 성주시 초전면에서는 8월 추석에 햇곡식이 나지 않아 추석 제사를 지내지 못한 경우 9일에 햇곡식을 차려 놓고 조상에게 제사를 지냈으며, 예전에는 추석 명절보다 중구를 더 중시 여겼다고 한다(548). 전남 구례군 구례읍에서도 추석 때 나락이 익지 않아서 차례를 지내지 못하면 중양절에 모든 햇곡식을 가지고 떡을 해서 구일 차례를 지냈는데, 이때는 이미 추수가 끝난 상태라 오히려 추석 차례보다 더 성대하게 치르는 경우가 많았다(376).

추석에 나락(벼) 수확 못 하면… 중구에 차례 지내

전북 고창군 성내면에서는 8월 추석에 올개쌀을 마련하지 못해 이때 제사를 지내지 못한 집안의 경우 9월 9일에 제사를 지냈으며, 8월에 차례를 지낸 집에서도 고사리, 무나물, 콩나물 등 나물류와 밥, 물 등을 간단하게 장만하여 성주에게 올렸다(274). 햇곡식 수확 등과 관련한 중구 차례는 전남 목포시 삼향동(122)을 비롯해 강원 횡성군 우천면(576) 등에서도 나타난다.

추석보다 중구 제사… 산업화 이후 추석 차례 지내

경북 안동시 서후면에서는 원래 추석 제사가 아닌 9월 초아흐레에 중구 제사를 지냈으며, 추석날 차례를 지내는 것은 산업화 이후의 일이었다(262).

성묘하고 묘소 찾아 제사 지내는 날

강원 인제군 인제읍에서는 햇곡식을 수확하지 못해 추석 때에 성묘를 하지 못하면 중구 때에 했다. 예전에는 이 같은 중구 성묘가 많았으며, 추석은 근래에 와서 매우 성대하게 지내게 되었다(340). 태백시 상사미동에서는 중구에 산소를 찾아 5대 이상의 조상에게 제사를 지냈으며(230), 전남 고흥군 도화면에서도 중구 때 시제에 나갈 수 없는 4대조까지의 조상 묘소를 찾아 제사를 모셨다(295). 한편, 경기 수원시 이의동에서는 10년간 제사를 지내지 않고 있다가 다시 제사 모시기를 시작하려면, 9월 9일에 팥죽을 해서 먼저 제사를 지낸 다음, 그 이후의 기일부터 제사를 지냈다(321).

5.2. 후손 없는 조상과 망자 제사

제삿날을 모르는 조상에게 제사 지내는 중양절

경북 경산시 자인면에서는 망자의 기일을 모를 경우에는 중구에 차례를 지냈다. 예컨대 아들이 5~6살일 때 부친이 죽은 경우는 기일을 모를 수가 있어, 구일(음력 9월9일)이 길일이기 때문에 이때 제사를 지냈다(34). 경남 사천시 곤양면에서는 제삿날을 정확히 모르는 조상 제사를 중구일에 지냈기에 이날 제사가 있는 집이 많았다. 이는 객지에 나가서 실종 혹은 객사해서 시신이 돌아오게 되는 경우가 있고, 특히 배를 타고 나가서 난파당해 죽으면 거의 대부분 이날 제사를 지냈기 때문이었다(228). 전남 광양시 황길동에서도 사고나 여러 이유로 죽은 날짜를 모르는 조상을 위해 중양절에 차례를 지냈는데, 상차림은 명절 차례와 같았다(53).

제사 받지 못하는 슬픈 망자와 귀신을 달래고 위로하는 날

경남 거창군 가조면에서는 언제 죽은지 모르는 조상이나 떠도는 귀신을 달래기 위해 중구절에 제사를 올렸으며, 이를 '기제사'라 불렀다(453). 전남 담양군 금성면에서는 후손이 끊겼거나 객사를 한 조상, 생사를 알 수 없는 이들을 위로하기 위해 중구에 차례를 모셨다(439).

자손 없는 망자 위해 마을 주민이 지내는 무오제

강원 평창군 진부면에서는 9월 9일에는 자손 없이 죽은 사람들을 위해 제사를 모셨는데, 이를 '무오제'라고 했다. 이 제사는 후손 없이 유산을 면에서 관리하도록 맡겼을 경우 지냈는데, 죽은 사람 각각의 제삿날을 따로 챙길 수 없어 이날 합동으로 제사를 지냈다고 한다(467). 경남 남해군 삼동면에서도 마을에서 자식 없이 외롭게 살다가 죽은 이가 있으면 중굿날에 마을에서 제사를 지내주기도 했다(547). 이 밖에 앞서 1장에서 살폈듯, 중구는 아들이 없으면 죽어서도 서러운 친정 어버이의 제삿날이기도 했다.

5.3. 마을 제사

서낭제 등의 마을 제사 지내는 중굿날

강원 양구군 남면에서는 3월 3일과 9월 9일에 마을 제사인 서낭제를 지냈는데, 9월 9일에는 서낭제와 별개로 각 집안에서도 메 한 그릇을 떠 놓고 성주고사를 지냈다(267). 철원군 근남면에서는 한국전쟁이 일어나기 전까지 매년 9월 9일에 마을 전체가 모여 돼지를 잡아 산천제사를 크게 지냈지만 전쟁이 끝난 뒤로는 이 제사가 사라졌다(424). 또한 경남 양산군 상북면에서도 일 년에 두 차례 삼짇날과 중구일에 당산제를 모셨다(257).

5.4. 햅쌀 천신

추석 대신 올벼심리 하는 날… 신미 올려

전남 무안군 해제면에서는 예전의 경우 추석까지 햇곡이 나지 않을 때가 많아서 중양절을 즈음해서 올벼심리를 했다. 추수가 끝나기 전이므로 제물로 올릴 쌀만 훑어 내서 찌고 조상에게 올렸는데, 이 쌀을 '신미'라고 부르기도 했다(470). 장성군 삼계면에서는 나락(벼)의 수확이 늦어져 추석에 올벼심리를 못하면 중구에 차례를 지냈다. 그런데 이 지역에서는 중구를 명절로 여기기에 추석에 이미 올벼심리를 한 경우에도 이날 비록 명절 음식은 장만하지 않지만 밥을 담아 선영에 놓았다(704).

나락 쪄서 오리쌀… 햅쌀 천신하는 오리심리

전북 익산시 함라면에서는 올벼를 솥에 넣고 쪄서 말린 '오리쌀'로 9일 저녁에 메를 지어서 조상에게 천신했는데, 이를 '오리심리'라고 했다. 오리심리는 조상을 비롯하여 성주와 삼신을 함께 위하는 것으로, 메(밥)를 푸는 순서는 먼저 '성줏밥', 다음이 '조상밥, 삼신밥' 순이었다. 성주와 조상에게는 메와 햇나물 볶은 것과 함께 쌀뜨물에 배추와 새우젓을 넣은 국을 올렸고 삼신에게는 미역국, 메, 물을 올렸다. 만약 추석 이전에 식량이 떨어지면 8월에 익지도 않은 나락을 훑어서 '오리심리'를 하기도 했으며, '오리쌀밥'은 사람이 먼저 먹지 않고 조상에게 메만 한 그릇을 지어 올린 후에 먹었다(158). 고창군 고창읍에서는 8월 추석에 '올개심리'를 하지 못한 경우 중양절에 차례를 올렸다. 추석에 차례를 지낸 집안의 경우도, 중양절에는 성주, 철륭, 조상에게 밥을 올렸으며, 이때 상차림은 밥, 미역국, 나물(산나물, 콩나물, 무나물, 토란, 고사리 등)이었다(288).

중구는 성주 단지 가는 날… 묵은쌀 들어내고 햅쌀 담아

경남 양산시 물금면에서는 성주 단지를 대개 큰 방의 모퉁이에 선반을 걸고 얹어 두었으며, 햇벼를 찧지 못해 이 단지의 쌀을 8월에 갈지 못하면 중구일에 반드시 갈아 넣었다(276). 또한 전남 화순군 이서면에서도 성주 단지의 쌀을 중양절에 새로 갈았는데, 갈고 나온 묵은쌀은 밥을 지어서 식구들끼리만 먹었으며, 성주 단지를 새로 장만하여 모시는 경우에는 떡을 해서 올리기도 했다(923).

5.5. 기타 의례

칠성 등의 가신 대접… 가족 평안 기원

강원 원주시 호저면에서는 자식이 귀해 칠성을 모시는 집에서는 삼월 삼진날, 사월 초파일, 칠월 칠석과 함께 중구에 집 안의 칠성 단지에 고사를 지냈다(144). 경기 안산시 대부동에서는 9월은 벼를 수확하느라 바쁘기도 했지만 중양절에 물때에 맞춰 바지락을 캐러 가기도 했으며, 팥을 넣은 찰시루떡을 해서 대청과 터주에 놓고 가족의 평안을 기원하는 치성을 드렸다(378).

부처님에게 무병장수와 풍년 농사 기원

경남 거제시 일운면에서는 부녀자들이 중굿날 절에 가서 가내 평안과 가족의 건강 및 무병장수를 기원하는 불공을 드렸다(38). 김해시 주촌면에서도 중양절에 부녀자들이 절에 가서 불공을 드리며, 집안의 무사함과 가족의 건강, 그리고 자녀들의 학업 대길 및 풍농 기원과 함께 집안에서 기르는 짐승들이 잘되기를 염원했다(67).

염전고사 지내는 날

전남 신안군 비금면에서는 중구가 염전을 하는 사람들에게는 매우 중요한 시기로, 이날 염전과 염전의 솥에 조상상을 차리고 고사를 걸게(잘 장만해) 지냈다(560).

미주

1 '뭉생이떡' 명칭과 관련해 속초시에서는 '뭉셍이'로 표기하고 있다. 발음상의 차이인지 표기의 오류인지 분명하지 않아 『세시풍속』에 출현한 표기 그대로 사용했다.

15장

단군이 하늘에서 내려온
10월 상달

성주·안택고사로 수확 감사·가신 대접… 한민족 민간신앙의 보고

15장

단군이 하늘에서 내려온 10월 상달

성주·안택고사로 수확 감사·가신 대접… 한민족 민간신앙의 보고

한국 풍속에서 거의 거론되지 않는 시기가 음력 10월이다. 이는 아마도 10월의 경우, 추석이나 설날, 대보름 등과 같은 전국적인 명절이나 속절이 없고, 다수의 지역에서 공통적으로 출현하는 의례나 절식 등을 찾기 어렵기 때문일 것이다. 이런 이유에서인지 한국 풍속의 기록 담당자 역할을 했던 양반 사대부의 문헌에서도 10월의 풍속은 잘 나타나지 않는다. 그런데 10월은 한국의 전통 풍속 출현 측면에서 볼 때, 여느 달이나 명절에 뒤지지 않을 만큼 다양한 가신신앙 의례가 그 이름과 날짜를 달리해 지역별로 행해졌고, 다수의 지역에서는 한 해의 수확을 감사하고 이를 축하하는 시루떡이 마련됐다. 더욱이 음력 10월은 단군이 하늘에서 내려왔다는 기록에서 나타나듯(개천절은 양력 10월 3일), 한민족의 시조로 일컬어지는 단군(檀君) 및 고조선과 관련된 달이기

도 하다. 또한 『형초세시기』는 10월 초하루가 진(秦)나라의 설날이라는 풍속을 담고 있고, 『삼국지』(위지 동이전)와 『북사』는 진한(신라 지역) 사람들이 진(秦)나라의 부역을 피해 도망 나온 유민이라고 기록하고 있다.¹ 이런 문화와 역사적 배경 때문인지 다수의 지역에서는 10월을 '상달'로 여기고, 이달 3일에 술과 떡을 마련해 성주고사를 지내기도 했다.

그렇다면 10월 풍속의 유래는 어떻게 될까?

1. 10월 풍속의 유래

10월 상달은 단군이 강림한 날… 성조씨 기리려 성주고사 지내

1920년대의 풍속을 담고 있는 『해동죽지』(「명절풍속」)는 단군과 관련해 다음과 같은 풍속을 소개하고 있다.

> 舊俗 檀君命成造氏 作宮室家屋. 因其古俗以檀君十月三日降天 故以十月爲上朔(상달). 每十月 設酒餠 招巫祈福 貼紙于樑上 名之曰 성조바지.[2]

> 옛 풍속에 단군이 성조씨에게 명하여 궁실과 가옥을 짓게 했다. 단군이 10월 3일에 하늘에서 내려왔기 때문에 10월을 상달로 삼았다. 매년 10월에 술과 떡을 차리고 무당을 불러 복을 빌며 대들보 위에 종이를 붙이니, 이를 이름하여 성주받이라고 한다.

이 기록에 의하면 10월 상달에 지내는 성주받이고사는 단군의 강림과 성조씨의 공덕을 기리는 제사이며, 한민족의 가신신앙을 대표하는 성주는 한민족의 시조이자, 가장 오래된 고대 국가인 고조선을 세운 단군과 관련됨을 보여 준다. 이 기록은 또한 현대의 『세시풍속』에 광범위하게 출현하는 안택고사나 떡 하기 풍속 등이 왜 10월에 집중되며 10월을 상달이라 칭하는지 그 연유에 대한 한 단서를 제공한다고 할 수 있다.

그런데 『해동죽지』의 이 기록은 우리가 흔히 알고 있는 10월 풍속과는 크게 다른 것이다. 상술한 『후한서』(동이열전)와 『삼국지』(위지 동이전)의 기록에 나타나듯, 부여와 고구려, 마한 등에서는 10월 중에 국가 차원의 제천 의례 등을 크게 행했지만 이 같은 고대의 의례 풍속은 이후 삼국시대는 물론, 고려시대의 기록에 나타나지 않을 뿐만 아니라, 조선 후기의 대표적 세시기인 『동국세시기』 등에도 이를 계승한 것으로 여겨지는 풍속의 출현은 찾기 어렵기 때문이다. 이런 이유로 고대의 10월 의례 풍속은 다른 명절 풍속에 흡수되었거나 사라진 것으로 여겨졌다.

고대 10월제… 외형 달리해 일반 한국인의 풍속으로 계승됐을 가능성

중국 역사서에 나타난 고대의 10월 풍속은 그 기록이 간략해 사실 구체적으로 이들 풍속이 어떠했는지를 파악하는 것은 불가능하다. 따라서 『해동죽지』에 나타난 성주고사가 고대 한민족의 10월제 풍속을 (일정 부분이라도) 계승했는지 여부 또한 확인하기 어렵다. 그럼에도 『해동죽지』에 출현하는 성주고사는 고대 10월 풍속을 계승했거나 최소한 이 풍속과 관련됐을 것으로 여겨진다. 이 같은 추정은 『형초세시기』의 기록과 함께 현대의 『세시풍속』에 10월 상달의 풍속이 상당수 등장한다는 점에서 뒷받침된다. 특히 『세시풍속』의 경우 『해동죽지』와 유사한 단군 관련 풍속이 출현하고, 10월을 상달로 여기거나 이달에 천신과 함께 성주신 등의 가신을 위하는(대접하는) 안택고사 등을 비롯해, 떡을 빚어 이웃과 나눠 먹는 풍속이 광범위하게 출현한다. 이로 볼 때, 20세기 이전의 기록과 문헌 풍속에서 사라진 고대 한민족의 10월제 풍속이 실상은 그 외형을 달리한 채 삼국시대에서 조선시대로 이어지는 긴 역사적, 문화적 시간을 관통하며 양반층이 아닌 '일반 한국인의 풍속'으로 현대에까지 계승됐다고 볼 수도 있을 것이다.

이런 추정은 고대 한민족의 건국과 민족의 이동 경로가 대체로 고조선→ 부여→ 고구려→ 마한이었다는 점에서 비롯된다. 즉, 중국 역사서에 등장하는 부여, 고구려, 마한 등에서 행해졌던 '10월 풍속'은 10월이란 시기적 측면에서 공통되며, 이들 풍속은 고조선에서 태동해 약간의 변화를 거쳐 이들 국가로 계승됐고, 그 풍속 중에는 현대의 상달 풍속과 유사한 풍속이 있었을 수 있다는 것이다. 특히 10월 풍속과 관련, 『형초세시기』에는 진(秦)나라의 설날 풍속과 함께 북인들이 10월 초하루에 천신의 의미로 깨죽과 콩밥을 진설했다고 기록되어 있는데, '북인'이 정확히 어떤 민족을 지칭하는지 확인하기는 어렵지만, 고대 한민족의 활동 무대가 만주 등을 아우르는 북방이었음을 고려할 때, 북인 중의 일부는 한민족이었거나 고대 한민족의 형성에 참여한 민족으로 볼 수 있다. 따라서 고대 한민족이 그들의 영역에 자생하는 콩(대두)을[3] 활용해 다양한 두장(豆醬) 음식을 발달시킨 것에서 살필 수 있듯,

고대 한민족 또한 『형초세시기』 기록의 북인들처럼, 또는 북인의 한 일원이었던 한민족이 10월 초에 콩밥과 깨죽을 단군에게 천신했을 가능성도 있다고 할 것이다.

그렇다면 고조선에서 시작된 10월 초의 단군과 성주신 모시기 제사가 고대 한민족의 건국 및 민족의 이동이나 문화 전파에 따라 확산됐고, 지역에 따라서는 수확 감사제 등을 수용하고 융합하면서 부여나 고구려, 마한 등의 10월 제천 행사로 이어져 (비록 귀족이나 양반 등의 기록에 나타나지 않지만) 일반 한국인의 10월 상달 풍속으로 현대에까지 계승됐다고 볼 수도 있을 것이다.

10월 풍속의 말날, 실제 동물인 말과의 관련성 거의 없어

10월 풍속이 한국 고대국가의 '10월 제천' 행사와 관련된다는 점은 이들 풍속의 상당수가 말날[午日, 오일]을 언급하고 있지만, 실제로는 말과 무관하다는 점에서도 뒷받침된다. 예컨대, 『경도잡지』와 『동국세시기』는 10월 오일(午日)을 속칭 말날이라 한다는 기록과 함께 이날 팥떡을 만들어 마구간에서 말 건강을 축원한다는 풍속을 담고 있다. 그런데 한국 풍속에서 말과의 관련성이 가장 높은 제주 지역 풍속에서 살필 수 있듯, 말 관련 고사는 백중에 행해졌으며, 조선시대를 비롯해 한국에서 말은 흔한 동물이 아니었고, 농경에 이용됐던 주된 동물도 말이 아닌 소였다. 또한 말은 주로 고위 관료나 무사 등과 같은 특정 계급이 탔고, 심지어 양반 계급인 유생들도 말이 아닌 당나귀를 탔다.[4]

더욱이 우리 민간 풍속(『세시풍속』)에서 특정 동물을 대상으로 떡까지 차려 고사를 지내는 사례는 단 1건으로, 그 대상은 소[牛]로 나타난다.[5] 따라서 『동국세시기』의 풍속 대다수가 『경도잡지』와 유사(모방)하다는 점을 고려할 때, 이들 두 세시기의 10월 오일(말날) 풍속은 당시 대다수 한국인의 풍속이 아닌, 일부 양반층의 가풍이었을 가능성이 큰 것으로 여겨진다.

『열양세시기』, 10월 오일(午日)에 터주고사…
이웃과 시루떡 나누는 풍속 출현

10월의 대표 풍속일인 말날이 말과 무관함은 『경도잡지』와 인접한 시기에 편찬된 『열양세시기』의 기록에서도 살필 수 있는데, 이 세시기는 '10월 오일(午日)에 백성들이 시루떡을 쪄서 토신(터주신)에게 고사를 지내며 집에 사람들을 불러 함께 먹는다'라고 기록하고 있다.[6] 이 기록은 『경도잡지』 등과는 다른 풍속으로, 오히려 현대의 『세시풍속』과 같다. 『세시풍속』에는 10월 초 무오일에 지내는 터고사를 비롯해, 10월 상달에 행해지는 천신과 가신 대접 등을 목적으로 하는 안택고사, 상달고사, 가을떡 하기, 조상단지 갈기 등과 같은 다양한 의례와 풍속이 나타난다.

한 예로, 전북 완주군 고산면에서는 유래는 알 수 없지만 10월 초사흗날에 시루떡을 해 먹었으며(455), 충북 청주시 수의2동에서는 10월 상달을 '떡달'이라고 해서 떡을 빚어 가을고사를 지냈다(639).

15장. 단군이 하늘에서 내려온 10월 상달

무오일의 떡 하기·가신고사… 한민족 개국과 관련된 풍속일 가능성

이상을 고려할 때, 10월 풍속에 등장하는 무오일은 그 이름만 말날일 뿐 사실상 말과 큰 관련이 없음을 살필 수 있고, 이 풍속의 시작 또는 기저에는 고구려, 마한, 동예 등의 10월 의례 유습 및 기원전 한반도로 피난 온 중국 진(秦)인들의 10월 설날 풍속과 함께 『해동죽지』의 기록처럼 한민족의 개국 풍속이 자리할 가능성이 높다고 할 수 있다. 이런 배경에서 성조신[成造氏] 관련의 성주고사나 터주고사 등을 10월에 지내고 떡을 하는 풍속이 남한 대다수 지역에서 광범위하게 출현했다고 할 수 있을 것이다.

그렇지 않고서는 10월에 집중되는 이들 의례를 이해하기 힘들고, 이달에 집중적으로 나타나는 떡 하기 풍속이나 10월을 상달 또는 '떡달'이라고 칭하는 연유를 설명하기 어려워 보인다. 10월이 시기적으로 수확을 마친 뒤이고 천신제를 지내기에 적절하다는 설명도 얼핏 가능해 보이지만 우리 풍속에는 분명하게 천신과 수확 감사제를 드리는 추석과 중구 명절이 실재한다는 점에서 이는 설득력이 떨어진다.

따라서 10월 무오일(말날)은 『해동죽지』의 기록처럼 단군이 하늘에서 내려온 날이자 집집마다 무오떡을 만들어 복을 비는 날이었다고 보는 것이 타당하다 할 것이다.

옛 풍속에 10월 무오일(反午日)은 단군이 하늘에서 내려온 날이라 하여 집집마다 콩떡(붉은 팥떡-무오떡)을 만들어 복을 비니 이날을 무오말날이라고 한다.

/ 舊俗 十月戊午 是檀君降世之日 家家以豆餅祈福 名之曰 무오마날.[7]

<『해동죽지』, 무오떡(戊午餠)>

강원 강릉시 왕산면에서는 10월을 상달이라고 한다. 단군이 하늘로 올라간 날[달]이다. 3월 13일 내려오셨다가 황해도 구월산으로 올라가신 날이라고 믿는다. 그래서 상달이라고 한다. 또 10월 말날(午日)에 제사를 지낸다(21).

[표] 문헌에 나타난 상달[무오일] 풍속

출전 문헌 (기록 시기)	명칭	풍속 내용
형초세시기 (6세기~ 7세기 초)	10월	10월 초하루는 진(秦)나라의 설날 / 북인들이 깨죽과 콩밥 진설-천신의 의미
용재총화 (15세기 말~ 16세기 초)	-	풍속 출현 안 함
경도잡지 (1800년 전후)	十月午日 (10월 오일)	속칭 말날 / 팥떡 만들어 마구간에 말 건강 축원
동국세시기 (1849)	午日 10월 중	-오일(午日): 속칭 마일(말날) / 팥시루떡 차려 마구간에서 말 건강 기원 -상달: 인가에서는 10월을 상달[上月]로 삼음 -무당 불러 성조신 맞이 -떡, 과일 차려 안택 기원
해동죽지 (1921)	10월	-성주받이: 옛 풍속에 단군이 성조씨(成造氏)에게 궁실과 가옥 짓게 함 / 단군이 10월 3일에 하늘에서 내려왔기에 10월을 상달로 여김 / 매년 10월이면 술과 떡을 차리고 무당 불러 복을 빌며 들보 위에 종이를 붙임 -무오일: 단군이 세상에 내려온 날 -집집마다 콩떡(팥시루떡-무오떡) 빚어 복 기원-속칭 무오말날 -도당굿: 옛 풍속에 매년 10월 농사신 맞이 큰 굿-풍년 농사 보답

10월의 풍속은 이처럼 한민족의 개국과 관련된 것으로 여겨진다. 그렇다면 고조선을 개국한 단군은 어떤 인물일까?

단군조선의 개국은 기원전 2333년… 위서는 기원전 1500년 전으로 보기도
'단군조선'에 대한 개국 기록은 『삼국유사』를 통해 살필 수 있는데, 이 책은 앞서 고려 왕조에 의해 편찬된 『삼국사기』가 담지 못한 여러 이야기를 기록하고 있다. 이 책에 따르면 하느님의 아들 환웅(桓雄)이 하늘에서 내려와 곰을 여자로 변하게 하여 자식을 낳았고, 그 자식이 단군(檀君)이며, 그가 고조선을 건국했다는 것이다.

> 위서에 이르되, 지금으로부터 2천 년 전에 단군왕검이 있어 도읍을 아사달에 정하고 나라 이름을 고조선이라 했으니, 중국 요나라인 고와 같은 시기였다. 옛 기록(단군고기)에 전하기를, 환국은 하늘의 임금을 지칭한다. 환웅이 무리 삼천을 거느리고 태백산 꼭대기로 내려왔다. 환웅이 잠깐 변하여 혼인해 아이가 잉태됐는데, 태어난 아이를 일컬어 단군왕검이라 불렀다. (이때는) 중국(중국을 당이라 일컫기도 함) 고조 즉위 50년 경인에 해당한다. (이후 단군왕검은) 도읍을 평양성, 지금의 서경으로 해 처음에는 조선이라 불렀고, 1,500년 동안 나라를 다스렸다. 주나라 호왕 즉위년인 기묘(己卯)년에 기자를 조선의 (제후로) 삼았다. 이에 단군은 장당경으로 이주했다. 뒤에 아사달로 돌아와 숨어 산신이 되었다. (단군은) 1,908세를 살았다.

/ 魏書云 乃往二千載 有檀君王儉 立都阿斯達 開國號朝鮮 與高同時. 古記云昔有桓國謂帝釋也. 雄率徒三千降於太伯山頂. 雄乃假化而婚之孕 生子號曰壇君王儉. 以唐高即位五十年庚寅. 都平壤城今西京 始稱朝鮮. 御國一千五百年. 周虎王即位己卯 封箕子於朝鮮. 壇君乃移於藏唐京. 後還隱於阿斯達爲山神. 壽一千九百八歲.[8]

<『삼국유사』 고조선(왕검조선)>

이 기록은 한민족의 가장 오래된 고대국가인 단군(왕검)조선이 중국 최초의 고대국가인 요·순보다 50년 늦게 건국됐고, 한민족은 하느님 손자의 후손임을 보여 준다. 단군조선은 건국 후 1,500년간 단군에 의해 통치되었으며, 기원전 1046~1043년 사이, 중국 주(周)나라 무왕(武王)이 조선(고조선)을 침략해 기자(箕子)를 왕으로 세우며 막을 내리게 된다(기자조선 시대 개막). 그런데『삼국유사』(권 1)는 중국의 역사서인『위서』의 편찬 시기가 551년인 점을 고려해, 고조선의 개국 시기를 기원전 1500여 년 전으로 보았다. 하지만 현대 한국에서는『환단고기』에 의거해[9] 고조선의 개국을 기원전 2333년 전으로 보고 있다.

단군의 고조선 개국 기록… 신화로만 보기 어려워

단군(왕검)조선 기록과 관련, 하느님의 아들이 여인의 몸을 얻은 곰과 혼인하고 이들의 자식이 단군이란 내용은 분명한 신화이지만, 한편으로 고조선에 대한 개국 시기와 수도의 명칭 등이 분명하게 나타난다는 점에서 고조선의 개국 역사 자체를 신화로만 보기에도 한계가 있다고 할 것이다.

다시 본론으로 들어가, 그렇다면 현대의 『세시풍속』은 10월의 상달과 관련해 어떤 풍속을 담고 있으며, 이들 풍속은 어떤 특징을 지니고 있을까?

2. 10월 풍속의 특징

수확 감사·천신제가 대부분… 의례와 절식 명칭의 차이, 내용은 유사

『세시풍속』에 나타난 10월 상달의 풍속은 수확한 농작물에 대한 천신과 함께 조상, 성주 등의 가신에 대한 감사와 대접(위하기)이 대부분을 차지한다. 안택고사, 상달고사, 터고사, 성주고사, 손 비비기, 가을떡 하기, 도신떡 해 먹기, 부리 단지 갈기, 조상단지 갈기, 천륭·지양 단지 갈기, 가을배끼(가을베끼) 해 먹기 등이 바로 이들 풍속이다. 이와 함께 10월 풍속은 다양한 풍속의 명칭에서도 드러나듯, 전국적으로 통일된 풍속의 명칭이 부재하고, 풍속일이 특정돼 고정된 것이 아닌 가변적이라는 특징을 보인다. 또한 의례의 제관이라 할 수 있는 주재자가 대부분 집안의 안사람인 시어머니나 며느리인 여자이며, 그 의례 시간이 저녁이나 밤이라는 특징도 나타낸다. 그럼에도 이들 풍속은 그 명칭만 다를 뿐 내용이나 성격은 사실상 유사하다고 할 수 있다. 특히 상달에 빚어지는 떡의 경우 대부분이 팥을 넣은 팥시루떡이라는 공통점을 지닌다.

술·시루떡 차려 부녀자가 의례 주관… 가신 대접·집안 평안 기원

예컨대, 충북 진천군 문백면의 '가을떡' 장만과(376) 경기 군포시 대야동(둔대마을)(134) 및 동두천시 탑동동의 안택고사는(235) 의례의 시기가 추수 이후라는 점에서 수확에 대한 감사의 의미가 담겨 있고, 의례의 주목적이 가신 대접과 함께 집안 평안으로 유사할 뿐만 아니라, 의례의 주관자도 공히 부녀자이고, 주요 제물도 술과 시루떡으로 일치한다.

이 밖에 10월 풍속은 거의 필수적으로 떡이 출현하고 의례의 제물로 고기류의 출현 빈도가 낮으며, 의례 등을 마친 후 제물인 떡 등을 이웃과 나눠 먹는다는 특징도 보여 준다.

10월 풍속의 출현 빈도는 강원, 경기, 경남, 충남에서 높게 나타났으며, 전남과 전북, 충북의 경우 상대적으로 낮았다. 특히 전남 지역의 경우 안택고사나 성주단지 갈기 등과 같은 가신 대접보다는 시제 지내기 풍속이 높게 나타났다.

다음은 『세시풍속』에 나타난 10월 상달 풍속이다.

3. 10월 의례의 종류

터고사(안택고사)… **백설기시루 등 차려 절 3번 하고 소지**

강원 화천군 간동면에서는 10월이나 1월에 '터고사'라고 하는 안택고사를 지냈는데, 이 고사에서는 대청의 상기둥(성주) 앞에 차린 고사상에 백설기시루를 비롯해 찹쌀을 섞은 콩떡시루와 팥떡(고사떡)시루를 올렸으며, 각각의 떡시루 안에는 정한수(정화수) 한 그릇과 촛불을 켜 놓았다. 또한 상 위에 밥 세 그릇, 무채 세 접시, 삼색실과를 담은 과일 세 접시와 막걸리, 감주, 명쌀(쌀을 한 주발에 담아 수저를 꽂고 실 한 타래를 감아 놓은 것), 북어 한 마리, 돼지머리(예전에는 돼지머리가 귀했으므로 고기 한 접시만 놓았음)를 놓았다. 고사는 상 앞에서 절을 세 번 하고, 식구 수대로 소지를 올리는 순서로 진행됐으며, 소지가 잘 올라가면 고사를 잘 받은 것으로 보았다. 소지를 올린 다음, 떡을 접시에 담아 부엌, 화장실, 마구간과 대문에 갖다 놓았다(550).

안택고사(가을고사)… **수확 감사·집안 태평 기원**

경기 구리시 갈매동에서는 시월을 상달이라고 했으며, 이달은 수확이 완전히 끝난 때로 초순인 1~10일 안에 수확에 감사하는 안택고사를 지냈다. 고사는 각자 좋은 날을 받아 햅쌀을 빻아 시루떡을 하고 돼지고기를 삶아 터(주), 마루, 부엌, 화장실, 방 등에 떡과 술 한 잔씩을 부어 놓고 '1년 편하게 잘 지내서 농사지은 거 바칩니다. 집안 태평하고 하고자 하는 일 다 잘되게 해 주십시오'라고 말하며 비손하는 형식이었다. 이어 터주가리도 햇짚으로 새로 만들어 씌우고 터주항아리의 벼도 갈았으며, 터주가 있는 장독대에 술을 부어 터주를 위했다(대접했다)(115).

가을고사(가을 손 비빈다)… **주부가 주관, 집안 평안 기원**

경남 양산시 웅상면에서는 시월을 상달이라고 하여 메, 떡, 나물, 어물 등을 장만해 조상에게 천신하는 고사를 지냈다. 제물을 안방에 진설하고 주로 주부가 고사를 주관해 집안의 평안을 빌었는데, 이 마을에서는 이를 '가을 손 비빈다'고 불렀다(244).

성주고사

경북 봉화군 물야면에서는 10월이면 손 없는 날을 받아 찹쌀로 밥을 짓고 마루에서 집안의 으뜸 신인 성주에게 고사를 올렸는데, 성주고사를 드릴 때는 밥과 나물, 냉수를 신체 아래에 차려 놓고 절을 했다. 성줏상은 마루에 차렸는데, 이는 예전에 한지를 접어서 수숫대와 함께 실로 이어서 만든 성주의 신체(神體)를 마루에 모셨기 때문이다. 성주고사를 올리는 날에는 조왕, 조상, 삼신 바가지에도 함께 고사를 드렸으며, 이때 성주는 가장이, 다른 가신은 안주인이 모셨다(502).

천륭단지·지양단지 갈아 주기

전남 영광군 묘량면에서는 장손집의 경우 집 뒤 장독대에 천륭단지를, 안방 선반 위에는 지양단지를 모셨으며, 10월 농사가 끝나면 이 단지들의 쌀을 새로 갈아 넣었다. 이때 천륭단지는 햅쌀을 넣고 흰 종이로 덮은 다음 짚으로 싸서 새로 봉안했다(598).

집안 위하기

충남 당진군 당진읍에서는 시월에 타작까지 모두 마친 후에 떡을 쪄서 집안의 여러 신령을 위했다. 이때 보통 시루떡을 쪘으며 그 양은 형편에 따라 다섯 되나 한 말가량이었다. 떡이 쪄지면 쌀을 담고 그 위에 들기름 불을 켠 조그만 밥그릇을 시루 안에 넣은 다음,[10] 먼저 부엌의 주왕(조왕)에게 집안의 안녕과 자손의 건강을 축원하는 간단한 비손을 했다. 이후 장광의 가운데에 짚을 깔고 이곳에 청수 한 그릇과 함께 이 떡시루를 가져다 놓았다. 장광은 터주가 있는 곳이므로 정성껏 위했으며, 장광을 위한 다음에는 이 시루를 방 안의 성주 앞에 상을 차려서 가져다 놓았다. 그런 다음 시간이 조금 지난 뒤에 시루의 떡을 떼어서 집안의 곳곳에 놓아두었다(344-345).

6·25 전쟁으로 가신 신체 사라져… 도시화 이후 완전 소멸

경기 안양시 관양동에서는 터주가리, 대감 항아리, 지석주머니 등과 같은 가신의 신체(神體)가 한국전쟁 전에는 모든 집안에 있었으나, 전쟁을 겪은 후에는 많은 가정에서 사라졌고, 이후 마을이 도시화되고 주택이 신축되면서 남은 신체마저 전부 없어졌다. 그러나 토박이들은 가을고사만은 지금도(2000년대 초 무렵) 대부분 10월에 지내고 있다(440). 강원 원주시 부론면에서는 햇곡 수확에 대해 감사를 드리기 위해 음력 시월에 햇곡으로 떡을 해서 장독대의 터주에게 올렸으며, 이후 이웃과 떡을 나누어 먹기도 했는데 이 떡을 '집안떡' 또는 '농사떡'이라고 했다. 집안떡을 하던 풍습은 해방 이후 조금씩 없어지다가 2000년대 초 무렵 아예 찾아볼 수가 없게 되었다(120).

4. 10월 의례 관련 풍속

햇곡식 수확에 대한 감사의 의미로 천신… 떡 빚어 가신 대접

충북 청주시 수의2동에서는 10월 상달을 '떡달'이라고 해서 햇곡식 수확에 대한 감사와 천신의 의미로 떡시루에 북어를 꽂아 가을고사를 지냈다. 고사가 끝난 다음에는 시루에서 떡을 떼어서 장광, 뒷간, 대문, 외양간 등에 가져다 놓았다(54). 경남 의령군 용덕면에서는 10월에 대개 부잣집에서 집안의 평안을 기원하는 안택굿을 했는데, 부녀자들이 좋은 날을 받아 점쟁이나 무당을 불러 굿을 진행했다. 이렇게 하면 가정이 편안하고 무병무재(無病無災) 할 것이라고 여겼다(639).

한 해 농사 잘 지었다고 하늘에 알리는 고사… 굿보다 낫다

충남 공주시 우성면에서는 처음 수확한 나락으로 떡을 장만해 한 해 농사를 잘 지은 것을 하늘에 고하고, 집안을 위하는 고사를 지냈다(41). 경기 파주시 법원읍에서는 상달 무오날(戊午日, 말날)에 안택고사를 지내면 굿을 한 것보다 낫다고 여겼다(623). 경남 하동군 양보면에서는 10월 말날(午日)에 팥시루를 쪄서 외양간에 놓고 고사를 지냈는데, 이 때 소의 무병과 집안의 평안을 빌었다(721-722).

10월 상달고사는 안주인이 지내… 전국에서 폭넓게 출현

경기 군포시 대야동(둔대마을)에서는 음력 10월 중순경 각자 좋은 날을 잡아 가신에게 안택고사를 지냈다. 시월고사는 주부가 주관하는 것으로 장독간 옆에 모셔둔 터주에게 햇곡으로 만든 떡 한 시루와 술 한 잔을 부어 놓고 수확에 대한 감사와 가족의 건강 및 자녀의 성장을 축원하는 간단한 비손 형식의 제사였다(134). 10월 의례에서 이처럼 안주인이 고사 등을 주관하는 지역은 충북 청주시 월오동, 경기 하남시 감일동 등을 비롯해 전국에 걸쳐 폭넓게 출현한다.

집주인에게 좋은 날 골라 고사 지내… 부정이 끼면 날 다시 정하기도

전북 전주시 효자동에서는 음력 10월을 상달이라고 해 이달에 안택을 했는데, 고삿날은 단골이나 법사가 가장인 대주의 일진을 고려해 좋은 날로 점지했다. 뱀날을 피해서, 주인이 호랑이띠이면 개날로 하는 식이었다(195). 충남 공주시 우성면에서는 가을떡[첫 무리] 고사를 지내는 날짜는 미리 정해두었더라도 고삿날 이전에 부정함이 끼면 날짜를 물려 다른 날로 택해 지냈다(41).

시월 중 말날에 주로 지내…
성주, 터주 모신 곳 등 집안 곳곳을 돌며 고사 지내

경기 군포시 대야동(속달마을)에서는 시월 상달이면 햇곡식을 모두 수확한 때로서 가신에게 안택고사를 지내 수확에 감사했다. 고사는 시월

중에서도 말날(午日)에 주로 지냈다(148). 연천군 연천읍에서는 농사를 마친 뒤 햇곡식을 마련해 대들보와 터주가리, 마루, 조왕, 광 등에서 상달고사를 지냈다. 고사를 지낼 때는 제일 먼저 터주가리에 시루떡과 술 등의 제물을 차려 놓았는데, 그 이유는 터주가 땅을 관장하기 때문이었다(861).

성주·조상단지 곡식 갈기… 벼농사 짓지 않으면 쌀 대신 보리 넣기도

경남 고성군 대가면에서는 10월이 되면 나락(벼) 농사가 모두 끝나기에 햇곡식을 집안의 여러 신령에게 올려 수확에 감사하고 집안이 무탈하기를 기원하는 고사를 지냈다. 고사에서는 햇곡식을 찧어서 제일 먼저 나는 쌀을 성주단지와 조상단지에 넣었으며, 벼농사를 짓지 못하고 보리농사만 짓는 집에서는 쌀 대신 보리를 넣기도 했다. 이어 팥시루떡 등을 비롯한 여러 제물을 단지 앞에 차리고 비손과 소지 등을 했다(516).

5. 10월 제물 관련 풍속

유래를 모르는 10월 초사흘의 떡 빚기… 팥시루나 무시루떡

전북 완주군 고산면에서는 유래는 알 수 없지만 10월 초사흗날에는 시루떡을 빚어 먹었으며(455), 순창군 인계면에서는 10월 모날(말날)에 무시루떡을 많이 했고(418), 강원 양양군 서면에서는 10월 말날에 팥시루떡을 해서 안방에서 고사를 지냈다(293). 또한 인천 강화군 내가면에서는 10월 안택고사에서 칠성·제석님을 위해 백설기시루를 빚었으며, 성주를 위해서는 성주시루(팥을 넣은 붉은 설기)를 쪘다(941).

모든 집에서 떡 빚는 10월은 '떡달'… 떡시루 7~8개 쪄서 고사 지내기도

경기 수원시 이의동에서는 10월 무오일(말날) 저녁 무렵에 집안의 부녀자들이 햇곡식에 대한 감사의 뜻으로 조상에게 가을고사를 지냈다. 이처럼 거의 모든 집안에서 시루떡을 쪄서 고사를 지내고 나누어 먹기 때문에 10월을 '떡달'이라고도 했다. 10월 고사는 정초 고사보다 떡을 많이 했으며, 예전에는 고사 시루를 7~8개까지 준비할 정도로 까다롭고 정성스럽게 준비했다. 시루는 떡 재료에 따라 무시루, 호박시루 등으로 불렀으며, 가을고사에서는 백설기로 칠성 시루를 마련해 다락에 올려놓고 촛불을 켜 놓았다(321).

네 꼭지 시루에 찐 가을떡… 얼굴이 얼 정도로 오랫동안 절구에 쌀 찧어

충남 공주시 사곡면에서는 10월 초순에 길일을 택해 추수에 감사드리고 가정의 평안을 기원하기 위해 햇곡식으로 '가을떡'을 쪘다. 가을떡을 찔 때는 조심해야 할 것과 어려움이 많았는데 무엇보다 추운 날씨에 두 말 이상의 쌀을 절구에 찧으려면 얼굴이 모두 얼 지경이었다. 살림이 조금 넉넉한 집안에서는 네 말 정도의 가을떡을 했으며, 이때는 장정 두 명이 들어야 할 정도로 무거운 '네 꼭지 시루(손잡이가 네 개 달린 큰 시루)'를 사용했다. 떡을 찔 때는 쌀가루와 팥을 켜켜로 담은 다음, 맨 위에 떡이 설지(덜 익지) 않도록 소금이나 정수를 담은 접시를 얹어 뱅이(주술 행위)를 했다(25).

오려 메와 호박·가지나물·미역국… 거리의 잡귀도 대접

충남 당진군 당진읍에서는 시월을 상달이라 하여 처음 추수한 '오려' 벼로 밥(메)을 지어 천신고사를 지냈다. 고사는 호박과 가지나물을 볶고 미역국을 끓여 구운 조기와 함께 방 안의 조상에게 한 상을 차리는 형식이었다(344). 경남 고성군 대가면에서는 10월에 성주단지와 조상단지에 햇곡을 갈아 넣은 다음, 단지 앞에 제물을 차려 고사를 지냈는데, 제물은 팥시루떡, 찰떡, 메, 나물, 고기, 무전, 두부전, 생선구이, 막걸리 등이었다. 진설 후, 절과 비손을 한 다음, 식구 수대로 소지를 올렸으며, 고사가 끝나면 거리에 떠도는 잡귀를 먹이기 위해 고사상에 있는 음식을 조금 떼어 문밖으로 던졌다(516).

6. 10월 기타 풍속

신도 길들이기 나름이다… 제물 없이 청수만 차려 고사 지내기도

경북 포항시 죽장면에서는 시준단지를 모시고 있는 집안의 경우 자손들의 명이 길어지고 한 해 동안 운수가 좋으라고 가을 햇곡이 나면 좋은 쌀을 골라서 시준단지에 새로 갈아 넣었다. 시준단지 갈기는 일 년 열두 달 농사를 잘 짓게 해 준 가신에게 감사를 표하는 의미도 있었다. 고사상에는 청수 한 그릇과 밥, 고물 떡을 올리고 숟가락과 젓가락 세 벌을 같이 놓았으며, 일부 가정에서는 제물을 일절 장만하지 않은 채 청수만 떠 놓고 가신을 위하기도 했다. 처음부터 제물을 많이 차리면 앞으로도 계속 그렇게 해야 하지만 처음에 청수만 떠 놓으면 다음부터는 이와 같이 해도 무방하기 때문으로, 신(神)도 길들이기 나름이라고 여겼다(379).

가난한 사람에게 적선하는 '나락의 떡'… 나락 한 묶음을 떡 한 개와 바꿔

전남 고흥군 도양읍에서는 9월이나 10월 중의 추수할 무렵에 살림 형편이 어려운 사람들이 논으로 '나락의 떡'을 팔러 다녔다. 이 떡은 둥글둥글하게 부쳐 만든 것으로, '떡 하나에 나락 묶음 하나'의 값이었으며 논 주인들은 이 떡을 나락과 바꿔 줬다(278).

터주는 짚 주저리 씌운 항아리… 항아리 안에 쌀 담아

경기 의정부시 민락동에서는 짚을 'ㅅ' 자 모양으로 엮어 주저리(덮개)를 세우고 그 안에 작은 항아리를 놓아둔 것을 터주라 했으며, 10월에 날을 잡아 이 터주가리 앞에 시루떡과 술을 올리고 고사를 지냈다. 이때 터주 주저리를 새로 만들어 세우고, 항아리의 쌀도 햅쌀로 갈아 넣었다. 이날 빚은 시루떡에는 실타래를 입에 물린 북어를 머리가 위로 가도록 꽂아 두었고, 성주에게도 같은 고사를 지냈다(566).

안택고사 지내려면 3일 기도… 목욕재계·비릿한 것 안 먹어

경기 안양시 석수1동에서는 예전의 경우 대문에 금줄을 치고 황토를 깔아 3일 기도를 한 다음 안택고사를 지냈다. 또한 중요한 일이 있을 때나 절에 갈 때도 흔히 목욕재계를 하고 3일 기도를 올렸다. 지금(2000년대 초 무렵)도 안택고사를 지낼 때는 비릿한 것을 먹지 않고 목욕재계를 한 다음 새 옷으로 갈아입는다(456).

참봉이 독경 읽어 주면… 의사가 못 고치는 병도 나아

경북 경산시 용성면에서는 주로 봉사(참봉)들이[1] 집을 방문하여 독경을 읽어 주는 방식으로 안택고사를 지냈다. 그런데 안택 외에도 봉사(시각장애인)가 경을 읽으면 아픈 사람이 나았기 때문에 집안에 환자가 있거나 우환이 생기면 봉사와 먼저 상의를 하곤 했다. 예전에는 의사가 못 고치는 병을 봉사가 독경을 해서 고치기도 한다고 여겼다(53).

미주

1   "自言古之亡人避秦役 來適韓國(자언고지망인피진역 래적한국). / (진한인들이) 스스로 말하길, 옛날에 진나라의 부역을 피해 도망 나온 사람들로 한국(진한)에 이르렀다." - 『삼국지』(위지 동이전), 진한.

2   "구속 단군명성조씨 작궁실가옥. 인기고속이단군십월삼일강천 고이십월위상삭(상딸). 매십월 설주병 초무기복 첩지우량상 명지왈 성조바지."

3   콩의 기원 지역은 중국 동북~화북지방과 함께 한반도도 포함되며, 한반도의 콩 재배는 기원전 2000~1500년경에 시작됐다. -안완식 2009, p.104. ; 중국 『관자(管子)』에 의하면, 대두(콩)는 춘추시대 제나라의 환공(桓公)(B.C. 685~643)이 산융 지방을 정벌한 후 이를 중국으로 가져가 중국에 보급됐다. -이성우 1988a, p.2.

4   "儒生愛跨驢 朝士亦可騎 武官騎者致謗議(유생애과려 조사역가기 무관기자치방의). / 유생들은 당나귀를 즐겨 탔고 관리와 선비도 (당나귀를) 탈 수 있었지만, 무관이 타면 비방거리가 됐다." -『경도잡지』

5   경남 하동군 양보면에서는 10월 말날(午日)에 팥시루를 쪄서 외양간에 놓고 소의 무병과 집안의 평안을 비는 외양간고사를 지냈다(722-723).

6   "人家以十月午日甑餠祀土神 聚家人共啖(인가이십월오일증병사토신 취가인공담)."

7   "구속 십월무오 시단군강세지일 가가이두병기복 명지왈 무오마날."

8   "위서운 내왕이천재 유단군왕검 입도아사달 개국호조선 여고동시. 고기운 석유환국위제석야. 웅솔도삼천강어태백산정. 웅내가화이혼지잉 생자호왈단군왕검. 이당고즉위오십년경인. 도평양성금서경 시칭조선. 어국일천오백년. 주호왕즉위기묘 봉기자어조선. 단군내이어장당경. 후환은어아사달어산신. 수일천구백팔세."

9   "檀君王儉 自戊辰統國 傳四十七世 歷二千九十六年(단군왕검 자무진통국 전사십칠세 역이천구십육년). / 단군왕검께서 무진년(기원전 2333)부터 나라를 다스리신 이래 47대를 보내니, (그 세월이) 2096년을 지났다." -『환단고기(桓檀古記)』 삼성기전 상편.

10 시루떡 위에 쌀과 촛불 등을 담은 그릇을 올리는 풍속은 충남 천안시 직산면에서도 출현했다. -팥떡이 쪄지면 밥그릇에 쌀을 담아 그 위에 촛불을 밝힌 불밝이 쌀을 떡시루 뚜껑을 열고 시루 안에 넣었다(272).

11 『세시풍속』 원문에 출현한 호칭을 그대로 인용했다. 하지만 '봉사'란 단어가 시각장애인을 얕잡아 이르는 어휘로 이해될 소지도 있어 소제목에서는 당시 시각장애인을 지칭했던 또 다른 호칭인 '참봉'을 사용했다.

16장

춤과 노래로 망자를 떠나보낸 섬사람들의 상·장례 풍속

서남해 지역의 '밤다리'… 한민족 품앗이 문화의 총체

16장

춤과 노래로 망자를 떠나보낸 섬사람들의 상·장례 풍속

서남해 지역의 '밤다리'… 한민족 품앗이 문화의 총체

20세기 초 미국의 소설가인 잭 런던(Jack London)의 작품 중에 「생명의 법칙(The Law of Life)」이라는 단편이 있다. 이 소설은 알래스카를 터전으로 살아가는 한 부족(가족)이 새로운 사냥터를 찾아 이주하면서 그들의 아버지이자 전 추장이었던 노인을 그대로 두고 떠나고, 결국 노인은 늑대에게 잡아먹히면서 생을 마감한다는 내용이다. 이 이야기는 유교의 효 사상과 노인 공경 문화에 익숙한 다수의 한국인에게 다소 충격으로 다가온다. 그런데 한편으로 생각해 보면 영구동토층에서 살아가는 부족에게 땅을 파서 장례를 치르는 '매장'은 불가능한 것이기에, 죽음을 맞이하는 인간이 야생동물의 먹이가 됨으로써 자연의 일부로 순환하는 방식은 그들의 환경적 풍토가 낳은 풍속으로도 이해된다.

이번 장에서는 우리의 선조들이 죽음을 어떻게 인식했으며, 망자가 된 이웃을 어떻게 떠나보냈는지를 살펴볼 것이다.

신안군 섬 지역에 잔존했던 잔치식 상·장례 풍속

전남 신안군의 섬 지역을 방문해 '잔치식 상·장례 풍속'을 듣게 된 것은 2020년 무렵이다. 비금도라는 섬에 들어갔을 때 한 마을의 주민들로부터 얼마 전까지만 해도 동네에 초상이 나면 주민들이 망자의 집에 모여 춤추고 노래했다는 이야기를 들었다. 이후 이 풍속에 대한 현지 조사에 들어가, 수십 차례 섬을 오갔다. 삼복더위에 섬마을 들판에서 일하는 노인을 붙들고 묻기도 하고, 큰 풍랑이 채 가시기도 전에 섬을 찾아 자료를 수집했으며, 부족한 부분을 채우기 위해 재방문을 하거나 전화 인터뷰를 진행해서 그 결과를 학술지에 남길 수 있었다.

16장은 이 연구 결과를 바탕으로 수정·보완됐다.*

한국의 상·장례… 조상 숭배 의례와 사자 의례 문화의 공존

우리가 종종 듣게 되는 '죽음과 화해'라는 말은 죽음에 대한 인식의 변화를 의미하며, 흔히 인류학에서 말하는 죽음관이 '사자 의례'에서 '조상 숭배 의례'로 바뀌었음을 시사한다고 할 것이다. 사자 의례의 경우, 죽음을 두려움과 인간에게 해를 주는 것으로 인식해 죽은 자를 현재의 세계와 분리하고 가급적 빨리 사후의 세상으로 보내려는 경향을

---

* 16장은 논문, 「서남해 도서 지역에서 행해졌던 잔치식 상·장례 풍속 조사와 그 특징 및 의미」(『아세아연구』 65(3). 고려대 아세아문제연구원. 2022)를 바탕으로 수정·보완됐음.

띤다. 이런 이유로 사자 의례 문화권에서는 죽은 자가 이승에서 소유하고 있던 물건들을 태우거나 없애며, 죽은 자의 이름을 부르는 것조차 꺼리는 양상을 드러낸다.

반면, 조상 숭배 의례 문화권에서는 죽은 자가 신의 위치에 올라 이승의 인간에게 복을 주고, 후손을 돌봐 주는 존재가 된다고 여기기에, 이 문화권에서는 죽은 자를 기리기 위해 기념물(사당) 등을 세우고, 후손들이 대대로 제사를 지내 망자를 기억하려 애쓴다. 그런데 많은 한국인들은 일견 조상 숭배 의례를 행하는 것으로 보이지만, 내면적으로는 사자 의례관을 강하게 지니고 있고, 우리는 이 같은 혼재된 인식과 사고 체계를 주변에서 어렵지 않게 접할 수 있다. 한 예로 조상 제사에 지극 정성이었던 90세에 가까운 노인이 자신의 눈에는 값나가는 물품, 귀하다고 여기는 목화솜에 명주실로 만든 아주 오래된 이불 등을 자신이 세상을 떠나면 자식이 가져갈 수 없다며 미리 자식에게 주거나, 매일 아침 신에게 기도를 올리는 독실한 천주교인이 평생 몇 번 입지 않고 고이 간직한 옷가지 등을 살아생전에 물려주려 하는 것을 목도하기 때문이다.

죽음은 생명 영속을 위한 인간 유전자의 진화론적 선택

리차드 도킨스는 『이기적인 유전자』에서, 자신의 부모 및 자식은 모두 똑같은 1촌 간이지만, 자신의 유전자를 성공적으로 이어줄 가능성이 부모가 아닌 자식에게 있기에 치사랑보다는 내리사랑이 크다고 보았다. 룰루 밀러는 『물고기는 존재하지 않는다』에서 한 종을 강력하게 만들고, 그 종을 미래에까지 지속하게 해 주는 것이 '변이'임을 주장했다. 사실 어떤 측면에서, 생명체가 그 존재를 영속하게 할 수 있는 가장 쉬운 방법은 자기 복제일 수도 있을 것이다. 그럼에도 대다수의 생명체는 자기 복제가 아닌 '자식'이란 번식 수단으로 생명을 영속시킨다. 만약 생명을 복제한다면 인간의 개체는 영원히 죽지 않고, 죽음에 따른 슬픔도 없앨 수 있었을 것이다. 그러나 생명체는 그 오랜 '진화'의 과정을 통해 자식을 통한 종족 유지가 최선임을 알아차렸고, 이 방법을 선택했다. 자기 복제는 갑작스러운 위험이나 질병 등에 의해 한 존재가 한순간에 사멸할 수 있지만, 자손 번식은 이런 위험성을 자식의 수만큼 경감해 생존 가능성을 높여 주기 때문일 것이다. 생명체는 자손 번식이란 영속 수단을 통해 개체가 가진 약점이나 문제점을, 룰루 밀러의 설명처럼 '변이'라는 수단을 통해 극복하는 방안까지 찾아냈다. 이처럼 인간을 비롯한 생명체는 역설적이게도 지속 또는 영원한 삶을 유지하기 위해 '죽음'을 선택했다. 그렇다면 우리 스스로가 선택했다고도 할 수 있는 죽음은 슬픔이 아닐 수도 있을 것이다. 최소한 이성적으로는 말이다.

1. 잔치식 상·장례 풍속의 유래와 역사

죽음이 진화론적 선택의 결과라면 잔치식 상·장례는 생명의 '법칙(질서)'을 일찌감치 갈파하고 체득한 우리 선조들의 경험의 '산물'일 수 있을 것이다. 그런데 이 같은 법칙과 경험의 결과물, 즉 춤과 노래 등으로 망자와 그 가족을 위로하는 상·장례 풍속은 한국만이 아닌 중국과 일본에서도 행해진 동아시아의 오래된 풍속이었다. 『삼국지』(왜인전)에 의하면 왜(고대 일본)에서는 (상갓집에서) 상주의 경우 죽음에 슬피 울지만 조문객 등은 노래 부르고 춤추며 술을 마셨다. 중국의 경우 운남성의 가렌족과 라와족 등은 사람이 죽으면 며칠 만에 세상에 다시 태어나기에 죽음을 즐거운 것으로 보고 망자의 장례식에 가는 것을 노래 부르러 간다는 의미로 받아들였으며, 징퍼족은 망자의 시신 앞에서 춤을 췄다고 한다.[1]

악기·춤·노래 등으로 진혼… 『장자』, 『조선왕조실록』에도 출현

이처럼 죽음을 슬픔이 아닌 것으로 여겨 상갓집에서 노래했다는 기록은 『장자』의 「대종사」 편에도 출현한다. 이 기록들에 나타난 장례 풍속은 어쩌면 춤과 노래로 망자와 상주를 위로하는 전남 서남 해역의

'밤다리'를 비롯해, 『조선왕조실록』에 등장하는 경상, 전라, 충청도 등의 '오시(娛尸: 시신을 즐겁게 해줌)' 풍속이나 부유층에서 주로 행해진 것으로 여겨지는 '야제(野祭: 망자의 혼령을 위로하는 무속 의례)'와 같은 '잔치식' 상·장례(이 풍속의 전체적인 모습이 마치 마을잔치와 같은 양상을 띠고, 풍속의 참여자들 또한 잔치란 용어를 사용했기 때문에 이렇게 이름 붙임)의 한 부류로 볼 수도 있을 것이다.

잔치식 상·장례는 동아시아와 한국의 유구한 풍속

죽음을 악기 연주나 춤, 노래 등으로 진혼했다는 이 같은 기록과 풍속은 중국과 일본의 문헌을 비롯해[2] 고대 한민족의 풍속을 담은 중국의 『북사』[3]와 『삼국사기』, 그리고 1771년도의 경남 남해 풍속을 담은 『남해문견록』 등에 출현한다.[4] 따라서 서남해 도서 지역의 상·장례 풍속이 2000년대 전후까지 행해졌음을 고려할 때, 이 같은 '잔치식' 상·장례는 그 역사가 무려 1700년이 넘고, 현대에까지 이어진 한민족의 유구한 풍속임을 살필 수 있다.

다음은 신안군 섬 지역 등에서 행해졌던 잔치식 상·장례 풍속의 몇 몇 사례이다.

2. 잔치식 상·장례 풍속의 현장조사 사례

2.1. 신안군 하의도 봉도마을의 '밤다리' 풍속

전남 목포시와 무안군의 서쪽 바다에 산재한 섬들이 신안군이다. 신안군은 1969년 행정 편의를 위해 무안군과 진도군 등의 여러 섬만을 한데 모아 신설된 행정구역으로, 해수면에 부상된 섬의 수만 1,050여 개에 달한다고 한다. 이들 섬 중 하의도(荷衣島)는 목포항에서 서남쪽으로 40km가량 떨어져 있으며, 섬의 형상이 물 위에 떠 있는 연꽃을 닮았다고 해 연꽃 하(荷) 자를 써서 하의도라 불리게 됐다. 하의도에 들어가려면 목포 북항이 아닌 목포역에서 가까운 목포항에서 차도선

□ 전남 신안군 하의도 봉도마을 모습

을 타거나 쾌속선을 타야 한다. 차량과 승객이 함께 타는 차도선을 이용할 경우 신의면 상태도의 동리 선착장에 도착해 승용차나 농어촌 버스로 하의도까지 이동해야 하고, 쾌속선을 타면 하의도 면 소재지에 위치한 웅곡항에 바로 도착하게 된다.[5]

김대중 전 대통령 고향 하의도… 18세기부터 재래식 소금 만들어

신안군 하의도(하의면)는 김대중 전 대통령의 고향으로 널리 알려져 있으며, 이 섬의 특산물은 소금으로, 18세기 중엽부터 바닷물을 가마솥에 끓여 재래식 소금을 만들었다고 한다. 하의도의 북쪽으로는 도초도가 위치하고 남쪽으로는 신의면의 하태도가 자리하는데 하의도와 이 섬은 삼도대교로 연도(연결)돼 있다.

잔치식 상·장례 풍속에 대한 현지 조사를 실시한 마을은 하의면 오림리 봉도마을로 삼도대교 주변에 자리하며, 이 마을 노인들은 이곳에 김대중 전 대통령의 외가가 있고, 김 전 대통령이 유년 시절을 이 마을에서 보냈다고 말했다. 아마 유년의 김 전 대통령도 '밤다리'에서 마을 사람들과 함께 음식을 먹으며, 망자의 마지막 가는 모습을 지켜봤을지도 모른다.

전통 풍속 대다수 산업화·도시화로 소멸… 전승 세대의 기억 속에 잔존

이 마을에 대한 현지 조사는 2022년 5월에 주로 행해졌으며, 모두 3차례 방문했다. 그런데 전통 풍속에 대한 현장 조사는 그 특성상 이를 경험했거나 기억하는 노인 세대들을 대상으로 이야기를 듣는 채록 수준에서 나아가기 어려운 점이 있다. 육지와 마찬가지로 산업화와 도시화의 여파 및 이에 따른 인구 감소 등으로 전통 풍속의 지역적 기반과 인적 토대가 완전히 바뀌거나 사라졌고, 잔치식 상·장례 풍속 또한 더 이상 행해지고 있지 않기 때문이다. 더욱이 몇 사람 살지 않는 섬마을에서 이미 소멸된 상·장례 풍속을 들려줄 노인들을 찾기도 쉽지 않을 뿐만 아니라, 많은 노인들이 질문을 잘 알아듣지 못하거나 말할 때의 발음이 불분명해 채록의 어려움이 배가된다. 하지만 이 풍속을 경험했거나 기억하는 '전승 세대'들로부터 '자료'를 확보하지 않는다면 우리의 전통문화는 영원히 묻히거나 사라질 수밖에 없기에 서두르듯 조사를 진행하였다.

80대 중반의 노인들에게서 전해 들은 잔치식 상·장례 풍속

봉도마을의 잔치식 상·장례 풍속을 들려준 제보자는 80대 중반의 노인 부부와 삼도대교 밑에서 그물 손질 작업을 하던 85세의 노인이었다. 이 노인은 나이에 비해 무척 정정해 보였으며, 염장해서 찐 새우를 내놓으며 풍속은 물론 자신의 건강 비법까지 소개해 주었다.

제보자들에 대한 현장 대면 조사와 함께 부족한 부분은 추후 재방문하거나 전화 인터뷰를 통해 보충했다. 서남해 지역 잔치식 상·장례 풍속에서 봉도마을이 필자에게 의미 있었던 것은 이 마을의 최○일 할아버지(당시 85세)로부터 상을 당하면 마을 청년들이 공동으로 장례를 치르기 위해 조직한 상두계의 활동상을 담은 책자(기록물 묶음)를, 그것도 1957년에 작성된 책자를 입수했기 때문이다. 빌린 책자를 돌려줘야 했기에 필자는 당시 조사에서 유일하게 이곳만은 세 차례 방문했다.

□ 전남 신안군 하의도(오른쪽)와 신의도를 연결하는 삼도대교

봉도마을 상·장례 풍속 이름은 '밤다리'…
마당에 불 피우고 북·장구 치며 노래

봉도마을에서는 잔치식 상·장례 풍속을 '밤다리'라 칭했다. 이 마을 사람들은 동네에서 초상이 나면 망자의 집에 모여, 망자의 혼령을 달래 이승으로부터 떠나보내기 위한 '밤다리'를 출상 전날 오후 5시~6시 무렵부터 자정까지 행했다. 이후에는 갈 사람은 가고 계군이나 친한 사람, 또는 친척들이 남아 밤을 새웠다. 밤다리를 할 때는 마당 한가운데에 '재무닥(모닥불)'을 피우고 불 주위에 빙 둘러앉아 북, 장구, 꾕메기(꽹과리), 징을 치고 춤추며 '마치 인근 섬인 진도의 노래 자랑 대회처럼' 놀았다. 이때 부르는 노래는 유행가가 많았고 때때로 상엿소리도 마을 사람들끼리 서로 주고받았다. 재무닥 불은 더운 여름에도 피웠으며, 상주들도 마을 사람들이 권유하면 춤추고 노래도 불렀다. 하지만 원상주(직계가족)만은 이런 밤다리에 참여를 하지 않았다. 마을 사람들이 밤다리를 행해 주는 대상은 성년이 되어 혼례를 치른 다음에 망자가 된 사람들이었으며, 밤다리가 벌어지면 어른, 아이 할 것 없이 참여해 굿 보고 '놀았다'고 한다.

돼지 삶은 국물로 끓인 갈파래국… 밤다리의 대표 음식

밤다리는 출상 전날에 행했지만 음식 대접은 초상 날부터 이루어졌고, 뷔페처럼 많은 음식을 대접했기에 이를 장만하고 손님 대접하느라 당시 며느리들이 힘들었다고 한다. 밤다리에서는 주로 막걸리, 소주, 음료수 등을 마셨으며, 돼지는 수육과 함께 구워서도 먹고, 볶아서도 먹었다. 돼지 삶은 몰국(국물)에 갈포레(갈파래: 파래의 일종으로 줄기가 굵음)를 시쳐서(씻어서) 된장을 풀고 양념해 끓인 '갈포레국(갈파래국)'을 먹었는데 초상나면 이 국이 최고였다고 한다. 망자상에 놓을 떡은 시리떡(팥시루떡)으로 마련했는데, 뻘건(빨간) 팥고물에는 부정이 없다고 여겼기 때문이었다.

상을 당했을 때 하는 부조는 육지와 달랐는데, 1970년 무렵에는 대개 초상을 치른 뒤 제사가 돌아오면 부조를 했다. 제사는 3년까지 크게 지냈는데, 이때도 돼지나 소를 잡아 동네에서 잔치하는 것처럼 제사를 지냈다. 첫 제사의 부조에는 쌀, 보리 등을 한 말씩 가져갔으며 돈도 부조했다. 그런데 이들 부조는 부채 성격으로 모두 품앗이였다. 초상 때 음식 부조는 새알로 만든 팥죽 한 동우리(동이) 품앗이가 있었고, 상두꾼들은 막걸리 한 말씩을 부조했으며,[6] 이들 음식을 삼오날까지 먹었다. 봉도마을에서 밤다리는 2009년에 마지막으로 행해졌다.

2.2. 홍어잡이 했던 마을… 흑산면 영산도의 '철야' 풍속

영산도(永山島)는 전남 신안군 흑산면의 부속 섬으로 목포에서 100km가량 떨어져 있으며, 본도인 흑산도의 동남쪽에 위치한다. 목포항에서 홍도행 쾌속선을 타고 가다 흑산도에 이르기 전, 왼편에 보이는 섬이 바로 영산도로 북서쪽 해안을 제외한 3면이 암석해안으로 이뤄져 있어 선착장과 마을은 북서쪽에 자리하고 있다. 흑산도와 홍도 등이 망망대해에 자리하고 있는 것에서 살필 수 있듯, 영산도는 섬의 규모도 크지 않고 상주하는 인구도 많지 않아 이 섬으로 바로 직항하는 여객선은 없다. 이 섬에 들어가려면 흑산도 예리항에서 내려 하루에 단 한 차례 운항하는 영산도행 도선으로 갈아타야 한다. 그렇기 때문에 영산도를 방문하려면 개별적으로 어선 등을 임차하지 않는 한 최소 1박 2일의 일정이 소요된다.

흑산도에서 도선으로 30여 분 거리의 영산도… 1960년대까지 홍어잡이 흑산도에서 도선으로 30여 분을 질주해 영산도에 가까워지면 정말 손에 잡힐 듯한 마을이 눈앞에 펼쳐진다. 이곳이 바로 영산도로, 이 섬에는 2022년 방문 당시, 14가구에 20여 명 남짓의 주민과 보건소의 관계자 등이 거주 또는 상주하고 있었다. 흔히 영산도는 흑산도의 홍어잡이와 전남 나주시 영산포의 홍어와 밀접한 연관성이 있는 것으로 알려져 있다. 이와 관련해 이곳 노인들은 영산도의 홍어잡이는 1960년대에 끝났으며, 당시에 홍어잡이가 시작되면 흑산도 사람들이 뱃사람으로 일했고, 이곳에서 잡힌 홍어나 상어, 농어, 돔 등이 영산포로 실려 가 그곳에서 곡식, 옷, 생필품 등과 물물교환이 이루어졌다고 소개했다. 하지만 옛날 이른바 '공도 정책'에 의해 영산도 사람들이 영산포로 이주했다는 일설에 대해 이곳 섬사람들은 얼마 전까지도 자신들은 물론 인근 흑산도 사람들도 영산도를 '영생'이라 불렀다며, 사실과 다른 것 같다고 말했다. 현재 영산도의 주산물이자 특산물은 미역과 함께 홍합이다. 영산도 주변 해역은 서해임에도 물이 맑고 강한 바람과 함께 파도가 거세 서식하는 해산물 또한 강인할 수밖에 없고, 특히 홍합의 경우 크고 육질이 탄탄하다(질기다)고 한다.

『자산어보』 저술 지역 흑산도… 고대 시기 한·중 외교와 무역의 기착지

영산도는 육지에서 쾌속선으로 2시간이 넘게 소요되는 거리에 위치한다. 때문에 육지 문화와는 상당히 단절됐을 것으로 생각하지만 실제는 그렇지 않은 면이 많다. 왜 그럴까? 이는 아마도 『자산어보』를 지은 정약전의 사례에서 살필 수 있듯, 흑산도는 조선시대 양반층의 유배지 중 한 곳이었기 때문일 것이다. 또한 이에 앞서 고려시대까지 이 섬 일대가 중국(당나라, 송나라 등)과의 외교 및 교역의 경유지였던 것에서 비롯된 것으로 여겨진다. 이 같은 육지 양반 문화와의 관련성은 '밤다리' 풍속에서도 찾을 수 있다. 다음은 영산도의 밤다리 풍속이다.

□ 전남 신안군 흑산면 영산도 전경

풍속의 명칭은 '철야'… 상주 위로·망자 편하게 보내기 위해 철야 지내

마을에 초상이 나면 마을 사람들이 초상집을 찾아가 상주를 위로하고 노는 풍속을 영산도에서는 '철회' 또는 '철야'라고 불렀다. 철야는 초상 당일부터 출상 전날까지 연속으로 벌어졌는데, 그 목적은 상주를 울지 못하게 하고, 망자를 저승으로 편히 떠나보내기 위해서였다. 철야를 하면 상주 집에 모인 마을 사람들이 마당에 '화톳불'을 피웠으며, 이 불은 여름에도 피웠기에 겨울철에 추위를 피하기 위해 피우는 불과는 다른 것이었다. 불을 피우고 나면 불 주위로 빙 둘러앉아 밤새워 '철회'를 행했다. 이때 북, 장구를 치고 육자배기, 아리랑, 유행가 등의 노래를 불렀으며, 나이 든 어른들은 판소리, 시조도 읊었다. 하지만 상 엿소리는 하지 않았고, 다른 지역과 달리 '철야'에서 윷놀이 등과 같은 놀이는 드물었다. 상주는 철야에 참여하지 않았으며, 철야에 쓰이는 악기는 나이든 '무연고자'(궂은일이 없을 것으로 예상되는)의 집에 보관해 언제든 필요하면 쓸 수 있도록 대비했다.

초상이 나면 조문객들과 나눠 먹기 위해 쌀을 절구통에 넣고 가루를 내 4각형의 떡판으로 '흰떡'을 만들었다. 망자의 상에는 쌀로 만든 젓가락 길이 정도의 굵고 둥근 '독재'떡을 올렸는데, 이 떡은 초상 때만 만들어졌고 상여를 맨 사람들에게만 나눠 줬다고 한다. 철회에서는 주로 보리나 고구마로 빚은 막걸리를 마셨으며, 망자가 작고할 때를 대비해 미리 술을 빚기도 했다.[7] 또한 '한주'를 마시기도 했는데 이 술은 막걸리를 가마솥에 담아 장작불로 증류한 일종의 독한 소주였다. 상이 나면 돼지를 흔히 잡았는데 이 돼지는 주로 수육으로 먹었으며, 돼지고기를 삶은 물에 뼈나 내장, 톳이나 '둠부기'(해초의 일종) 등을 넣고 '둠북국'을 끓여 먹었다. 쌀이 귀하고 팥 농사도 안 지었기에 초상집의 팥죽 부조는 없었다. 대신 쌀만으로 하얀 죽을 쑤어서 새벽이면 숙취를 달래기 위해 먹었다.

초상나면 동네 사람들 모두 하던 일 멈춰⋯ 초상집에서 3일간 사실상 숙식

초상이 나면 동네 사람들이 일을 하지 않았으며, 동네 사람 대부분이 친인척이었기에 낮에는 초상 일을 돕고 밤에는 철회하며, 사실상 3일간을 초상집에서 숙식했다. 철회에 아이들이 오는 것을 막지는 않았으나, 아이들이 철회에 참여해 노래를 부르는 경우는 없었다. 철야(철회)는 40~50대 이상의 망자들만을 대상으로 지냈다. 1970년대 이전의 초상집 부조는 돈이 아닌 보리 한 되나 쌀 한 됫박이었으며 최고가 '떼낀 보리(정미한 보리)' 한 말이었다. 산업화 이후 돈 부조를 하기 시작했는데 이들 부조는 모두 '부조기(부조 장부)'에 적어 갚았다. 철회는 1990년대 후반 사라졌다.

식자층의 간섭… 잔치식 상·장례 풍속의 명칭 바꾸었을 가능성 커

이상의 풍속에서 살필 수 있듯, 영산도 또한 다른 섬 지역의 잔치식 상·장례 풍속과 마찬가지로 마을 공동체 단위의 행사로 지냈다. 하지만 그 명칭은 철야나 철회와 같은 한자어 표현이다. 초상집에서 밤을 새워 상갓집을 지키는 것을 한자로 '철야(徹夜)'라 하고 있음을 고려할 때, 식자층의 누군가가 이 풍속을 인지하고 '철야'로 칭한 것으로 여겨진다. 이처럼 기록이나 식자층의 의견을 존중하려는 경향은 신안의 또 다른 섬인 '비금도'에서도 나타났다. 후술하겠지만 필자가 비금도의 상암마을을 방문해 그 마을의 잔치식 상·장례 풍속의 명칭을 물었을 때, 그곳 마을 사람들은 자신들이 젊었을 때 행했던, 현재까지도 분명하게 인지하고 있는 이 풍속의 명칭이 무엇이냐고 같은 마을 사람들에게 서로 물었다. 어느 교수가 와서 기록한 그 책에 나온 이름을 필자에게 알려 주기 위해서였다. 자신들이 알고 있는 명칭보다 '교수'가 알려 주고 책에 기록된 명칭이 더 정확하고 공신력 있다고 여기는 심리 현상을 그대로 보여 준 것이다. 당시 필자가 마을 사람들의 이런 반응에 '여러분들이 알고 있고, 실제 불렀던 이름을 듣기 위해 왔다'라며 그 명칭을 무엇이라고 하는지 말해 달라고 하자 마을 주민들은 이구동성으로 '밤다래'라고 했다. 그런데 알고 보니 그 교수의 책에는 '밤달애'로 기록돼 있었다. 민속 현장에 근거해 기록돼야 할 우리의 무형유산(명칭)이 '자의적' 해석으로 기술됐다고 볼 수도 있는 한 사례였다. 그렇듯 영산도의 '철회' 또는 '철야'란 이름도 이와 비슷한 전철을 밟아 고착화된 것은 아닐까 하는 생각이 들었다. 그렇지 않고서야 풍속의 내용이 주변의 섬들과 대동소이한데 이처럼 그 명칭만 다르기는 어렵기 때문이다.

2.3. 새가 날아가는 섬, 비금도의 '밤다래' 풍속

신안군 비금도(飛禽島)는 신안군의 주요 섬들 중 서쪽 끝부분에 위치하며, 섬의 형상이 새가 날아가는 모습과 비슷하다 하여 날 비(飛) 자와 날짐승 금(禽) 자를 사용해 비금도라 칭했다고 한다. 이 섬의 서쪽과 북쪽으로는 서해의 넓은 바다가 자리하고 서해의 강한 바람이 끊임없이 모래를 날라 오기에(발생시키기에) 그만큼의 넓은 백사장이 펼쳐져 있다. 이로 인해 인근의 우이도처럼 커다랗고 높은 모래 사구를 형성한 정도는 아니지만 해변은 물론 주변의 산과 밭에는 많은 모래가 쌓여 있다. 비금도는 서남문대교로 연도된 남쪽의 도초도와 함께 '섬초'란 시금치가 특산품인데, 이 시금치는 바로 서해의 강한 바닷바람을 맞고 이 바람에 날린 모래와 갯벌의 토양에서 자라나기에 단맛이 날 정도로 맛이 좋다고 한다.

□ 전남 신안군 비금도 상암마을 전경

새가 나는 형상의 비금도… 섬 속의 농촌 상암마을

비금면(비금도) 죽림리 상암(상바우)마을은 면 소재지를 지나 도초도로 가는 길의 오른쪽에 위치한다. 비금도의 관문인 가산 선착장에서 10여 km 정도 떨어진 섬의 남쪽에 자리한 이 마을은 선착장 인근의 염전과 연이어 나타나는 도로 인근의 시금치 경작지의 풍경과는 다르게 여느 농촌 마을처럼 논이 펼쳐져 있다. 여전히 꽤 많은 주민이 사는 것처럼 느껴지는 상암마을은 사실상 신안 섬 지역의 밤다리 풍속을 외부로 처음 알린 마을이다. 1978년 현재의 광주광역시에서 열린 남도문화제에 이 마을 사람들이 참여했고, 그때 출품한 경연곡이 밤다래(밤다리)에서 불렸던 노래였다. 당시 이 경연에 참여했던 노인들로부터 이 마을의 잔치식 상·장례 풍속을 수집했다. 다음은 상암마을에서 행해진 밤다리 풍속이다.

잔치식 상·장례를 외부에 처음 알린 마을… 초상 다음날부터 '밤다래' 행해
이 마을에서는 잔치식 상·장례 풍속을 '밤다래'라 칭했다. 밤다래를 하는 목적은 대개 상을 당한 상주들의 경우 무척 슬프고 초라해 보였기 때문에 이들을 위로하고 상갓집 일을 돕는 데 있었다. 마을 사람들은 동네에 초상이 나면 초상 당일부터 상주 집에 모여 상주를 도왔고, 다음 날부터는 날을 새워 가면서 '놀아줬다'고 한다.[8] 이때 상주 집의 마당 한가운데에 장작이나 여러 나무를 태워 모닥불을 피웠는데, 이 불은 계절에 관계없이 더운 여름에도 피웠다. 그런 다음, 마을 사람들이 불 주변에 빙 둘러앉아 북, 장구, 소구나 징을 치고 춤을 추며, 유행가나 아리랑, 남사당 노래[9] 등 자신들이 아는 여러 노래를 불렀다. 상쇠 등이 있는 '소구패'들이 풍물놀이 하듯 상여 놀이를 하기도 했으며, 밤다래에 쓰인 악기는 마을 창고에 보관했다. 상주들은 이들 놀이에 참여하지 않았다고 한다.

밤다래에서는 손바닥 절반 크기의 흰떡(절편)을 해서 나누어 먹었으며,[10] 맹인(망자) 상에는 콩이나 팥고물의 시리떡(시루떡)을 올렸다. '사람 죽으면 돼지도 죽는다'라는 말처럼 으레 돼지를 잡아 고기는 수육으로 먹고 내장과 피도 삶아서 먹었다. 국은 갈포레(갈파래) 아니면 잔치를 못 할 정도로 여겼으며, 돼지 삶은 물에 고기와 내장 등을 넣고 된장을 풀어 이 국을 끓였다. 철에 따라 무시(무)국과 보릿국도 만들었다.

□ 갈파래국의 재료인 갈파래

상·장례 품앗이… 팥죽·막걸리 한 동이·밥 대바구니 하나

품앗이는 팥죽(한 동이)과 밥(대바구니 하나), 막걸리(한 동이)를 했으며, 팥죽의 경우 주로 밀가루 팥죽이었지만 새알 팥죽을 하기도 했다. 밥은 보리와 쌀을 섞어 지었으며, 막걸리 품앗이는 흔하지 않았다. 밤다래에서 상주 측은 닭을 잡아 쌀죽을 쑤어서 대접했다. 밤다래에 아이들을 못 오게 하지는 않았으며, 밤다래는 결혼한 40세 이상의 '맹인(盲 者)'들에게만 지내 주었다.

1970년대 무렵의 부조는 남자의 경우 돈으로 했고, 여자들은 초상이 난 철에 맞춰 쌀이나 보리를 했다. 같은 동네의 초상에는 5되를 한다면 다른 동네의 부조에는 한 말을 했는데, 부조에 쓰인 되는 작은되로 현재의 절반 정도 양이었다.[11] 밤다래는 2005년에 마지막으로 행해졌다.

2.4. 육지와 지척인 압해읍 가란도의 '다래' 풍속

신안군 압해읍에 소속된 가란도(佳蘭島)는 동쪽으로는 바다 건너의 무안군 청계면 및 삼향면과 마주하고, 서남쪽으로는 본도인 압해도와 인접해 있다. 목포시에서 압해대교를 건너 국도 2호선을 따라가다 압해읍 소재지에 이르기 전, 우측 도로로 접어들면 이 길이 끝나는 곳에 작은 선착장이 보이고 200m 정도의 바다 건너가 바로 가란도이다. 이 같은 지리적 위치에서도 살필 수 있듯, 가란도는 육지와 무척 가깝다. 그렇기 때문에 육지와 멀리 떨어진 섬 지역에서나 현대까지 전승됐다고 여겨졌던 잔치식 상·장례 풍속이 육지와 인접한 이곳에서까지 행해진 것은 다소 의외였다. 그런데 사실 조사가 진행될수록 이 같은 풍속이 섬 지역에만 그치지 않고, 연안에 접한 몇몇 육지의 지역에서도 2000년대 초 무렵까지 행해졌음이 드러났다.

무안 현경면과 영암읍에서도 잔치식 상·장례 벌여

조사가 행해지지 않았던 전남 무안군 현경면 출신의 한 주민은 자신의 지역에서도 자신이 어렸을 때까지(1970년대 초) 이와 유사한 잔치식 상·장례가 있었다고 밝혀 왔으며, 심지어 전남 영암군 영암읍에서도 이런 풍속이 있었다는 제보가 있었다. 영암읍은 비록 내륙에 위치하지만 영산강 하구언이 들어서기 전까지 목포 앞바다의 바닷물이 미쳤던 지역이다. 이를 통해 잔치식 상·장례가 섬 지역과 연안을 중심으로 비교적 폭넓게 현대에까지 행해졌던 것으로 추정된다.

가란도는 무안군과 지척인 것에서도 짐작할 수 있듯, 1969년에 신안군이 창설되기 전까지는 무안군 소속이었다. 따라서 당시 이곳 사람들의 주 출입로는 무안군 청계면의 복길 선착장이었다. 그런데 행정구역이 신안군으로 바뀐 이후 압해도 쪽으로 출입이 잦게 됐고, 이어 압해도가 목포시와 다리로 연결되면서부터는 아예 압해도가 가란도의 관문이 됐다고 한다.

도선의 뱃삯은 나락과 보리 한 말… 수확 철에 사공이 걷어 가

가란도에서 압해도로 나가려면 작은 나룻배인 도선을 타야 했는데 1960~1970년대에는 엔진을 장착한 배가 드물어 노를 저어 건넜다고 한다. 그런데 가란도와 압해도 사이의 바다는 폭이 좁지만 물살이 아주 거세서 바로 지척의 거리를 건너가는데 30~40분이 소요됐고, 종종 배가 엉뚱한 곳으로 떠내려가 학교 가는 아이들이 더 먼 거리를 걸어가기도 했다고 한다. 당시 가란도의 도선은 마을에서 운영했으며, 뱃삯은 나락과 보리 한 말씩으로 봄과 가을 수확 철에 사공이 가구별로 걷어 갔다. 이처럼 뱃삯을 수확 철에 곡물로 지불하는 형태는 삼도대교가 건설되기 전 하의도와 하태도를 오간 도선에서도 나타났다. 다음은 가란도에서 행해진 밤다리 풍속이다.

ㅁ 전남 신안군 압해읍 가란도 마을 전경

풍속의 명칭은 '다래'… 여유 있는 집에서는 2일간 행해

가란도에서는 잔치식 상·장례 풍속을 '다래(다아래)'라 불렀다. 다래를 행하는 것은 초상집에 사람이 많아야 초라하지 않기에, 마을 사람들이 모여 상주를 격려하고 위로하기 위해서였다. 다래는 초상이 난 다음 날부터 벌어졌으며,[12] 출상 전날이 가장 성황을 이뤘다고 한다. 3

일장일 경우, 집안이 여유 있는 부자들만 2일간의 다래를 했고 대개는 하루만 다래를 행했다.[13] 상주 집에 모여 겨울에는 마당 한가운데에 모닥불을 피우고 친척과 동네 사람들이 술 마시고 노래 부르며 '놀았는데', 밤 11~12시경에는 자기 집으로 돌아갔다. 하지만 예전에는 날을 새워 다래를 했으며, 노래는 대부분 유행가였고, 출상 전날에는 불 주변을 돌면서 상여 매는 연습과 함께 상엿소리도 했다.[14] 다래에서는 장구와 북을 쳤으며, 가끔 손잡이 북인 법구를 치기도 했지만 징과 꽹과리는 거의 치지 않았다. 상주는 강제로 시키지 않는 한 노래를 부르지 않았고, 놀이에도 참여하지 않았다.

초상이 나면 상두계를 중심으로 장례를 치렀으며, 계원들이 쌀 1~2되씩을 갹출해 상갓집에 주었다. 또한 계에서는 막걸리 3동우(동이)와 새알 팥죽 5~6동우도 제공했으며, 친한 계원끼리는 팥죽과 술 등을 품앗이했다.[15] 떡은 팥시리떡(시루떡)을 했고, 팥죽은 대개 새알 팥죽을 했지만 가난한 사람들은 밀가루 팥죽을 쑤었다. 상을 당하면 으레 돼지를 잡았으며 수육과 함께 내장과 피는 실가리(시래기)를 넣어 함께 끓이거나 선짓국으로 먹었다.

부조는 상 치른 뒤 소상과 대상 때… 여인들은 쌀 한 바가지

60여 년 전(1960년대), 부조는 상을 치르고 1년과 2년 뒤인 소상과 대상 때에 했으며, 여자들은 쌀 한 바가지, 넉넉한 사람은 큰 바가지나 양푼으로 담아 2되 정도를 했다. 남자들은 초상 때 술을 가져갔고, 소상, 대상 때에는 2천~3천 원 정도의 돈을 부조했다. 다래에 아이들은 거의 오지 않았으며, 다래는 결혼하고 자식을 성가시킨 50세 이상의 망자를 대상으로 행해졌다. 이 풍속은 1980년대 무렵 사라졌다.

가란도의 풍속 또한 신안의 여느 지역과 크게 다르지 않다. 다만 차이점을 찾자면 상갓집에서 불을 피우는 것이 겨울철 추위를 막기 위함이며, 풍속을 행하는 기간도 짧고, 밤다래의 상징적 음식인 갈포래(파래)가 쓰이지 않으며, 아이들의 밤다리 참여를 사실상 금하고 있다는 점이다. 이는 밤다리 풍속이 육지와 가까워질수록 그 본래의 취지(불 피우기)에서 벗어나고, 의미가 퇴색되며, 점차 축소됨을 보여 준다고 할 것이다.

3. '밤다리' 풍속의 특징과 의미

3.1. 잔치식 상·장례는 1700년 역사의 전통 풍속

풍속의 출현 명칭 '밤다리'가 압도적… '밤달애' 한 곳도 없어

신안군 섬 지역의 잔치식 상·장례 풍속의 명칭은 '밤다리'로 통칭된다. 사실 이 풍속에 대한 현지 조사에 앞서 사전 조사와 자료에 대한 검토를 진행했고, 이 풍속의 명칭이 '밤달애'로 칭해짐을 파악할 수 있었다. 그런데 현지 조사가 진행될수록 이 명칭이 현장과 맞지 않음이 드러났다. 조사를 진행한 서남해의 지역 그 어느 곳에서도 '밤달애'로 칭하는 지역이 나타나지 않았기 때문이다(물론, 서남해의 모든 도서 지역과 연안 지역에 대한 조사가 진행되면 이런 명칭이 나올 가능성을 배제할 수는 없다). 그래서 가장 출현 빈도가 높은 명칭을 이 풍속의 대표 이름으로 명명했다. '밤다리'라는 명칭은 전체 33개 조사 지역 중 19개 지역에서 출현한다. ('[표] 서남해 도서 지역의 상·장례 풍속 요약'은 미주 참고)[16]

이 같은 밤다리 명칭의 유래는 규명하기 쉽지 않겠지만, '장사 지내기 전 밤을 새운다'라는 의미인 '달야(達夜)'와 관련된 것으로 여겨진다. 무엇보다 달야와 발음이 유사한 '다래'가 밤다리의 이칭으로 비금도와 도초도를 비롯한 여러 지역에서 출현하고, 이들 지역 중 일부에서 다래와 밤다리를 혼용해 칭하고 있기 때문이다. 따라서 한자어 '달야' 또는 우리말 '달애'나 '밤다리' 등이 훈차나 음차 등의 방식으로 서로 영향을 주고받으며 이들 명칭으로 불렸을 가능성도 있다고 할 것이다.

그렇다면 밤다리는 어떤 문화적 특징과 의미를 담고 있을까?

7세기부터 장례에서 춤과 노래 행해… 조선시대 초와 후기에도 지속

밤다리는 고대와 중세시기 한민족의 상·장례 풍속과 맥을 같이하고 있고, 이런 풍속은 중국과 일본 등에서도 나타난다는 점에서 동아시아 지역의 풍속이었던 것으로 보인다.[17] 밤다리와 고대 풍속 간의 유사성은 1489년의 풍속을 기록한 『성종실록』에 잘 드러난다.[18]

> 경상도와 전라도의 민간에서는 어버이 상을 당하면 출상 하루 전에 천막을 크게 치고 그 안에 영구를 안치한 뒤 … 마을 사람들이 모여 여러 놀이를 행하며, 술 마시고 노래하고 춤을 추면서 밤을 새운다.[19]
>
> <『성종실록』>

이처럼 조선 초기의 잔치식 상·장례 풍속은 서남해 지역에서 행해진 밤다리의 일반적인 풍속과 유사하다. 다만 밤다리의 중요 장치 중 하나인 불 피우기가 빠져 있다. 이 기록과 유사한 풍속은 조선 후기에도 나타나는데, 1771년 경남 남해의 풍속을 담은 『남해문견록』은 '상

갓집에서 술과 고기를 많이 장만해 동네 사람들을 먹이고 … 북과 장구를 친다'라고 기록하고 있다.[20]

이 같은 유사성과 함께 앞서 살펴본 4세기 이전의 중국『삼국지』와 7세기에 간행된『수서』를 비롯해 이후의『북사』에도 후한 장례와 함께 춤과 노래로써 장례를 치른다는 기록이 출현함을 고려할 때, 밤다리 또는 이와 유사한 잔치식 상·장례 풍속은 최소 1,700년의 역사를 지닌, 한민족의 유구한 전통 풍속이라고 할 수 있다.

3.2. 한민족 민간신앙·종교의 용광로

이민자의 나라인 미국은 한때 거대한 '용광로'라고 지칭된 적이 있다. 다양한 사상과 종교, 문화를 지닌 각양각색의 무수히 많은 이민자들이 세계 도처에서 미국으로 이민을 와 미국이라는 거대한 용광로 속에 녹아들어 '미국인'으로 거듭난다는, 또는 거듭나야 한다는 의미였다. 그런데 소수 이민자 그룹의 부상과 함께 이들이 지닌 개별 문화의 독자성과 특이성이 오히려 미국 문화를 건강하고 다양하게 한다는 인식이 확산되면서 용광로라는 용어 대신에 '샐러드 디쉬(Salad dish)'라는 말이 쓰이게 됐다고 한다. 여러 가지 채소와 과일 등을 썰어 한 접시에 담은 샐러드 음식처럼, 미국은 소수 이민자 그룹이 개별의 색채를 나타낼 수 있도록 '접시'의 역할을 해야 하고, 이들의 개별 문화 등을 존중하고 보호해야 한다는 의미였다.

그런데 밤다리 풍속을 들여다보면 이 풍속은 마치 한민족이 접하고 수용한 신앙과 종교의 용광로 또는 샐러드 음식과 같다는 느낌을 들게 한다. 한민족 토속의 민간신앙을 비롯해 무속과 유교 등의 종교적 색채가 곳곳에서 드러나기 때문이다. 이 같은 현상은 많은 학자들이 지적하듯, 한국인의 사상적·문화적 기반에는 무속을 비롯한 불교와 유교가 자리한다는 점이[21] 1차적 요인일 수도 있다. 그렇지만 한 풍속에 여러 신앙과 종교적 색채가 밤다리만큼 적나라하게 드러난 경우는 드물다고 할 것이다. '밤다리'는 이미 소멸한 풍속이기에 이제 그 누구도 상갓집에서 실제로 행해지는 밤다리를 참관할 수는 없다. 하지만 이 풍속을 실제 경험하고 뚜렷이 기억하고 있는 체험 세대와 전승 세대로부터 그 사례를 생생히 전해 듣는다면 섬사람들이 행하는 밤다리를 마치 영화를 보는 것처럼 상상 속에 재현하는 것이 가능하다. 이렇게 재현된 밤다리 풍속의 장면들 중에서 가장 시각적이고 인상적인 것은 상갓집의 마당 한가운데 마련된 커다란 화톳불(모닥불)과 그 주위에 빙 둘러앉은 마을 사람들이다. 상갓집이라고는 상상할 수 없을 만큼 낭만적인 풍경으로 느껴지기까지 한다. 그런데 이 '낭만' 뒤에는 거대하고 무지막지한 어떤 힘과 존재로부터 살아남고자 했던 나약하지만 투지 강했던 선조들의 지혜와 신앙심이 담겨 있음을 살필 수 있다. 불은 태양을 닮아 밝음의 상징이자, 어둡고 상서롭지 못한 음의 반대인 양이다. 이에 더해 불은 태워서 없애는 강한 힘을 지니고 있다. 그래서 불을 밝히면 삿된 잡귀가 함부로 들어오지 못하고 복을 받는다고 여긴 것이고,[22] 이런 믿음의 연장선에서 밤다리의 행위 주체들은 상갓집 마당에 불을 피운 것이었다. 현지 조사 결과, 33곳 중 29개 지역에서 더위가 심한 여름에도 불을 피웠으며(일부는 모깃불), 다수의 제보자들은 불이 밤다리의 필수라고 말하고 있다.[23] 밤다리가 지닌 이런 민간신앙 또는 무속적 신앙관은 밤다리에서 장구나 북 같은 시끄러운 악기를 두드린다거나,[24] 잠을 자지 않고 밤을 지새우는 행위 등에서도 나타난다. 이들 풍속은 방포 등의 요란한 소리로 역신을 물리치고 해를 예방하고자 했던 나례(儺禮) 의식이나, 섣달그믐의 철야(徹夜) 풍속과도 닮아 있다.[25] 그리고 실제로 이런 풍속이 철야와 관계됨은 흑산도와 진도(소포리)에서 밤다리를 '철회, 철야, 철양, 철의' 등으로 부른다는 점에서 뒷받침된다.

방문객 대접의 음식 팥죽… 붉은색이 음기를 물리친다

밤다리에 출현하는 음식도 민간신앙 또는 무속과 깊은 연관성을 지닌다. 밤다리를 행하는 많은 지역에서 참여자(조문객)에게 '팥죽'이 제공됐는데, 이 팥죽은 섬이나 연안 지역이 아닌 육지의 상갓집에서도 출현이 잦은 대표적인 상갓집의 손님 대접 음식이었다. 팥죽이 상갓집에서 쓰인 것은 앞서 살폈듯, 붉은색은 태양의 색이고, 이 색이 부정한 것을 물리친다고 여겨졌기 때문이다. 따라서 상갓집의 팥죽은 붉은색을 띠고 있는 팥을 재료로 죽을 쑤어서 부정함의 정점인 죽음이 머무는 장소, 즉 상갓집을 정화하고, 이곳을 찾는 사람들에게 부정한 기운

이 미치거나 따라붙지 않기를 바라는 신앙관에서 비롯된 음식이라고 할 수 있을 것이다.[26]

임산부도 스스럼없이 상가 방문… 조상 숭배 의례와 사자 의례의 혼재

밤다리에는 유교 및 무속적 신앙의 색채와 함께 죽음이 인간에게 무해한 것이자, 인간에게 해를 끼칠 수 있는 부정한 것이라는 상반된 신앙관이 혼재돼 나타난다. 암태도 수곡리에서는 설날이 임박해 초상이 날 경우 '깨끗한' 설을 쇠기 위해 상가 외의 장소에서 밤다리를 행하기도 했지만, 한편으로는 임산부가 상갓집에서 스스럼없이 아기에게 젖을 물리고, 아이들을 데려와 음식을 먹이기도 했다. 상갓집을 대하는 인식과 행태가 이렇듯 상반되게 나타나는 것이다. 앞의 사례는 설날의 경우 신의 위치에 오른 조상에게 신년 하례를 올리고 풍년을 기원하는 날이기에 상갓집이라는 부정한 장소를 다녀온 뒤에 설을 쇨 수 없다는 유교적 인식 속의 강한 무속적 믿음이 반영돼 있는 반면, 뒤의 사례는 상갓집을 부정하게만은 여기지 않는 토착 신앙적 인식 속에 자식만이 유교의 최고 덕목인 '보본반시(報本反始)'와[27] '이현부모(以顯父母)'를 실천할 수 있는 절대적 존재이기에 그 어디에서건 자식을 먹인다는 유교적 가치가 투영돼 있다. 그런데 한편으로 이런 상반되고 혼재된 인식의 이면에는 죽음과 죽음 의례 자체를 두려워하지 않는다는 공통점이 자리함을 발견할 수 있다. '깨끗한' 설을 쇠기 위해 상갓집에는 가지 않지만, 죽음과 관련된 이 상갓집이 마련한 의례에 가는 것은 꺼려하지 않음을 엿볼 수 있기 때문이다. 이처럼 밤다리는 한민족의 다양한 신앙관과 믿음이 샐러드 음식처럼 담긴 상·장례 풍속이라고 할 수 있다.

3.3. 마을 공동체가 이룬 품앗이 문화의 총체

품앗이는 바쁜 농사철을 맞아 마을 주민들이 농사일을 서로 거들어 주며 품을 지고 갚는 전통 시기의 풍속이었다. 그런데 '밤다리'는 이런 품앗이와 같은 공동체 상호부조의 풍속이 한민족의 문화 속에 다양한 형태로 존재했음을 보여 준다. 다음은 암태도의 비탈진 밭에서 일을 하던 80대 후반의 할머니가 들려준 품앗이에 관한 소회이다.

되돌려받지 못한 팥죽 3동이 부조… 80대 할머니의 한으로 남아

체구는 작았지만 나이에 비해 정정해 보이는 할머니에게 밤다리 풍속을 묻자, 첫마디부터 대뜸 자신이 사는 마을 사람들을 흉보고 욕하는 것이었다. 할머니 자신은 이웃집들의 밤다리에 세 차례에 걸쳐 팥죽 세 동이를 쑤어 갔지만 이후 밤다리가 사라져 자신은 팥죽 한 동이도 돌려받지 못했다는 것이었다. 할머니의 말은 자신이 팥죽을 쑤어 이웃집에 간 것은 자신의 집에서 밤다리를 할 때, 이웃으로부터 이 팥죽을 돌려받기 위한 품앗이였다는 것이다. 그런데 아무리 밤다리를 하지 않게 되었다고 해도 어떻게 팥죽을 한 동이씩이나 받아먹고 지금까지 모른 척하며 갚지 않느냐는 것이었다. 양심도 없는 도둑 심보라며 할머니는 다시금 분이 치미는 듯 팥죽을 받아먹은 이웃들의 이름을 대며 화를 내고 욕까지 했다. 아마 이런 품앗이를 경험하지 못했을지라도, 대다수 한국인들은 할머니의 심정과 호소에 수긍이 갈 것이다. 현대에 들어서도 품앗이의 잔재인 애경사 부조는 여전하기 때문이다. 밤다리에는 한민족이 오랜 시간을 두고 마을 공동체 유지와 존속의 수단으로써 마련한 품앗이의 의미와 가치가 담겨 있다.

품앗이는 반드시 갚아야 할 약정서 없는 부채

밤다리는 앞서 살펴보았듯, 마을 주민들의 참여, 상주 위로, 많은 음식, 노래, 춤 등으로 대표된다. 밤다리는 이들 핵심 요소를 중심으로 상호부조와 철저한 품앗이에 의해 행해졌다.

도서 지역은 고립된 자연환경으로 인해 인적, 물적 자원이 극히 제한적이고 취약할 수밖에 없다. 따라서 마을(지역) 공동체의 참여와 협력 없이는 장례 자체를 치르기가 어려웠을 것이다. 이런 이유로 주민들은 마을에 초상이 나면 하던 일을 멈추고, 상갓집을 찾아 상주를 위로하고 부고 내기, 상여 꾸미기, 음식 장만 등과 같은 여러 장례 일을 거들었다.[28] 또한 상가에는 빈손으로 갈 수 없어 부조와는 별개로 집에 있는 막걸리라도 가져갔으며,[29] 초상집이 계원이거나 친할 경우 팥죽을 쑤거나 막걸리, 밥 등을 해 갔다. 이어 출상 전후나 제사 등에서 행해지는 부조에서는 형편에 따라 2~5되가량의 보리와 쌀, 술 등을 부조했다. 그런데 마을 구성원들이 제공하는 노동과 음식 등은 외견상 '무상 공여'였지만 실제적으로는 반드시 되돌려 갚아야 하는 품앗이, 즉 이행 약정서를 쓰지 않는 '부채'였다.[30] 그렇기 때문에 모든 부조는 기억과 기록(부주기)으로 남아 대갚음이 즉시 또는 시간을 두고 이행됐다.

부조 음식·일손 돕기… 밤다리 참여도 갚아야 할 품앗이

상가에서 일을 도우면 음식이 제공됐고, 부조 시에는 떡이나 고기, 술 등의 답례품이 즉시 건네졌다.[31] 이어 시간이 지나 이웃이 초상을 당했을 때는 최소한 똑같은 값어치의 부조와 엇비슷한 노동을 행함으로써 받은 부조에 대한 품앗이를 이행했다. 품앗이에는 밤다리의 참여도 포함됐는데, 상주를 위로하고 상가를 떠들썩하게 하려는 목적으로 상갓집을 방문하는 것과 그곳에서 보내는 시간도 '참여'의 품앗이가 돼 훗날 갚아졌다. 이처럼 밤다리는 노동-음식-의례 참여라는 한국 '품앗이' 문화의 제반 요소를 두루 갖추고 있다. 한마디로 한국 전통 품앗이 풍속의 총체가 밤다리에 담겨 있는 것이다.

품앗이 불이행… 반공동체적 행위로 인식

받은 것을 돌려주지 않는 행위는, 위의 할머니 일화에서 살필 수 있듯 약속의 불이행이고, 반공동체적 행위로 인식되었다.

받으면 반드시 갚는다는 품앗이의 작동 원리와 관행은 수렵·채집인들에게서도 나타났다고 하는데, 이들이 잉여의 과일이나 나무뿌리들을 나눌 이웃을 선택할 때 고려했던 것은 그들이 처한 사정과 형편이 아닌, 예컨대 굶어 죽을 지경에 처했느냐가 아닌 내가 베푼 은혜(공여)가 갚아질 수 있는가의 여부였다고 한다. 즉, 직계 혈족이 아닌 이상 갚음을 받을 수 있는 믿음직한 이웃에게만 공여가 행해졌다는 것이다.[32] 이를 고려할 때 밤다리 풍속은 현대를 사는 우리에게 전통문화와 공동체 가치에 반하는 일부의 '변형된 품앗이 풍속(대갚음 없는 경조사 부조)'의 존속 여부에 대한 피하기 어려운 화두를 던져 준다고 할 것이다. 그런데 밤다리 풍속에 담긴 품앗이를 통해 '부조'가 반드시 노동력이나 금품과 같은 물질만이 아니란 사실을 눈여겨볼 필요가 있다.

따뜻한 위로의 말 한마디… 진심 어린 축하의 눈빛도 부조에 해당

황금만능주의의 세태에서 금품이 다수에게 중요하고 의미 있을 수 있겠지만, 누군가에게는 따뜻한 위로의 말이나 진심 어린 축하의 눈빛 등도 부조가 될 수 있고, 이것이 전통 가치에 부합될 수도 있기 때문이다. 물론 이런 눈빛조차 갚아야 할 부조인 것도 분명한 사실이다.

3.4. '공도(空島)' 인식 및 용어 사용의 부적절함 반증

밤다리 풍속은 이와 함께 한국의 섬에는 한때 사람들이 살지 않았다는 '공도' 인식과 이 용어의 사용이 부적절함을 보여 준다고 할 수 있다. 앞서 살펴봤듯, 밤다리는 마을 공동체라는 사회 구조와 품앗이라는 문화 구조를 양축으로 유지·계승되었다고 할 수 있다. 그런데 1970년대 들어 산업화와 도시화가 진행되면서 섬 지역의 거주 인구가 크게 감소했고, 이는 마을 공동체와 그 구성원들에 의해 전승되거나 유지됐던 많은 풍속과 무형유산의 단절 및 소멸로 이어졌다. 마을 주민의 참여 속에 행해지던 밤다리도 마을 공동체가 해체되면서 사라졌다.[33]

이 같은 풍속의 소멸은 역사적 사실과 관련해, 여말선초 이래 행해진 도서 지역에 대한 '거민쇄출(居民刷出)'[34] 즉, 섬 거주민을 육지로 나오게 해 섬을 비워둔다는 이른바 공도 정책의 실체 파악에 한 실마리를 제공한다고 할 수 있다.

여말선초 '거민쇄출'… 완전한 실행 여부에 의문

현지 풍속 조사가 진행된 지역 중에서 기록상 신안군 압해, 장산, 임자, 흑산 지역을 비롯해 진도의 '교군(僑郡)' 즉, 해당 지역의 행정관청 등을 육지로 옮긴 것이 확인된다. 이들 섬은 14세기 중엽 무렵 나주, 영암 등지로 교우(僑寓)해, 즉, 관청과 주민들이 이주해 가서 이후 1437년 진도만이 본도로 환원되고, 나머지 지역은 교우 지역에 폐합된 것으로 나타난다.[35] 그런데 일부의 주장처럼 '공도 정책'에 의해 섬이 완전히 비워졌고,[36] 그래서 임란 이후에 재입도가 활성화돼 섬의 문화가 형성됐다면,[37] 최소한 밤다리의 풍속 측면에서는 설명이 곤란한 부분이 있다. 기록에 나타나는 소수의 입도조들로는[38] 즉, 섬에 들어가 정착을 시작한 사람들로는 단시일 내에 마을 공동체를 이룩하는 것이 불가능하고, 서남해 도서 지역에 나타나는 대동소이한 밤다리 풍속을 형성하는 것이 쉽지 않기 때문이다. 특히 도서 지역에서는 기록상의 육지 풍속과 달리 초상 당일에도 밤다리가 행해지고, 화톳불 피우기, 북, 장구 등의 악기 사용이 나타나며, '초분' 풍속도 있기 때문이다.

입도조 이전 공동체 문화 없이 밤다리 풍속 불가능

현지 조사 결과 드러난 밤다리 풍속은 조선 중·후기 이후 입도조와 함께 육지에서 유입된 풍속으로만은 보기 어려우며, 입도조가 '현재까지 혈맥을 이어 온 섬 주민들'임을 고려할 때,[39] 서남해의 섬에는 입도조 이전의 거주민과 그들의 공동체 풍속이 있었다고 보는 것이[40] 합리적일 것이다. 이는 조선시대 중·후기, 특히 섬 주민의 주 식량원인 고구마가 전래되기 이전 시기에[41] 식량 문제에 대한 대책 없이 가족의 생명을 담보한 무인도 이주는 상식적으로도 맞지 않기 때문이다. 정주의 가능성, 즉, 유인도이기에 입도조의 이주가 실현됐을 가능성이 높다고 할 수 있을 것이다. 따라서 밤다리 풍속이 현대에까지 실재했던 서남해의 도서 지역은 마을이 형성된 이후 글자 그대로 섬이 비워지는 '공도(空島)'인 상태가 없었으며, 밤다리 풍속이 이의 증거라고 볼 수도 있다.[42] 다시 말해, 기록과 달리 다수의 유인 도서에는 공도화(空島化)가 잘 이행되지 않았으며, 여말선초는 물론 현대까지도 공동체가 지속됐고, 이를 바탕으로 밤다리 풍속은 유지되고 현대까지 계승됐다고 할 것이다.

3.5. 밤다리는 '밤달애'·남사당패 놀이와 무관

잔치식 상·장례 풍속과 관련해 그 이름은 '밤달애'이고,[43] 춤과 노래 등은 남사당패들의 놀이라는 인식이 마치 통설처럼 알려져 있다. 그런데 앞서 밝혔듯, 이 풍속의 이름으로 '밤달애'가 쓰인 지역은 발견되지 않았으며, 그 어느 지역에서도 남사당은 등장하지 않았다. 따라서 이 풍속과 관련된 오류는 시정돼야 할 것이다.

남사당패 놀이는 지도·교육된 행사 작품

먼저, 밤다리에서 연행됐다는 '남사당' 관련 자료(논거)의 타당성 여부이다. 이 논의로 말미암아 한민족의 유구한 풍속이 '놀이패의 놀이' 쯤으로 인식되는 한 계기가 됐기 때문이다.

(A) 상암마을은 사당들이 살았던 고장으로 (밤달애에서) 남사당놀이가 보존된 유일한 지역이다.[44]

(B) (남사당이) 일정한 조직을 갖춰 활동했고 … 두 패가 늘어서서 소고를 치며 앞으로 나오고 뒤로 물러서며 노래를 불렀다고 하는데 이러한

연행 행태는 사당패의 그것과 비슷하다. … 이것으로 볼 때 유랑 남사당패의 연희가 토착화된 남사당에 의해 어느 정도 충실하게 전수되어 전승된 것으로 여겨진다.[45]

(C) 마을 노인 3명이 남사당 노래를 기억하고 있었는데, ○ 교수가 이를 알고 찾아와 마을 사람들에게 놀이 동작을 지도해 주었다. 한 4~5개월을 조합 2층에서 밤에만 연습해 1978년 광주에서 열린 남도문화제에 나갔고 여기서 상암마을이 3등을 했다.[46]

(A)는 '밤달애'란 이름으로 발표된 글이며, (B)는 2000년 비금도 상암마을 등에서 보거나 들은 '밤달애'에서의 남사당 관련 내용이다. (C)는 2022년 현지 조사를 통해 상암마을 노인으로부터 받은 제보다. (A)와 (C), (B)와 (C) 사이에 사실 관계의 차이가 나타난다. 제보자의 말대로라면 상암마을은 남사당놀이가 보존된 지역도 아니며, (B)가 접한 '연행'은 전승이 아닌 학습의 결과물이라는 의미가 된다. 따라서 (A), (B)의 연구에 활용된 논거가 적절한지, 제시된 '자료(연희)'가 '전승된 전형'인지, 아니면 '학습된 연희'인지에 대한 확인이 필요하다고 할 것이다.

'밤달애'는 현지 풍속과 무관한 명칭… 非종교적 풍속

다음으로 '남사당노래'가 연행됐다는 민속 현지에서 '밤달애'란 명칭이 확인되지 않는다는 점이다. 이를 인식했음인지 (B)의 연구자는 2016년(『상례놀이의 문화사』) '밤다래'로 표기했다. 그런데 이 명칭 또한 신안은 물론, 비금도 전체를 아우를 수 있는 보편적인 이름이 아니다. 그럼에도 '밤달애'라는 명칭은 첫 발표 이래, 관련 연구자들에 의해 그대로 수용돼 확대·재생산됐으며,[47] 문화재청과 국립민속박물관 등의 홈페이지에도 쓰이고 있다.

밤다리 풍속에 대한 내용 면의 다름도 나타나고 있는데, 앞서 살펴보았듯 밤다리는 1990년대를 전후해 조사 대상의 상당수 지역에서 사라졌고, 특정 종교의 색채를 띤다고 보기 어렵다. 그럼에도 '밤달애'가 현재까지 지속되는 풍속,[48] 또는 극락왕생을 기원하는 의례라고 기술되어 있다.[49] 이 풍속에 대한 개념 정의와 인식의 적절성 여부도 이론의 여지가 있다. '초상이 났을 때 상가에서 철야를 하며 온갖 우스꽝스러운 재담과 놀이를 하는 것'이라든지,[50] '밤달애는 노래 중심으로 전승되고 있다'거나,[51] 씻김굿과 대비되는 굿의 한 유형으로 인식하는 것이[52] 그 예라고 할 것이다.

3.6. 문화 권역과 전파는 연안 유역과 관련

밤다리 풍속에 대한 현지 조사 결과는 문화 권역은 지리적 거리보다는 이동과 접근의 편리성에 기반하는 연안 유역과 관계됨을[53] 보여 주었다.

아래 <도표>에서 드러나듯, 밤다리를 지칭하는 명칭은 선박이 운항하는 항로를 중심으로 동일성 또는 유사성이 확인된다. 한 예로, 고대 시기 국제 항로이자,[54] 일제강점기 총독부의 명령항로였던 목포-기좌도(안좌도)-비금도-우이도-흑산도[55] 사이의 섬들은 모두 '밤다리'로 나타났으며, 1922년부터 여객선이 운항됐던 목포-압해도-망운-선도-지도-임자도 구간은[56] 대부분 '다래'나 '밤다래'로 항로 밖의 인근 섬들과는 그 명칭에서 차이가 났다. 이는 문화의 교류와 풍속 변화의 주요인이 교통과 이에 따른 인적 교류임을 보여 주는 것이라 할 것이다. 따라서 도서 지역의 상대적 고립은 고유한 문화 유형을 보전하게 하고,[57] 이런 환경에서 밤다리 풍속은 계승된 것으로 여겨진다.

<도표> 밤다리 명칭 지도

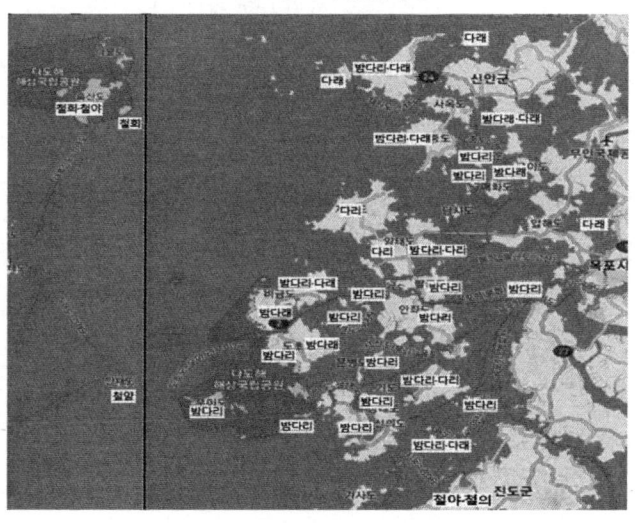

<출처: 현지 조사를 바탕으로 작성됨. 김용갑 2022, p.114.>

4. 밤다리 풍속의 현대적 의의와 가치

이상으로 2000년대 초 무렵까지 서남 해역과 인근 연안 지역에서 행해졌던 잔치식 상·장례 풍속에 대해 살펴보았다. 이 풍속은 인구의 감소에 따른 마을 공동체의 붕괴를 비롯해, 경제력의 향상, 교통의 발달, 그리고 현대식 장례 문화가 확산되면서 자연스럽게 소멸됐다.

밤다리… 공존과 배려의 공동체 중시 가치 담겨

한민족의 유구한 역사와 문화 속에서 풍속은 생성과 소멸을 반복하기에 한 풍속의 소멸은 대다수의 사람들에게 큰 의미를 지니지 못할 수도 있다. 그럼에도 밤다리가 주목되는 것은 이 풍속의 특별함과 함께 밤다리 속에는 현재 우리 사회가 직면한 공동체 가치의 후퇴에 대한 경계의 교훈이 담겨 있기 때문일 것이다. 앞서 살펴봤듯, 밤다리에는 섬이라는 고립된 환경과 인적, 물적 자원의 제약 속에서 주민들이 상호부조와 품앗이를 통해 그들의 공동체를 유지·존속시킨 지혜가 담겨 있다. 그런데 어느 측면에서는 사실, 현대와 이전의 사회는 그 범주만 넓어졌을 뿐 큰 차이가 없다고 할 수 있다. 여전히 '지역'이라는 각자의 거주 환경 속에서 대부분은 한정된 재화를 사용하고 소수의 인간

관계만을 맺으며 나름의 '섬' 속에 살고 있기 때문이다. 그렇다면 밤다리가 지녔던 상호부조와 품앗이의 가치, 다시 말해 자신이 속한 사회를 사적 이익의 창출 도구만이 아닌 공존과 배려의 장으로 인식한 공동체 중시의 가치는 현재에도 유효하다 할 것이다.[58] 이것이 기록상으로만 1,700여 년의 유구한 역사를 지닌 한민족의 공동체 풍속이 남긴 '유산'이 아닐까 한다.

미주

1   이수봉 2008, pp.37-39.

2   권오영 2000, p.19. ; 노인숙 2001, p.80. ; 채미하 2012, pp.56-57.

3   "葬則鼓舞作樂以送之(장즉고무작낙이송지). / 장사 지낼 때 북 치고 춤추며 즐겁게 하여 죽은 자를 보낸다." -『북사』고려(고구려).

4   2022년 필자는 최강현의 저서(1999년 출판)를 인용하고, 윤인선의 논문(2020년 발표) 등을 참고해, 필자의 논문(「서남해 도서 지역에서 행해졌던 잔치식 상·장례 풍속 조사와 그 특징 및 의미」)에 이 책의 제목을 『남해견문록』으로 표기했다. 그런데 이 책은 『남해문견록(南海聞見錄)』의 오기임이 확인돼 이를 바로잡았다.

5   2022년 조사 당시, 목포항 출발 하의도행 쾌속선은 하루 2회 왕복 운항됐으며, 신의면 동리항행 차도선은 3회 운항됐다. 여객선 요금의 경우 섬에 주소지를 둔 주민들은 쾌속선이나 차도선에 상관없이 편도 1천 원을 주고 이용할 수 있었지만, 외지인들은 차도선의 경우 1만 5천여 원, 쾌속선은 2만 5천 원가량의 요금을 지불했다.

6   "초상이 나면 상두 계원들은 초상집에 볏짚 3뭇(새끼 꼬기 위한 것), 막걸리 1동이, 등(호롱불용) 하나씩 모두 3가지를 가져갔다."(최○일·85) / ※ 괄호( )는 제보자 중 이 내용을 말한 분의 이름과 2022년 당시의 나이임. 개인정보 보호를 위해 이름 중 한 글자를 익명 처리함.

7   "아프면 작고할 때를 미리 짐작할 수 있었으며, 이때 미리 초상에 쓰일 막걸리를 담갔다."(구○철·77)

8   "소를 잡아 7일장을 치른 뒤 소 누렁내(누린내)에 물려(질려) 3년 동안은 소고기를 못 먹었다."(송○순·82)

9   "50여 년 전, 남사당 노래로 대회에 출전해 상암마을이 3등을 했다."(송○순·82)

10 "어릴 때는 마을에 초상이 나면 떡을 얻어먹을 수 있어 좋았다. 당시에는 절구통에 쌀을 찧고 이를 익혀 곡물 덩이로 떡을 했는데 이 덩이를 '버큼떡'이라고 했다."(박○순·73)

11 "부조의 답례품으로 라면 5개와 2홉들이 소주 한 병을 받았다."(진○자·73)

12 "초상 당일에는 상을 알리고 부고도 보내야 했기야 당일 다래는 어려웠다."(김○진·86)

13 "가난하면 동네 사람을 먹일 수 없기에 다래를 못 했고 친척들이 초상집을 찾아 이야기만 하다 갔다."(김○진·86)

14 "마을의 상두계는 13명~15명 정도로 구성돼 12명은 상여를 메고, 1명은 '핑경(작은

종)'을 들고 앞소리를 쳤으며, 나머지는 심부름을 했다. 상여 위에는 대개 친척들이 탔다."(김○진·86)

15 "술과 팥죽을 품앗이하는 계도 동네에 따로 있었다."(김○애·86)

16 [표] 서남해 도서 지역의 상·장례 풍속 요약

지역		명칭	소멸 시기	밤다리 의례		
				대상	상주 참여	불 명칭/ 여름
흑산	영산도	철회, 철야	1990년대 후반	40~50세 이상	안 함	화톳불/여름
	흑산도	철회	1990년대 말	결혼한 사람	안 함	화톳불/여름
	만재도	철양	1980년 무렵	젊은 사람 포함	안 함	모닥불/여름
비금	죽림리	밤다래	2005년	결혼, 40세 이상	안 함	모닥불/여름
	수치도	밤다리	1990년대 중반	40세 이상	안 함	모두락불/여름
	광대리	밤다리, 다래	2000년 초	50세 이상	안 함↔참여	모드락불/여름
도초	고란리	밤다래	2010년 무렵	50세 이상	참여	모두락불/여름
	우이도	밤다리	1990년대 중반	결혼한 사람	안 함	모닥불/안 피움
	지남리	밤다리	1970년대	40세 이상	사위, 딸	모두락불/여름
하의	오림리	밤다리	2009년	결혼한 사람	원상주 안 함	재무닥불/여름
	신도	밤다리	1990년대 무렵	결혼한 사람	안 함	모닥불/여름
	옥도	밤다리	2010년 이후	결혼한 사람	안 함	모닥불/여름
신의	상태서리	밤다리	1990년대 무렵	나이 든 사람	안 함	불/여름
	평사도	밤다리, 다래	1980년 무렵	40세 이상	사위	모닥불/여름
장산	장산도	밤다리, 다리	2000년 초	결혼, 40세 이상	안 함	모닥불/여름 모깃불
	마진도	밤다리	2000년 초	결혼, 30세 이상	안 함	모드락불/여름
암태	수곡리	다리	1990년대 중반	50세 이상	안 함	모닥불/여름
	송곡리	밤다리, 다리	2010년 무렵	결혼하고 자식	참여	모닥불/여름
자은 고장리		다리	2000년 무렵	50세 이상	참여↔안 함	모닥불/여름
팔금 당고리		밤다리	1990년 초 ~2010년 무렵	결혼, 40세 이상	안 함	모닥불/여름
안좌	사치도	밤다리	2000년대 초	결혼한 사람	참여	모닥불/여름
	대척리	밤다리	1990년대 중반	결혼한 중년	참여	모닥불/여름
임자	재원도	다래	1980년대 중반	30세 이상	안 함	모닥불/안 피움
	대기리	밤다리, 다래	1990년대 무렵	결혼하고 자식	안 함	장작불/여름
지도	어의도	다래	2000년 무렵	자식, 50세 이상	참여↔안 함	모닥불/여름
	자동리	밤다래, 다래	1990년대 중반	50세 이상	참여↔안 함	부떡불/여름↔안 피움
증도	방축리	밤다리, 다래	2000년 무렵	자식, 50세 이상	안 함	댐비닥/여름
	대기점도	밤다리	1990년대 무렵	결혼, 40세 이상	안 함	장작불/여름
압해	가란도	다래(다아래)	1980년 무렵	자식, 50세 이상	안 함	모닥불/안 피움
	마산도	밤다리	2000년대 무렵	결혼하고 자식	안 함	모닥불/여름
영광 송이도		없음	1980년 이전	50세 이상	안 함	모닥불/여름
목포 외달도		밤다리	1990년 무렵	결혼하고 자식	안 함	모닥불/여름

| 진도 소포리 | 철의, 철야 | 1970년대 이전 | 결혼, 40세 이상 | 안 함 | 잼비닥/여름 |

<출처: 현지 조사를 바탕으로 작성됨. -김용갑 2022, p.105>
※ 밤다리에서 여름철에도 불을 피울 경우 여름으로 표기함.

17 關根英行(관근영행) 2006, pp.53-56.

18 잔치식 상·장례와 관련될 수 있는 풍속은 『장례놀이』 pp.152-153 및 마르티나 도이힐러(이훈상 옮김. 2013)의 책 p.514를 통해서도 살필 수 있다.

19 "出葬前一日 大設帳幕 大會(僧)俗呈雜戲 飮酒歌舞徹夜(출장전일일 대설장막 대회(승)속정잡희 음주가무철야)."

20 어버의 영장(永葬)홀 쌔 수일 전 긔흐야 집의 챠일을 치고, 쥬육(酒肉)을 만히 댱만ᄒ야 동닉사람들을 모화 각별이 만히 먹기고 …발인ᄒ야갈 적 북과 댱구를 치며... <『남해견문록』(남해문견록)> -최강현 1999, p.112.

21 구미래 2014, p.114.

22 불을 환하게 밝히면 삿된 잡귀가 함부로 들어오지 못하고 복을 받는다. -김유진 2017, p.56.

23 "전통처럼 여름에도 불을 피웠다."(최○동·85·영산도) ; "초상나면 무조건 피웠다."(이○식·70·만재도) ; "불을 빙빙 돌아야 하니까 여름에도 피웠다."(송○호·76·옥도) ; "초상에는 으레 불을 피우고 천막을 쳤다."(윤○식·82·암태도 송곡리) ; "초상나면 불을 피우는 게 일이다."(김○연·82·팔금도 당고리)

24 흑산도 사리, 하의 봉도, 신의 평사도, 암태 송곡 등에서는 큰 소리가 나는 징과 꽹과리도 쳤다.

25 김유진 2017, pp.68-69 참조. ; "섣달그믐날 마당에 불 피우고 대나무를 태우면 탕탕 튀는 소리에 귀신이 겁을 먹고 도망간다." -『세시풍속』(경남편), 양산 물금, p.279.

26 "빨건(빨간) 팥(고물)이 부정을 없앤다."(최○일·하의도 오림리). ; 김용갑·박혜경 2022, p.235.

27 조상의 은혜에 보답한다는 의미. 이 보답을 통해 후손들은 조상으로부터 복을 받는다.

28 "상을 알리고 부고를 보내야 해 초상 당일의 다래는 어려웠다."(김○진·85·가란도)

29 "상가에는 빈손으로 가는 법이 없었다."(유○심·87·비금도 광대리)

30 이웃의 제사에서 얻어먹은 음식을 품앗이하기 위해 집안의 제사를 분할 상속받아 제사를 지낸 다음 음식을 이웃에 갚기도 했다. -이수애 1983, pp.103-104.

31 "부조의 답례로 흰떡 10~15개와 소주 2홉들이 한 병을 '차대기(자루)'에 담아 주었다."(전○심·86·도초도 지남리) ; "(부조) 답례품으로 떡 5~6개와 돼지고기 2~3점을 받았다."(오○주·85·장산도 다수리)

32 전중환 2023, p.34.

33 밤다리의 소멸은 노인들의 요양원 거주 증가를 비롯해 화장 및 장례식장 이용 인구 확산 등과 같은 장례 문화의 변화 등도 주요 원인이 됐다.

34 '공도 정책'의 다른 표현. 섬 거주민을 육지로 나오게 해 섬을 비워 둠. -손승철 2011, pp.222-223.

35 윤경진 2008, pp.81-89.

36 강봉룡 2009, p.24.

37 이해준 1989, p.59.

38 김경옥 1997, p.5.

39 김경옥 2002b, p.48.

40 신명호 2008. 2., pp.10-11. ; 김경옥 2002a, p.52.

41 "예전의 주식은 보리밥과 고구마였고, 이마저도 부족해 굶다 먹다를 반복했다."(서○욱·86·마진도) ; "식량은 주로 고구마였다."(강○자·73·평사도) ; 고구마는 1763~1766년 사이 대마도에서 전래됐다. -오인택 2015, pp.173-174.

42 주민들은 농사와 고기잡이 등을 위해 끊임없이 섬을 출입했다. -김경옥 2002a, p.22. ; (공도 정책 시기인) 조선 초기 경상, 전라 4개 지역의 해도(海島) 수와 유인 도서가 늘었다. -신명호 2008, p.24.

43 최덕원(1979), 「비금면 죽림 상암리 밤달애놀이」. ; 1930년대에는 '타리(タリイ)'란 명칭으로 나타남. -에틱박물관 2004, p.133.

44 최덕원 1996, p.460.

45 이경엽 2001, pp.248-249.

46 제보자 송○○·82·비금면 상암마을.

47 2000년 이후 10여 편의 글이 '밤달애'로 칭하고 있으며, 2017년 간행된 『신안군지』(권 3, p.185)를 비롯해 최근인 2021년도 연구도(김마리아 2021, p.131) 마찬가지다.

48 이경엽 2016, p.120. ; 오임숙 2009, p.30.

49 최덕원 1996, p.458. ; 『신안군지』 3, p.183. ; <한국민속대백과사전> -밤달애놀이.

50 이경엽 2001, p.225.

51 오임숙 2009, p.26.

52 김마리아 2021, pp.131-134.

53 김종혁 2009, p.16.

54 비금도는 9세기 중반 엔닌과 12세기 전반 서긍의 경유지로 이용되었을 가능성이 있다.
 -강봉룡 2002, p.39.

55 강봉룡 2002, p.36. ; 이기훈 2015, p.149.

56 이기훈 2015, p.148.

57 홍석준 2007, p.408.

58 이런 측면에서 재테크라는 미명 아래 행해지는 부동산 투기의 정당화나 품앗이가 이행될 수 없는 부조의 관행 등은 공동체 가치에 반하는 것이다.

17장

신에게 올리는 귀한 쌀밥을
일상의 음식으로

끈기 없는 곡물(메성) 선호의 민족적 식감… 쌀밥 주식화 배경

17장

신에게 올리는 귀한 쌀밥을
일상의 음식으로

끈기 없는 곡물(메성) 선호의 민족적 식감… 쌀밥 주식화 배경

한국인의 주식 쌀밥… 곡물을 섞어 지은 밥도 쌀밥

한국인의 주식은 멥쌀로 지은 쌀밥이다. 이 쌀밥은 말 그대로 100% 쌀로만 지은 밥을 뜻하기도 하지만, 쌀에 콩이나 수수 등의 곡물을 섞어 지은 잡곡밥까지도 포함하는 의미다. 잡곡을 넣은 밥도 쌀의 비율이 월등히 높은, 사실상 잡곡이 섞인 쌀밥이기 때문이다.

대개 쌀 문화권의 아시아인들은 이 같은 쌀밥을 통해 필요한 에너지의 절반 이상을 얻으며,[1] 한국인은 밥심(밥의 힘)으로 산다는 말이 있듯, 한국인에게 쌀밥은 배고픔을 해소하는 음식 이상의 의미를 지니고 있다. 이 같은 특별함은 우리가 해외에 나가 활동할 때 더욱 두드러지게 나타난다.

한국 음식 금단 증상 부른 햄버거… 쌀밥은 민족 정체성의 상징 음식

미국 샌프란시스코에서 근무한 적이 있는데, 그때 동쪽 베이(Bay) 건너의 알라메다(Alameda)라는 지역에서 샌프란시스코 도심으로 매일 출퇴근을 했다. 베이브리지(Bay Bridge)를 건너면 얼마 가지 않아 사무실이 있었지만 교통 체증이 극심해 7시 출근 시간을 맞추기 위해서는 새벽 5시 30분에는 집을 나서야 했다. 그렇게 이른 새벽에 출근을 하다 보니 매일 아침 식사를 하지 못했고, 늘 점심시간이 기다려졌다. 하지만 점심이라고 해서 한국처럼 쌀밥에 국과 김치를 먹을 수 있는 것은 아니었다.

당시 자주 먹었던 점심은 햄버거였는데, 두툼한 고기 패티(patty)와 치즈, 그리고 약간의 채소가 들어간 이 음식은 절반 정도까지는 먹을 만하지만, 그 이후부터는 느끼함이 심해져 하나를 다 먹기 힘들 때가 많았다. 그렇게 점심을 먹으면, 사실상 밥 한 끼와 비슷한 양이었음에도 항상 그 어떤 허전함이 남곤 했다. 아직 식사를 끝마치지 않은 것 같았고, 무엇인가를 더 먹어야 할 것 같은 이상한 공복감이 들었다. 그랬다. 그것은 쌀밥과 김치에 길들여진 한국인으로서 아무리 배불리 그 무엇을 먹더라도, 밥이나 김치, 국 등을 먹지 못하면 식사를 덜한 것처럼 느끼게 되는 일종의 한국 음식 금단 증상이었던 것이다. 이처럼 쌀밥은 김치와 함께 한국인의 정체성을 드러내는 민족적 상징 음식이며, 가장 보수적인(바꾸기 어려운) 한국의 음식 중 하나이다.

1. 쌀의 종류와 쌀밥

타원형의 자포니카(갱미)… 기다란 장립형의 인디카(선미)

쌀의 식물체인 벼는 전 세계적으로 10만 가지 이상의 품종이 있으며,[2] 한국인이 먹는 쌀밥의 벼는 '아시아 재배벼('*Oryza sativa* L.)'로 아프리카의 야생 벼에서 분화됐다고 한다.[3] 벼를 도정한 쌀은 낱알의 생김새와 재배 지역에 따라, 인디카(indica), 자바니카(javanica) 및 자포니카(japonica)로 구별되며, 흔히 장립형의 인디카와 중·단립 형태의 자포니카로 나뉜다.[4]

이들 명칭은 1920년대 후반 일본의 육종학자인 가등무포에 의해서 비롯됐는데, 그는 다분히 일본과 인도의 국명이 묻어나는 명칭을 사용해 일본과 한국 재래종을 자포니카로, 그리고 대만 재래종과 중국 화남, 인도, 동남아시아 대부분의 쌀을 인디카로 명명했다.[5]

자포니카와 인디카는 갱(粳)과 선(秈, 籼)으로도 불리는데, 비교적 타원형에 가까운 자포니카 계열이 갱미(粳米)이고, 가늘고 기다란 모양을 가진 쌀이 인디카 계열의 선미(秈米)이다. 선미는 아시아 남방에서 잘 자라며 찰기가 부족하고 맛이 비교적 떨어진다. 반면, 갱미는 주로 북방 지역인 온대 기후의 한국과 일본에서 생산되며, 어느 정도의 찰기와 함께 맛이 좋다는 장점을 지니고 있다.[6] 갱과 선은 찰성을 지닌 갱미에 대비되는 메성을 지닌 선미를 뜻하기도 한다.[7]

찰 성분인 아밀로펙틴 함량에 따라 멥쌀과 찹쌀로 구분

쌀은 구성 성분(탄수화물)인 아밀로펙틴(amylopectin)과 아밀로스(amylose) 함량에 따라 찹쌀과 멥쌀로도 구분된다.[8] 쌀이 찰성을 띠는 것은 찰성분인 아밀로펙틴(amylopectin) 함유량이 높기 때문이며, 찹쌀의 경우 아밀로펙틴만으로 구성돼 있다. 반면, 멥쌀은 아밀로펙틴과 아밀로스가 혼합돼 있으며, 대개 아밀로스의 함량이 10~35%인 쌀을 멥쌀이라고 하는데,[9] 아밀로스의 함량이 높아질수록 찰성이 줄어들고 맛도 떨어진다고 한다.

아밀로펙틴 함량이 높은 한국의 멥쌀…
조선시대 멥쌀은 도정 상태 최고의 쌀

한민족이 주식으로 먹는 쌀은 자포니카 품종의 멥쌀로 대체로 아밀로펙틴 함량이 85% 이상 함유돼 있다. 멥쌀은 조선시대에 메성을 지닌 쌀 중에서도 '(품질이) 좋은 쌀'을 의미했다.[10] 『세종실록 지리지』(권 152)에는 황해도 부세 항목으로 갱미, 중미(中米), 조미(糙米), 속미(粟米: 좁쌀), 나미(糯米: 찹쌀) 등이 기록돼 있는데, 조미의 경우 겉껍질인 왕겨만을 제거한 상태로 현재의 현미와 비슷했고, 중미는 도정 정도가 2~4분도가량 되는 쌀이었다.[11] 갱미의 도정 정도가 어느 정도인지 불분명하지만 중미보다는 도정이 더 많이 된 5분도 이상의 쌀(백미)이었을 것으로 여겨지고 있다. 따라서 문헌에 기록된 '좋은 쌀'이란 멥쌀의 의미는 가장 높은 단계의 정미를 거친 최고 품질의 쌀(백미)을 일컬었으며, 이런 이유에서 제사에서는 갱미(백미)로 지은 밥이 메로 올려졌다.

멥쌀은 쌀의 기원지에서 불린 'me(메)'에서 유래

멥쌀의 어원 및 조어와 관련해서는 여러 의견이 있는데, 한 연구자는[12] '멥쌀'을 '산(山)에서 나는 쌀'로 풀이하기도 했다. 그는 16세기의 중세국어에서 '멥쌀'에 해당하는 형태는 '뫼뿔'(『훈몽자회 상: 7』(1527))이며, '뫼뿔'은 '뫼[山]+뿔[米]'로 분석된다고 보았다. 반면 이춘녕은 멥쌀과 찹쌀은 분명히 메와 뿔, 차와 뿔의 합성어로, 멥쌀의 '메'는 양쯔강 남쪽에서 'mi' 또는 'me'로 불리고, 현재도 제사상에 올려놓는 밥을 '메'라고 하는 것에서 나타나듯 고어에서의 뫼는 진지나 밥을 의미했다고 설명한다.[13] 즉, 멥쌀이라는 어휘는 쌀의 기원지에서 유래했다는 것이다.

현미는 왕겨만을 제거한 쌀… 백미는 현미를 정미한 쌀

한국인의 주식인 쌀밥은 멥쌀로 지은 밥이며, 벼[稻]의 씨앗인 볍씨에서 왕겨와 호분층 등을 제거하는 도정[14] 또는 정미 과정을 거쳐 얻어지는 쌀을 익혀서 만든 음식이다. 쌀밥은 대부분 백미로 짓는데 이 쌀(백미)은 볍씨의 겉껍질만을 제거한 현미를[15] 다시 정미해 얻어진다. 현미는 표면부터 과피, 종피, 호분층, 그리고 가장 안쪽의 배유(배젖)와 배유 끝부분의 배아(쌀눈)로 구성돼 있으며,[16] 정미는 쌀의 표면층(과피와 호분층 등)을 깎아 내는 공정으로[17] 깎는 정도에 따라 5분도 미, 백미(10분도 미) 등이 된다.[18] 백미 단계의 정미를 거치면 쌀알의 모든 표면층과 배아가 깎이게 돼 사실상 우리는 쌀의 배유만 먹는 셈이 된다. 그런데 쌀의 영양분은 대부분 표면인 호분층 등을 비롯해 배아에 담겨 있고, 이 부분에는 단백질과 지방질, 비타민 등이 함유돼 있는 반면 배유에는 대부분 탄수화물(전분)만 들어 있다.

□ 재배되고 있는 벼

'벼'의 명칭은 쌀의 기원지 인도에서 유래했을 가능성 커

쌀을 열매 맺는 식물체의 가장 일반적인 명칭은 '벼'와 '나락'이다. '벼'라는 단어가 언제부터 쓰였는지는 불분명하지만, 이 명칭과 관련해 쌀의 기원지 중 한 곳인 인도 북부의 아삼 지역에서는 우기에 수확되는 벼를 'varshika'라 부르고, 고대 시기에는 이를 'vrihi'로 칭했다고 한다.[19] 또한 이와 비슷한 어형이 여진어(女眞語) '베레' 또는 '비레'를 비롯해,[20] 대만의 고사족어('beras')와 타밀어('vari')에서도 나타난다는 점에서,[21] '벼'는 쌀의 전래와 함께 한반도로 전래된 명칭일 가능성이 큰 것으로 여겨진다. 고대국어에서 벼의 어형은 『조선관역어』[22]에 '별사(別思)'로 나타나는데, 조영언(『한국어 어원사전』, 2004)은 쌀이 '뿔= 벼스+올'로 이뤄진 것으로 보고, 15세기 초 무렵의 벼는 '벼스'로 소리 났을 것으로 추정했다. 고유어로서 '벼'는 한국 문헌상 『월인석보』(1459)에 처음 등장하며,[23] 이어 『두시언해』 초간본에 '벼시므논' 형태로 출현한다.

'벼'의 고대 명칭은 '니'… 나락·누까 등의 방언에 잔형 남아

'나락'은 현대 국어에서 사실상 방언으로 취급되지만 이 어휘의 출현 지역은 경기, 경북, 제주를 제외한 한반도 전역이다. 이 같은 넓은 분포권을 고려할 때, 예전에는 '벼'라는 단어와 함께 쌀의 식물체 자체나 볍씨 등을 지칭하는 이름으로 '나락'이 널리 쓰인 것으로 보인다. 이는 고문헌 기록에 거든사노리, 사노리(『금양잡록』), 새노리(『연경재전서』) 등과 같이 어두에 'ㄴ' 음이 들어간 재래 벼의 품종 명칭이 다수 출현하고, 『설문해자』는 '떨어져 스스로 발아한 벼를 니(秜)라 한다'라고 풀이하고 있으며,[24] 『동의보감』(1610년)에는 '갱미(粳米)-됴흔니뿔, 나(糯)-니츠뿔'이라고 기록돼 있는 것에서 뒷받침된다. 또한 현대 방언에서도 나락과 함께 나룩, 나룩, 노락 등의 형태가 출현하고,[25] 왕겨가 벗겨지지 않은 채 쌀 속에 섞인 벼(볍씨)를 '뉘'라고 하며,[26] 쌀의 정미 과정에

서 나온 미강을 '누까'라고 부르는 것에서도 살필 수 있다.[27]

쌀의 중세 명칭은 '보살'… 인도유럽어 계통의 sali에서 유래

'쌀'을 나타내는 고대 우리말은 12세기 초 중국 송나라의 서장관으로 고려를 방문(1103년)했던 손목이 저술한 『계림유사』에 '한보살'로 출현하며,[28] 조선 초기인 15세기에는 '뿔'로 나타난다.[29] 이를 통해 쌀이란 단어는 고대와 중세 시기에는 어두에 'ㅂ' 음을 가졌으며, 최소 3백여 년 후인 15세기에는 2음절에서 1음절로 축약된 것으로 보인다. 이후 '쌀'은 『동문유해』(1748)와 『몽어유해』(1768)에 '쏠'이란 어형으로 등장해,[30] 조선 중기 무렵에 어두의 'ㅂ' 음이 탈락한 것으로 여겨지지만, 현대의 일부 방언에는 좁쌀[31], '입살'과 '입쌀'(강원, 경북, 충북, 전남·북 일부 지역 방언) 형태[32]로 여전히 'ㅂ' 음이 남아 있기도 하다.

따라서 쌀이란 어휘는 벼를 의미하는 어두 'v' 음의 벼 자생지 명칭과 관련된 것으로 여겨지며, 한편으로는 '쌀' 명칭 자체가 벼처럼 기원 지역에서 유래됐다고도 볼 수 있을 것이다. 쌀을 의미하는 인도유럽어의 산스크리트어나 알타이어, 동투르크스탄어, 그리고 몽골어가 공히 sali로 표기하고 있기 때문이다.[33] 이런 이유로 최남선은 쌀이라는 어휘의 어원이 남방에서 유래됐다는 남방설을 피력했으며,[34] 더 나아가 위안리는 '한민족이 대미(大米)를 쌀이라고 부르는데 그 어원을 고찰하면 중국 동남의 고대 오월어 도(稌, 멧벼, 찰벼도)에서 출발한다'라고[35] 주장하기도 했다.

2. 한국 쌀의 유래

기원전 1만 3천 년 전 볍씨 한반도 출토… 멥쌀은 수도작의 산물

한국인이 주식으로 먹는 멥쌀(벼)은 한반도 자생일까 아니면 외래 유입일까? 앞서 언급했듯, 벼는 전 세계적으로 그 품종이 1만 개가 넘으며, 기후 환경에 따른 적응과 변이가 심해 환경이 달라지면 품종도 변한다고 한다.[36] 이에 더해 많은 물이 없이도 재배가 가능한 '산도' 품종에서 살필 수 있듯, 벼는 반드시 물이 많아야만 재배되는 수도작의 산물만은 아니다. 따라서 흔히 우리가 지칭하는 모든 벼가 수도작 품종이며, 외래에서 유입됐다고 단정할 수는 없다. 또한 한 연구에 의하면 충북 청원군 소로리 지역에서 출토된 볍씨는 탄소 연대 측정 결과 그 상한 시기가 기원전 1만 3천 년 전후임이 밝혀지기도 했다.[37] 이 보고가 정설로 받아들여진다면 벼의 한반도 자생(기원)은 분명한 것이 된다. 다만 학계에서 논의되고 있는 외래로부터의 벼 전래는 현재 한민족이 먹고 있는 대다수 수도작(水稻作)의 품종, 즉 논에 물을 가둬 벼를 재배하는 방식으로 얻어지는 쌀을 의미한다고 할 수 있다. 이런 수도작의 벼가 한반도에 유입된 시기와 그 경로에 대해서는 중국 북방 루트설을 비롯해 중국 중부, 일본 경유, 남중국설 등이 거론되고 있다.

멥쌀은 중국 운남→ 양쯔강 하류… 해로 통해 한반도 서남부로 전래

가장 일반적인 설은 남중국설, 즉 중국 장강 하류설이라고 할 수 있다. 남중국설은 수도작(벼)이 중국 양쯔강을 따라 이동했으며, 한반도에서는 북부가 아닌 남부에 먼저 도착했다고 본다. 이 주장이 보다 설득력을 얻는 것은 무엇보다 문헌에 의해 뒷받침되고 있기 때문이다. 북한 지역의 경우 오곡에 대한 명칭만 나타난 반면, 남한 지역인 삼한은 오곡과 함께 벼에 대한 기록이 등장한다.[38] 남중국설 주장자들은 이를 들어 벼 재배가 먼저 남부 지방에서 시작됐다고 본다. 또한 중국도 한반도와 마찬가지로 양쯔강 이남의 도작과 대비돼 화북 지역의 경우 찰기장의 밭농사를 지었으며, 도작은 남중국의 영향을 받았다고 보고 있다. 남중국설을 뒷받침하는 문헌 기록은 한반도 중북부의 동옥저에서도 찾을 수 있는데, 『삼국지』는 장례 시 사자 옆에 쌀을 두는 풍속을 적고 있다.[39]

남중국설은 문헌상의 기록과 함께 고고학적 벼 유물 발굴이 한반도 남부에 집중되고, 앞서 밝힌 한민족의 전통 주거 양식에 '마루가 있으며, 발효음식이 발달하는 등 중국 남방의 문화와 상당히 유사한 측면이 있다는 점에서도 그 타당성을 살필 수 있다. 남중국 루트를 탄 벼가 처음 출발한 지역, 즉 벼의 기원지는 '인도 아삼과 중국 운남'이 유력시되며, 이후 벼는 양쯔강을 따라 중국 동남으로 이동했고,[40] 양쯔강 하류에서 해로를 따라 한반도의 서남부에 가장 먼저 유입된 것으로 보고 있다. 일본 또한 '중국 남방의 장강(양쯔강) 하류에서 한국 남부를 통

해 규슈 북부에 이르렀거나, 혹은 장강 하류 지역에서 직접 규슈 북부로 온 것'이라 여기기도 한다.[41]

3. 쌀의 영양과 식품으로서 기능

세계 인구 절반의 주식이 쌀… 아시아 사람들 에너지 절반 이상 쌀에서 얻어

쌀에는 탄수화물, 단백질, 지질 등을 비롯해, 조섬유, 칼슘, 인, 철, 비타민, 나이아신 등과 같은 식품의 6대 영양소와[42] 다양한 성분이 함유돼 있다.[43] 또한 쌀은 밀, 옥수수보다 필수아미노산의 함량과 단백질의 유용성이 높고, 불포화지방산을 함유하는 등 영양학적으로 우수한 식품이며 소화도 잘되는 편이다.[44] 이들 영양소 중 단백질과 무기질은 체조직을 구성하고 신진대사를 조절하며, 탄수화물과 지방질 등은 인간이 활동하는 데 필요한 에너지를 공급한다.[45] 이런 이유로 쌀은 세계 인구의 절반가량이 주식으로 먹고 있으며, 한국인을 비롯한 쌀 문화권의 아시아인들은 필요한 에너지의 절반 이상과 단백질의 20% 이상을 쌀에서 얻고 있다.[46]

쌀을 주식으로 하는 집단… 조숙하고 왕성한 생식력 지녀

쌀이 지닌 이 같은 영양학적 우수성과 식량으로서의 가치 및 인식은 여러 연구 결과와 함께 문헌 기록 등에서도 나타난다. 연구자들에 의하면, 쌀에 들어 있는 단백질의 아미노산 성분으로 인해 쌀을 주식으로 하는 집단은 왕성한 생식력을 지니며 비교적 조숙한 편이라고 한다.[47] 또한 곡물의 총칭인 '곡식 곡(穀)' 자에 벼 화(禾) 변이 쓰인 것에서도 나타나듯, 동북아 지역에서는 벼(쌀)를 곡식의 대표 격으로 인식했고, 심지어 『지봉유설』과 『동의보감』은 사람의 기운과 정신이 모두 쌀에서 기인한다고 기록할 만큼 쌀의 가치를 높게 평가했다.[48]

쌀은 글루텐 프리 음식… 셀리악병 예방할 수 있는 밀 대체 식품

쌀은 셀리악병을 유발하는 글루텐이 들어 있지 않다는 특성도 지니고 있다. 글루텐(gluten)은 밀가루나 보리, 호밀 등에 함유된 단백질로, 이 물질은 밀가루 등의 반죽이 가공적성(가공하기 적합한 성질)과 점탄성 등을 지니게 해 빵과 같은 여러 형태를 만들 수 있게 하거나 길게 늘여도 잘 끊어지지 않게 하는 특성을 제공한다. 그런데 이런 장점에도 불구하고 100명 중 1~2명가량은 글루텐을 섭취할 경우 소화 장애를 유발하는 셀리악병(Celiac disease)을 앓게 된다.[49] 이 병은 유전적 질환으로 글루텐을 섭취하면 소장의 융털돌기에 염증이 발생하고, 이로 인해 영양소의 흡수가 제한되는 증상을 유발시킨다. 그 결과 영양소의 결핍이 일어나고 이는 골다공증, 성장 저해, 불임, 피부 질환, 소장암 등의 추가 질환을 야기하게 된다. 셀리악병은 원인 치료가 불가능하기 때문에, 현재로서는 유일한 대응 방법이 글루텐이 없는 식품을 섭취하는 것이다.[50] 이런 측면에서 글루텐이 함유돼 있지 않은 쌀이 셀리악병 예방을 위한 대체 식품으로서 제격이라는 것이다. 다만 쌀의 경우 글루텐이 없기에 서양인이 즐겨 먹는 빵 등과 같은 형태의 음식을 만들 수 없다는 점이 큰 단점으로 작용한다.

쌀가루 100%의 구운 떡… 자고병(炙烤餠)으로 명명

최근에는 제분법 등의 발달로 이런 단점이 극복되고 있는데, 한 예로, 물에 담근 쌀을 저온 건조하여 건식 제분한 쌀가루의 경우 밀가루나 글루텐을 넣지 않고도 '빵'과 같은 형태의 음식을 만드는 것이 가능하다고 한다.[51] 한편, 쌀가루 100%로 만들어지는 이 쌀빵은 오븐에 구워서 만들어지기에 '구운 떡(빵)'으로 분류되며, 한자로는 '자고병(炙烤餠)'이라고 할 수 있다. 이 명칭은 '불에 직접 굽거나 간접적으로 구워 만든 떡'이라는 의미로 중국 한나라 시기의 조리 방법인 자(炙: 불에 직접 태워 구움)와 고(烤: 불에 간접적으로 구워 익힘)에서 취해졌다.[52]

□ 자고병인 구운 떡

셀리악병 및 밀가루 음식과 관련해, 우리가 잘못 알고 있는 상식 한 가지는 아프면 밀가루 음식을 먹지 말라는 것이다. 그런데 이 말이 상식에도 부합하지 않음은 지구상의 인구 절반가량이 밀가루를 주식으로 한다는 점에서 드러난다. 아프면 이들은 주식을 끊어야 하는가? 셀리악병의 징후가 없다면 잘 먹는 게 건강 회복에 도움이 되는 것은 상식일 것이다.

4. 한국인의 쌀밥 주식화 배경

대학원 시절 한 연구생이 그의 은사에게 질문을 했다. '한국인은 왜 멥쌀을 먹습니까?' 이 질문에 그의 선생은 '그것을 밝히면 학문적으로 대단한 발견이 될 것입니다'라고 답하며, 제자의 연구 의욕을 북돋웠다. 그 스승의 바람과 응원 덕택이었을까, 그 연구생은 몇 년 뒤, 한국인의 멥쌀 주식 배경에는 고대 한민족의 '메성 선호의 미감'이 있음을 밝히는 결과물을 발표했다. 이 장은 이 연구물을 바탕으로 수정·보완됐다.

4.1. 메성 선호의 민족적 식감

한민족은 고대 시기 한반도에 거주하던 북방 계열의 민족과 한반도로 이주한 남방계 민족의 결합에 의해 형성됐다고 볼 수 있다. 기원전 10세기 무렵, 벼농사를 특징으로 하는 무문 토기 문화가 이전의 유문

---
* 17장은 논문, 「한국 멥쌀떡 발달배경」(『아세아연구』 제60권 4호. 고려대 아세아문제연구소. 2017)을 바탕으로 수정·보완됐음.

토기 문화를 대체했고,⁵³ 이 시기에 중국 동남방의 수도작(벼농사) 문화가 한반도로 전파돼 고대 한민족 문화의 토대가 됐다는 것이다.⁵⁴ 이는 한국인의 유전자가 북방 계열(70~60%)과 남방 계열(40~30%) 민족들의 혼합으로 이루어져 있으며,⁵⁵ 한국어는 어원 측면에서 상당수가 남방 계열의 드라비다어와 관계된다는 점에서도 뒷받침된다.⁵⁶

고대 북방계 한민족은 끈기 없는 잡곡에 익숙… 찰성을 좋아하지 않아

한민족을 형성했던 주류인 북방 계열의 고대 민족(종족)은 끈기가 없는 잡곡, 즉 메성에 익숙해 찰진 곡물(찰성)을 좋아하지 않았다. 이 같은 민족적 선호 식감(음식 성향)은 남방 계열에 의해 한반도에 전래된 벼가 메성 중심으로 발달하고, 한민족이 멥쌀을 먹게 된 핵심적 배경이 됐다.

고대 한민족이 메성 선호의 음식 성향을 지녔음은 식물 지리지와 고대의 5곡, 전래된 벼 품종, 문헌 자료, 그리고 일본의 고대 제사 음식 등에서 살필 수 있다. 먼저 식물 지리지 측면에서 고대 시기 한반도 주변은 메성 중심이었다. 한 예로 중국 북방인들은 끈기가 없는 조나 기장에 익숙해 찰진 곡물을 좋아하지 않았으며, 차조는 주로 양조 원료로 사용했다고 한다.⁵⁷ 이곳 북방 지역은 한민족의 고대 국가였던 고조선, 부여, 고구려, 발해에서 나타나듯 고대 시기 한민족의 활동 공간이었으며, 기장이나 조는 주요 곡물인 5곡에 포함됐고,⁵⁸ 특히 한민족은 고대 시기에 이들 곡물 등으로 지은 찰기 없는 음식을 주로 먹었다.⁵⁹ 따라서 고대 한민족도 북방인에 포함된다는 점에서 그들도 이처럼 찰성 비선호 또는 메성 선호의 음식 문화를 지녔다고 할 수 있을 것이다. 이 같은 해석은 벼(쌀)가 전래되고 2천여 년의 시간이 지난 고려시대에 메벼는 있으나 찰벼가 없다는 『고려도경』(권 23)의 기록과 조선시대 농서인 『금양잡록』 및 『행포지』에 나타난 메벼와 찰벼의 비율이 각각 89% 대 11% 및 87% 대 13%로 찰벼의 재배 정도가 극히 낮다는 점에서 뒷받침된다. 메벼 위주의 벼 재배는 근대로까지 이어져 1911~1913년 사이 권업모범장이 수집한 조선 도(稻) 품종은 갱미가 993종인 반면, 찰벼는 458종으로 나타났다.[60]

고대 주요 경작 곡물도 찰성 없는 콩 등의 잡곡

한민족의 5곡은 삼한시대의 경우 보리, 기장, 피(삼), 콩, 참깨였고, 고려와 조선시대에는 쌀, 보리, 콩, 조, 기장인 것에서 드러나듯,[61] 찰성이 없는 콩(잡곡) 등이 주요 작물에 포함돼 있다.[62] 또한 고대 시기 찰벼가 벼[稻]이고, 벼가 찰벼[糯]라는 『주례』의 기록에서 드러나듯, '아시아에서 자포니카 전파의 제1진은 전부 찰성의 품종'이었고, 한반도에 처음 전래된 품종 또한 찰벼였지만,[63] 이들 벼는 이후 메벼화됐다. 이는 찰벼(찹쌀)가 식품으로서 소비자인 한민족의 적극적인 선택을 못 받았고, 그 핵심 이유 중 하나가 한민족의 메성 선호였던 것으로 여겨진다.

이 밖에 1,400년의 전통을 고수한다는 일본의 법륭사에서는 제사 음식으로 봉황떡, 매화떡 등과 같은 멥쌀떡을 차리는데,[64] 이 같은 떡은 일본 전통의 찹쌀떡 문화와는 다른 것으로 고대 한국 불교의 영향으로 이해된다. 따라서 이들 떡 음식도 당시의 한민족에게 메성 선호가 있었음을 시사하는 것으로 볼 수 있을 것이다. 결과적으로 고대 한민족의 형성에서 다수를 차지했던 북방계 한민족의 민족적 식감, 즉 딱딱하고 끈기가 없는 곡물에 대한 익숙함이 멥쌀 선호로 이어져 오늘날의 쌀밥 주식화에 이르렀다고 할 수 있을 것이다.

4.2. 멥쌀이 우성인 벼의 생태적 특성과 한반도 기후

조와 기장 등의 잡곡은 땅이 척박하고 강우량이 적은 환경에서도 잘 자라지만 수도작은 높은 온도와 많은 양의 물을 필요로 한다. 중국(남부 지역), 인도, 인도네시아, 베트남, 그리고 필리핀 등의 주요 쌀 생산 국가를 비롯해, 한반도에 벼농사를 전파한 것으로 유력시되는 인도의 아삼 및 중국의 운남 지방도 많은 강수량과 함께 높은 기온을 보인다.

한반도 여름 기후… 자포니카 벼 재배에 적합

벼는 품종에 따라 차이가 있지만 하천 유역의 충적 평야가 재배지로 가장 적합하며,[65] 생장하는 데 3천 도 이상의 열 적산량과 함께 연중 1,200㎜가량의 강우량,[66] 그리고 평균 17~18도 이상의 고온을 필요로 한다. 한반도의 여름철 기후는 남부와 중부 지방을 중심으로 이 같은 벼의 생장 조건에 부합한다. 따라서 한반도의 기후는 벼 생산과 쌀밥 주식화의 한 요인이 됐다고 할 수 있다.

이와 함께 벼는 해발고도의 차이에 의해서도 재배 품종이 달라지는 특성을 보인다. 중국 농업과학연구소의 연구에 따르면 해발고도에 따라 자포니카와 인디카의 분포 지역이 비교적 분명하게 구분되는데, 중국 운남성의 경우 1,750미터 이하는 인디카 지대, 2,000미터 이상은 자포니카 지대이며, 이 중간은 두 품종이 교차한다.[67] 또한 귀주성의 경우 1,400미터 이하와 1,600미터 이상으로 두 품종의 분포가 나눠진다.[68] 고도가 낮고 온도가 높은 지역에서는 인디카 품종이, 그 반대 지역에서는 자포니카 품종의 재배가 적합하다는 것이다. 이를 통해 환경에 적응하려는 벼의 생태적인 특성으로 말미암아 같은 조상으로부터 전래된 벼가 동남아시아 및 중국의 남부에서는 인디카로, 한국과 일본에서는 자포니카 품종으로 정착됐음을 살필 수 있다.[69]

메벼가 우성인 벼의 생태적 특성

메벼(멥쌀)가 우성이고 수확량도 많다는 벼의 생태적 특성도 쌀밥 주식화의 배경으로 작용했다. 열성인 찰벼의 경우 인간의 지속적이고 선택적인 재배 노력이 가해지지 않으면 점차 메벼화된다. 이런 찰벼의 특성은 멘델의 '우성의 법칙'과 '분리(分離)의 법칙'에 지배돼[70] 재배의 어려움과 수확량의 감소로 이어지는데, 이는 수도작인과 함께 한반도로 전래된 찰성의 벼가[71] 이후 여러 지역으로 확산되는 과정에서 점진적으로 메벼화됐음을 의미한다. 수도작을 동반한 이주민 집단의 경우,

경험적으로 찰벼의 열성 특성을 인지해 선택적 재배를 지속했겠지만, 벼 재배에 대한 지식과 경험이 부족한 전파지의 재배자들은 자연 재배에 의존해 시간이 지날수록 찰성은 축소되고, 메성의 벼가 확산되는 결과로 이어졌을 가능성이 크기 때문이다.

4.3. 쌀 자급 달성과 경제력의 향상

쌀의 자급 달성과 경제력의 향상도 한민족이 쌀밥을 먹고 이를 주식으로 발달시키는 중요한 배경이 됐다. 쌀의 자급이 송편의 추석 음식화에 큰 영향을 미쳤듯,[72] 쌀밥 또한 한국 정부의 쌀 증산 노력과 함께 쌀 자급의 달성 및 한국의 경제력 향상 등에 힘입어 1970년대 말 비로소 주식으로서 발달이 가능했다.

'보릿고개'라는 말에서 나타나듯,[73] 1970년대 이전 많은 한국인들은 쌀은 물론 보리 등의 잡곡마저도 크게 부족해 극심한 식량난을 겪었다. <국가기록원> 자료에 의하면 보릿고개 시기에 식량이 떨어진 가구 수는 정부 통계로만 43만 가구(1960년 기준), 농업 전문가 추계로는 90만 가구가 넘었다.[74] 이는 1960년 당시 한국의 전체 가구 수가 436만여 가구임을 고려할 때 5가구 중 1가구가 극심한 식량 부족에 시달렸음을 의미한다.[75]

봄철에 쌀·보리 바닥나… 조선시대 백성들 초근목피로 연명

식량 부족은 이전 시기에도 엇비슷해 조선시대의 경우 일반인들은 보리밥과 잡곡밥, 초근목피로 주식을 해결했다.[76] 이 같은 현상은 문헌 기록을 통해서도 확인되는데, 『성호선생전집』(권 52, 삼두회시서)은 '쌀과 보리가 다하는 봄에는 무엇을 먹을 것인가'라는 걱정을 담고 있다.[77] 또한 18세기 초·중반의 조선 사회상을 담은 것으로 여겨지는 『성호사설』(권 8)은 다음과 같이 기록하고 있다.

> "(성호 이익이) 사방 여러 고을의 촌가(村家)에서 자며 자세히 살펴보니, 방구석에는 쌓인 곡식이 없고 횃대에는 걸린 옷이 없으며, 남녀가 팔베개를 베고 주림을 참고 괴로움을 견디어 가는 사람들이 대부분이다. 무릇 보잘것없는 거지들도 동냥을 주지 않으면 노여움을 품는데, 하물며 자기 힘으로 지은 농사의 소작물을 편히 앉아서 어떤 노력도 하지 않은 관리들에게 바침에도 그들이 이 농민들의 딱한 처지를 생각지도 않는다면 이들의 원망과 저주는 과연 어떠하겠는가?"

이처럼 조선시대 후기 한국인의 식량 사정은 상당히 어려웠다. 『증보문헌비고』는 현종 12년(1671)에 '큰 흉년이 들어 전라도와 경상도에서만 굶주린 백성이 각각 156만여 명과 110만여 명에 달한다'라고 기록하고 있다.[78]

일제강점기 쌀 국외 반출… 식량 부족 부추겨

일제강점기에도 쌀 부족은 여전했다. 아래 [표]에서 살필 수 있듯, 일본은 한국에서 생산된 쌀을 국외로 반출했는데 1930년의 경우 전체 1,350만 석의 생산량 중 40%가량인 543만여 석을 가져갔다. 그 결과 당시 한국인들의 1인당 연간 쌀 소비량은 57kg에 불과했으며, 이는 한국인의 쌀 소비량이 정점에 이르던 1978년에 비해 약 2.4배가량 적은 양이다.

쌀 부족은 '남쪽 사람이 쌀밥을 잘 짓고, 북쪽 사람은 조밥을 잘 짓는다'라는 『임원십육지』(정조지, 권 2)의 기록에서 나타나듯[79] 지역 간 차이가 심해, 섬 지역을 비롯해 강원도와 함경도 등의 잡곡 농경 지역에서는 쌀의 식량화가 더욱 어려웠다. 예컨대, 경북 울릉군 북면에서는 '울릉도의 처녀는 20살이 될 때까지 쌀을 1되도 채 먹지 못하고 시집간다'라는 말이 있을 정도로 쌀은 귀한 음식이었다(657).

[표] 일제강점기 쌀 생산과 수탈량 및 소비량

년도	생산량/천 석	수탈(출)량/천 석	잔여량/천 석	추정 인구/만 명	1인당 연 소비량/석	인구 대비 연 소비량/kg
1912	11,568	2,910	8,658	1,684	0.772	74
1915	14,130	2,058	12,072	1,733	0.738	100
1921	14,882	3,080	11,802	1,809	0.675	94
1926	14,773	5,429	9,344	1,933	0.533	70
1930	13,511	5,426	8,085	2,044	0.451	57

<출처: 박경숙 2009, p.32. 및 오마이뉴스 2019년 9월 16일 자, '산미 증식 계획과 쌀 수탈의 진실'의 자료를 활용해 인구 대비 쌀 소비량을 산출함> / 일제강점기 1석의 무게는 144kg임. -정연식 2008, p.317.

통일벼 개발·신품종 보급… 1976년 쌀 자급 달성

한국인은 쌀과 잡곡 등의 식량 문제를 극복하기 위해 고대 시기부터 중국 강남의 선진 농법을 도입하고, 개간, 간척, 수리 시설 설치 등과 같은 국가적 노력을 기울였다.[80] 현대에 들어서는 이중 곡가 정책, 신품종 개발 등과 같은 식량 증산 사업을 적극 추진해 1960년대 초·중반, 11만 정보의 땅을 개간했고,[81] 4,000ha의 간척지를 조성했으며, 1960년대 말부터는 수확기에 쌀 등을 비싼 값에 사들여 싼값에 판매하는 이중 곡가제를 실시했다. 신품종 벼 보급에도 주력해, 1971년에는 허문회에 의해 자포니카와 인디카 품종을 교배한 '통일벼'가 개발되기도 했다. 이상과 같은 범정부 차원의 노력으로 한국은 1976년에 100% 이상의 쌀 자급을 달성할 수 있었다. 그 결과 한국인의 1인당 쌀 소비량은 1978년 135kg에 이르게 됐다. 따라서 한국인의 쌀 증산 노력과 자급의 달성은 쌀밥의 주식화를 가능하게 하는 토대가 됐다고 할 수 있다.

1970년대 말 국민 소득 10년 전 대비 10배 향상… 쌀값은 하락

한국 정부는 1962년부터 1997년까지 경제개발 5개년 계획을 7차례에 걸쳐 추진해, 4차 경제개발이 마무리된 1979년에는 1인당 국민 소득을 1968년의 178달러보다 무려 9.6배가량 많은 1,720달러로 끌어올렸다. 이 같은 경제력의 향상은 여타 식료품에 비해 상대적으로 가격이 높았던 쌀을 구입하는 데 도움이 됐으며, 결과적으로 쌀밥의 주식화에 기여했다고 할 수 있다.[82] 1968년과 1979년 당시 정부의 추곡 수매 가격은 80kg을 기준으로 각각 4,200원과 36,600원이었는데, 이는 이 기간 동안 1인당 국민 소득 상승 비율(9.6배)이 쌀값의 상승률(8.7배)보다 다소 높음을 보여 준다. 여기에 1970년대 말 인도, 필리핀 등 동남아 국가들 또한 한국과 마찬가지로 쌀의 다수확이 가능해지고 자급률이 향상되면서 국내·외 쌀값이 하락했다.[83] 이런 결과로 한국인들은 1970년의 경우 1인당 연간 소득의 약 7.9%가량을 들여 80kg의 벼(쌀)를 구입했지만 1978년에는 연간 소득의 약 4.4%만으로 구입이 가능해 쌀의 구입과 소비가 이전에 비해 수월해졌다. 따라서 쌀밥의 주식화는 경제력의 향상 및 국내·외 쌀 가격의 하락 등에서도 영향을 받았다고 할 수 있을 것이다.

[표] 1인당 국민 소득 및 추곡수매 가격 추이

년도	1인당 국민소득 (단위: 달러)	추곡수매 가격 (단위: 원)
1968	178 (56,400원)	4,200
1970	258 (88,000원)	7,000
1978	1,464 (682,000원)	30,000
1979	1,720 (862,000원)	36,600

<출처: 통계청. 국민계정.; 이호진 1998, p.222.; 농림축산식품부. 양곡 수매 가격 현황> /
※ 가격은 80㎏, 2등품 메벼(조곡) 기준.

4.4. 쌀밥 쓰임새 확산과 쌀밥 숭상

신앙(종교)은 인문·사회적 요인으로[84] 고유한 자생 문화와 함께 해당

문화권의 식생활에 영향을 미친다. 따라서 고유의 토착 신앙과 외래에서 전래된 불교, 유교 등은 한국의 음식 문화에 변화를 가져오는 요인이 됐다. 한 예로 삼국시대에 유입돼 고려시대에 크게 성행한 불교의 영향으로 당시 한국 음식 문화는 육식의 쇠퇴와 함께 채식 위주 및 '나물 문화', 그리고 메주와 된장과 같은 두장 문화가 발달하거나 성행했다. 특히 무속 등의 토착 신앙을 비롯해 생활 의례를 중시한 유교의 경우 한국인의 쌀밥 발달에 영향을 미쳤다. 이들 신앙의 기저에는 감사 표시와 인과응보, '모든 귀신은 먹으면 먹은 값을 하고 못 먹으면 못 먹은 값을 한다'라는 믿음,[85] 그리고 보본반시(報本反始: 인간의 근본인 조상에게 보답)와 같은 세계관과 가치가 깔려 있다.

쌀밥은 신에게 올리는 특별하고 귀한 음식

많은 한국인들은 이 같은 가치를 실천하기 위해 이들 신앙 의례에 정성을 쏟았으며, 이때 조상과 신에게 극진한 대접을 보여 줄 수 있는 한 방법으로 쌀밥을 제물로 사용했다. 쌀의 자급이 실현되기 이전, 쌀밥은 일상에서 먹기 어려운 특별하고 귀한 음식이었기 때문이다. 『만기요람』에 따르면 조선시대 쌀값은 경기도를 기준으로 1석에 5냥[86] 내외였다. 이는 보리와 소금은 2석, 콩과 팥은 2.5석 내외를 살 수 있는 가격으로, 그만큼 쌀은 값비싼 곡식이었고, 이것으로 지은 쌀밥은 '하얀 이밥(쌀밥)에 고깃국'이라는 말이 있을 정도로 상류층의 고급 음식으로 인식됐다.[87] 이런 배경에서 조상 제사와 신을 모시는 고사 등의 의례에서는 쌀밥[메]을 비롯해 쌀로 빚은 떡과 청주 등의 술이 필수적인 제물로 쓰였다. 또한 조상이나 망자를 위한 무속 의례에서도 쌀밥이 진설됐으며,[88] 추석과 설날 등의 명절에도 쌀밥을 제물로 올리는 집이 많았다. 쌀밥은 지금도 미역국과 함께 출산한 산모나 생일을 맞은 사람들의 음식으로 차려지고 있다.

쌀밥 주식화의 소망… 신에게 올리는 제물을 일상의 음식으로

의례물로서 쌀밥의 쓰임새는 쌀에 대한 가치와 위상을 크게 끌어올렸으며, 이런 배경 속에서 귀한 쌀밥을 매일 먹고자 하는 한국인의 바람이 싹텄다고 할 수 있다. 따라서 신에게 올리는 제물이자 특별한 날에만 맛볼 수 있는 쌀밥을 일상의 음식으로 먹고자 했던 한국인의 염원, 즉, 쌀밥에 대한 숭상은 쌀밥 주식화의 한 요인이 됐다고 할 수 있을 것이다. 이 바람은 쌀의 자급 달성 및 경제력의 향상과 함께 실현됐다.

4.5. 습성 음식의 발달과 쌀밥의 풍미 작용

다수의 한국인들은 많은 양의 음식을 먹고, 뜨겁거나 따뜻한 음식을 좋아하며, 국이나 찌개와 같은 물기 많은 음식을 즐긴다. 한국인의 이 같은 음식 문화와 식습관은 온식(溫食)과 대식(大食), 그리고 습성(濕性) 음식의 발달로 특징지어진다.[89] 이들 음식 문화 중 습성 음식, 즉 물기가 많은 음식의 발달은 쌀밥의 주식화를 촉진하는 한 요인이 됐다고 할 수 있다.

국·탕 등 한국 음식의 80~90%는 습성 음식

습성 음식 중 국밥, 곰탕, 설렁탕, 육개장, 매운탕 등은 개인의 취향에 따라 고기나 생선, 야채, 두부 등을 적당한 크기로 썰어 다량의 물과 함께 끓여서 만든다. 또한 김치찌개, 된장찌개 등도 탕이나 국과 비슷하게 조리되지만 물의 양이 적다는 차이가 있다. 한국의 습성 음식에는 동치미처럼 다량의 물이 함유된 반찬류를 비롯해 밥을 지은 솥단지 등에 물을 붓고 끓여 만든 누룽지도 포함된다. 이 때문에 한국 음식에서 습성 음식이 차지하는 비중은 80~90%에 달하며,[90] 중국, 일본 등과 달리 숟가락 쓰임새가 높게 나타난다.

한국 음식 문화에서 설렁탕과 국밥 등은 쌀밥과 함께 제공되는데, 많은 한국인들은 국물 안에 쌀밥을 넣고 휘저어서 수저로 이 밥을 국물과 함께 떠서 먹는다. 때문에 탕과 국밥은 다른 음식에 비해 밥을 씹는 횟수가 많지 않고 먹는 시간도 길지가 않다. 마치 물을 마시듯 하는 이런 식사를 '말아 먹는다'라고 표현하며, 이런 방식으로 먹기에 국밥 등에 쓰이는 밥은 보리나 잡곡밥이 아닌 쌀밥이 주를 이룬다. 쌀밥의 밥 덩이가 국물 속에서 가장 쉽게 낱알로 풀리고, 떠먹기가 용이하기 때문이다. 하지만 보리나 현미, 콩 등과 같은 잡곡으로 지은 밥은 밥알이 단단하고 그만큼 낱알에 국물이 잘 배지 않아 이렇게 마시듯 먹기가 곤란하다. 이런 이유로 쌀밥만이 탕이나 국 음식과 가장 잘 어울린다고 할 수 있다.

습성 음식 속 쌀밥… 맛을 더하는 풍미 작용 일으켜

한국인이 식용하는 자포니카형 멥쌀밥의 경우 적당량의 찰진 성분을 지니고 있어 밥이 국물 속으로 들어가면 밥알의 전분이 자연스럽게 풀리고, 이는 국물의 농도를 진하게 할 뿐만 아니라 맛을 향상시킨다. 또한 쌀밥의 낱알은 전분의 양이 90%에 달하고 곡물 중 전분의 알갱이가 가장 작은 것에서 나타나듯 표면이 매우 부드럽고 물러[9] 국물에 말았을 때 짧은 시간 내에 국물을 흡수하고 적당히 팽창된다. 이 같은 현상은 마치 낱알 하나하나에 국물 간을 하고, 국물 특유의 진한 맛을 배게 하는 효과와 비슷하다고 할 수 있다. 그 결과 밥과 탕의 맛은 향상된다. 이 현상이 습성 음식과 쌀밥이 결합돼 일으키는 '풍미(豐味) 작용'이다.

국보다 물의 양이 적은 찌개도(물론 반찬도) 비슷한 결과가 발생한다고 할 수 있다. 탕과 국이 주로 그릇이란 공간에서 풍미 작용을 유발한다면 찌개는 이를 먹는 섭취자의 입안이란 공간에서 풍미 작용을 유발시킨다고 할 수 있다. 밥 한술, 찌개 한 숟가락을 반복해서 먹는 과정이 입안의 밥알에 간을 하고 맛을 더하는 결과로 이어지기 때문이다. 그런데 이런 풍미 작용은 낱알의 표면이 단단한 보리밥이나 잡곡밥, 그리고 많은 찰성을 지닌 찰밥에서는 일어나기 어렵다. 무엇보다 이들 밥알을 씹어서 국물과 함께 삼키기 쉽지 않고, 특히 찰밥의 경우는 낱알이 서로 엉켜 있어 국물 속에서 쉽게 풀리지 않으며, 개개의 낱알이 주는 씹히는 식감도 거의 없기 때문이다. 이런 이유로 쌀밥만이 국, 찌개 등과 먹기에 잘 어울린다고 할 수 있으며, 이런 습성 음식은 쌀밥의 수요를 늘리고, 쌀밥의 주식화를 촉진하는 배경이 됐다고 할 것이다.

1970년대 후반 쌀 자급 실현… 쌀밥의 주식화로 이어져

한민족의 쌀밥 주식화 배경을 요약하자면 무엇보다 고대 한민족이 끈기가 없는 메성의 곡물에 익숙한, 즉, 찰지지 않은 곡물을 선호했던 메성 선호의 민족적 식감이 자리한다고 할 수 있다. 멥쌀이 우성으로 수확량이 많다는 점, 기후에 따른 품종 변이와 함께 한반도의 기후에는 자포니카 품종의 재배가 보다 적합했다는 벼의 생태적 특성, 그리고 조상과 신에게 올리는 값비싸고 귀한 쌀밥을 일상의 음식으로 먹고자 했던 한국인의 바람도 쌀밥 주식화의 배경 또는 이유가 됐다. 이런 요인과 배경 속에서 1970년대 후반, 쌀의 자급이 달성되고 경제력이 향상되면서 대부분의 한국인이 일상의 음식으로 쌀밥을 먹는 주식화가 실현되었다.

미주

1 김완수·신말식 외 2005, p.122.

2 해롤드 맥기 2011, p.726.

3 윤서석 외 8인 2000, p.13.

4 허문회 1986, p.47.

5 김태호 2008, p.389. ; 윤서석 외 8인 2000, p.17. -가등(加藤) 박사는 두 품종 구분과 함께 중국 화중은 양자가 혼재하는 것으로 보았다. 그런데 이 같은 분류 외에 중간적 종류의 벼도 존재하는 것으로 밝혀졌다.

6 위안리 2005, pp.161-162. ; 해롤드 맥기 2011, p.726. ; 안승모 1999, p.357. -이들 품종 중 자포니카는 재배지에 따라 온대와 열대 품종으로 구분되는데 열대 지역에서 잘 자라는 품종을 별도로 자바니카로 부르기도 한다.

7 윤서석 외 8인 2000, pp.100-101.

8 고무석 외 7인 1998, p.42.

9 이경미·김정옥·신말식. 2004. 「수침시간과 입자크기가 다른 멥쌀가루의 특성」. 『한국식품과학회지』 36(2), p.268.

10 『동의보감』(1610년) -'粳米(갱미)-됴흐니뿔.'

11 정연식 2008, p.299.

12 김무림 2010. p.114.

13 이춘녕 1992, p.37.

14 도정(搗精): 곡식을 찧거나 쓿음. 즉, 쌀의 겉껍질을 벗기고 현미의 쌀겨를 벗기는 일(정미).

15 현미는 기울, 배아, 호분층을 고스란히 남긴 상태의 쌀을 말한다. 쌀은 단립이나 중립, 장립, 또는 향기 쌀에 관계없이 현미로 가공이 가능하다. -해롤드 맥기 2011, pp.726-727.

16 정연식 2008, p.297. ; 김완수·신말식 외 2인 2005, p.123.

17 쌀은 기울과 배아의 대부분을 제거한 다음, 매우 가느다란 와이어 브러시로 호분층과 기름, 효소를 갈아서 제거하는 윤내기 과정(정미, 精米)을 거쳐 백미와 같은 정제미로 탄생된다. -해롤드 맥기 2011, p.726.

18 도정 과정은 벼→ 쌀이라는 명칭 변경과 함께 식물적 속성의 변화도 수반된다. 벼나 현

미일 때는 쌀눈(배아)이 남아 있어 발아가 가능한 식물 종자이지만 도정 이후에는 발아가 될 수 없는 식품 재료가 되기 때문이다. -구자옥 외 2인 2003, p.51.

19 윤서석 외 8인 2000, pp.86~87.
20 이춘녕 1992, p.36.
21 조영언 2004, p.203.
22 『조선관역어』-15세기 초 중국 명나라에서 조선어 통역사들의 교육을 위해 편찬한 것으로 보이는 조선어와 중국어 통역 어휘집.
23 신중진 2012, p.99.
24 "今年稻落 明年自生曰秕(금년도락 명년자생왈니). / 올해 떨어진 벼(낟알)가 다음 해에 스스로 자라나면 이를 니라 한다." -『임하필기』(권 35), 벽려신지.
25 벼를 의미하는 한국의 지역 방언은 나락(경남북, 충남북, 전남북, 강원, 함남 일부 지역), 나록, 나룩, 노락, 우끼(경남 남해), 우깨(충남 당진), 우케(경북, 경남, 충북 일부 지역) 등이다. -최학근 1994, pp.1142-1143.
26 '뉘'는 평북 전역을 비롯해 전라도, 경남, 충북, 함남, 강원, 평북의 일부 지역 방언에서 나타난다. 뉘 외에 누에, 누이, 늬, 니 등의 형태로도 쓰인다. -최학근 1994, p.1136.
27 전남 담양, 광산, 함평에서 출현하는 '등겨'의 방언. 나주 지역에서도 쓰인다. -이기갑 외 4인 1997, p.121.
28 "白米曰 漢菩薩(백미왈 한보살). / 흰쌀을 한보살이라 일컫는다."
29 『월인석보』 등에 출현. -최학근 1994, pp.1147-1148.
30 '米粒子(미립자) -쏠알' / '大米(대미) -쏠' - 신중진 2012, p.93.
31 조영언 2004, p.308.
32 최학근 1994, pp.1147-1148.
33 조영언 2004, p.308.
34 강인희 2000, p.69.
35 위안리 2005, p.326.
36 "벼는 환경에 적응하여 변하는 생태적 특성이 있으므로 같은 기원지에서 재배되었더라도 다른 고장으로 이동하면 새로운 환경의 생태적인 조건에 따라서 품종이 변한다." -윤서석 2001, p.127.
37 박태식·이융조 2004, p.120, p.129.
38 오곡(五穀)에 대한 중국 기록은 시대에 따라 다소 차이가 있으며, 『삼국지』(위지 동이전)의 경우 '五穀及稻(오곡급도) / 오곡과 함께 벼'라고 기록해 쌀(벼, 稻)이 오곡에

39 "瓦鑵置米其中(와력치미기중). / 질그릇의 솥 안에 쌀을 넣어 둔다." -『삼국지』(위지 동이전)「동옥저」.

40 운남성 내에서 출발하는 용천하, 보도하 등의 모든 지류는 북류하여 금사하(金沙河, 양쯔강)로 합류한다. 즉, 벼도 이 물줄기를 따라 이동된 것으로 여겨진다. -윤서석 외 2000, p.106.

41 위안리 2005, p.71.

42 6대 영양소: 탄수화물, 단백질, 지방, 무기질, 비타민(5가지), 물. -고무석 외 7인 1998, p.39.

43 김완수 외 2005, p.125. ; 쌀의 영양소의 비율은 백미를 기준으로 80%가량의 탄수화물, 6.5%의 단백질, 그리고 지방이 약 1%가량이다. -이경애 외 2008, p.252.

44 신말식 2009, p.3.

45 고무석 외 7인 1998, p.39.

46 김완수·신말식 외 2인 2005, p.122.

47 왕런샹 2010, p.41.

48 "氣精二字皆從米(기정이자개종미). / 기(氣)와 정(精) 2자는 모두 쌀 미(米) 자가 들어 있다." -『지봉유설』「식물부, 곡(穀)」. ; "氣精皆從米變化而生故字皆從米(기정개종미변화이생고자개종미). / 기와 정은 모두 쌀을 먹어서 그것이 변화돼 생긴 것이기 때문에 기자와 정자에는 모두 쌀 미 자가 들어 있다." -『동의보감』「탕액, 갱미(粳米)」.

49 윤해라·김지명·신말식 2015, p.781.

50 신말식 2009, p.3.

51 이 제분법에 따라 수침 과정을 거쳐 저온 건조된 쌀(가루)은 반죽할 때 물 흡수가 용이하고, 물을 흡수한 전분 입자로 인해 점도가 형성되어 가공적성이 개선된다고 한다. -신말식 2010, p.103.

52 한나라 때 조리 어휘로 증(蒸: 찜), 자(煮: 삶음), 자(炙: 불에 직접 태워 구움), 고(烤: 불에 간접적으로 구워 익힘) 등이 있었다. -허탁운 2013, p.261.

53 강인희 2000, p.68. ; 윤서석 2001. p.114.

54 위안리 2005, p.75.

55 방민규 2018, p.1224.

56 조영언 2004, 참조.

57 시노다 오사무 1995. p.65.

58 천관우 1976, p.36. ; 성락춘 외 2007, p.74.

59 배영동 1996, p.18.

60 허문회 외, 1986, pp.376-378.

61 천관우 1976, p.36. ; 성락춘 외 2007, p.74.

62 메성과 찰성 형태의 전분을 모두 지니는 곡류는 벼, 보리, 조, 기장, 수수, 옥수수, 율무 등 7종이다. -윤서석 외 2000, p.222.

63 윤서석 외 2000, p.111.

64 김천호 1991, p.227.

65 윤서석 2001, p.73.

66 강인희 2000, p.70.

67 위안리 2005, p.84.

68 윤서석 외 2000, p.101.

69 윤서석 2001, p.130.

70 농촌진흥청 2010, p.13 참조.

71 '아시아에서 자포니카 전파의 제1진은 전부 찰성의 품종이었다.' -윤서석 외 2000, p.111.

72 김용갑 2018a, p.217.

73 '보릿고개'는 가을에 수확한 양식이 그 이듬해 봄철에 바닥이 나고 보리는 미처 여물지 않아 양식이 떨어진 시기로, 3~4월을 비롯해 길게는 9월까지를 말한다.

74 국가기록원 홈페이지. 주요 식량 증산 사업.

75 통계청 홈페이지.「인구총조사」.

76 복혜자 2007, p.722.

77 "禾盡而無麥 春何以資(화진이무맥 춘하이자). / 쌀이 다 떨어지고 보리가 없는 봄에는 무엇을 먹을 재료로 할 것인가."

78 오기수 2010, p.247 인용.

79 "南人善炊稻飯 北人善炊粟飯(남인선취도반 북인선취속반). / 남쪽 사람들은 쌀밥 짓기를 잘하고(쌀밥을 많이 짓고), 북쪽 사람들은 조밥 짓기를 잘한다(많이 한다)."

80 권영국 1999, pp.597-599. ; 강인희 2000, p.112.

81 정보: 땅 면적의 단위로 약 3천 평의 넓이.

82 통계청, 「소비자물가조사」.

83 이호진 1998, p.221.

84 신미경·정희정 2008, p.278.

85 김상보·황혜성 1988, p.222.

86 1794년의 쌀 1석(섬) 값은 5냥이었다. -정은진 2010, p.262, 각주17. ; 조선시대 1냥은 약 3만 원의 가치였다. -정연식 2008, p.318.

87 복혜자 2007, p.722.

88 김기덕 외 2011, pp.198-199.

89 배영동 1991, p.155. ; 배영동 1996, p.18.

90 김천중 1994, p.206.

91 해롤드 맥기 2012, p.729.

18장

'맹독성' 고추 식용이 가져온 붉은색의 매운 김치

고추 닮은 천초 식용의 전통… 김치의 고추 수용 배경

18장

'맹독성' 고추 식용이 가져온 붉은색의 매운 김치

고추 닮은 천초 식용의 전통… 김치의 고추 수용 배경

음식은 문화 현상 중 가장 보수적… 민족 정체성의 상징 역할

음식과 관련해 다음과 같은 경구가 있다. "네가 무엇을 먹는지 말해주면, 나는 네가 누구인지 말할 수 있다." 그가 무엇을 먹느냐에 따라 한 민족이나 개개인의 '냄새(성향)'가 다를 수 있고, 성격이나 심리적 현상 또한 달라질 수 있기 때문이다.¹ 그만큼 음식은 한 민족 또는 개인의 정체성을 드러내며, 여러 문화 현상 중 가장 바꾸기 어려운 보수성을 지닌다. 해외로 이주한 많은 한국인(후손)들은 2~3세대의 이민 역사를 거치면서 점차 모국어를 잊고, 외모 또한 비한국인화되지만 여전히 이들 중 상당수는 그들의 부모 세대가 먹었던 김치를 먹고 밥을 찾는다고 한다. 그래서 김치와 밥은 한국인을 한민족이게 하는 한국(한민족) 문화의 대표적인 상징 음식인 것이다.

김치와 밥은 한국 문화의 대표적 상징 음식

김치와 관련해 많은 사람들은 고춧가루가 들어간 빨간색의 김치를 유사 이래 한민족이 먹어 온 음식으로 알고 있거나, 최소한 고추가 전래된 임진왜란 이후부터는 매운 김치를 먹었을 것으로 여긴다. 하지만 한국인 대다수가 김치에 고춧가루를 넣어 먹기 시작한 역사도, 또한 김치가 현재처럼 붉은색으로 바뀐 것도 그다지 오래되지 않았다.

앞서 언급했듯, 음식 문화는 쉽게 변하지 않는 가장 보수적인 성향을 지닌다. 그런데 빨라야 16세기 중엽에 한반도에 전래되고, 전쟁에서 생화학 무기로까지 쓰일 정도로 사람들에게 해롭다고 인식됐던 붉은색의 고추가 어떻게 '김치'에 수용될 수 있었을까? 어떤 이유와 배경에서 외래(남미)에서 물 건너온 생경한 식물이자, 그 색상은 강렬하게 붉고, 맛은 독하게 매운 고추가 그렇게 쉽게 한민족의 먹을거리(김치)에 쓰일 수 있었을까? 이런 궁금증을 풀어야만 우리는 한민족의 김치 문화가 어떤 것인지를 다소나마 이해할 수 있을 것이다.

1. 김치의 유래와 역사

김치는 고추·젓갈 등에 버무린 한국 고유의 전통 음식

한국인이 먹는 김치는 대개 배추, 무 등의 채소를 소금으로 절인 다음, 고춧가루, 마늘, 젓갈 등과 같은 양념으로 버무린 음식이다. 담근 김치는 시간이 지남에 따라 젖산 발효가 일어나 유산균 음식이 되는데 이는 세계 각국의 대다수 절임 채소류와 구별되는 한 특징이다.[2] 현재 김치는 남북한의 주민을 비롯해 중국과 미국 등의 해외 동포들이 먹는 한민족 고유의 전통 음식이다.[3] 김치는 채소를 소금물 등에 절인 '절임 채소'에서 비롯돼, 한민족의 오랜 음식 문화 속에서 현재와 같은 맛과 색상, 그리고 양념 등의 조리법을 활용한 음식으로 발달했다. 오랜 세월에 걸쳐 변화, 발달한 만큼 김치의 양념과 제조법 등은 시대와 지역은 물론, 집안 등에 따라 차이가 있다고 할 수 있다.

절임 채소에서 유래… 유산균 음식으로 발달

한민족 대다수가 김치 이전의 절임 채소, 즉, '김치류(한 연구자의 용어를 빌리자면 '김치 무리')'를 일상의 음식으로 먹게 된 시기는 단정하기 어렵다.[4] 일부에서는 『고려사』와 『동국이상국집』의 기록에 소금에 절인 무가 출현하는 것으로 보아 한민족이 10세기부터는 절임 채소를 먹었다고 보기도 하고,[5] 또 다른 연구자들은 18세 중엽의 인물인 성호 이익의 식사에(『성호사설』 내용) '김치류'가 출현하지 않고, 그 반찬이 된장 등이라는 점을 들어[6] 한국인이 '김치류'를 일상의 음식으로 먹은 시기는 오래되지 않았을 것으로 보기 때문이다. 앞서 17장 등에서 살폈듯, 많은 한국인들은 조선시대는 물론, 1960~1970년대 무렵까지도 보릿고개를 겪으며 식량 부족에 시달렸다. 그렇다면 주식인 먹을거리마저도 부족한 환경에서 많은 채소가 들어가는 '김치류'를 일상의 음식으로 먹는 것은 사실상 불가능했을 것이다.

이런 이유로 한민족 대다수가 김치류를 일상의 음식으로 먹은 시기는 오래되지 않았을 것으로 여겨진다. 하지만 일부 한민족이 김치류를 먹기 시작한 것은 고대로까지 거슬러 올라간다.

그렇다면 고대 시기의 한국인들은 어떤 채소를 재료로 해 어떻게 김치류를 만들어 먹었을까? 앞서 살펴본 『고려사』와 『동국이상국집』 등의 문헌에 비춰볼 때, 김치류의 재료는 오이를 비롯해 동과, 가지, 순무의 뿌리, 갓, 무 등이었으며,[7] 그 제조법은 채소를 소금과 장 등에 절이는 것이었다. 구체적인 제조법은 한민족의 식문화와 관련성이 높은 중국의 『형초세시기』와 『제민요술』(6세기 중엽) 등에서 엿볼 수 있는데,[8] 『형초세시기』는 11월에 서리 맞은 무와 아욱 등 여러 채소를 뽑아 말리고, 소금에 알맞게 절이면 채소가 모두 금비녀와 같은 색이 된다고 기록하고 있다. 그런데 이상의 기록들은 오늘날 김치의 주재료인 배추가 쓰이고 있지 않음을 보여 준다. 한국 음식 문화에서 배추김치가 확산된 것은 19세기 말에 중국의 산동 배추가 한반도에 유입되면서부터이며, 이를 계기로 오늘날의 배추김치 모습이 갖춰지게 됐다.[9] 한국 김치의 배추를 'Korean cabbage(한국 배추)'가 아닌 'Chines cabbage(중국 배추)'로 영역하는데, 그 이유가 여기에 있었던 것이다. 그렇다고 우리가 중국 배추 이전에 배추를 재료로 해 김치류를 담가 먹지 않은 것은 아니다. 한국에도 재래의 배추가 있었으며, 다만 이 배추는 현재의 김장용 배추처럼 속이 꽉 찬 것이 아니었다. 그럼에도 다수의 한국인들은 속이 꽉 찬 중국 배추가 유입된 이후에도 한동안은 우거지가 많이 나오는 우리 배추, 즉 속이 차지 않은 조선 배추를 선호했다고 한다.[10]

2. 김치 명칭의 유래와 어원

1920년대 한반도… 김치의 가장 일반적인 명칭은 '짐치'

　김치란 명칭이 언제부터 쓰였는지는 불분명하지만 이 명칭이 전국적으로 통일되고 확산된 시기나 계기는 사실상 '표준어 제정'에서 비롯됐다고 할 수 있다. 김치가 표준어로 지정되기 이전, 일제강점기에 일본인 학자가 펴낸 『조선방언연구』에 의하면 1920년대에 한반도에서 김치류를 부르는 가장 일반적인 명칭은 'tʃ'im-tʃ'i(짐치 또는 짐지나 짐치?)'였고, 그다음이 김치, 그리고 짠지, 지, 침끼, 그리고 깍두기 순이었다고 한다." 반면 '김치'로 발음하는 지역은 경성을 비롯해 경기도 일부, 황해도 전역, 함경북도 일부였다. 그럼에도 경성 지역 등의 '김치'라는 명칭은 당시 사실상의 수도라는 지리·정치·문화적 이점에 더해 표준어 등을 배경으로 '짐치'의 대중성과 역사성을 압도했던 것이다. '짐치'는 그 발음에서도 드러나듯, 김치류의 옛 이름이자 고대의 한자 명칭인 '침채(沈菜)'에서 유래했을 정도로 오랜 역사성을 지닌 명칭이었다.

'저(菹)'는 고대 시기 채소 절임의 명칭

　'배추지'와 '짠지'에서 나타나는 김치의 또 다른 이름인 '지'와 관련해, 고대 중국에서는 발효식품을 음(醅, 발효시킬 음)이라 불렀으며, 3가지로 나눠 구분했다고 한다. 대체로 채소를 절인 것은 저(菹), 육고기를 절인 것은 해(醢), 그리고 소금에 절인 생선은 자(鮓)로 칭했다.[12] 그런데 저(菹)는 제라고도 불렸으며, 저는 넓은 의미의 절인 음식을 가리키고, 제는 잘게 자른 절임 음식을 의미했다. 이 같은 구분은 고대 중국의 글자 사전인 허신의 『설문해자(說文解字)』에 등장하는 '저는 신맛의 절임 채소다. 오이 등을 절인다'라는 설명에서도 확인된다.[13] 이를 통해 '저'가 고대 시기에는 초기 김치류라고 할 수 있는 채소 절임의 명칭임을 살필 수 있다. 그렇다면 어떻게 해서 '저'가 '배추지(김치)'의 '지'처럼 바뀌었을까? 아니면 '지'는 '저'와 무관한 것일까?

김치의 또 다른 이름 '지'… 한자 '저'에서 모음 변화했을 가능성 커

현재 학계의 통설은 '지'가 '디히→지히→지이→지'의 변화 과정을 거쳤고, 그 출발인 '디히'는 김치를 뜻하는 고유어로, 중세국어에 존재했으며, '디히'에 ㄷ 구개음화와 ㅎ 탈락, 음절 단축 변화라는[14] 아주 다양하고 복잡한 변화 과정이 일어났다는 것이다. 그런데 이 통설은 고유어 '디히'는 어디에서 유래했느냐라는 의문으로 이어진다. 따라서 김치가 '침채'에서 나왔듯, '지' 또한 앞서 살펴본, 채소 절임의 발효 음식을 뜻하는 '저'와 관련되는 것으로 여겨진다. 예컨대, 전라도 등의 방언권 화자들은 일부 어휘에서 모음 일부를 바꿔 사용하는데, 나를 낮추어 일컫는 '저'를 '지'로 발음한다. 그렇듯, 김치를 뜻하는 '저'

와 '제' 또한 발음의 편의성에서 '지'로 불렸을 가능성이 있다고 할 것이다. 이는 엇비슷한 변천 시기를 지닌 김치의 경우 다양한 방언이 출현하는 반면, '지'를 포함하는 '짠지'는 1920년대에 북한 함경남도 북청을 제외한 한반도 전역에서 거의 공통적으로 출현하는 것에서 간접적으로 뒷받침된다고 할 것이다. 위의 '디히'와 같은 복잡한 변천 과정을 거치지 않고 한자음을 그대로 수용해 모음 변화만을 거쳤기에 다양한 방언이 부재하는 것으로 해석될 수 있기 때문이다. 만약 이런 추론이 가능하다면 절임 채소를 의미하는 '저(菹)'와 '침채(沈菜)'는 각각 한자음이 변화돼 우리말화된 '지'와 '딤치[침채]'로 양분돼 변화·정착하는 과정을 거쳤다고 볼 수 있을 것이다.

딤치[沈菜]에서 짐치로 변화… 1936년 김치를 표준어로 채택

김치의 어원인 '침채'와 관련해, 1527년 최세진이 한자에 훈민정음(한글)으로 음과 뜻을 단 『훈몽자회』는 '저'를 '딤치', 그리고 한자로는 '沈菜(침채)'로 적고 있다. 이 명칭은 이후 '김치'로 변화·정착하게 되는데, 이는 '중국'을 '듕국'(『훈민정음』 언해본)이라고 적은 기록이나, 조선 중기(17세기 중엽)의 음식 조리서인 '음식지미방(飮食知味方)'이 『음식디미방』으로 표기돼 있는 것에서 나타나듯, 'ㅈ' 음을 'ㄷ' 음으로 기록한 한국인의 언어 습관이 그 출발점이 됐다고 할 수 있다. 이 같은 표기 방식은 1920년대 후반까지도 나타난다('문제 → 문데'). 따라서 딤치는 짐치를 말한다고 할 수 있으며, '沈菜(딤치=팀치) → 짐치 → 짐츼→ 짐치 → 김치'의 변화 과정을 거친 것으로 여겨지고 있다. 그런데 딤치가 김치로 변화한 것은 ㄱ→ㅈ 구개음화를 거부한 지식인층의 '짐치'에 대한 '과도 교정(그릇된 교정)'과 함께[15] 1936년에 행해진 표준어 채택이 결정적 영향을 끼쳤다고 할 수 있다.

3. 김치류의 젓갈 및 고추 수용

고춧가루보다 먼저 쓰인 젓갈

고대 한국인이 먹었던 김치류(절임 채소)는 앞서 살펴봤듯, 주로 오이나 무 등이었으며, 그 조리 방법 또한 고추 등의 양념으로 버무린 오늘날과 같은 제법의 김치는 결코 아니었다. 그렇다면 언제부터 현재의 김치와 유사한 조리 방법으로 김치를 담가 먹었을까? 이를 파악하기 위해서는 현재의 김치, 즉 배추김치 등에서 젓갈과 고춧가루 등의 양념이 거의 필수적으로 쓰이는 만큼 이들 재료(양념)가 김치류에 들어간 시기를 살피는 것이 우선돼야 할 것이다. 일부에서 흔히 젓갈은 고춧가루가 들어가면서 쓰였다고 하는데 기록은 이와 다르다. 즉 김치에 고추가 쓰이기에 앞서 젓갈이 먼저 쓰인 것으로 나타난다는 것이다. 고추가 전래됐다고 여겨지는 1500년대 중반 이후보다 앞선 1426년의 기록이 담긴 『세종실록』(권 32)에 오이와 섞어 담근 자하젓(곤쟁이젓)이 등장하고, 이어 16세기 전반의 문헌에도 자하젓과 오이로 담근 섞박지[16] 선물이 출현한다. 물론 『세종실록』의 기사는 오이가 섞인 젓갈로도 볼 수 있다. 하지만 채소류와 젓갈을 섞은 절임류의 음식이 15세기 초부터 등장하는 것만큼은 분명해 보인다. 이후 젓갈이 김치에 쓰인 하나의 사례는 『규합총서』(1810년경)의 '섯박지' 담그는 법에서 찾을 수 있는데,[17] 이 김치에는 조기젓, 준치젓, 소어젓, 생굴젓이 들어갔다.[18]

젓갈의 수용과 함께 한국의 김치류는 16세기 중·후반에 일본에서 유입된 것으로 여겨지는 고추가 쓰이기 시작하면서 큰 변화를 겪었고, 현재와 같은 김치로 발달하게 됐다고 할 수 있다. 그렇다면 고추(고춧가루)는 언제부터 우리의 김치에 쓰이게 됐을까?

김치의 고추 수용 시기는 17세기 말

고추가 김치에 쓰인 기록은 18세기 초 홍만선이 쓴 『산림경제』(1715) 또는 『요록』(1689)의 오이김치에서 찾을 수 있으며,[19] 이후 고추는 1766년에 유중림이 편찬한 『증보산림경제』에 이르러서는 41종의 '김치 무리(김치류)'에 쓰이고 있다.[20] 하지만 조선 말기 이전까지 고추의 쓰임은 극히 적었으며, 통고추, 실고추 등으로 사용됐다고 한다.[21] 그런데 18세기 후반 김치류에서 고추의 쓰임이 그 양의 대소를 떠나 광범위했다는 기록(통설)과 달리, 보편적이지 않았음을 추정하게 하는 문헌 기록도 있다.

김치의 고추 쓰임 보편화는 20세기 초 이후로 추정

조선 말의 문신인 최영년이 1921년에 지은 『해동죽지』에 「명절풍속」이라는 한시가 실려 있는데, 이들 시의 10월 편에 김장하기가 '진장[菜陳藏]'이란 명칭으로 출현한다. 그런데 이때의 김장은 '겨자, 생강, 파, 마늘을 무, 배추와 버무리고 김장독에 넣어 땅에 묻는 것'으로만 기록돼 있다.[22] 이 기록은 젓갈과 고추 재료가 문헌에서 누락된 것으로도 볼 수 있지만 양념인 겨자까지 분명하게 기록됐다는 점에서 고추와 젓갈의 김치 쓰임이 20세기 초까지도 (일반적으로 혹은 지역과 집안에 따라서는) 보편적이지 않았던 것으로 해석되는 부분이다.[23]

김치에서의 고추 쓰임이 현대와 같지 않았고, 지역과 집안에 따라서 조금씩 다를 수는 있겠지만 고추는 한반도 전래 이후 불과 100여 년 만에 김치에 수용되고, 이후 100여 년이 더 지나서는 다양한 '김치 무리'의 재료로 폭넓게 쓰이게 됐다.

그렇다면 고추의 쓰임은 한국 김치류에 어떤 변화를 가져왔을까?

마늘·고추가 김치 발효의 핵심적 역할…
김치를 종합 발효식품으로 발달시켜

김치의 양념 중 마늘과 고추는 김치의 발효 과정에서 핵심적인 역할을 한다. 마늘은 김치 속의 미생물 생성을 억제해 산도를 적정하게 유지시키고, 휘발성의 유기산을 증가시켜 결과적으로 김치에서 잡냄새가 나지 않는 발효를 가능하게 하기 때문이다.[24] 또한 고추도 미생물 발육을 억제하고 마늘과 함께 젖산균의 발육을 촉진해 김치의 맛을 향상시키고 발효를 촉진한다.

김치에 고추가 쓰이게 되면서 한국 김치는 동북아시아의 공통된 절임 채소와 보다 분명하게 구분되고 색상 또한 사실상 붉어졌으며 많은 양의 젓갈 혼용도 가능하게 되었다. 그 결과 한국의 김치(특히 배추김치)는 감칠맛과 조화의 맛이 더해져[25] 종합 발효식품으로[26] 자리매김했다고 할 수 있다.

김치와 김장… 유네스코 인류무형문화유산

한민족의 김치와 관련해, 남한의 '김장, 김치를 담그고 나누는 문화(Kimjang, making and sharing kimchi)'와 북한의 '김치 담그기 풍습(Tradition of Kimchi-making)'은 각각 2013년과 2015년 유네스코 인류무형문화유산 대표 목록에 지정되었다. 그만큼 '김치(김장 담그기)'는 현재 한국과 한민족을 대표하는 음식이자 문화이고,[27] 풍속이라고 할 수 있다.

4. 고추의 한반도 전래와 고추에 대한 인식

고추는 가짓과의 다년생 목본(나무) 식물… 한국에서는 1년생 초본식물

고추(Capsicum annuum L.)는 전 세계 60여 개 나라에서 1,600여 종이 재배되는[28] 가짓과의 다년생 식물이다. 이 식물은 씨앗으로 파종되고 열대지방에서는 나무처럼 다년생으로 성장하지만(목본식물) 한국과 같은 온대 지방에서는 1년생 식물(초본식물)로 생장한다. 또한 상당 수준의 타가수분[29]이 가능해, 인간의 지속적인 선별을 통해 현지의 자연환경에 맞춤한 다양한 품종 생산이 가능하다.[30] 고추는 4월 하순에 아주심기를 한 이후 30~40일 지난 다음에 수확이 가능하며, 이 같은 고추의 재배 시기는 18세기 전후에도 비슷했던 것으로 보인다. 『산림경제』는 왜초라고도 부르는 남초(고추)의 씨앗을 2월에 적당히 마른 땅에 뿌린 후 4~5월 사이에 비가 내리면 이후에 (모종을) 옮겨 심고 바람을 막아 주면 열매가 많이 달린다고 기록하고 있다.

16세기 중·후반 한반도 전래… 『지봉유설』은 임진왜란 때로 기록

고추(남만초)가 한반도에 전래된 것은 '임진왜란(16세기 말) 당시 일본으로부터다'라는 『지봉유설』(1614)의 기록에도 불구하고, 『청장관전서』

(권 65, 물산)의 기록에서 살필 수 있듯, 고추는 임진왜란 전에, 즉 16세기 중·후반경에 한국으로 유입됐다고 보는 것이 현재까지의 통설이다.[31] 고추의 전래와 관련, 일부에서는 고추가 외래에서 전래된 것이 아니라 오래전부터 우리에게 있었고, 임진왜란 당시에 전래된 것은 매운 고추인 번초라고 주장하기도 한다.[32] 이들은 『구급간이방』(1489)과 『훈몽자회』에 한자 초가 한글(고쵸)과 함께 그대로 나오며, 고추 전래 100여 년 만에 산초장에서 고추장으로 변하는 것은 불가능하다는 점 등을 '고추 자생설'의 근거로 제시하고 있다. 이처럼 고추가 전래됐느냐 토착의 작물이냐 등과 관련해서는 이견이 있으나 현재 학계에서는 '외부로부터의 전래'를 통설로 받아들이고 있다.

□ 재배되고 있는 고추

고추 전래 당시의 인식은 '독초'… 먹으면 죽고… 생화학 무기로도 활용돼

한반도에 전래된 고추는 초기에 그다지 환영받지 못한 식물로 보인다. 고추를 '독초' 쯤으로 여기는 기록이 보이기 때문이다. 『지봉유설』(권 29)은 '남만초(왜개자=고추)는 큰 독이 있다'라는 내용과 함께 '소주에 (왜개자를) 타서 마시고 많이 죽는다'라고 기록하고 있다. 또한 『오주연문장전산고』(만물편, 초목류)는 '말린 고춧가루를 무기로 구비해 독한 연기를 적중으로 보내면, 적들이 콧물을 흘리고 눈이 멀어 패배했다'라고 적고 있다.[33]

이와 같이 고추를 독성 식물로 인식했다는 기록은 일본에서도 비슷하게 나타나, 『진총담』(1814)은 '번초에는 이를 훼손하는 독이 있어 즐겨 먹는 사람들은 심하면 치아가 빠지고, 음식을 먹을 수 없게 된다'라고 경계했다.[34] 고추의 강한 독성은 기원지로 여겨지는 남미를 비롯한 몇몇 국가에서도 확인되는데, 잉카족은 마른 고추를 쌓아 놓고 불을 질러 스페인 침략자들의 눈을 일시적으로 멀게 했으며, 마야족은 말을 안 듣는 아이들을 고추 연기 속에 집어넣기도 했고, 행실이 나쁜 여자의 성기에 풋고추를 문지르기도 했다고 한다. 또한 인도의 브라만 계급 젊은이들은 자기 정화를 위해 매운 고추를 먹지 않았으며,[35] 유럽에서는 개에게 고추를 먹이면 개가 죽는다고 여겼다.[36]

고추와 관련한 유독성의 경계와 활용은 이처럼 동·서양 모두에서 볼 수 있다. 그런데 한민족은 이 고추를 김치에 수용해 동북아시아와 구별되는 한국만의 독특한 음식 문화를 발달시켰고, 현재는 김치의 색을 붉게 물들이면서까지 고추를 적극적으로 식용하고 있다.

그렇다면 한국인은 어떤 이유와 배경에서 이 같은 '독성 식물'을 김치에 수용해 먹게 되었을까?

5. 김치의 고추 수용 배경

앞서 살펴본 것처럼 고추는 처음 전래(소개)될 당시 먹을 경우 사람의 목숨을 앗아갈 수 있는 독성이 강한 식물로 인식됐고, 심지어 전쟁에서 적군을 물리치는 생화학 무기로까지 쓰였다. 물론 이런 인식과 쓰임이 일반적이었다고 볼 근거는 없지만 복수의 문헌에서 이런 기록이 등장한다는 것은 (최소한 당시 일부의) 고추가 독성이 강했음을 보여 준다고 할 수 있다. 따라서 이런 맹독성(?) 식물이 유입된 지 얼마 지나지 않아 (기록상 100여 년 뒤) 음식 문화에 수용되고, 200여 년 뒤에는 여러 김치에까지 쓰이게 되었다는 사실은 많은 궁금증을 자아낸다.

다음은 김치의 고추 수용 배경이다.

5.1. 고추 전래 이전에 쓰였던 천초 식용의 음식 풍속

천초는 붉은색에 매운맛 지녀⋯ 고추와 유사한 식품

고추가 김치류에 쓰일 수 있었던 가장 큰 요인은 한민족의 음식 풍속에 '천초' 쓰임이 있었다는 점이다. 고추의 경우, 보통의 채소와 달리 익기 전후에 모두 매운맛을 내고, 익은 다음에는 붉은색으로 변하는 독특한 특성과 색상을 지니고 있다. 따라서 이 같은 외래 식물이 식품으로 수용되기 위해서는 기존에 식용되던 비슷한 맛과 색상의 식물이 큰 영향을 미쳤다고 볼 수 있다. 그렇다면 고대 한국에 고추와 닮은 식물은 무엇이 있었을까? 외형적 모습은 다르더라도 익었을 때 빨갛고 매운맛을 내며 음식에 쓰였던 식물로는 천초(川椒, 초피)가 있다. 따라서 고추 전래 당시 천초를 음식의 재료로 쓴 한국의 음식 문화는 김치의 고추 수용에 주요한 배경이 됐다고 할 수 있을 것이다.

천초… 고추 전래 이전 마늘 등과 함께 매운맛 담당

고추가 음식의 재료로 쓰이기 전, 매운맛은 천초, 마늘, 생강 등이 담당했는데,[37] 『규합총서』에서 살필 수 있듯, 18세기에 이르러 천초의 경우 그 쓰임새가 줄고 고추가 이를 대신하게 되었다.[38] 하지만 천초는 현재에도 섬진강 유역권과 경남 지역 등을 비롯한 다수의 지역에서 김치나 추어탕 등의 재료로 쓰이며, 여전히 그 쓰임이 지속되고 있다.

천초는 초피나무 열매로도 불리며 주로 산야에 자생하거나 집 둘레의 남새밭(채소밭)에 심겼는데, 이 나무는 키가 4~5척(1.5m)가량이며, 꽃은 피지 않고 잎사귀 사이에 열매가 달려 음력 9월에 익는다. 열매는 팥같이 둥글고 껍질은 적자색(赤紫色)을 띠며,[39] 익기 전에는 파란색이지만 익어 가면서 점차 붉은색으로 변한다.[40] 그 맛은 익기 전은 물론 후에도 맵다. 고추 또한 파란색에서 붉게 익어 가며, 매운맛도 청과와 홍과가 비슷하다. 천초와 고추는 이처럼 생김새만 다를 뿐 그 맛과 색상은 거의 같다. 다만 두 식물의 차이는 천초의 경우 나무이고, 고추는 채소이며 그 열매가 상당히 크다는 차이가 있다. 또한 고추와 다르게 천초의 경우 붉게 익으면 자연 낙과해 익은 열매를 인위적으로 수확하기 어렵다는 단점이 있다.

천초를 닮은 고추… 음식 수용의 낯섦과 거부감 해소시켜

고추와 천초의 색상 및 맛의 유사성은 맨드라미 등으로 음식을 붉게 물들이던[41] 한민족의 음식 풍속에서 한국인들이 천초를 닮은 고추를 음식에 사용하는 것에 대한 거부감과 낯섦을 경감시켰거나 해소시켰다고 할 수 있다. 이런 환경과 배경 속에서 고추는 그 무해함이 점차 공유되고 확산되면서 김치에도 수용됐다고 볼 수 있다. 이와 함께 고추는 손으로 따기 쉬운 높이에 크고 많은 열매가 달리며, 붉게 익은 열매의 수확도 용이했다. 이 같은 수확량과 채취의 용이성은 고추를 식용하는 데 긍정적 요인이 됐을 것이다.

18세기 고추가 천초를 대체… 제1 향신료의 위치 차지

고추는 이런 배경을 바탕으로 18세기에 이르러 천초는 물론, 후추를 대신하는 제1의 향신료 위치를 차지한 것으로 보인다.[42] 한 연구에 의하면 김치의 고춧가루 다량 사용은 1960년대 고추의 생산량 증가와 함께 전라도를 중심으로 이뤄졌고, 이후 1980년대 남도 음식의 대

유행으로 이 같은 사용이 전국적으로 확산됨에 따라 발생했다고 한다.[43] 그 결과 한국의 김치가 현재와 같은 붉은 색상을 띠게 됐다는 것이다.[44] 따라서 고추가 전래되기 이전에 천초를 먹었던 한국의 음식 풍속은 김치의 고추 수용은 물론, 김치의 색상이 붉게 된 핵심적 요인이라고 할 수 있을 것이다.

5.2. 중국 동남방 지역의 발효문화 영향

인류학 및 고고학 분야의 일각에서는 한국 민족이 남방계와 북방계의 결합으로 탄생했으며,[45] 특히 한반도의 수도작 문화는 기원전 10세기를 전후해 중국 동남방으로부터 영향을 받았다고 본다.[46] 따라서 현재 한민족이 수도작 문화의 소산인 쌀밥을 먹고 있는 만큼, 대표적인 부식인 김치 문화 또한 (일정 부분에서는) 이 지역의 절임 채소 문화의 영향을 받았을 가능성이 크다고 할 것이다.

북방의 절임 채소는 식물성 재료… 남방은 동물성 젓갈(생선)도 사용

중국 동남방 지역은 어장 문화권으로 생선과 쌀밥을 활용한 발효문화가 발달한 지역이다. 이 지역은 벼농사 지대로 대부분의 지역이 바다에 근접해 음식의 경우 쌀과 생선류 또는 젓갈과의 결합이 현저하게 나타난다.[47] 특히 이들 지역 중 동남 연해로 지칭되는 장강(양쯔강) 하류와 남중국의 토착민들은 채소를 절일 때 생선이나 고기류를 사용하는데,[48] 이는 절임 채소의 가공법 측면에서 중국 남방과 북방의 대표적인 차이점이다. 양 지역은 모두 채소를 절이는 풍속을 갖고 있지만 북방 지역의 경우, 절일 때 채소만을 사용할 뿐, 새우, 닭, 오리, 생선, 고기를 조미료나 재료로 사용하지 않는다. 반면, 남방 지역은 적당량의 동물성 재료가 절임 채소의 변질을 막고 신맛을 가미해 맛을 향상시킨다는 것을 알고 이들 재료를 활용하는 절임 채소 문화를 발달시켰다.

한국·중국 조선족·서남아… 김치류(절임 채소)에 젓갈(생선) 사용

중국 남방 지역 외에 한국을 비롯한 중국의 조선족, 그리고 서남아시아 지역에서 이 같은 동물성 재료 쓰임은 흔히 나타나며,[49] 특히 중국 동남방은 한반도의 수도작 문화와도 관련된다. 이를 고려할 때, 한국 김치의 원류가 되는 채소 절임 문화는 벼농사 문화와 동반돼 한반도로 전래됐거나 최소한 고대의 한국 식문화에 영향을 미쳤을 가능성이 크다고 할 수 있다. 이런 추정은 고추의 사용과 함께 젓갈류가 쓰였다는 것이 통설임에도 불구하고 고추가 전래되기 이전의 시기 즉, 조선시대 초기에 어떤 이유로 김치류의 양념으로써 생강, 천초, 마늘, 산초 등과 같은 다양한 향신료가 쓰였는지를 설명할 수 있는 한 실마리를 제공해 준다. 물론 마늘은 매운맛과 함께 김치 발효의 핵심적 기능을 수행하고 천초와 산초 등은 매운맛을 제공한다고 할 수 있다. 하지만 또 다른 중요한 기능은 이 재료가 향신료인 것에서 나타나듯, 비릿한 맛과 냄새 등을 제거하는 것에 있다. 향신성 채소가 비릿한 맛을 상쇄한다는 기록은 13세기의 『동국이상국집』(후집, 권 4, 가포육영, 우청)에도 나타난다. 파를 썰어 '비릿한 국(성갱, 腥羹)'에 넣으면 맛이 좋다는 것이다. 따라서 채소만으로 절임 채소를 만들었다면 여러 향신료를 넣을 필요성이 거의 없거나 낮으며, 더 나아가 절임 채소에 쓰이는 향신료가 다양하게 발달하기 어려웠을 것이다.

고대 한국 김치류… 중국 동남방의 젓갈류 사용 문화 수용했을 가능성

이를 고려할 때, 한국 고대의 일부 절임 채소(김치류)에는 중국 동남방 지역으로부터의 전래나 영향을 받아 젓갈류나 동물성 재료가 쓰였을 가능성이 높다고 할 것이다. 하지만 삼국시대 후반과 고려시대 들어 성행한 불교의 영향[50] 및 어류(젓갈) 구하기의 어려움 등으로 대부분의 절임 채소에서 젓갈류의 사용은 소외되거나 침체되었으며, 마늘과 같은 식물성 향신료만 남게 되었다고 볼 수도 있다. 그럼에도 젓갈류의 쓰임새는 고대 김치류에서 완벽하게 탈락하지 않은 채 겉절이(배추 등을 살짝 절인 다음 곧바로 양념해서 먹는 김치의 한 종류)나, 섞박지 등과 같은 젓국지(젓갈의 국물을 양념으로 사용해 만든 김치의 한 종류)에서의 사용 형태로 잔존했다고 볼 수도 있을 것이다. 이후 젓갈류의 쓰임새는 고추의 사용과 함께 다시 부활했거나 확대됐을 가능성이 있다.

이 같은 주장의 근거는 앞서 언급했듯, 젓갈류(젓국)로 보이는 재료를 사용한 김치류(자하젓과 오이로 담근 섞박지 또는 오이가 들어간 자하젓)가 고추 유입 이전의 문헌에 등장한다는 점이다. 또한 김치의 고추 쓰임이 출현하는 문헌 중 하나인 『산림경제』의 김치 담그는 법은 두어 가지만 고추를 넣은 것이고, 거의가 종전처럼 소금이나 젓갈에 담근 김치인 것에서 뒷받침된다.[51] 비록 이들 '김치류'의 제법이 양념으로서 젓갈 사용이란 현재의 제법과는 다를 수 있지만 '젓갈류'의 쓰임만은 분명하다고 할 것이다.

비릿한 냄새(젓갈) 상쇄 위해 마늘·천초 사용… 이후 고추로 이어졌을 가능성

한국 고대 김치류에서 젓갈이 쓰였을 가능성은 이 밖에 젓갈의 산패 방지를 위해서는 다량의 고추(고춧가루)가 쓰여야 하는데, 이런 쓰임이 1980년대 이후[52]라는 점에서도 살필 수 있다. 이는 앞서 언급했듯, 김치(류)에서 고추가 쓰이기 시작한 시기가 젓갈에 앞서지 않을 수 있음을 의미하는 것이다. 다시 말해 일부 '김치류'에 '젓갈류'가 쓰이고 있었기에 비릿한 냄새와 맛을 상쇄하기 위해 마늘 등의 향신료가 쓰이게 됐고, 이후 고추도 쓰였다고 추정할 수 있다는 것이다. 그렇지 않다면 '김치류'에 '젓갈류'가 쓰이면서 거의 동시에 마늘 등의 향신료도 쓰였다고 할 수 있는데, 김치류에서 마늘의 쓰임은 오래전의 기록에도 출현하기에 이런 추정은 성립되기 어렵다. 따라서 향신료인 고추는 마늘이나 후추처럼 비릿한 맛 상쇄라는 음식 문화 속에서 '김치류'에 쓰였을 가능성이 높고, 이는 현재도 비릿한 냄새와 맛이 많이 나는 매운탕 등과 같은 '생선류'의 음식에 고추가 거의 필수적으로 쓰이는 것에서 뒷받침된다고 할 것이다.

5.3. 쌈과 데친 나물 선호의 음식 문화

『산림경제』에는 왜초라고도 부르는 남초(고추)가 많은 열매를 맺는다는 기록이 담겨 있는데, 실제로 고추는 한 그루당 청과 100여 개, 홍과 160여 개가 수확되는 다수확 식물로[53], 식품으로서의 수확량과 효용성이 높은 채소이다. 고추는 6월께부터 풋고추로 먹을 수 있고, 홍과가 수확되는 9월까지도 생채로 식용이 가능하다. 이는 채소나 나물을 생식으로 먹거나 데친 다음, 양념으로 버무려 먹기를 좋아하는 한민족에게 다량의 열매를 맺는 고추가 맞춤한 먹을거리였음을 살피게 한다.

한민족의 쌈 문화 고려시대 기록에 등장… 고추는 쌈의 주요 재료

한민족이 쌈(생채, 生菜)을 즐겼음은 문헌 기록상 고려시대부터라고 할 수 있다. 『성호사설』(권 5, 만물문)은 '고려 사람이 생나물(야채 및 채소)로 밥을 쌈 싸 먹는다'라는 기록과 함께 '조선의 풍속도 이와 같다'라며, '소채 중에 잎이 큰 것은 모두 쌈을 싸서 먹고 상추쌈을 제일로 여겨, 집집마다 이를 심는다'라고 기록하고 있다. 현재도 한국인들은 채소 쌈을 즐기며, 이 쌈에는 된장(쌈장), 마늘 등과 함께 생고추[청과]가 거의 필수적으로 동반된다. 이를 고려할 때, 고추가 김치의 재료로 출현하는 『산림경제』의 저술 시기에는 생고추로도 식용됐을 가능성이 높다고 할 수 있으며, 특히 조선 후기, 고추가 한창 열리는 6~7월은 농촌에서 식량이 한참 부족한 '보릿고개'의 시기였기에, 이 무렵 한 그루당 100여 개의 열매가 달리는 고추는 단순 향신료와 채소를 넘어 (극심한 식량난에 시달리는 많은 한국인들에게) 부족한 식량을 보충해 주는 효용 가치도 있었다고 할 것이다. 고추는 비타민 등의 영양소가 풍부하고, 짝을 이루듯 함께 먹는 된장 또한 '나물과 함께 무쳐 먹어도 부황이 나지 않는다'라는 말이 있을 정도로⁵⁴ 많은 영양소가 들어 있다. 따라서 고추는 김치의 재료나 양념보다는 쌈 등과 같은 생채로서 식용이 시작돼 김치에 수용되는 과정을 거쳤을 수도 있다.

채소·나물 데쳐 먹는 조리법 발달… 풋고추는 숙채에 적당

한국 음식 문화에는 이와 함께 채소나 나물을 데쳐 만드는 요리법이 발달돼 있다. 이는 콩나물과 숙주, 시금치, 취나물 등에서 나타나듯 한국인의 보편적 채소 반찬거리가 거의 데친 음식이라는 것에서 살필 수 있다. 한국인은 부추, 미나리, 양파, 파, 마늘 줄기, 죽순을 비롯해 심지어 감자의 잎줄기와 쓴 아욱 및 고사리마저 우린 다음 데쳐서 식용한다. 조선시대의 한국인들은 이처럼 채소나 나물을 데치는 조리 방법과 음식을 '숙채(熟菜)(지역에 따라서는 '숙지')' 또는 숙채 나물이라고 불렀으며, 이 음식은 채소 등을 살짝 데치거나, 삶기, 찌기 또는 볶기를 한

다음, 참기름, 간장, 고추 등과 같은 양념을 넣어 조리했다.[55] 조선시대 숙채는 노인의 음식을 만드는 데도 이용됐으며, 숙채침채법으로 불렸다.[56] 이 같은 조리법은 문헌 기록에도 등장하는데, 『음식디미방』(17세기 중엽)에는 동아를 납작하게 썰어 데친 후 기름장, 겨자, 식초, 간장에 무친 동아돈채법이 기록되어 있으며, 『산림경제』와 『증보산림경제』, 그리고 『임원십육지』 등에는 채소를 데쳐서 만든 원추리꽃김치, 죽순김치 등이 출현한다. 또한 『시의전서』에는 '좋은 도라지를 삶아 물에 우려내어 고춧가루를 넣고 무치며, 고사리 등도 마찬가지'라고 기술되어 있다.

이를 통해 우리는 현대의 숙채 음식과 비슷하거나 같은 채소·나물 조리법이 고대 시기부터 이어지고 있음을 살필 수 있다. 이 같은 숙채는 채소나 나물을 데치거나 삶으면 식용하기 용이할 뿐만 아니라 많은 양을 먹을 수 있고, 일부 채소(나물)의 아린 맛이나 독성을 제거할 수 있다는 점 등에서 발달됐다고 볼 수 있을 것이다.[57] 따라서 현대의 많은 한국인들이 고추를 살짝 데쳐 양념장에 버무려 먹고 있음을 고려할 때, 이 같은 숙채 문화는 고추 전래 이후 얼마 지나지 않아 고추에도 적용됐을 가능성이 높다고 할 수 있다. 또한 한국인의 생채(쌈) 선호와 숙채의 음식 문화는 고추의 자연스러운 식용을 가져오고, 이런 식문화 속에서 김치의 고추 수용과 확산도 가능했다고 할 수 있을 것이다.

5.4. 붉은색의 상징성과 민간신앙의 영향

전통 식생활 문화는 자연환경, 종교 등의 인문·사회적 요인과 함께 고유한 자생 문화를 바탕으로 형성되기에,[58] 한민족이 갖는 붉은색에 대한 인식과 민간신앙은 김치가 고추를 수용하는 한 배경이 됐다고 할 수 있다. 한민족은 태양을 닮고 양의 기운을 지닌 붉은색이 액운과 귀신을 몰아낸다고 믿었다.[59] 이에 따라 동짓날 붉은색의 팥을 삶아 죽을 쑤고, 이 죽을 집안 곳곳에 뿌렸다.[60] 이와 함께 대보름에는 팥을 넣은 오곡밥(찰밥)을 집 주변에 뿌려[61] 액운과 잡귀를 쫓았다(앞서 살폈듯, 팥죽과 오곡밥 뿌리기, 더 나아가 던지거나 떼어 두기는 이 같은 주술적 의미와 함께 신을 대접하는 한 방식이자, 동지 등을 지내는 고대 시기의 의례이기도 했다). 『세시풍속』은 이처럼 붉은색의 팥 음식을 활용한 벽사 의례가 오산시 갈곶동, 연기군 전의, 그리고 장성군 삼계 등을 비롯한 남한의 대부분 지역에서 행해졌음을 보여 준다.

□ 구례 화엄사 산문 앞에 한 상인이 전시한 붉은 고추의 제액 기능 안내판

고추는 벽사의 주술물… 김치의 양념인 장 담그기에도 활용돼

붉은색의 고추도 제액축귀적 믿음에 따라 이용되었다.[62] 한국인들은 고추가 나쁜 기운을 막아 준다고 여겨 안방 등에 걸어 두었으며, (사진 참조) 액을 제거하고 잡귀를 쫓기 위해 고추를 태웠다.

『세시풍속』에는 고추 관련 풍속이 전국적으로 50여 곳에서 출현하는데, 한 예로 경기 여주시 점동면에서는 음력 1월 16일 밤에 머리카락, 목화씨, 고추씨를 대문간에서 태워 아주 독한 냄새로 '달귀 귀신'을 쫓았으며(846-847), 충남 아산시 송악면에서는 대보름날 집의 네 귀퉁이에 고추를 태워 그 냄새로 잡귀를 몰아냈다(169).

고추는 부정을 막기 위한 금줄에도 쓰였으며, (가)장을 담그는데 장의 색깔을 곱게 하거나 방부제 기능에[63] 더해 축귀의 용도로도 이용되었다.

경남 고성군 하일면에서는 장항아리에 금줄을 두르고 대추, 고추, 깨, 숯을 항아리 속에 넣었는데, 이렇게 하면 잡귀가 침범하지 못할 뿐만 아니라, 간장에서 냄새가 나지 않는다고 여겼다(494). 이 풍속은 장(간장)이 다수의 김치류를 비롯한 한국 전통음식의 필수적인 기본양념이란 점에서 음식의 재료(양념)로서 고추의 민간 신앙적 쓰임새를 보여주는 사례라고 할 수 있다. 따라서 붉은색에 벽사의 기능이 있다고 믿은 한국인의 민간신앙은 김치의 고추 수용을 수월하게 하는 한 요인으로 작용했다고 할 수 있을 것이다. ('[표] 고추가 포함된 먹을거리 관련 풍속 출현 지역 수'는 미주 참고)[64]

5.5. 비린내와 비린 맛을 싫어하는 민족적 미감

고추·마늘의 쓰임… 매운맛 선호·비린내 상쇄 또는 제거

흔히 한민족이 매운맛을 선호한다고 말하지만 실제 우리의 음식 문화는 그렇게 단정하기 어려운 측면이 있다. 무엇보다 전통 음식인 나물류에 고춧가루가 쓰이지 않으며, 매운맛 선호를 보여 주는 대표적 식품인 고추장의 경우도 그 재료가 귀하고 가격이 비싸다는 점에서 현대 이전의 시기에 대다수의 한국인이 식용한 대중적 음식으로는 보기 어렵기 때문이다. 또한 우리 음식에서 고추나 마늘 등의 다량 사용은 주로 생선류나 고기이며, 특히 젓갈과 생선이 들어간 김치나 찌개, 탕 등에 고추(고춧가루)가 많이 쓰인다. 이들 음식의 공통점은 특유의 비릿하거나 노릿한 맛과 냄새를 지녔다는 점이다. 이를 고려하면 '한국인은 매운맛을 선호한다'와 '한국인은 비릿한 냄새 등에 민감해 이를 배척한다'라는 2가지의 추론이 가능하다고 할 것이다.

김치의 고춧가루 대량 쓰임은 1980년대 후반 시작돼

한국인이 채식 문화의 영향에서 벗어나 고기류를 즐기기 시작한 것은 1980년대 이후이며,[65] 지역 풍속 조사에 따르면 40여 년 전에는 김치에 고추의 사용이 적었고, 앞서 살폈듯 한 연구자는 김치에서 고추의 대량 쓰임은 1980년대 후반이라고 보고하고 있다.[66] 이들 연구와 지역 풍속은 고추의 대량 사용이 현대에 들어와 발생했으며, 고추 등의 쓰임이 한국인의 매운맛 선호와는 큰 연관이 없음을 시사하는 것으로 여겨진다. 그렇다면 한국인은 매운맛을 선호하는 전통을 지닌 것이 아닌, 비린내나 노린내 등의 냄새와 맛을 유독 싫어하는 민족적 미감의 소유자들이었을 가능성이 크고, 이들 냄새 등을 제거 또는 상쇄하기 위해 고추나 마늘 등의 향신료를 활용했다고 볼 수도 있을 것이다.

고추의 캡사이신은 강한 중독 물질… 매운맛 선호를 야기했을 수도

농림축산식품부 통계에 의하면 한국인은 2016년 당시 1인당 연간 3.3kg의 고추를 비롯해 6.6kg의 마늘, 26.7kg의 양파를 소비한 것으로 집계됐다(아래 [표] 참고). 이들 3개 식품의 1인당 연간 소비량은 무려 36.3kg에 달한다. 산술적으로 한국인 한 사람이 하루에 약 100g의 매운 식재료를 섭취하고 있으며, 한국 국민 전체는 연간 16만 5천 톤가량의 고추를 소비하는 셈이다. 이 같은 연간 소비량은 일본의 연간 고추 소비량 1만여 톤에[67] 비해 16배 이상 많으며, 고춧가루 소비 기준으로는 미국, 헝가리보다 무려 40배가 더 많은 것이다.[68] 또한 한국인은 2000년대 이후 배추 한 포기당 145g가량의 고춧가루가 들어간 김치를 1인당 연간 5포기 정도 먹고 있다.[69] 이 같은 섭취량 증가는 그만큼 현대의 한국인이 매운맛에 익숙하거나 비릿한 냄새 등에 민감한 것으로 볼 수도 있지만 한편으로는 '중독'의 결과일 수도 있다. 고추에는 다량의 캡사이신(capsaicin)이 함유돼 있는데 이 물질을 먹으면 엔도르핀이 분비되고, 그 결과 개운한 맛을 느끼며 기분이 좋아진다고 한다.[70] 그런데 캅사이신은 강한 중독성 물질이기에 먹으면 먹을수록 더 많은 양을 원하게 돼 고추의 섭취량 증가로 이어진다고 한다. 따라서 고추 섭취량의 증가는 '한민족이 매운맛을 선호한다'라는 통설을 뒷받침하는 충분조건이라고 하기 어렵다.

이 같은 추정은 아래 [표]에서도 드러나듯, 고추 등의 매운 향신료 사용량이 2000년대 이후 불과 16년 사이에 30~40%가량 늘었고, 배추김치 1포기의 고춧가루 사용량 또한 1960년대의 26g에서 2000년대에는 145g으로 크게 증가했으며,[7] 1970년대를 전후한 시기의 김치에는 소량의 고추만이 쓰였다는 풍속 조사에 의해 뒷받침된다.

1970년대 무렵… 고추 껍질만 배추에 묻혀 김치 담그기도

전남 신안군 흑산면 만재도의 토박이 고○례 씨(70·만재리 샛개팽전마을)는 2022년 현장 조사 당시 '부자들만이 김치에 고춧가루를 사다가 넣었으며, 김치는 소금과 젓갈을 섞어 담근 물김치가 전부였고, 마늘을 조금 넣어 먹었다'라고 밝혔다. 또한 신안군 신의면 평사도 주민 김○자 씨(73)는 '고추는 논시밭(조그만 텃밭)에 10~20그루 정도 심어 양념으로 사용했는데, 김치는 고추 몇 개 따서 절구통에 넣고 찧어서 고추 껍질만 배추에 묻게 해 담갔다. 김치 담글 때는 반드시 젓갈을 넣었고, 35년 전 무렵(1985년)부터 김치에 고추를 많이 썼다'라고 회고했다.

[표] 한국의 1인당 양념류 소비량

연도/품목	고추	마늘	양파
2000	2.5	7.2	14.8
2005	2.2	6.2	17
2010	3.6	7	28.7
2016	3.3	6.6	26.7

<출처: 2017년도 농림축산식품 주요 통계. p.347.> / 단위: kg.

고추가 천초·후추의 매운맛, 비릿한 냄새 제거 등의 기능 대체

고추가 확산되기 이전, 매운맛 제공 및 비린 냄새(맛) 등의 제거는 주로 천초(초피)나 마늘 등이 담당했는데,[72] 이들 향신료는 문헌 기록을 통해 확인된다. 먼저 『산림경제』와 그 내용의 60%가량이 엇비슷한 13세기 무렵의 원나라 서적인 『거가필용』에는[73] 마늘, 생강, 초(椒, 천초) 등이 기록돼 있으며, 15세기의 『사가집』(권 51)에는 생강, 마늘, 파, 자소(소엽)가 출현한다. 또한 『동의보감』에는 천초 가루로 만든 천초장이 등장하고, 『음식디미방』(후추, 천초, 생강, 마늘, 자소잎)과 『고사촬요』(1554년 편찬)(생강, 파, 마늘)를 비롯해 『산림경제』(마늘, 회향, 산초, 생강)에도 여러 향신성 채소가 나타난다.[74] 이들 기록을 통해 고추에 앞서 매운맛의 여러 향신료가 사용됐음을 살필 수 있고, 이는 한국인들이 고대 시기부터 매운맛을 선호했거나, 비릿한 냄새(맛) 제거 등을 위해 이들 향신료를 사용했다는 근거가 된다.

따라서 김치의 고추 수용 배경에는 한민족의 매운맛 선호[75] 또는 비릿한 냄새(맛)를 배척하는 민족적 미감(味感)이 자리한다고 할 것이다.

5.6. 고추의 풍미 작용과 품종의 다양성

비릿한 냄새 막고 감칠맛 생성⋯ 고추의 풍미작용

'고추를 넣은 김치를 먹으니 갑자기 살아 있는 봄이 온 듯하다'라는 『임원십육지』(1827)의 기록에서도 살필 수 있듯, 고추는 음식의 맛을 향상시킨다.

무엇보다 고추의 붉은색은 식욕을 촉진하고[76] 함유된 캅사이신은 개운한 맛을 느끼게 한다. 또한 고추의 비타민은 젓갈의 지방이 산패하는 것을 방지해[77] 비린내와 역한 냄새를 막아 주며, 김치에 다량의 젓갈이 쓰이는 것을 가능하게 한다. 그 결과 김치는 젓갈의 동물성 단백질이 제공하는 감칠맛을 낼 수 있어 맛이 크게 향상된다. 특히 한국에서 주로 식용되는 고추는 과피가 두껍고 약간의 단맛까지 지니고 있어 김치의 맛을 더한다. 따라서 김치에 개운한 맛과 감칠맛을 제공하는 이 같은 고추의 '풍미작용(豊味作用)'은 김치가 고추를 수용하는 한 배경이 됐다고 할 수 있을 것이다.

한반도에 전래된 고추⋯ 여러 품종, 감미종 위주였을 가능성

고추는 자연환경의 적응성이 뛰어나고 품종의 분화가 잘 발생하기에[78] 한반도에 유입되기 이전 유럽에는 이미 여러 종류의 고추가 있었던 것으로 여겨진다. 이는 기록으로도 방증되는데, 16세기 후반에 출판된 포르투갈의 한 책자는 고추를 매운맛의 정도에 따라 날것으로 먹기도 하고 구워서도 먹는다고 밝히고 있다.[79] 또한 18세기 중엽의 저작물로 여겨지는 『성호사설』(권 4, 번초)은 '시험 삼아 먹어본 천초(고추)는 씨가 많고 매운맛이 적으며 왜인들은 이를 번초라고 하고, 조선인은 왜초라 한다'라고 기록하고 있다.

따라서 유럽-(중국·한국)-일본을 통해 고추가 한반도에 전래됐다면 이들 고추는 여러 품종이었을 수 있으며, 『지봉유설』상의 고추는 이들 품종 중 유독 매운 것이라는 해석도 가능하다고 할 것이다. 또한 고추가 전래된 후 한반도의 자연환경에 적응하고 한민족의 입맛에 의해 선택되면서 덜 맵고 단맛이 나는 감미종 위주로 재배돼 김치의 재료로 수용됐을 가능성도 크다고 할 수 있다.

그렇다면 이 같은 고추 품종의 다양성과 한반도 전래는 김치가 고추를 수용한 한 배경이라고 할 수 있을 것이다.

이상으로 한민족이 김치에 고추를 넣어 먹게 된 이유 또는 배경에 대해 살펴보았다. 김치의 고추 수용은 무엇보다 고추 식용 이전에 맛과 색상에 있어 고추와 유사한 천초 식용의 음식 전통이 있었으며, 고추로 인해 젓갈류의 대량 쓰임이 가능해졌고 김치의 맛이 크게 향상된 것이 핵심 요인으로 작용했다. 또한 한국인들이 비릿한 맛과 냄새를 유독 싫어했고, 한국의 음식 문화에 쌈과 채소 데침이 발달한 것도 한 배경이 되었다. 이런 이유와 배경 속에서 김치의 고추 수용이 가능했고, 현재와 같은 붉은 색의 발효 김치 문화가 형성됐다고 할 것이다.

미주

1 임영상·최영수·노명환 편 1997, p.285.

2 세계김치연구소 2014, p.103.

3 주영하 2006, p.38. ; 김치는 남한과 북한의 유네스코 인류무형문화유산 대표 목록이다. 또한 한민족이 많이 거주하는 중국의 길림성과 요령성의 비물질 문화유산으로 지정돼 있다. 이는 김치가 국가 개념보다는 문화적 공동체의 음식임을 보여 준다. 따라서 김치는 한민족의 음식이다. -함한희 2016, p.425. ; 노영근 2019, p.110.

4 '김치류' 용어는 이 책에 앞서 조재선(「김치의 역사적 고찰」), 이효지(『한국의 김치 문화』)를 비롯해 김상보(『조선시대의 음식 문화』) 등의 논저에서 쓰였다. 이 책에 쓰인 '김치류'는 단순 채소 절임과 발효 절임 등을 모두 아우르는 의미이다.

5 "第一行 實芹菹筍菹菁菹 次之(제일행 실근저순저청저 차지). / 첫 번째 줄에는 미나리 절임, 죽순절임, 무절임을 차례대로 놓는다." -『고려사』(권 59, 친사의). ; "(무를) 장에 곁들여 여름에 먹고 소금에 절여 겨울을 넘긴다." -『동국이상국집』(후집, 권 4, 가포육영, 우청).

6 정은진 2010, p.263.

7 위안리 2005, p.195.

8 중국 고대의 김치는 단순히 신맛을 내는 것인데 반해 『제민요술』의 김치는 우리나라 김치와 종류가 같다. 그리고 '제민요술형' 김치는 백제의 영향을 많이 받은 일본에 많이 남아 있다. 그래서 『제민요술』의 김치는 백제의 것, 즉 우리의 것이라는 (김상보의) 연구가 있다. -안용근·이규춘 2008, p.27.

9 주영하 2011, p.441.

10 주영하 2013, p.161. 재인용.

11 주영하 2013, p.154. / 주영하는 'tʃ'im-tʃ'i'를 '침치'로 번역했으나, 당시 한국인이 'tʃ'i'를 '치'로 발음했는지 여부는 이견이 있을 수 있는 것으로 여겨진다.

12 위안리 2005, p.182.

13 "葅酢菜也. 藍瓜菹也(저초채야. 남과저야). / 절임 채소는 신맛의 반찬이다. 쪽(여뀌풀)과 오이를 절인 것이다."

14 백두현 2019, p.114.

15 백두현 2019, p.119.

16 세계김치연구소 엮음, 윤덕노 2013b. p.238.

17 조재선 1994, p.102.

18 이효지 2000, p.88. ; 주영하 2000b, p.342.

19 김치에 고추를 사용한 첫 사례와 관련, 안용근·이규춘(2008, pp.48-49)과 노영근(2019, p.117)은 『요록』(1689)의 오이김치를 제시했다. 반면 이효지(2000, p.88)와 주영하(2000b, p.333)는 『산림경제』(1715)의 오이김치를 첫 사례로 보고 있다.

20 김경은 2013, p.180.

21 이효지 2000, p.90.

22 국립민속박물관. 2003c. p.358.

23 김장김치에서 고추 및 젓갈 쓰임과 관련해 19세기 중엽의 『동국세시기』(10월 중)에는 젓갈이 출현하지 않는다. -"都俗以蔓菁菘蒜椒塩沈葅于陶甕. 夏醬冬葅卽人家一年之大計也(도속이만청숭산초염침저우도옹. 하장동저즉인가일년지대계야). / 서울 풍속에 무, 배추, 마늘, 산초, 소금으로 장독에 김치를 담근다. 여름철의 장 담그기와 겨울철의 채소 절임(김장)은 민가에서 행하는 일 년 중의 매우 중요한 일들이다." 이 기록 상의 '초(椒)'를 고추로 해석할 수도 있으나, 고추를 한자로 표기할 때는 대부분 '고초(苦草)'로 쓰고, 초(椒) 자는 산초, 호초 등에 사용했다는 점에서(고추의 이칭으로 번초[蕃椒] 등에도 쓰임) 고추 사용이 아닐 가능성이 더 높다고 할 것이다.

24 노영근 2019, p.117.

25 세계김치연구소 엮음 2014, p.103.

26 김광억 외 10인 2013a, p.296. ; 최준식 외 8인 2010, p.79.

27 김현정 2018, p.218.

28 김경은 2013, p.177.

29 타가수분: 식물에서 다른 품종의 수술 꽃가루가 또 다른 품종의 암술머리에 옮겨 붙어 열매가 맺는 현상.

30 안완식 2009, p.258.

31 주영하 2007, pp.128-129. ; Kurita Eiji 1999, p.255.

32 권대영·정경란·양혜정 2017, p.31.

33 "乾椒作屑 入武備中 毒煙衝賊陣中 鼻嚏眼眯而敗(건초작설 입무비중 독연충적진중 비체안매이패). / 말린 고춧가루를 무기로 구비해 독한 연기를 적중으로 보내면, 적들이 콧물을 흘리고 눈이 멀어 패배했다."

34 전도근 2011, p.42.

35 김경은 2013, pp.184-185.

36 야마모토 노리오 2017, p.76.

37 석모직도 2001, p.35.

38 김상보 2006, p.280. ; 주영하 2011, p.117.

39 신민교 외 3인 공역 1998, p.1897.

40 "蜀椒. 春之取紅末用(촉초. 용지취홍말용). / 쵸피나모여름(초피나무 열매). 절구에 찧어서 붉은 가루만을 취해 쓴다." -허균 2007, p.2018.

41 이효지 2000, p.91.

42 주영하 2015, p.245.

43 주영하 2007, p.130.

44 고추 사용량과 붉은색의 농도는 비례 관계가 아니다. '고춧가루의 사용량이 많아짐에 따라 capsaicin 당량은 비례적으로 증가하나 붉은색은 별로 증가하지 않는다.' -신현희·이서래 1991, p.303.

45 '한국인의 유전자는 북방 계열(70~60%)과 남방 계열(40~30%) 민족들의 혼합으로 이뤄져 있다. 이 같은 혼합은 신석기시대 이후 발생했다.'(방민규 2018, p.1224) ; 1930년대 한국을 방문한 독일인 헤르만 라우텐자흐는 그의 책『Korea. Eine Landeskunde auf Grund eigener Reisen und der Literatur』에서 '문화인류학적으로 한국인의 얼굴과 신체를 분석해 볼 때 한민족은 북방계와 남방계 민족으로 구성되어 있다'라고 주장했다.(국립문화재연구소 2007, p.227) ; 또한 조영언(2004,『한국어 어원사전』, 다솜출판사)은 상당수의 한국어 어원을 남방계 언어인 드라비다어 등에서 찾았다.

46 위안리 2005, p.75. ; 김용갑 2017b, p.43.

47 윤서석 2001, p.61.

48 위안리 2005, p.188.

49 위안리 2005, p.187, p.196.

50 '불교 융성은 육식을 위축시키고 식물성 재료를 중심으로 한 채식 및 사찰 음식을 크게 발달시켰다.' -문병훈 2009, p.39.

51 김만조 외 2인 1996, p.182.

52 주영하 2000a, pp.228-235.

53 이희주 외 2017, p.75.

54 배영동 2002, p.58.

55 정혜경 2017, p.216.

56 이효지 2000, p.89.

57 정혜경 2017, pp.216-218.

58 신미경·정희정 2008, p.278.

59 김용갑 2018c, p.45. ; 이화형 2015, p.322.

60 김용갑 2019, p.194.

61 한국의 다수 지역에서 오곡밥과 찰밥은 동일한 의미로 쓰였다. -김용갑·박혜경 2020. p.24.

62 '붉은색은 물론 매운 냄새까지 모두 벽사와 부정을 제거한다.' -한국문화상징사전편찬위원회 편 2007. p.33.

63 주영하 2000b, p.347.

64 [표] 고추가 포함된 먹을거리 관련 풍속 출현 지역 수

조사 지역 수 (471)	풍속 유형			의례상의 고추 사용		출현 지역 수(86)
	장(醬) 관련	풍농 (豊農)	기타	금기 (禁忌)	非금기	
강원(54)	2		5	2		9
경기(82)	1	3	1	4 (이천 설성)		9
경남(66)	6					6
경북(71)	6		1	3	1	11
전남(66)	14	3	1	1		19
전북(42)	6	2	1	3	2	14
제주(12)	1					1
충남(45)	3 (당진 순성)	1	2 (당진 순성)	1	1	7
충북(33)	10 (옥천 동이)			1 (옥천 동이)		10
출현 풍속 수 (88)	49	9	11	15	4	-

<출처: 국립문화재연구소 『세시풍속』 지역 편 9권 전체> / ( )는 조사 지역 수.

※ 고추의 사용에는 고춧가루, 실고추, 고추장의 출현도 포함됨. / 경기 이천시 설성면에서는 의례상에 김치를 올리지 않았으며, 당진 순성과 옥천 동이에서는 '풍속'이 2회 출현함.

65 문병훈 2009, p.39.

66 주영하 2007, p.8.

67　김성훈 2014, p.14.

68　송혜숙 2015, p.117.

69　송혜숙 2015, p.118.

70　안용근·이규춘 2008, p.48.

71　송혜숙 2015, p.118.

72　석모직도 2001, p.35.

73　이성우 1995, p.33.

74　윤덕노 2013b, p.235. ; 주영하 2011, p.121.

75　주영하 2011, p.121. ; 최준식 외 8인 2010, p.99.

76　김석영·박경민 2005, p.79.

77　석모직도 2001, p.35.

78　안완식 2009, p.258.

79　야마모토 노리오 2017, pp.72-75.

참고 문헌

참고 문헌

□ 단행본

강병화. 2013. 『우리주변식물생태도감』. 한국학술정보.

江署一浩 저. 구자옥·이도진·허상만 공역. 2003. 『쌀의 품질과 맛』. 농촌진흥청.

강인희. 2000. 『한국의 식생활사』. 삼영사.

고무석 외 7인. 1998. 『식품과 영양』. 효일문화사.

고전연구실 편찬. 1997. 『국역 고려사』 제7책. 도서출판 신서원.

구자옥·김창석·오찬진·국용인·권오도·박광호·이상호. 2015. 『식물의 쓰임새 백과 下』. 자원식물연구회.

국립문화재연구소. 『한국의 가정신앙』 (경기: 2005). (강원: 2006). (충남: 2006). (충북: 2006). (경남: 2007). (경북: 2007). (제주: 2007). (전남: 2008). (전북: 2008). 국립문화재연구소.

_____. 2002. 『재중교포의 민속』. 국립문화재연구소.

_____. 2007. 『서양인이 쓴 민속문헌 해제』. 국립문화재연구소.

_____. 2010. 『한국인의 일생의례』 (전남 편).

_____. 『세시풍속』 (강원: 2001). (경기: 2001). (제주: 2001). (충북: 2001). (경남: 2002). (경북: 2002). (충남: 2002). (전남: 2003). (전북: 2003). (총괄 편: 2006). 국립문화재연구소.

_____. 『종가의 제례와 음식』 (6편: 2005). (16편: 2007).

_____. 『한국인의 일생의례』 (강원: 2010). (경기: 2011).

국립민속박물관. 1997. 『韓國의 歲時風俗Ⅰ』.

_____. 1998. 『韓國의 歲時風俗Ⅱ』.

_____. 2003a.『한국세시풍속자료집성』. 삼국·고려시대 편. 국립민속박물관.

_____. 2003b.『한국세시풍속자료집성』. 신문·잡지 편(1876~1945). 국립민속박물관.

_____. 2003c.『조선대세시기Ⅰ』. 국립민속박물관.

_____. 2007.『중국대세시기Ⅰ』. 국립민속박물관.

_____.『한국세시풍속사전』(정월 편: 2004). (가을 편; 2006). (겨울 편; 2006).

권대영·정경란·양혜정. 2017.『고추 전래의 진실』. 자유아카데미.

김경은. 2013.『한·중·일 밥상문화』. 이가서.

김기덕 외. 2011.『한국전통문화론』. 북코리아.

김만조 외 2인. 1996.『김치 천년의 맛 하권』. 디자인하우스.

김부식 저. 고전연구실 옮김. 1997.『(북역) 삼국사기 상』. 도서출판 신서원.

김상보. 2006.『조선시대의 음식 문화』. 가람기획.

김완수·신말식·이경애·김미정. 2005.『조리과학 및 원리』. 라이프사이언스.

김용갑. 2019.『한국 명절의 절식과 의례』. 어문학사.

김용갑·박혜경. 2022.『한국 문화의 발달배경과 특징』. 어문학사.

김태곤 외. 1997.『한국문화의 원본사고』. 민속원.

농촌진흥청(유중림 저). 2003.『증보산림경제Ⅰ』. 농촌진흥청.

농촌진흥청(최한기 저). 2005.『농정회요Ⅰ』. 농촌진흥청.

농촌진흥청. 2010.『찰벼 재배 매뉴얼』. 농촌진흥청.

룰루 밀러 저. 정지인 역. 2024.『물고기는 존재하지 않는다』. 곰출판.

리처드 도킨스 저. 홍영남·이상임 역. 2018.『이기적 유전자』. 을유문화사.

린다 시비텔로 지음. 최정희 외 3인 역. 2017.『인류역사에 담긴 음식 문화 이야기』. 도서출판 린.

마르티나 도이힐러 지음. 이훈상 옮김. 2013.『한국의 유교화 과정』. 너머북스.

문병훈. 2009.『한국음식, 세계를 향한 도전』. 한국학술정보.

문수재·손경희. 2001.『식생활과 문화』. 신광출판사.

문화재관리국. 1997.『북한민속종합조사 보고서』.

문화재관리국. 『韓國民俗綜合調査報告書』 (전남: 1969). (경북: 1974). (충북: 1976). (강원: 1977). (황해·평안: 1980). (향토음식: 1984). 문화재관리국.

박채린. 2013. 『조선시대 김치의 탄생』. 민속원.

박철호·박광근·장광진·최용순. 2008. 『잡곡의 과학과 문화』. 강원대 출판부.

브라이언 헤어·버네사 우즈 저. 이민아 역. 2021. 『다정한 것이 살아남는다』. 디플롯.

사단법인 평화문제연구소. 2005. 『조선향토대백과 18 민속 편』. 사단법인 평화문제연구소.

샤오팡 지음. 김지연·박미경·전인경 옮김. 2006. 『중국인의 전통생활 풍습』. 국립민속박물관.

서긍 지음. 조동원 외 4인 옮김. 2005. 『고려도경』. 황소자리 출판사.

서유구 지음. 정명현·민철기·정정기 옮김. 2012. 『임원경제지』. 씨앗을 뿌리는 사람.

석모직도 지음. 동아시아식생활연구회 역. 2001. 『세계의 음식 문화』. 광문각.

선희창. 2010. 『조선풍속사(삼국~고려 편)』. 평양: 사회과학출판사.

성락춘·이철. 2007. 『인간과 식량』. 고려대학교출판부.

세계김치연구소 엮음. 김광억 외 10인. 2013a. 『김치와 김장문화의 인문학적 이해』. 민속원.

세계김치연구소 엮음. 임재해 외 10인. 2014. 『김치의 인문학적 이해』. 세계김치연구소.

세계김치연구소. 김일권·이정우·박채린 옮김. 2015. 『거가필용 역주 음식 편』. 세계김치연구소.

세종대왕기념사업회. 2014. 『역주시경언해』. 세종대왕기념사업회.

시노다 오사무 지음. 윤서석 외 옮김. 1995. 『중국음식 문화사』. 민음사.

신민교 외 3인 공역. 1998. 『국역 향약집성방』. 도서출판 영림사.

신안군. 2017. 『신안군지』 3. 신안군.

안승모. 1999. 『아시아 재배벼의 起源과 分化』. 학연문화사.

안완식. 2009. 『한국 토종작물자원 도감』. 도서출판 이유.

안용근·이규춘. 2008. 『전통김치』. 교문사.

안한로·계연수 편찬. 안경전 역주. 2012. 『환단고기(桓檀古記)』. 상생출판.

야마모토 노리오 지음. 최용우 옮김. 2017. 『페퍼로드-고추가 일으킨 식탁혁명』. ㈜사계절 출판사.

에틱박물관 저. 최길성 역. 2004. 『日本 民俗學者가 본 1930年代 西海島嶼 民俗』. 민속원.

왕런샹 지음. 주영하 옮김. 2010. 『중국음식 문화사』. ㈜민음사.

위안리(苑利) 지음. 최성은 옮김. 2005. 『도작문화로 본 한국문화의 기원과 발전』. 민속원.

윤광수·김연호. 2003. 『한국전통문화의 이해』. MJ미디어.

윤서석 외 8인. 2000. 『벼·잡곡·참깨 전파의 길』. 신광출판사.

윤서석. 2001. 『우리나라 식생활 문화의 역사』. 신광출판사.

이경애 외 6명. 2008. 『식품학』. 파워북.

이경엽. 2016. 『상례놀이의 문화사 밤다래하는 사람들』. 민속원.

이기갑 외. 1997. 『전남방언사전』. 태학사.

이성우. 1985. 『韓國料理文化史』. 敎文社.

_____. 1995. 『한국식품사회사』. 교문사.

이수봉. 2008. 『장례문화의 이해』. 경인문화사.

이욱 외 4인. 2012. 『조상제사 어떻게 지낼 것인가』. 민속원.

이이화. 2000. 『이이화의 역사풍속 기행』. 사비평사.

일연 지음. 이민수 역. 1984. 『삼국유사』. 을유문화사.

임영상·최영수·노명환 편. 1997. 『음식으로 본 서양문화』. 대한교과서.

임영정. 2002. 『한국의 전통문화』. 도서출판 아름다운세상.

임재해. 2003. 『한국 민속과 오늘의 문화』. 지식산업사.

장자 지음. 김학주 옮김. 2014. 『장자 莊子』. 연암서가.

장주근. 1984. 『한국의 향토신앙』. 을유문화사.

_____. 2013. 『장주근 저작집Ⅳ 세시풍속 편』. 민속원.

장지연 지음. 황재문 옮김. 2014. 『만물사물기원역사』. 한겨레출판㈜.

장혜영. 2010. 『한국전통문화의 허울을 벗기다-한중문화 심층 해부』. 어문학사.
전도근. 2011. 『고추는 나의 힘』. 북오션.
전중환. 2023. 『오래된 연장통』. ㈜사이언스북스.
정승모. 2012. 『한국의 농업세시』. 일조각.
정혜경. 2017. 『채소의 인문학』. 따비.
조영언. 2004. 『한국어 어원사전』. 다솜출판사.
조재선. 2000. 『김치의 연구』. 유림문화사.
주강현. 1996. 『우리 문화의 수수께끼』. 한겨레신문사.
주영하. 2000a. 『음식전쟁 문화전쟁』. 사계절.
_____. 2011. 『음식인문학: 음식으로 본 한국의 역사와 문화』. 휴머니스트.
_____. 2013. 『식탁위의 한국사』. 휴머니스트.
_____. 2015. 『향신료의 지구사』. 휴머니스트.
_____. 2018. 『한국 의식주 생활사전』. 국립민속박물관.
진수 지음. 김원중 옮김. 1966. 『삼국지 위서 동이전』. 민음사.
최강현. 1999. 『후송 유의양 유배기 남해견문록(남해문견록)』. 신성출판사.
최남선. 2012. 『세시풍속 상식사전』. 온이퍼브.
최덕원. 1996. 『南道民俗考』. 삼성출판사.
최운식 외 5인. 2002. 『한국민속학개론』. 민속원.
최인학 외. 2004. 『비교연구를 통한 한국민속과 동아시아』. 민속원.
최준식 외 8인. 2010. 『한국문화는 중국문화의 아류인가?』. 소나무.
최학근. 1994. 『증보 한국방언사전』. 명문당.
한국문화상징사전편찬위원회 편. 2007. 『한국문화 상징사전 2』. 두산동아.
한국민속학회 엮음. 2008a. 『민속놀이, 축제, 세시풍속, 통과의례』. 민속원.
_____. 2008b. 『생업. 의식주. 물질문화』. 민속원.
한국정신문화연구원. 1994. 『한국민족문화대백과 사전』 제12권. 웅진출판.
해롤드 맥기 저. 이희건 역. 2011. 『음식과 요리』. 도서출판 백년후.
허균 지음. 동의문헌연구실 옮김. 2007. 『신대역 동의보감』. 법인문화사.
허문회 외. 1986. 『벼의 유전과 육종』. 서울대학교 출판부.

허탁운 지음. 이인호 옮김. 2013. 『중국문화사 상』. 천지인.
헨드릭 하멜 지음. 김태진 옮김. 2005. 『하멜 표류기』. 도서출판 서해문집.

□ 논문

강봉룡. 2002. 「고대·중세초의 한·중 항로와 비금도」. 『도서문화』 19집.
_____. 2009. 「한국 해양사 연구의 몇 가지 논점」. 『도서문화』 33집.
_____. 2011. 「'목포권' 도서해양문화의 창조적 재인식」. 『도서문화』 37집.
고혜선. 2014. 「고려 '쌍화'와 '삼사(samsa)'의 관련성 연구」. 『동양학』 55집. 동양학연구원.
공만식. 2022. 「고려시대 만두 문화의 두 흐름-불교사찰의 채식만두 & 왕실, 민간의 육식만두-」. 『불교문예연구』 20집. 불교문예연구소.
關根英行. 2006. 「상·제례의 기원과 複葬」. 『아세아문화연구』 11.
구미래. 2014. 「불교 세시풍속의 전승양상: 조계사 세시풍속을 중심으로」. 『동아시아불교문화』 18집.
권순형. 2007. 「고려시대 여성의 여가 생활과 명절 풍속」. 『이화사학연구』 34집.
권영국. 1999. 「고려시대 농업생산력 연구사 검토」. 『사학연구』 59호.
권오영. 2000. 「고대 한국의 喪葬儀禮」. 『한국고대사연구』 20.
_____. 2010. 「조선조 사대부 제례의 원류와 실상」. 『민족문화논총』 46집.
김경옥. 1997. 「조선후기 서남해 섬지방의 입도유형과 사회구성」. 『도서문화』 15집.
_____. 2002a. 「조선후기 나주목 비금도 주민들의 토지운영 실태」. 『도서문화』 19집.
_____. 2002b. 「족보를 통해서 본 도서 이주민 연구」. 『도서문화』 20집.
김광언. 1992. 「만두고」. 『고문화』 40·41. 한국대학박물관협회.
김대현·김미선. 2018. 「호남유배인의 문헌 자료와 문화콘텐츠」. 『한국시가문화연구』 41집.
김마리아. 2021. 「진도 씻김굿의 교육 내용 및 지도 방안」. 한국교원대 박사논문.

김명자. 1998.「경북지역의 세시풍속」.『한국의 세시풍속 Ⅱ』. 국립민속박물관.
김무림 2010.「'멥쌀'과 '메지다'의 어원」.『새국어 생활』, 20(3).
김상보. 2007.「통일신라시대의 식생활문화」.『신라문화제학술발표논문집』 28. 동국대 신라문화연구소.
김상보·황혜성. 1988.「서울지방의 무속신앙 제상차림을 통하여 본 식문화에 대한 고찰」.『한국식생활문화학회지』 Vol.3(3).
김석영·박경민. 2005.「젊은 한국여성에서 붉은 고추의 섭취량, 캡사이신 역치, 영양소 섭취량 및 신체계측치간의 관련성」.『한국영양학회지』 38(1).
김성훈. 2014.「세계 건고추산업 동향」.『세계농업』 166호.
김용갑. 2017a.「한국 방언 보전 방안 연구-무형문화재 지정 및 표준어 정책을 중심으로」.『한국전통문화연구』 제20호. 한국전통문화연구소.
_____. 2017b.「한국 멥쌀떡 발달배경」.『아세아연구』 제60권 4호. 고려대 아세아문제연구소.
_____. 2018a.「추석 대표 음식으로서 송편의 발달 배경」.『인문논총』 75(2). 서울대 인문학연구원.
_____. 2018b.「전남지역 명절의 절식 출현 빈도」.『인문학연구』 제29집. 인천대 인문학연구소.
_____. 2018c.「단오의 대표음식으로서 쑥떡의 발달 배경과 단오의 성격」.『아세아연구』 61(3).
_____. 2022.「서남해 도서 지역에서 행해졌던 잔치식 상·장례 풍속 조사와 그 특징 및 의미」.『아세아연구』 65(3). 아세아문제연구원.
김용갑·박혜경. 2020.「한국 명절 쇠는 방식의 방향성」.『아세아연구』 63(1).
_____. 2022.「한국 김치의 고추수용 배경」.『한국 문화의 발달 배경과 특징』. 어문학사.
_____. 2022.「한국의 주식으로서 쌀밥 발달의 배경」.『한국 문화의 발달 배경과 특징』. 어문학사.
_____. 2023.「신神을 대접하는 방식과 동지를 쇠는 의례로서 팥죽 뿌리기」.『인간·환경·미래』 31. 인간환경미래연구원.

김유진. 2017. 「조선의 밤(夜)문화와 철야풍속(徹夜風俗)」. 『서울민속학』 제4호.
김일권. 2013. 「신라 금석문과 신라본기의 천문역법사 고찰」. 『신라문화』 42.
김정민. 2015. 「한국의 전통문화와 천문의 상관관계-설날의 기원과 천문학적 의미」. 『동아시아고대학』 38. 동아시아고대학회.
김종혁. 2009. 「유역권으로 본 문화권」. 『제18회 역사문화학회 연구발표회 초록』. 역사문화학회.
김진곤. 2010. 「법정 공휴일의 헌법적 의미와 입법형성의 한계」. 『공법연구』 제39집 제1호. 사단법인 한국공법학회.
김천중. 1994. 「한국전통 음식의 성격규명과 대표성에 관한 연구」. 『전통상학연구』 7집.
김천호. 1991. 「일본 법륭사 성덕태자제사 공물을 통한 한국 고대식 추정연구」. 『한국식생활문화학회지』 6(2).
김춘연. 1991. 「우리나라 떡 문화고」. 『동아시아식생활학회지』 1(1).
김태호. 2008. 「신품종 벼 "IR667"(통일)과 한국 농학의 신기원」. 『한국과학사학회지』 30권 2호.
김택규. 1985. 「추석권과 단오권」, 『한국농경세시의 연구』. 영남대학교출판부.
김현정. 2018. 「유네스코 인류무형문화유산의 관리와 활용 현황에 대한 한일 비교 연구 -김장문화와 와쇼쿠(和食)를 중심으로-」. 『비교문화연구』 50집.
노영근. 2019. 「중국 거주 조선인 김치 문화의 양상과 의미」. 『통일인문학』 79.
노인숙. 2001. 「중국에서의 상례문화의 전개」. 『유교사상연구』 15.
리재선. 2004. 「현 시기 조선에서 널리 장려되고 있는 민족명절과 민속놀이에 대하여」. 『역사민속학』 18호.
문현상 외 3인. 1991. 「인구이동에 관한 연구」. 한국보건사회연구원.
박경숙. 2009. 「식민지 시기(1910년-1945년) 조선의 인구 동태와 구조」. 『한국인구학』 32-2.
박진태. 2008. 「한중 단오제의 비교연구」. 『비교민속학』 37. 비교민속학회.
박태식·이융조. 2004. 「소로리(小魯里) 볍씨 발굴(發掘)로 살펴본 한국(韓國) 벼의 기원(起源)」. 『농업사연구』 3(2).

박혜경·김용갑. 2024. 「세시 절식으로서 한국 만두의 특징과 기원」. 『동아시아 문화연구』 97집.

박혜숙. 2007. 「한국의 전통색채와 그 의미에 관한 연구 -주요 명절의 상징 색채와 현대적 적용을 중심으로」. 『2007 봄 학술대회』. 한국색채디자인학회.

방민규. 2018. 「생물인류학 자료로 본 한국인 기원문제에 대한 연구」. 『인문사회 21』 9(3).

배영동. 1991. 「한국문화의 원형을 찾아서: ⑵ 우리의 수저」. 『한국논단』 Vol.26.

_____. 1996. 「한국수저의 음식 문화적 특성과 의의」. 『문화재』 29.

_____. 2002. 「된장을 통해본 민족음식의 전통과 변화」. 『한국민속학』 35.

백두현. 2019. 「'김치'의 어원 연구」. 『한국식생활문화학회지』 34⑵.

복혜자. 2007. 「조선시대 밥류의 종류와 조리방법에 대한 문헌적 고찰」. 『한국식생활학회지』 22(6).

_____. 2008. 「만두의 조리방법에 대한 문헌적 고찰-조선시대 만두의 종류와 조리방법에 대한 문헌적 고찰(1400년대~1900년대까지)-」. 『한국식생활문화학회지』 23⑵. 한국식생활문화학회.

손승철. 2011. 「중·근세 조선인의 島嶼 경영과 경계인식 고찰」. 『한일관계사연구』 39집.

송혜숙. 2015. 「문헌고찰을 통한 김치 문화 활성화 방안」. 『문화산업연구』 15(3).

쉬이·리슈원·최두헌. 2015. 「(번역)한국 고대 단오의 활동 내용과 특징」. 『한자 한문연구』 10.

신말식. 2009. 「쌀의 고유특성과 가공식품 개발」. 『한국식품 영양과학회 산업심포지엄 발표집』.

신명호. 2008. 「조선 초기 중앙정부의 경상도 海島政策을 통한 空島政策 재검토」. 『역사와 경계』 66.

신미경·정희정. 2008. 「한·중·일 세시풍속과 세시음식에 대한 비교」. 『동아시아 식생활학회지』 18(3).

신중진. 2012. 「『연경재전집(研經齋全集)』에 실린 稻벼 곡물명(穀物名)에 대한 어휘사적 연구」. 『동아시아문화연구』 52.

신현희·이서래. 1991. 「김치 및 고추장의 고추 사용량 추정법 시도」. 『한국식품과학회지』 23(3).

양옥다. 2006. 「발해의 몇 가지 음식습관에 대하여」. 『한국고대사연구』 42.

오기수. 2010. 「조선시대 각 도별 인구 및 전답과 조세부담액 분석」. 『세무학연구』 27(3).

오인택. 2015. 「조선후기의 고구마 전래와 정착과정」. 『역사와 경제』 97.

오임숙. 2009. 「葬禮놀이 硏究」. 동국대 석사논문.

요위위. 2012. 「한중 단오절 세시풍속 비교연구」. 『동양예학』 27.

유소홍. 2017. 「한·중 설날 세시풍속 비교 고찰」. 『한국엔터테인먼트산업학회논문지』 11(2).

윤경진. 2008. 「고려말 조선 초 서해·남해안 僑郡 사례의 분석」. 『한국사학보』 31집.

윤성재. 2015. 「고려시대 분묘출토 청동수저」. 『역사와 실학』 56. 역사실학회.

윤해라·김지명·신말식. 2015. 「발아현미 가루 첨가비율에 따른 글루텐 프리 쌀파운드케이크의 품질 및 저장 특성」. 『한국식품조리과학회지』 31(6).

이경미·김정옥·신말식. 2004. 「수침시간과 입자크기가 다른 멥쌀가루의 특성」. 『한국식품과학회지』 36(2),

이경엽. 2001. 「도서 지역의 민속연희와 남사당노래 연구」. 『한국민속학』 33.

이기훈. 2015. 「일제강점기 도서 지역의 교통과 일상생활」. 『도서문화』 45집.

이성우. 1988a. 「대두재배의 기원에 관한 고찰」. 『한국식문화학회지』 No.1.

_____. 1988b. 「한국 전통 발효식품의 역사적 고찰」. 『한국식문화학회지』 3(4).

이수애. 1983. 「도서지방의 부락구조」. 『도서문화』 1집.

이정하. 2023. 「달의 여신은 왜 고독한가? -한중 고전시가에 나타난 외로운 항아(嫦娥) 이미지 연원 탐구」. 『세계문학비교연구』 제85집.

이철호·안보선. 1995. 「김치에 관한 문헌적 고찰- Ⅰ. 김치의 제조 역사」. 『한국식생활문화학회지』 10(4).

이춘녕. 1992. 「韓國古代의 農業技術과 生産力硏究」. 『국사관논총』 31집.

이필영. 2007. 「가정신앙과 제물 - 충남지역을 중심으로 -」. 『역사민속학』 24.

이해준. 1989. 「新安도서지방의 역사 문화적 성격」. 『도서문화』 7집.

이호진. 1998. 「벼 고투입 다수확 재배의 결과와 성찰」. 『경상대학교 개교 50주년 기념 심포지엄』.

이화형. 2015. 「한중세시풍속의 융합성비교-정월명절을 중심으로」. 『동아시아고대학』 제40집. 동아시아고대학회.

이효지. 2000. 「한국의 김치 문화」. 『비교민속학』 18.

이희주 외 4인. 2017. 「고온 및 침수에 의한 고추의 생육 및 생리적 반응에 미치는 영향」. 『원예과학기술지』 35(1).

정미선. 2009. 「동아시아 3국의 공통 식사 도구의 전파·수용 및 변화에 대하여」. 『Journal of Oriental Culture&Design』 Vol.1(1).

정연식. 2008. 「조선시대 이후 벼와 쌀의 상대적 가치와 용량」. 『역사와현실』(69).

정연정·윤향림. 2022. 「『과정일록(課程日錄)』의 식생활 어휘 고찰 -食饌 부류를 중심으로-」. 『어문논총』 92호. 한국문학언어학회.

정유진. 2010. 「한반도 선·원사시대 도작의 변화: 벼 식물유체의 발견비율과 탄화미 계측치의 검토」. 전남대 석사학위 논문.

정은진. 2010. 「星湖 李瀷의 '三豆會' 小考」. 『한국 어문학 연구』 55.

정의철·이상호. 2015. 「방송의 선정적, 폭력적, 비윤리적 콘텐츠 이용에 관한 인식과 대안 연구 : 학부모와 청소년들의 인식과 제안을 중심으로 한국어(KOR)」. 『한국소통학보』 제27호. 한국소통학회.

정혜경. 2008. 「만두 문화의 역사적 고찰」. 『동아시아식생활학회 2008년도 춘계학술대회』. 동아시아식생활학회.

조재선. 1994. 「김치의 역사적 고찰」. 『동아시아식생활학회지』 4(2).

주영하. 2000b. 「고추의 상징화 과정에 대한 일고」. 『역사민속학』 11.

_____. 2006. 「식사, 기호, 민속음식」. 『비교민속학』 31.

_____. 2007. 「고추와 매운맛: 동북아시아 매운맛의 유행에 대한 연구」. 『비교민속학』 34. 비교민속학회.

채미하. 2012. 「한국 고대의 죽음과 상·장례」. 『한국고대사연구』 65.

천관우. 1976. 「삼국지 한전의 재검토」. 『진단학보』 41.

천선행. 2015. 「청동기시대 조기설정 재고」. 『호남고고학보』 51.

최덕경. 2005. 「조선의 동지 팥죽과 그 사회성」. 『역사민속학』 20.

최배영. 2017. 「조선시대 절사에 관한 연구」. 『차문화·산업학』 제35집.

최영진. 2020. 「메밀을 이용한 우리나라 전통 음식에 대한 문헌적 고찰」. 『식공간연구』 15(3). 한국식공간학회.

최인학. 2008. 「한·중·일 세시풍속의 비교연구를 위한 제언」. 『비교민속학』 37.

_____. 2009. 「마을신앙. 그 변용과 지속의 일고찰 -일제강점기의 민간신앙을 중심으로-」. 『한국 민속문화의 근대적 변용』. 민속원.

편집부 저. 2013. 「종이신문 및 미디어 영향력 평가 조사」. 『리서치보고서』 7월호. 마크로밀엠브레인.

함한희. 2016. 「아리랑, 김치 그리고 국가주의」. 『비교민속학』 39.

허성미·한재숙. 1993. 「세시풍속 및 세시음식의 실태에 관한 조사연구」. 『동아시아식생활학회지』 3권 2호.

홍석준. 2007. 「동아시아의 해양세계와 항구도시의 역사와 문화」. 『도서문화』 29집.

Kurita Eiji. 1999. 「고추(red pepper)의 어원에 관한 연구」. 『인문과학연구』 18.

□ 고문헌

『경도잡지(京都雜志)』

『고려도경(高麗圖經)』

『고려사(高麗史)』

『고려사절요(高麗史節要)』

『고사촬요(故事撮要)』

『고은집(孤雲集)』

『구당서(舊唐書)』

『규곤시의방(閨壼是議方)』

『규합총서(閨閤叢書)』

『농정회요(農政會要)』

『다례발기(다례볼긔)』

『다산시문집(茶山詩文集)』

『도곡집(陶谷集)』

『도은집(陶隱集)』

『동경몽화록(東京夢華錄)』

『동국세시기(東國歲時記)』

『동국이상국집(東國李相國集)』

『동문선(東文選)』

『동문유해(同文類解)』

『동사록(東槎錄)』

『동의보감(東醫寶鑑)』

『두시언해(杜詩諺解)』

『만기요람(萬機要覽)』

『목은집(牧隱集)』(『목은시고(牧隱詩藁)』)

『몽어유해(蒙語類解)』

『물명고(物名攷)』

『명물기략(名物紀畧)』

『방언집석(方言集釋)』

『별차례등록(別茶禮謄錄)』

『북사(北史)』

『사가집(四佳集)』(『사가시집(四佳詩集)』)

『산림경제(山林經濟)』

『삼국사기(三國史記)』

『삼국유사(三國遺事)』

『삼국지(三國志)』

『삼봉집(三峰集)』

『상변통고(常變通攷)』

『상촌집(象村集)』

『설문해자(說文解字)』

『성소부부고(惺所覆瓿藁)』

『성종실록(成宗實錄)』

『성호사설(星湖僿說)』

『성호전집(星湖全集)』

『세시풍요(歲時風謠)』

『세종실록(世宗實錄)』

『세화기려보(歲華紀麗譜)』

『송사(宋史)』・『송서(宋書)』

『수서(隨書)』

『승정원일기(承政院日記)』

『시경(詩經)』

『시의전서(是議全書)』

『여유당전서(與猶堂全書)』

『열양세시기(洌陽歲時記)』

『영조실록(英祖實錄)』

『오주연문장전산고(五洲衍文長箋散稿)』

『완당전집(阮堂全集)』

『요록(要綠)』

『용재총화(慵齋叢話)』

『운곡행록(耘谷行錄)』

『운양집(雲養集)』

『월사집(月沙集)』

『월여농가(月餘農歌)』

『음식디미방(飮食知味方)』

『익재집(益齋集)』(『익재난고(益齋亂藁)』)

『임원십육지(林園十六志)』

『임하필기(林下筆記)』

『장자(莊子)』

『절사제품(節祀祭品)』

『점필재집(佔畢齋集)』

『증보산림경제(增補山林經濟)』

『지봉유설(芝峯類說)』

『지수재집(知守齋集)』

『청장관전서(靑莊館全書)』

『추재집(秋齋集)』

『춘정집(春亭集)』

『치평요람(治平要覽)』

『태촌집(泰村集)』

『택당집(澤堂集)』

『한강집(寒岡集)』

『한계유고(韓溪遺稿)』

『한수재집(寒水齋集)』

『해동역사(海東繹史)』

『해동죽지(海東竹枝)』「명절풍속」

『형초세시기(荊楚歲時記)』

『후한서(後漢書)』

『훈몽자회(訓蒙字會)』

□ 기타

<경향신문> (2014년 9월 1일 자. 「차례상 차리는 법 언제 어떻게 유래됐나?」).

<기호흥학회월보> 제7호.

<농가월령가>

<동동(動動)>

<떡타령>

<민족문화대백과사전> (https://encykorea.aks.ac.kr/).

<시사저널> (2020년 9월 10일 자. 「한국인의 조상은 누구인가. 학계 진실공방」).

<오마이뉴스> (2019년 9월 16일 자. 「산미증식계획과 쌀 수탈'의 진실」).

<정창원문서>

<표준국어대사전> (https://stdict.korean.go.kr/).

<한국민속대백과사전> (https://folkency.nfm.go.kr/).

KOSIS 국가통계포털 (https://kosis.kr/). 국민계정, 소비자물가조사, 인구총조사.

국가기록원 (https://theme.archives.go.kr) 주요 식량 증산 사업.

국가법령정보센터 (https://www.law.go.kr/) 관공서의 공휴일에 관한 규정(대통령령).

농림축산식품부 (https://www.mafra.go.kr) 양곡 수매 가격 현황. 농가 및 농가인구.

농림축산식품부. 2017. <2017년도 농림축산식품 주요 통계>. 세종: 농림축산식품부.

한국사데이터베이스(https://db.history.go.kr/) 국사편찬위원회. 2002. 『신편한국사 20』. 고려후기의 사회와 대외 관계.

감사 인사 및 후기

이 책의 초고가 마무리된 것은 지난 가을 무렵이었고 출간은 연말로 예정돼 있었다. 그런데 국내의 정치·사회적 여건 등으로 여름에 출간하게 되었다.

이 책이 나오기까지 많은 수고를 아끼지 않은 어문학사 윤석전 사장님을 비롯한 출판 관계자 여러분의 노고에 감사드린다.

한국의 풍속을 해외의 독자들에게 알리고자 서문과 목차를 영문으로도 실었다. 영문을 검토해주신 Mary Carton씨에게 고마움을 전한다. 그는 미국 콜로라도 덴버에 거주하고 있으며, Seattle University를 졸업 후 의료계에 종사했다.

이 책에서는 영등·머슴날 풍속을 비롯해 콩볶기, 나이떡 해 먹기,

좀생이별 보기 등이 행해졌던 음력 2월 풍속을 다루지 못했다. 이들 풍속에 대해 관심 있는 분들은 저자들의 논문 「속절(俗節)로서 영등·머슴날 풍속의 2월 초하루」(『한국민족문화』 91. 2025)를 참고하기 바란다.

다시 쓰는 한국 풍속
Korean Customs Written from a New Perspective

초판 1쇄 발행일 2025년 7월 31일

지은이 김용갑·박혜경

펴낸이 박영희
디자인 김수현
마케팅 김유미
인쇄·제본 제삼인쇄

펴낸곳 도서출판 어문학사
주 소 서울특별시 도봉구 해등로 357 나너울카운티 1층
대표전화 02-998-0094 편집부1 02-998-2267 편집부2 02-998-2269
홈페이지 www.amhbook.com
e-mail am@amhbook.com
등 록 2004년 7월 26일 제2009-2호

X(트위터) @with_amhbook
인스타그램 amhbook
페이스북 www.facebook.com/amhbook
블로그 blog.naver.com/amhbook

ISBN 979-11-6905-045-6(93380)
정 가 30,000원

※잘못 만들어진 책은 교환해 드립니다.